國家古籍整理出版規劃專項資助項目
全國高等院校古籍整理研究工作委員會資助項目
河南大學文學院重點學科經費資助項目

郝經集編年校箋

上册

郝　經　著

張進德　田同旭　編年校箋

人民文學出版社

圖書在版編目（CIP）數據

郝經集編年校箋：全2册/張進德，田同旭編年校箋. —北京：人民文學出版社，2016
ISBN 978-7-02-012210-3

Ⅰ. ①郝… Ⅱ. ①張… ②田… Ⅲ. ①郝經（1223-1275）—文集 Ⅳ. ①Z424.7

中國版本圖書館 CIP 數據核字(2016)第285235號

責任編輯　葛雲波
裝幀設計　崔欣曄
責任印製　任　褘

出版發行　人民文學出版社
社　　址　北京市朝内大街166號
郵政編碼　100705
網　　址　http://www.rw-cn.com

印　　刷　三河市華成印務有限公司
經　　銷　全國新華書店等

字　　數　1040千字
開　　本　880毫米×1230毫米　1/32
印　　張　40.625　插頁2
印　　數　1—2000
版　　次　2018年9月北京第1版
印　　次　2018年9月第1次印刷

書　　號　978-7-02-012210-3
定　　價　170.00圓(全兩册)

目錄

卷四

古詩

卷五

古詩

卷六

古詩 和陶

卷七

卷八

歌詩

卷九

歌詩

卷十

歌詩

卷十一

歌詩

卷十二

歌詩

卷十三

律詩

卷十四

律詩

卷十五

七言絕句

卷十六

卷十七

卷二十一

銘

卷二十二

贊

説

卷二十三

書

卷二十四

書

補遺

卷二十五

記

卷二十六

記

卷二十七

記

卷二十八

序

卷二十九

序

卷三十

序

卷三十一

述擬

卷三十五

墓誌銘

卷三十六

墓誌銘

行狀

卷三十七

使宋文移

附錄二

祭奠題詠

附録三

附録四

附録五

碑銘史傳

附録六

遺事輯佚

附録七

前言

《郝經集编年校箋》即將出版，在歷時兩年的整理編撰過程中，我們常常陷入對郝經的思考，頗多感受，不訴不足以釋懷，因作前言。

郝經是蒙元時期著名的史學家、理學家、政治家、文學家，其在政治、哲學、經學、史學、文學等諸多領域，都有重要建樹；其對宋金元時期的社會變革，特别是對蒙元的社會變革，有着重大的貢獻與深遠的影響，因而受到古今學術界的廣泛關注。

一、郝經的生平時代

郝經（一二二三—一二七五），字伯常，澤州陵川（今山西晉城陵川）人。郝氏源出今山西太原郝莊，五代時，其九世祖郝儀太原遷至潞州（今山西長治）之龍莊，八世祖郝祚復徙澤州陵川，遂爲陵川人。八世祖以下，世代業教授鄉里，遂爲一郡望族。其祖父郝天挺，更爲一方名儒。

蒙古太祖九年（金宣宗貞祐二年，宋寧宗嘉定七年，一二一四），蒙古再度攻金，金宣宗放棄中都燕京（今北京），遷都南京開封（今屬河南），黄河以北金朝舊地盡屬蒙古。期間，蒙古兵攻掠陵川，郝經祖父郝天挺攜家南下，渡河避亂。《郝文忠公陵川文集》（以下引文略稱其卷次）卷三六《先妣行狀》

云：『（金宣宗）元光元年（蒙古太祖十八年，一二二三），復渡河。冬十有一月，生經於許州（今河南許昌）臨潁（今屬河南）之城皐鎮。』

蒙古太宗四年（金哀宗天興元年，宋理宗紹定五年，一二三二），蒙古圍金朝南京開封，金哀宗出奔，渡河欲北，至衛州（今河南衛輝）受挫，復渡河南奔歸德（今河南商丘），再奔蔡州（今河南汝南）。在金哀宗渡河欲北之際，郝經父母亦攜家北渡，流寓保定（今屬河北）。二年後的蒙古太宗六年（金哀宗天興三年，宋理宗端平元年，一二三四），蒙古聯合南宋，攻破蔡州，金哀宗自盡，末帝死於亂軍，金朝滅亡。

郝經在保定，十二歲（或謂十六歲）時始知讀書。卷二六《鐵佛寺讀書堂記》云：『郝氏始自太原遷澤潞，復遷許洛，復再遷於燕趙之交。治經業儒者六世，百有餘年，以及於先君，於是有經。壬辰（蒙古太宗四年，金哀宗天興元年，一二三二）之變，始居於保。歲戊戌（蒙古太宗十年，宋理宗嘉熙二年，一二三八），先君官於保之滿城。是歲，經始知學，喜爲詩文……遂決意令經爲學。』其卷三六《先妣行狀》云：『於是命經就學，欲其先經也，乃命之曰「經」。經亦感奮，以夜繼日，或冠衣不釋，如是者有年。』郝經門生苟宗道《故翰林侍讀學士國信使郝公行狀》中亦稱：『（郝經）嘗自誦曰：「不學無用學，不讀非聖書，不務邊幅事，不作章句儒。達必先天下之憂，窮必全一己之娱。賢則顔孟，聖則孔周，詎如韋如脂爲碌碌之徒而已耶！」故慨然以興復斯文、道濟天下爲己任。讀書則專治六經，潛心伊洛之學，涉獵諸史子集，以窮理盡性、修己治人爲本，其餘皆厭視而不屑也。』

郝經讀書於鐵佛寺，凡五年，學業有成，順天府（今河北保定）左副元帥賈輔聞其名，請郝經入府設館，教授諸子，凡七年。順天府元帥張柔聞其名，禮請設館於帥府，授諸子學，凡一年。賈輔、張柔二府皆有萬卷樓，庋藏圖書萬卷，郝經於此讀書授徒。荀宗道《故翰林侍讀學士國信使郝公行狀》：『公乃大足平生之願，卒成偉世之器。厥後，張賈子孫比皆爲將相名臣，以顯於世。』

在賈張二府設館期間，郝經得遇元好問。舊金時，元好問之父元格曾任陵川令，元好問從學郝經祖父郝天挺，六年業成，名滿京師。《郝文忠公年譜》云：『遺山元先生學於公大父，仕金爲翰林知制誥，金亡不仕，往來燕趙間。一見公，奇之曰：「子狀類先生，才識間出，家世淵源有所積而然也。」遂相與論作詩作文法，復勉公以百世遠大之業，公從先生學者蓋有年。』故而郝經詩文，頗有遺山遺風。

期間，郝經又遇理學大師趙復，與之談理論性。郝經曾專赴燕京（今北京）太極書院，就學趙復，遂得程朱之學正傳，遂悟程朱之學精髓，遂有程朱之學著述，使其終成元代理學大家。據荀宗道《故翰林侍讀學士國信使郝公行狀》，趙復對郝經十分賞識，『江漢趙先生愛公文筆雄贍，練達性理，謂之曰：「江左爲學讀書如伯常者甚多，然似吾伯常挺然一氣立於天地之間者，蓋亦鮮矣。」自是而名益重焉，諸鎮侯伯馳書交幣，各欲聘爲己用，皆拒而不答』。

之後，郝經離開張府，先後遊學燕京，遊歷河北，遊賞河南，遊覽山東，使之眼界大開，胸懷大闊，留下諸多詩文，足以自成一家，當代名筆。

蒙古憲宗五年（宋理宗寶祐三年，一二五五），皇弟忽必烈在開平府（今内蒙古正藍旗境）金蓮川開府。諸公累薦郝經，潛邸屢召郝經。荀宗道《故翰林侍讀學士國信使郝公行狀》：『（郝經聞訊歎曰：）讀書爲學，本以致用也。今王好賢思治如此，吾學其有用矣！』郝經應召而北，歷燕京，出居庸，越長城，抵開平。卷三二《東師議》云：『經自乙卯（蒙古憲宗五年，宋理宗寶祐三年，一二五五）十一月被旨北上，丙辰正月，見於沙陀，不以鄙末，問以時事，且令便宜條奏。於是奏《立國規模》、《治安急務》，各數十條。佩筆束載，從扞牧圉，遂筦軍國機務，同諸執政奏事。凡出師利害，未嘗不反復備言。及今論定植齋奏議，乃爲七道議，七八千言。愚瞽知識，亦已罄竭。』

蒙古憲宗九年，蒙古三路攻宋，憲宗親帥西路軍攻略川蜀，死於合川（今重慶）釣魚城戰事。皇弟忽必烈總理東路軍戰事，攻略荊鄂江淮，兵圍鄂州（今湖北武昌），直趨江西瑞州（今江西高安），南宋權相賈似道請罷戰議和。郝經時任江淮荊湖南北等路宣撫副使，不失時機地抓住這個機遇，進《東師議》，上《班師議》，極力主張忽必烈與宋罷戰議和，退軍北還，爭奪汗位。卷三二《班師議》：『願大王殿下以祖宗爲念，以社稷爲念，以天下生靈爲念，奮發乾剛，不爲需下，斷然班師，亟定大計，銷禍於未然。』

中統元年（宋理宗景定元年，一二六〇），元世祖忽必烈建立大元王朝。《元史·郝經傳》：『世祖卽位，以經爲翰林侍讀學士，佩金虎符，充國信使使宋，告卽位，且定和議。』郝經入辭，『詔曰：「朕初卽位，庶事草創，卿當遠行。凡可輔朕者，亟以聞。」經奏《便宜》十六事，皆立政大要。』郝經留下諸多皆關蒙元建國立政大事的《立政議》、《備禦奏目》、《便宜新政》等奏言，於是年四月，攜副使何源、劉仁傑，參議高翿，書佐苟宗道等，共四十人，出沙漠，踐塞上，越長城，經燕趙，過齊魯，歷蘇北，六月至安徽宿州。《元史·郝經傳》：『時經有重名，平章王文統忌之。旣行，文統陰屬李璮潛師侵宋，欲假手害經。經至濟南，璮以書止經，經以璮書聞於朝而行。宋敗璮軍於淮安，經至宿州，遣副使劉仁傑、參議高翻請入國日期，不報。』郝經一行被滯留宿州，八月方在五河口渡淮，進入宋境，九月方至眞州（今江蘇儀徵）。

時南宋理宗朝權臣賈似道專政。《宋史・奸臣傳・賈似道》云：『大元世祖皇帝登極，遣翰林侍讀學士國信使郝經等，持書申好息兵，且征歲幣。似道方使廖瑩中輩撰《福華編》，稱頌鄂功，通國皆不知所謂和也。似道乃密令淮東制置司，拘經等於眞州忠勇軍營。』郝經多次致書南宋君臣，均遭賈似道阻撓。賈似道先以李璮潛師侵宋，誣郝經使宋議和爲款兵，拘禁郝經；後又稱元廷内亂，誘降郝經，又遭郝經痛斥。卷三九《上宋主陳請歸國萬言書》曰：『説者必謂北方有故，西王爭衡，主上之立有可議，西王之勢反可興。如此而稽留，如此而待變，如此而誤執事，如此而誤兩國，豈可不爲之辨，遂使卒有誤乎？』南宋拘禁郝經於眞州忠勇軍營，竟然長達十六年之久。

元朝曾多次遣使詣宋，問責稽留國信使郝經之由。宋人不納，遂激怒元朝文武。《元史・世祖本紀》：中統二年（一二六一）七月，元世祖『諭將士舉兵攻宋，詔曰：「……朕重以兩國生靈之故，猶待信使還歸，庶有悛心，以成和議。留而不至者，今又半載矣。往來之禮遽絶，侵擾之暴不已。彼嘗以衣冠禮樂之國自居，理當如是乎？曲直之分，灼然可見。今遣王道貞往諭，卿等當整爾士卒，礪爾戈矛，矯爾弓矢，約會諸將，秋高馬肥，水陸分道而進，以爲問罪之舉。」』元至元十一年（宋度宗咸淳十年，一二七四）六月，元世祖下詔滅宋。大將伯顔將兵伐宋，攻破鄂州，順江東下，逼近臨安。苟宗道《故翰林侍讀學士國信使郝公行狀》云：『既渡江，帝命兵部尚書廉希賢洎公之弟行樞密院都事郝庸等，齎詔赴杭州，問以執行人之故。宋人懼，遂禮而歸公焉。』在元軍的强大攻勢下，宋人才不得不禮送郝經等人歸國。

至元十二年（宋恭宗德祐元年，一二七五）夏四月，郝經還國，至大都（今北京）。苟宗道《故翰林侍讀學士國信使郝公行狀》：『夏四月，至京師。入見，帝嗟，慰勞來懇至，賜宴畢，復召入，賜坐論事。適大臣奏呈諭宋詔，草不稱旨，俾公改作，公援筆立就。帝稱善，卽行之，至晡乃出。』然而到了七月，郝經還國仅仅三个月，舊疾復作，『其子采麟問以後事，仍以紙筆呈公。公執筆，目半瞑，但書「天風海濤」四字，餘無所言。少頃，終於所居之正寢，春秋五十有三，天下聞而哀之』。明年，宋朝滅亡，天下歸元。郝經初寄葬於保定，後遷葬於封邑孟州河陽（今河南孟州）。

郝經所生活的時代，可謂中國歷史上社會最爲動蕩、變革最爲劇烈的時代。自晚唐五代以來，華夏神州，尤其是北方地區，陷入空前的社會動亂。晚唐藩鎮割據，五代頻繁更迭；趙宋雄踞中原而一統天下，契丹割據北方而南至燕雲，金源興起滅遼再亡北宋，南宋渡江中興而偏安江南；西夏據守西北，大理盤踞西南。至郝經時代，僅有蒙古與南宋的南北對立。長期的社會動亂，興衰交替，沙陀、契丹等爾後，蒙古崛起，統一草原，四處征戰，縱横歐亞，先後滅亡西夏，平定金源，征服大理，窺視南宋。

草原遊牧民族相繼進入中原；金源、蒙古等草原遊牧民族亦先後入主中原，打破了漢族帝王長期一統天下的局面，開始了胡主君臨天下的歷史。草原遊牧文化大規模進入中原，極大地衝擊了中原的傳統文化，使之出現長期斷裂，面臨毀滅的危機。同時草原遊牧文化又與中原傳統文化長期交織、衝撞、交流、融合，形成了一種超越胡漢夷夏的多元文化，對當時中國社會歷史的變革以及文化的發展，都發生了劇烈而深遠的影響。

在金源、蒙古、南宋三家爭奪天下之際，古代中國已經歷經將近四百年的分裂動亂，人們迫切渴望天下的安定統一，而誰有能力結束分裂動亂，安定統一中國，成爲當時中原文人的必然選擇。中原文人從蒙古統一草原，滅亡西夏，平定金源，征服大理的歷史過程中，看到的是一個崛起的蒙古，興盛的民族，充滿活力的政權；又從趙宋不能收復燕雲，不能抵御金源，不能綏靖西夏，不能臣服大理的孱弱與尷尬中，看到的是一個積貧積弱、日益衰敗的南宋。郝經等一批中原文人，毅然選擇了在金蓮川開府的蒙古英主忽必烈，希望通過輔佐忽必烈，行『中國之道』，以『中國之道』建立國家，做『中國之主』；用『中國之道』治理國家，統一天下，結束將近四百年的分裂動亂，進而彌合中原傳統文化的長期斷裂，挽救中原傳統文化的瀕於毀滅。

對於郝經來說，面臨的不僅僅有一個投靠蒙古、輔佐英主忽必烈的選擇，還有一個如何對待與自己同屬漢民族的南宋朝廷的問題。忽必烈之前的蒙古太宗與憲宗，對於南宋的策略主要是征戰，蒙古太宗與憲宗都曾親率大軍，攻掠南宋的四川，憲宗甚至死於合川（今重慶）釣魚城戰事。蒙古憲宗九年（宋理宗開慶元年，一二五九），蒙古三路攻宋，皇弟忽必烈總理東路軍戰事，南宋權相賈似道請罷戰議和，郝經乘機進《班師議》，力主宋元罷戰議和。這一進言，改變了蒙古以征戰對待南宋的歷史。忽必烈建立元朝即位後，選擇了宋元罷戰議和。正因爲如此，促使宋元罷戰南北議和這一重任，歷史地落到了郝經的肩上。努力處理好宋元罷戰南北議和之關係，成爲郝經一生最重要的歷史使命，整整耗費了他十六年的年華。

出使南宋，被拘禁十六年而不屈，也是郝經一生最爲輝煌也最爲悲哀的事件，集中體現出郝經的氣節。儘管郝經出使南宋罷戰議和以失敗告終，但他依然赢得了千古忠義之英名。元王惲《哭郝内翰奉使》曰：『大河東匯杞連城，之子南來器宇盈。義契重於平昔友，新文公與後來盟。苦心問學唐韓愈，全節歸來漢子卿。十六年間成底事，長編惟見使華名。』明宋濂《郝文忠公經》云：『瞻彼郝公，上師孔顔。挺然一氣，立天地間。銜命出使，仗節弗屈。十有六齡，有如一日。楗門塹垣，不翅獄庭。臣節甚重，萬死實輕。吐其崛奇，見於直筆。奸雄雖亡，誅之則力。漢有蘇武，囓氈海上。郝公繼之，雙璧相望。』清顧嗣立編《元詩選初集·郝信使經》稱：『伯常之出使也，以爲南北生靈，庶幾有息肩之日。既而被留於宋者十六年，鐍錮急迫，益肆力於文章。』郝經肩負使命，堅貞不屈，矢志不移，全節而歸，『元人高其節，以比蘇子卿焉』。

二、郝經著述概略

郝經一生著述頗豐，苟宗道在《故翰林侍讀學士國信使郝公行狀》中，詳細列舉了郝經的著述，計有翻陳壽《三國志》的《續後漢書》；關於《春秋》的《章句音義》、《制作本義》、《比類條目》、《三傳折衷》，凡四書，總名之曰《春秋外傳》；又有《周易外傳》、《太極演》、《原古錄》、《通鑑書法》、《玉衡貞觀》、《删注三子》、《一王雅》、《行人志》等著述，『今文集（即《郝文忠公陵川文集》，以下簡稱《郝經集》）若干卷行於世』。

郝經的衆多著述，除《續後漢書》與《郝經集》得以流傳至今外，其他皆散佚不傳。不過《郝經集》

卷二八、二九，收有郝經散佚著述諸序，依次計有《一王雅序》、《春秋制作本原序》、《春秋三傳折衷序》、《春秋外傳序》、《甲子集序》、《原古錄序》、《太極演總敘》、《周易外傳序》、《續後漢書序》、《玉衡眞觀序》、《變異事應序》等等。考略諸序，還是可以瞭解郝經散佚著述之大要。

《郝經集》是郝經一生最重要的著述，包括賦一卷，詩十四卷，文二十四卷。文體豐富，題材廣泛，匯集了郝經在政治、哲學、經學、史學、文學等方面的重要著述，是研究郝經的基本文獻。郝經論史、論政、論經、論道、論人、論文、論學、論書，以及論天、論地、論古、論今等等，展示了他的家世、遭遇、心靈、性格、志向、精神、成就、貢獻等等，展示了金元之際一代文人尤其是中原漢族文人的時代精神，展示了金元社會的歷史風雲與時代變革。蒙古的崛起，金源的興衰，兩宋的沉浮，金源與兩宋的戰和，蒙古與金源的恩仇，蒙古與南宋的對峙； 以及幾千年中國傳統文化的輝煌，儒家道統的不朽，金源與蒙古相繼『行中國之道』而入主中原，使華夷一統； 乃至西域的回歸，契丹、西夏與大理的興衰，等等，無不展現於他的筆下。

《郝經集》是一部熔鑄宋金元三代歷史交替的興衰史，一部反映宋金元三代時代變革的社會史，也是一部展現宋金元三代時代變革之際金元文人的心靈史，對我們研究元代社會政治，研究元代民族關係，研究元代漢族文人的觀念變化，研究元代文學發展，研究蒙古民族進入中原一統天下之前後的社會進程，民族文化、觀念形態、風俗習慣所發生的劇烈變革，以及中華民族的統一和民族文化的融合，都有不可忽視的借鑒意義。

在元代文人中，郝經是古今學術界關注較多的一位。然而，古今學人側重的是郝經的政治與忠義，對其詩文研究，則較少看到系統、全面、深刻的論述。苟宗道在《故翰林侍讀學士國信使郝公行狀》中言簡意賅的中肯評價：

其或賦詩飲酒，邀賓接物，而英風逸氣有足以動人者，此特公游泳陶寫之餘事耳。其文則涵養蘊蓄之久，理足而氣有餘，蓋有激於中則吐而爲之辭，如長江大河有源有委，下筆數千百言，不求奇而自奇，無意於法而皆法，純乎理性而不雜，故能自成一家之作。其詩則氣韻高遠，止乎禮義，得詩人忠厚之意，故能攄寫至理，吟詠性情，不爲近體尖新切律之語，亦足以自成一家。

《元史·郝經傳》亦稱：『其文豐蔚豪宕，善議論，詩多奇崛。』《四庫全書總目·陵川集提要》則道：『故其文雅健雄深，無宋末膚廓之習；其詩亦神思深秀，天骨秀拔，與其師元好問可以鴈行，不但以忠義著也。』本書《附録》中，輯録有歷代學人對郝經的諸多評價，可參見。

總體而論，郝經善賦，工詩，長於文。其賦，多詠物賦，但不論何種題材的賦作，到了郝經筆下，一概歸入詠史，鋪張揚厲，指點古今，常常引人陷入对歷史的沉思，實可稱之爲抒情史賦。其文，善議論，擅長於史論、政論、經論、道論、人論，有縱横家氣勢。其詩，長於古詩，題材同於其文，多奇崛之氣，頗有元好問遺風。

郝經的文學成就，主要體現在詩文中，足以自成一家。如同其賦，不論何種題材的詩文，在郝經筆下，大多歸入記史、憶史、詠史、論史，而且總是針對現實社會，乍看是在寫古人古事，稍作思考卽可發現，郝經實在影射現實社會中的具體人事，有着以古論今的顯著特點。

郝經詩文的總體風格，可以概括爲『沉鬱』二字。郝經到過很多地方，凡遇名山勝水，名人古跡，風物傳説等等，皆通過詩文予以反映。不論是何種題材的詩文，郝經大多都要和歷史聯繫在一起，給予歷史的回顧和思考。而且這種思考，總是低迴沉痛，哀婉深邃，見不出絲毫的喜悦和笑容，沒有其他文人筆下同類題材所表現的閒情逸致。此外，郝經寫有《靜華君墨竹賦》、《蔡江月歌》、《天賜夫人詞》、《綠珠詞》、《朝雲詞》、《巴陵女子行》、《花蘂夫人詞》、《公夫人毛氏墓銘》與《先妣行狀》等涉及女性的詩文。其中《天賜夫人詞》爲記異之作，涉及婚姻而無愛情；《巴陵女子行》雖涉愛情但主要寫貞節，《靜華君墨竹賦》寫一位才女的嫻雅。其他諸作，皆寫女德貞節，而不涉男女之情。使人感覺到，讀郝經詩文，總是感到非常的沉悶，非常的壓抑，連遊山玩水男女之情諸作，也沒有一點閒情逸致與輕鬆愉悦。

三、郝經的時代精神

《郝經集》題材豐富，內容深邃，涉及的問題較多。這裏依據郝經提出的『六經皆史』之經史觀，『行中國之道則中國之主』之夷夏觀，『天下有定理而無定勢』之勢理觀，以及使宋議和欲『解兩國之鬥，活億萬生靈』，在眞州被拘禁十六年而毫不移志諸事，將郝經之時代精神歸納爲大一統思想、歷史使命感（挽救中原文化免於毀滅）、愛民精神、民族氣節等方面，此論其大要。

其一，『六經皆史』之經史觀。

郝經提出的『六經皆史』之著名觀點，在經學、史學研究領域影響顯著。

古人論六經，多以爲六經中有經有史，二者相混。《史記·太史公自序》：『《春秋》上明三王之道，下辨人事之紀，别嫌疑，明是非，定猶豫，善善惡惡，賢賢賤不肖，存亡國，繼絶世，補弊起廢，王道之大者也。《易》，著天地、陰陽、四時、五行，故長於變；《禮》，經紀人倫，故長於行；《書》，記先王之事，故長於政；《詩》，記山川、溪谷、禽獸、草木、牝牡、雌雄，故長於風；《樂》，樂所以立，故長於和；《春秋》，辯是非，故長於治人。是故《禮》以節人，《樂》以發和，《書》以道事，《詩》以達意，《易》以道化，《春秋》以道義。撥亂世反之正，莫近於《春秋》。』

隋人王通《中説》：『子（案：文中子）謂薛收曰：昔聖人述史三焉，其述《書》也，帝王之制備矣，故索焉而皆獲；其述《詩》也，興衰之由顯，故究焉而皆得；其述《春秋》也，邪正之跡明，故考焉而皆當。此三者，同出於史而不可雜也，故聖人分焉。』王通此處未能盡論六經，然而明確將《書》、《詩》、《春秋》作爲史書，首倡『六經皆史』之説。

在繼承前人的基礎上，郝經在卷十九《辨微論·經史》中，系統全面地提出『六經皆史』之説：『古無經史之分，孔子定六經，而經之名始立，未始有史之分也。六經自有史耳，故《易》即史之理也，《書》史之辭也，《詩》史之政也，《春秋》史之斷也，《禮》、《樂》經緯於其間矣，何有於異哉！至馬遷父子爲《史記》，而經史始分矣，其後遂有經學有史學，學者始二矣。』郝經另有《五經論》，詳細具體地論證了六經的性質，與《辨微論·經史》相得益彰。同時，郝經又有《一王雅》、《原古録》二作，進一步對『六經皆史』之説進行了系統論證；惜二作不傳，僅存卷二八《一王雅序》與卷二九《原古録序》等。

簡要而論，郝經以爲，六經全面概括了儒家的傳統道德，建國治國的根本大法，基本的制度與思想，卽儒家以仁義道德治理天下的王道、王跡、王事、王政思想，或謂之儒家道統。郝經在卷二八《一王雅序》中論道：

六經具述王道，而《詩》、《書》、《春秋》皆本乎史。王者之跡備乎《詩》，而廢興之端明；王者之事備乎《書》，而善惡之理著；王者之政備乎《春秋》，而褒貶之義見。聖人皆因其國史之舊而加修之，爲之删定筆削，創法立制，而王道盡矣。

《郝經集》卷十八有《五經論》、《思治論》，卷十九《辨微論》中分别論《異端》、論《禮樂》、論《經史》、論《勵志》、論《時務》，以及《傳國璽論》等。結合《郝經集》中諸多論史之作，郝經以爲『六經皆史』，故其詩文，則有『以經論史，以史證經；以經史作詩文，以詩文證經史』的特點。郝經認爲，大凡儒家道統興盛之時，一代王朝就繁榮昌盛；儒家道統衰敗之時，一代王朝就衰敗滅亡。他在卷三二《立政議》中列舉漢高祖至金章宗等二十六位帝王之後道：

是皆光大炳烺，不辱於君人之名，有功於天下甚大，有德於生民甚厚。人之類不至於盡亡，天下不至於皆爲草木鳥獸，天下之人猶知有君臣父子、夫婦昆弟，人倫不至於大亂，綱紀禮義、典章文物不至於大壞，數君之力也。

聯繫郝經其他論史之作，幾乎列舉了古代所有開國帝王、中興帝王、盛世帝王，包括在中原傳統觀念中被視爲胡君夷主的元魏孝文帝、北周周武帝、金源金世宗與金章宗等聖明之君，由於大倡儒家道統，遂能一統天下，開創封建盛世。同時又列舉了古代所有昏君庸主之世，由於儒家道統衰敗而使天下不治，災難與戰亂頻繁，終至亡國。從而論證了儒家道統對於統一天下，治理天下，安定天下，昌盛天下，使天下百姓安居樂業的不可或缺性。作爲一位有著强烈歷史責任感與使命感的文人，從『六經皆史』之説引申出儒家道統興衰攸關天下興亡之論，旨在勸諫初入中原的蒙古帝王，既爲中國之主，須行中國之道。郝經因在卷十八《思治論》中論道：

綱紀禮義者，天下之元氣也。或偏或全，必有在而不亡。天下雖亡，元氣未嘗亡也。故能舉綱紀禮義者，能一天下者也；不能舉綱紀禮義者，安於偏而苟且者也。……蓋天下之勢，必一方之綱紀禮義立，天命之，人歸之，而後天下一。此善於彼，而後天下一。地醜德齊，莫能相尚。欲以力勝之，未之前聞也。縱能勝之，不能安之，無以挫英雄之氣，服天下之心。

另外，郝經在卷二九《原古録序》中，首論六經開創儒家道統，稱六經之『裁成制作，始於伏羲之畫卦，見於唐虞之傳心，備於周公之制禮，成於仲尼之脩經』。孟軻、韓愈等大儒，繼承維護儒家道統，爲六經『浚源張本，雄辯力抵，廓清御侮，接續正傳』。荀況、董仲舒等經學家，論王霸不同，爲六經『著書立言，尊王賤霸，脩仁明義，表章儒學』。陳摶、周敦頤、朱熹等道學家、理學家，探討儒家道統之源，爲六經『根極致命，盡性窮理，比象衍數，直造聖地』。孔安國、孔穎達等訓詁學家，注疏儒家道統，爲六經『掇拾補綴，緯章撥爐，反復訓詁，申明經旨』。司馬遷、宋祁等史學家，著史論證儒家道統，爲六經『罔羅遺文，抽閲秘記，藻飾言動，完具國典，以爲信史』。樂毅、司馬光等賢臣名相儒將，佐王經世而實踐儒家道統，爲六經『挺特瑰偉，神明博達，剛大諒直，閎肆尊顯，佐王經世，撥亂反正，以爲事業』。屈原、李白、蘇軾、麻九疇等儒士文人騷客，以詩文宣揚儒家道統，爲六經『鼓吹風雅，鋪張篇什』，『震疊一世，作爲文章。皆有書有集，有簡有策，名家傳後』。他一氣列舉了一百五十八位古人，自伏羲，至孔子，至孟軻，至董仲舒，至韓愈，至陳摶，至周敦頤，至邵雍，至程顥，至程頤，至張載，至朱熹，以及至屈原，至柳宗元，至蘇軾，至蔡珪等等，有思想家，有經學家，有史學家，有注疏學家，有道學家，有理學家，有賢臣名相，有文士騷客等等。其與前舉卷三二《立政議》中列舉的漢高祖至金章宗等以儒家道統建國治國的二十六位帝王，形成一個淵源流長、包羅廣泛、完整嚴密的儒家道統體系，可補充唐代韓愈《原道》所舉『斯吾所謂道也，非向所謂老與佛之道也。堯以是傳之舜，舜以是傳之禹，禹以是傳之湯，湯以是傳之文、武、周公，文、武、周公傳之孔子，孔子傳之孟軻，軻之死，不得其傳焉』之道統；可超越《元史·儒學傳·趙復》中趙復所舉『乃原羲、農、堯、舜所以繼天立極，孔子、顔、孟所以垂世立教，周、程、張、朱氏所以發明紹續者，作《傳道圖》』之道統。

郝經系統深入論證『六經皆史』的觀點，意在說明，幾千年的中國史，其實就是儒家道統興盛史。大凡儒家道統興盛之時，一代王朝就繁榮昌盛；而儒家道統衰敗之時，一代王朝則衰敗滅亡。要想統一天下，達到天下大治，使世道安定，百業昌隆，百姓安居樂業，儒家道統具有不可替代的作用。

其二，『能行中國之道則中國之主』之夷夏觀。

郝經提出的『能行中國之道則中國之主』的主張，對『夷狄華夏』之傳統觀念進行了全新的詮釋與實踐，其意義極其重大。

『夷狄華夏』之說，最早由孔孟提出。孔子《論語·八佾》：『夷狄之有君，不如諸夏之亡也。』孟子以爲可以用夏變夷，《孟子·滕文公上》：『吾聞用夏變夷者，未聞變於夷者也。』《春秋》亦排斥夷狄，《春秋·昭公二十三年》：『戊辰，吳敗頓、胡、沈、蔡、陳、許之師于雞父。』《公羊傳》：『此偏戰也，曷爲以詐戰之辭言之？不與夷狄之於中國也。然則曷爲不使中國主之？中國亦新夷狄也。』何休注疏：『中國所以異乎夷狄者，以其能尊尊也。王室亂，莫肯救，君臣上下敗壞，亦新有夷狄之行，故不使主之。』

唐代韓愈《原道》對『夷狄華夏』之説進行了新的解釋：『孔子之作《春秋》也，諸侯用夷禮則夷之，夷而進於中國則中國之。』金代趙秉文《蜀漢正名論》附和韓愈之説：『仲尼編《詩》，列王《黍離》於《國風》，爲其王室卑弱，下自同於列國也。春秋諸侯用夷禮則夷之，夷而進於中國則中國之。』郝經則進一步將『夷而進於中國則中國之』之説，提高到『能行中國之道則中國之主』的高度。

縱觀古代社會，中原華夏民族在總體上對周邊夷狄是排斥的，兩宋尤甚。儘管也有一些明達之士提出『夷而進於中國則中國之』，但漢族士大夫中眞正能夠從觀念到實踐徹底解決『夷狄華夏』問題，視夷狄之主爲中國之主，而且忠心擁戴輔佐夷狄之主，只有金元之際以郝經爲代表的一批華夏文人。

郝經使宋被拘，大概有人勸其背元降宋，不必忠心侍奉蒙古夷狄之主，郝經遂在卷三七《與宋國兩淮制置使書》中，論述蒙元政權的合法性而予以回復：

今主上在潛開邸，以待天下士，徵車絡繹，賁光邱園，訪以治道，期於湯武。歲乙卯，下令來徵，乃慨然啓行。以爲兵亂四十餘年，而孰能用士乎？今日能用士，而能行中國之道，則中國之主也。士於此時而不自用，則吾民將膏鈇鉞，糞土野，其無孑遺矣。

隨之，郝經又在卷十九《辨微論·時務》等諸多著述中，從諸多方面爲其『能行中國之道則中國之主』之主張，提出更多的理論現實依據，得到了時人的廣泛共鳴。

這涉及金元之際中國社會歷史文化觀念形態發生明顯變化的一個重大問題。承西晉末年之五胡十六國，以及北朝之北魏、北齊、北周等周邊少數民族相繼進入中原之後，至五代、遼、金、元時代，沙陀、契丹、女眞、蒙古等周邊少數民族再次相繼進入中原，打破了漢族帝王長期一統天下的局面，開始了胡主君臨天下的歷史。遼金元民族的草原遊牧文化，隨之大規模進入中原，極大地衝擊了中原的傳統文化，使之出現長期斷裂，面臨毀滅的危機。

古代的傳統文人，儘管可以無可奈何地接受異族的武力征服與統治，但無論如何也不能接受他們對中原傳統文化的踐踏。在古今中外的歷史上，沒有比挽救自己的民族文化免於毀滅更爲重要的歷史使命。然而，當時的趙宋王朝，既無力堅守中原，也無力收復失地。於是，金元時期的中原傳統文人，開始接受胡主君臨天下的現實，在中國社會歷史發生明顯變革之背景下，不再拘守傳統的『夷狄華夏』之說，觀念形態發生了明顯的變化，承擔起彌合中原傳統文化長期斷裂、挽救中原傳統文化免於毀滅的歷史使命，形成一代社會思潮。

郝經『能行中國之道則中國之主』的主張，是對儒家傳統的『用夏變夷』思想的變革、總結和發展，體現的是郝經等中原文人一種强烈的歷史責任感與使命感。所謂『中國之道』，簡要而論，就是六經之道，指的還是前文所說的中原傳統的儒家道德，儒家建國治國的根本大法，基本的制度與思想，即儒家以仁義道德治理天下的王道、王跡、王事、王政之思想，或謂之儒家道統。

許衡在《時務五事·立國規摹》中論道：『考之前代，北方奄有中夏，必行漢法，可以長久。故魏遼金能用漢法，歷年最多，其他不能實用漢法，皆亂亡相繼。史冊具載，昭昭可見也。國家仍處遠漠，無事論此。必若今日形勢，非用漢法不可也。』楊奂在《正統八例總序》中言：『中國而用夷禮，則夷之；夷而進於中國，則中國之也。』

郝經在其諸多奏言中，諸如卷三二《東師議》、《班師議》、《立政議》、《河東罪言》、《便宜新政》、《備禦奏目》等系列政論，與許衡的《時務五事》、楊奂的《正統八例》、竇默的《論治道》、姚樞的《論治道八目三十條》、張德輝的《論儒用農勞孔子廟禮典兵宰民官》等一道，爲元世祖提出的所有建國治國之策，無一不出於『中國之道』，無一不出於儒家道統，無一不出於傳統的封建禮儀制度。元世祖忽必烈接受了身邊華夏文人的建議，按中原歷代王朝傳統的封建制度，建立了大元王朝，開始推行漢法，以『中國之道』治理天下。

值得一提的是，郝經不僅一再力諫元世祖接受漢法推行漢法，還想在觀念形態、道德文化等方面改造北方社會和蒙古民族。郝經有很多相關論述，這裡僅從郝經與趙復二人加以申說。

趙復，南宋理宗朝德安（今湖北安陸）人，自稱朱熹私淑弟子，世稱程朱理學正傳。自金朝滅亡北宋，宋室南渡，二程道學流播江南，經朱熹發展完善，形成程朱理學。時北方僅有二程道學餘緒流傳，實際上成爲學術沙漠。誠如卷三十《朱文公詩傳序》所說：『是書行於江漢之間久矣，而北方之學者未之聞也。』

蒙古太宗七年（南宋理宗端平二年，一二三五），蒙古攻克德安，趙復淪爲俘虜，隨行中書省事楊惟中之幕客姚樞，攜趙復北行至燕京。《元史·儒學傳·趙復》云：

惟中聞復論議，始嗜其學，乃與樞謀建太極書院，立周子祠，以二程、張、楊、游、朱六君子配食，選取遺書八千餘卷，請復講授其中。復以周、程而後，其書廣博，學者未能貫通，乃原羲、農、堯、舜所以繼天立極，孔子、顔、孟所以垂世立教，周、程、張、朱氏所以發明紹續者，作《傳道圖》，而以書目條列於後； 别著《伊洛發揮》，以標其宗旨。朱子門人，散在四方，則以見諸登載與得諸傳聞者，共五十有三人，作《師友圖》，以寓私淑之志。又取伊尹、顔淵言行，作《希賢録》，使學者知所向慕，然後求端用力之方備矣。樞既退隱蘇門，乃卽復傳其學，由是許衡、郝經、劉因，皆得其書而尊信之。北方知有程、朱之學，自復始。

清代黄宗羲《宋元學案》卷九十《魯齋學案·程朱續傳·隱君趙江漢先生復》云：『自石晉燕雲十六州之割，北方之爲異域也久矣。雖有宋儒疊出，聲教不通。自趙江漢以南冠之囚，吾道入北，而姚樞、竇默、許衡、劉因之徒，得聞程朱之學以廣其傳，由是北方之學鬱起。』

郝經在保定賈輔、張柔二府設館期間，得遇趙復，作《南樓書懷贈趙丈仁甫》、《送仁甫丈還燕》二詩相贈，又作《太極書院記》，以記趙復北行傳道對北方社會的積極影響。卷二四《與漢上趙先生論性書》云：

自唐至宋，復四五百年，得大儒周子、邵子、程子、張子、朱子之書，明六經孔孟之旨，接續不傳之妙，論道論理，論才論氣，論質論情，又備於韓子之書，皆先儒所未道者，又恨不得親炙之而問其所以然，質心之所素定者。由宋迄今，朔南分裂復二百餘年矣。先生及朱子之門而得其傳，裒然傳道於北方之人，則亦韓子、周子之徒也，又不得親炙之而問其所以然，質心之所素定者。

中原傳統文化在歷經長期斷裂之後，卽以趙復北行傳道爲標誌，開始趨向彌合恢復。意卽郝經所説的趙復北行『接續不傳之妙』而傳播孔孟之旨、儒家道統及程朱理學，使中原傳統文化終於免遭毁滅，而且還得到意外的發展。元世祖建立元朝後，經集賢大學士兼國子祭酒許衡的鼓吹，程朱之學被列入官學；元仁宗恢復科舉，程朱之學又被列爲基本教材。程朱理學從此被確定爲官方哲學，取得正統地位，中原傳統文化遂不至於毁滅，而且得以延續發展。程朱理學在中原文化極盛的宋代一度受挫，被視爲僞學，却在中原文化長期斷裂的蒙元時代被定爲國是，成爲官學，後在明清二代發揚光大，被確定爲統治思想。《宋史·道學傳序》云：『後之時君世主欲復天德王道之治，必來此取法矣』，使之成爲後期封建社會治世牧民最迫切需要的理論基礎，趙復與元代文人做出的貢獻，甚是巨大而不朽。

在卷三十《送漢上趙先生序》中，又記致書趙復北行傳道，希望他能夠『傳正脉於異俗，衍正學於異域，指吾民心術之迂，開吾民耳目之蔽，削蕪漫，斷邪枉，破昏塞，俾六經之義，聖人之道，焕如日星，沛如河海，巍如泰華，充溢旁魄，大放於北方』。郝經希望趙復能夠在蒙古統治之下的殊方異域，即中原傳統文化已經長期斷裂，而且深受草原遊牧文化之異俗影響而被異化的北方及塞外地區，傳播儒家道統及程朱理學之思想，指正吾民偏執迂腐的習俗，啟迪吾民被蒙蔽的視聽，清除冗雜散亂之曲學，斷絶邪曲不正之異説，破除昏憒閉塞之心志。意即清除草原遊牧文化的蒙昧、落後、野蠻習俗，使六經之義、聖人之道發揚光大於北方。郝經對趙復寄託的希望非常高遠，不僅僅局限於勸諫蒙古帝王接受漢法，推行『中國之道』，他祈望在觀念形態、道德文化諸多方面，全面深入地教化改造北方社會和蒙古民族，使蒙元社會走向封建文明。郝經等一代華夏文人，就是如此懷揣一種强烈的歷史責任感與使命感，終於使長期斷裂的中原傳統文化趨向彌合恢復，免遭毀滅之災，而且推動了中原傳統文化與草原遊牧文化的相互衝撞與融合，其功德可謂大矣。

同時，郝經『能行中國之道則中國之主』之主張，又從根本上打破了作爲『中國之主』的華夷種族界限，提出以『能行中國之道』作爲『中國之主』的標準，從理論上爲蒙古統治中國提供了合理的依據，體現出郝經大中華大一統之博大的思想與胸懷。

郝經曾多次論及大一統問題，如卷二八《一王雅序》：『期於大一統，明王道，補緝前賢之所未及者而已』；卷三一《隋晉王廣滅陳禽陳叔寶露布》：『臣聞伐罪赦民，是謂天討；禁暴誅亂，乃爲義兵。所以用五材而正萬邦，奄四海以大一統』；卷三九《上宋主陳請歸國萬言書》：『若夫聖人在位，大一統以安天下，際海内外，靡不臣屬，有天下之全勢，行天下之正道，無復有事矣。不幸而紀綱衰微，遂底頽敗，則跡夫所以衰，求夫所以興，此自一勢也。修而安之，以復其初，亦自一理也。又不幸而豪傑並起，割裂河山，相與爲敵，莫能相尚，此又一勢也。撫而安之，各保其有，此又一理也。故大一統以安天下，三代、漢唐及貴朝之盛時是也』等等。

郝經大一統之觀念，不是狹隘的中原漢族歷代王朝的大一統，而是凡夷狄華夏皆可統一天下的大中華之大一統。郝經在卷十九《時務》中論道：『雖然，天無必與，惟善是與；民無必從，惟德之從。中國而既亡矣，豈必中國之人而後善治哉？聖人有云：「夷而進於中國則中國之」，苟有善者，與之可也，從之可也，何有於中國於夷？故苻秦三十年而天下稱治，元魏數世而四海幾平。晉能取吴而不能遂守，隋能混一而不能再世。以是知天之所與，不在於地而在於人，不在於人而在於道，不在於道而在於必行力爲之而已矣。嗚呼！後世有三代二漢之地，有三代二漢之民，而不能爲元魏、苻秦之治者，悲夫！』

郝經又在卷三二《立政議》中，列舉漢高祖至金章宗等二十六位以儒家道統建國治國的帝王，而元魏孝文帝、北周周武帝、金源金世宗與金章宗等胡君夷主，皆在其列，且與漢高祖、武帝、光武帝，唐高祖、太宗，宋太祖、仁宗、高宗等以儒家道統建國治國的開國帝王、中興帝王、盛世帝王相提並論，皆稱之爲中原明君聖主。又論：『昔元魏始有代地，便參用漢法。至孝文遷都洛陽，一以漢法爲政，典章文物燦然與前代比隆，天下至今稱爲賢君。王通修《玄經》卽與爲正統，是可以爲鑒也。金源氏起東北小夷，部曲數百人，渡鴨綠，取黄龍，便建位號。一用遼、宋制度，取二國名士置之近要，使藻飾王化，號十學士。至世宗，與宋定盟，内外無事，天下晏然，法制修明，風俗完厚。』

郝經對元魏、苻秦、契丹、金源等夷狄之國皆持肯定態度，旨在希望蒙元王朝能夠學習元魏、苻秦、契丹、金源等夷國接受漢化，以『中國之道』治理天下。這種大中華大一統之博大胸懷，大大超越前人。其包容的驚世駭俗、順應時代歷史潮流的思想，對促進華夷民族的融合，中華民族的統一，其功德甚是大矣。

大中華大一統的思想與胸懷，是金蓮川藩府文人的共識、共同追求與共同實踐，是一代社會思潮，這在古代歷史上前所未有。郝經等摒棄傳統觀念，順應歷史潮流，以一種全新的眼光與寬廣的胸懷來闡釋發展傳統中根深蒂固的觀念，甚至付出了不惜投靠蒙元的代價，努力實踐自己的主張。忽必烈也給與了郝經等人無以倫比的回報，他就是在排除各種干擾、積極接受郝經等的建議之後，才建立了一個前所未有的大中華大一統之大元王朝。郝經等完成了自己的歷史使命，與忽必烈一道，共同完成了金元之際中國社會歷史文化觀念形態的重大變革，使古代中國進入一個新的歷史文化紀元。

其三，『天下有定理而無定勢』之勢理觀。

《郝經集》卷十六收有《太極圖説》、《先天圖説》、《一貫圖説》等文，旨在通過談論北宋周敦頤、邵雍等道學家所論天地萬物不斷變化之理，來論證他的史學觀。郝經明確提出『天下有定理而無定勢』之勢理觀，這是他對中國歷史發展演變基本規律的概括總結，也是他史學觀的精髓，涉及宋元之際南北的統一與分立以至於中國的統一與分裂諸多重大歷史問題。卷三九《上宋主陳請歸國萬言書》中論道：

夫天下有定理而無定勢，聖人馭天下之大柄，本夫理而審夫勢，不執於一，不失於一，而惟理是適，是以舉而措之，成天下之事業。……勢莫能定，而理無不定，推理而行，握符持要，以應夫勢，天下無不定也。

概要而論，郝經以爲，天下動亂，南北分裂是無定之勢；天下安定，南北統一是有定之理。勢在不斷變化，必然要演變爲理。郝經遂又提出他的南北之勢理觀：

夫南北之勢，一定之勢也。南之不能有於北，一定之理也。理之所在，非人力之所能强，又非一時之勢可以軋，蓋本然不易之道也。……故凡立國者，莫不自北而南也。

郝經隨卽直接列舉兩宋多次自南而北之北伐，欲收復燕雲，欲收復中原，不僅未能取得戰果，反而招致更大失敗。此引申而論：

宋太祖曾準備北定北漢，未及出征，突然去世，未能完成統一大業。宋太宗滅亡北漢後，趁勢北進，欲收復燕雲，高粱河之戰，宋軍慘敗。雍熙年間，太宗再行北伐，又遭失敗。從此，北宋對遼失去戰略進攻能力，被迫轉取戰略防御。宋徽宗欲收復燕雲，與金訂立海上之盟，宋金聯合滅遼。滅遼後，金軍趁勢南下攻宋。靖康之變，金軍滅北宋。南宋孝宗即位，志在恢復，改元隆興，詔令主戰將領張浚北伐，欲收復中原，史稱隆興北伐。宋軍先勝後敗，在宿州全線崩潰，史稱符離之潰。宋朝不得已而與金議和：金宋世爲叔侄之國，改歲貢爲歲幣，雙方疆界恢復紹興和議時原狀，史稱隆興和議，宋金休戰四十多年。南宋寧宗開禧年間，金朝北邊遭受蒙古侵逼，主戰將領韓侂胄趁機北伐，欲收復中原，史稱開禧北伐。南宋大敗，金人要求懲辦戰爭禍首，權臣史彌遠殺韓侂胄，函首送金。嘉定元年，雙方重訂和約：金宋爲伯侄之國，增加輸金歲幣，雙方疆界恢復紹興和議時原狀，史稱嘉定和議。南宋理宗端平元年，蒙古與南宋結盟，聯合滅金。滅金後，南宋趁蒙古北還，出兵收復原北宋西京河南府（今河南洛陽）、東京開封府（今河南開封）和南京應天府（今河南商丘），史稱端平入洛。宋軍最終被蒙古擊退，蒙古太宗遂以南宋敗盟爲由，大舉攻宋，南宋慘遭戰火。

郝經之所以不厭其繁地列舉兩宋北伐皆慘遭失敗，以至於造成北宋亡國的慘痛歷史事實，其目的是希望南宋能夠接受和議，宋元南北分立，和睦相處，庶幾相安無事。卷三九《上宋主陳請歸國萬言書》中，郝經舉出宋人自論：『康節有云：「自北而南則治，自南而北則亂。」蓋其氣數使之然也。如此則南北之理，天下之勢，灼然見矣。』康節之語，出北宋邵雍《皇極經世書·觀物外篇下》：『天地之氣，運北而南則治，南而北則亂。亂久，則復北而南矣。天道人事亦然。推之歷代，可見消長之理也。』

『夫天地之氣，運否而隨，隨而泰，自北而南則治。泰而蠱，蠱而否，自南而北則亂。亂久復治，循環消長。驗之歷代，天行此運，人事此理，經世之要盡在是矣。』郝經因論：『今氣數將周，甲子改元，政二國迓續惟新之日也。雖誤之於始，不誤之於終。主上行之於北，陛下成之於南，經等數年之戚一旦得信，則事體仍在，釁雖積而可消，兵雖交而可弭，億萬之性命可存，挽回元氣，春動諸華，天地人神之福也。』

郝經一生經歷了宋金元三代興衰交替的歷史變革，主要經歷了金源與南宋、蒙古與南宋的兩次南北對峙，身歷蒙古的崛起，金源的興衰，南宋的沉浮；金源與南宋的戰和，蒙古與金源的恩仇，蒙古與南宋的對峙；以及金源與蒙古相繼『行中國之道』而入主中原，使華夷一統等一系列重大歷史事件。郝經對蒙古是肯定的，肯定蒙古入主中原的合理性，肯定蒙古崛起的必然性。既然蒙古可以統一草原，征服西域，縱橫歐亞，先後攻滅西夏，滅亡金源，覆亡大理，那麽，他們最終平定南宋，統一中國，是水到渠成、不可阻擋的天下定理之大勢。

然而，我們又隱隱約約感覺到，郝經對蒙古政權只是肯定而已，似乎少了一些贊揚與歌頌，更多的是沉鬱與沉思，這可能與郝經對金源與南宋的態度有關。郝經十二歲（蒙古太宗六年，金哀帝天興三年，宋理宗端平元年，一二三四）時，親眼目睹了金源的覆亡。金源終究是郝經的故國，所以他在後來的諸多詩文中，更多地流露出一種惋惜之情，即惋惜金源的不爭和覆亡，而很少指責和鞭笞。

郝經對兩宋尤其是南宋，懷有一種非常複雜的感情。他雖然是一位深受金元文化影響的北方文人，政治上又投靠了蒙古，而且對蒙古忠心不移，可以食羊肉喝乳酪，但他終究還是一位漢族文人，骨血中流淌的還是漢民族的血液。對於與自己同屬漢民族的南宋，郝經一直懷有一種既同情又痛恨的心理。他雖然一再肯定蒙元建國的合理性，却又始終尊南宋立國爲正統。因此，郝經出使南宋，並不像在他之前的幾位蒙古使臣那樣，對衰敗不振的南宋頤指氣使，不可一世，而是非常耐心地屢屢移書南宋君臣，伸以大義，曉以利害，一再希望南宋能夠接受罷戰議和，庶幾使南北和平安定，百姓不受戰爭塗炭。他在爲蒙古著想，也在爲南宋著想。

然而，南宋君臣沒有選擇與元罷戰議和，反而拘禁郝經，以求僥倖待變。南宋甚至有橫議者，竟然提出乘變北伐，收復中原，繼而攻滅大元王朝。對此，郝經斥責南宋君臣的不識時務與異想天開，卷三九《上宋主陳請歸國萬言書》中論道：

或者必以爲本朝兵亂，有隙可乘，小信未孚，不足與録。敵有釁不可失也，彼之相攻吾之幸也。大變之後，是吾大利之日也。……天方祐吾，吾可有爲。進據山東，則河朔可圖；檄出關南，則燕雲可復；直扼天塹，則故京可收；泝江而上，則兩川可舉。夫反復姦宄之徒，尤所以誤二國而深禍本也。

郝經因警告南宋：『如天未悔禍，萬一有梗，南北牽連，相與鴻洞，貴朝豈能常如今日？則説者之誤，非爲觀變，是自待變也。故契丹之滅，禍延及於貴朝；金源之滅，禍復及於貴朝。以及於今，其可再令北方有故乎？如其有故，可以爲懼，而不可以爲幸也。』不識時務的南宋君臣，無視郝經的建言與忠告，最終使得南宋生靈遭受塗炭，也葬送了自己的半壁江山。

其四，使宋議和欲『解兩國之斗，活億萬生靈』的愛民精神。

荀宗道《故翰林侍讀學士國信使郝公行狀》載，蒙古憲宗時，蒙古舉兵攻宋，郝經隨皇弟忽必烈從征江漢，曾具奏曰：

願王整兵修武，以俟西師，藏器於身，待時而動，與帝修帝德以應天心，明王道以慰人望，簡賢良以尊將相，親宗室以壯基圖，撫諸國以消僭慝，制諸道以防窺竊，實屯戍以嚴武備，結盟好以弭兵鋒，興學校以育英才，恤瘡痍以養元氣，如是則禍變可弭，社稷無虞，我無釁而宋可圖矣。

可見，郝經在隨皇弟忽必烈從征江漢荊鄂之伊始，就主張與南宋『結盟好以弭兵鋒』而以待後圖。忽必烈率軍攻至鄂州（今湖北武昌），兵趣江西時，南宋理宗朝丞相賈似道私自向忽必烈請和，又逢蒙古憲宗死於合州（今重慶）釣魚城戰事。忽必烈面臨一個重大選擇，或退軍北還，爭奪帝位，君臨天下，做一代英主；或繼續攻宋，勝負難料。即使攻滅南宋，大寶極可能歸於其弟阿里不哥，對忽必烈而言，無非爲人做了嫁衣。更何況，蒙古內廷又爭奪激烈，危機四伏。郝經十分理解忽必烈的矛盾心理，很清楚在二者之間選擇的孰重孰輕。於是，他及時抓住這一難逢的時機，力諫忽必烈休兵罷戰，與宋議和，退軍北還，爭奪帝位。

忽必烈採納了郝經的奏諫，退軍北還，即位元世祖，建立元朝，隨即遣郝經出使南宋議和。聯繫郝經的言行，我們完全可以作出這樣的推測：大概他在投身蒙古之時起，就一直在觀察時變，等待時機，如今機會來臨，便毫不猶豫地進言建策，力諫忽必烈休兵罷戰，與宋議和。

聯繫時勢，當時宋元罷戰議和，對雙方而言都是最佳選擇。對於忽必烈而言，踐祚未穩，政局難料，需要一個與南宋罷戰議和的外部環境，好集中精力處理內部事務，以固其位；對於南宋來說，國力衰微，百姓貧乏，根本就無力與蒙元爭鋒，如若再戰，只有亡國。故而，宋元繼續開戰則兩傷，罷戰議和則雙贏。

對於郝經來説，尤其希望宋元罷戰議和，南北可以各自相安，百姓可以安居樂業，免遭戰爭塗炭。這是郝經的最高人生追求，集中體現他的愛民精神。苟宗道《故翰林侍讀學士國信使郝公行狀》記：

明年庚申（一二六〇）三月，上卽皇帝位於開平。四月，遣使召公，欲令使宋。公適自江上回，或勸公稱疾勿行，公曰：『吾讀書學道三十餘年，竟無大益於世。今天下困弊已極，幸而天誘其衷，主上有意息兵，是社稷之福也。儻乘幾挈會，得解兩國之鬭，活億萬生靈，吾學爲有用矣！』遂赴召。

元蘇天爵《元朝名臣事略》卷十五《國信使郝文忠公》載：

世祖御極，欲柔服宋人，以公奉使，告登寶位，且征前日請和之議。或爲公言：『宋人譎詐叵信，盍以疾辭。』公曰：『自南北遘難，江淮遺黎，弱者被俘略，壯者死原野，兵連禍結，斯亦久矣。聖上一視同仁，務通兩國之好。雖似微軀蹈不測之淵，苟能弭兵靖亂，活百萬生靈於鋒鏑之下，吾學爲有用矣。』乃授翰林侍讀學士，佩金虎符，充國信使。

這就是郝經何以明知使宋無果，很可能身陷不測之淵，依然不懼虎穴，毅然使宋議和的一個重要原因，也很好地解釋了他一再追求的『有用之學』的眞實内涵，卽『得解兩國之鬭，活億萬生靈，吾學爲有用矣』，以及『苟能弭兵靖亂，活百萬生靈於鋒鏑之下，吾學爲有用矣』之愛民精神。

所謂愛民，猶儒家仁者愛人之思想，亦指儒家以仁義道德治理天下的王道、王跡、王事、王政思想，或謂之儒家道統，即『中國之道』。愛民也是金蓮川藩府文人的共同追求。《元史·姚樞傳》：『壬子夏，從世祖征大理，至曲先腦儿之地。夜宴，樞陳宋太祖遣曹彬取南唐不殺一人、市不易肆事。明日，世祖據鞍呼曰：「汝昨夕言曹彬不殺者，吾能爲之，吾能爲之！」樞馬上賀曰：「聖人之心，仁明如此，生民之幸，有國之福也。」明年，師及大理城，乃飭樞裂帛爲旗，書止殺之令，分號街陌，由是民得相完保。』《元史·劉秉忠傳》：『癸丑，從世祖征大理，明年征雲南，每贊以天地之好生，王者之神武不殺。故克城之日，不妄戮一人。己未，從伐宋，復以雲南所言，力贊於上，所至全活不可勝計。』《元史·徐世隆傳》：『時方圖征雲南，以問世隆，對曰：「孟子有言：不嗜殺人者能一之。夫君人者不嗜殺人，天下可定，況蕞爾之西南夷乎！」世祖曰：「誠如卿言，吾事濟矣。」』

郝經希望南宋能與元罷戰和議，以全天下百姓性命。在卷三九《上宋主陳請歸國萬言書》中特別列舉北宋眞宗與遼訂澶淵之盟，北宋仁宗與遼訂重熙增幣之盟，南宋高宗與金訂紹興和議，南宋寧宗與金訂嘉定和議，致使南北馳騁往來，甲兵不試，天下安定，百姓安居之事，希望南宋效法借鑒。然而，南宋終究未能如郝經希望的那樣選擇與元罷戰議和，反而拘禁郝經十六年，結果重蹈北宋覆轍，終被元朝滅亡。而郝經肩負的使宋議和的使命，隨着被拘禁於長江岸邊眞州驛館的十六個歲月而付諸東流，他一腔熱誠的愛民衷情，也只能訴諸詩文而無法施展。

四、《郝經集》的版本流變

郝經《郝文忠公陵川文集》已知共有六個版本，即元代至元家藏本《甲子集》、延祐本《郝文忠公陵川文集》；明代正德本《郝文忠公陵川文集》；清代乾隆本《郝文忠公陵川文集》、四庫全書本《郝經集》、道光本《郝文忠公陵川文集》。元代至元家藏本、延祐本均未傳世，明清四個版本，皆流傳至今。由於《郝經集》六個版本的序跋涉及對郝經詩文的評價問題，故依次論述。

元代至元手抄家藏本《甲子集》

《甲子集》，由郝經弟子、使宋書佐苟宗道在眞州編輯。苟宗道《故翰林侍讀學士國信使郝公行狀》稱其編輯時值元世祖『中統五年（至元元年，宋理宗景定五年，一二六四）歲舍甲子秋七月』，故名。卷二九《甲子集序》曰：『遂畀宗道，令整頓綴緝。其《詩傳》、《春秋集傳》、《外傳》、《原古録》、《通鑑書法》、《三國條例》等，各自爲一書。其諸史文雜著，則類別爲編，爲詩、賦、論、説、辨、解、書、傳、志、箴、銘、贊、頌、序、記、碑誌、行狀、哀辭、祭文、雜著録、宏辭、表奏、使宋文移等類，總爲一集。以其集於是年，故以其年數命之，曰《甲子集》云。』《甲子集》應收郝經『中統五年歲舍甲子秋七月』之前的作品，之後的作品應當不斷補入。郝經北還後，所有書稿由其子采麟收藏於家。

明代正德本附有元刊延祐本所録中書省移江西行省咨文稱郝經：

其平日著述，如《三國志》，黜曹魏而主劉蜀，使正統有歸，吻合朱文公《通鑒綱目》筆法，一洗前書之謬誤，是誠有補於世教。又如《春秋外傳》、《一王雅》、《陵川文集》等書，學者願見而不得。似此遺藳，家藏尚多。不幸其子山南江北道肅政廉訪使文徵早卒，伏慮前書，久而散失，良可惜也。如蒙朝廷允許，於懷州本家取發前來，付翰苑披詳，發下板行。

據此咨文可知，郝經一生所有著述皆有家藏本。延祐年間，《續後漢書》並《陵川文集》得官方刊印，得以行世，流傳至今。其他著述未能刊印，遂皆散失不傳，誠爲可惜。

元代延祐本《郝文忠公陵川文集》

元代延祐年間，郝經弟子郭嘉上奏朝廷，請刊《續後漢書》並《陵川文集》，朝廷準奏，付編修官蒲道源等考校，責江西行省刊印，由江廣儒學馮良佐董役校對刊印，各印二十部，題名《郝文忠公陵川文集》。惜延祐本未能傳世，不能知其面目。馮良佐延祐戊午（五年，一三一八）《郝文忠公陵川文集後序》：

欽惟皇元，以神武開國，聲應氣求，功能咸奮。時則有若陵川夫子郝文忠公，以雄文雅望，爲中外所仰。其於五帝三王之事業，口之不置，方劇論時，四座傾屬，公亦無所推讓。會有使宋之行，館留之累歲。歲月閑永，窮經修史之暇，遂得肆力爲文。韻語則有賦、頌、歌、行、古律詩、箴、贊，敘事則有狀、踈、序、説、記、志、論義，蓋多儀眞館中之筆也。長江大河其思也，移鼎拔山其力也，龍光牛斗其氣也，武庫之□隨取隨足也，此愚所謂其時其人也。武功載定，文教鼎興，端欲大用，而公逝矣。當時及門壽俊，護襲遺稿，迄今餘五十年。延祐戊午春，集賢陳大學士上聞聖明，軫勳崇舊，嘉惠斯文，遂繡梓行世。

據此後序，延祐本《郝文忠公陵川文集》所收郝經詩文之體，與苟宗道《故翰林侍讀學士國信使郝公行狀》所記《甲子集》郝經詩文之體基本相符。

明代正德本《郝文忠公陵川文集》

延祐本僅刊印二十部，至明代正德年間，已不見流傳。郝經同鄉、時任湖廣按察司的沁水李瀚（字叔淵），費時二十年，始得一部全帙，經過整理，在武昌重刻再印，題名《郝文忠公陵川文集》。明刊正德本劉龍正德二年（一五〇七）《郝文忠公陵川文集序》：

吾鄉陵川郝先生，自少力學，博極羣書。其爲文豐蔚豪宕，詩奇崛俊逸，而卒澤於道德仁義，誠一代宗匠，非區區模寫篆刻者比也。顧兵燹之餘，其集失傳。龍垂髫時，卽慕先生名，僅聞其詩一二，求全集不得者，數年而未置也。迢承乏史職，憲副沁水李公叔淵，篤學好古，凡先達製作有未顯者，輒爲表章，亦以是屬龍，始獲抄諸閣本。及公轉湖廣憲使，遂付諸梓，龍得校而序之。

正德本是今見最早的一個版本，較爲珍貴。然而，正德本在抄校或刻版時錯訛較多，頗受後人非議。清刊乾隆本陶自悅乾隆戊午（三年，一七三八）《郝文忠公陵川文集序》曾批評說：「會移知澤州，歲乙酉纂修郡志，遍搜，得李刻全冊於陵，大喜逾望，惜魯魚漫漶。」

清代乾隆本《郝文忠公陵川文集》

康熙乙酉（四年，一六六五），武進（今屬江蘇常州）陶自悅守澤州，曾得二套正德本，遂過録整理，『爰舉前集，命刊梨以行』，終不果，僅爲製序。

澤州王松坪以正德本譌誤較多，且已漫漶，立意重刊。因事未果。其子王鏐得知府朱樟鼓勵，復力推校刊，朱樟序。

乾隆本經過精心抄寫、校勘、刻版、印刷而問世，知府朱樟與王鏐甚是精心，使之成爲一個理想版本，因而後收入《四庫全書》，並衍生出後來的道光本，遂爲郝經集諸本中最流行的一個版本。

四庫全書本《陵川集》

《四庫全書總目·陵川集提要》：『延祐五年（一三一八），經門人集賢大學士郭貫，請以是集與所作《續後漢書》官爲刊板，付待制趙穆、編修官蒲道源等詳定，得旨允行。卷首所載江西中書省劄付、諮文，蓋卽其事。後官板散佚。明正德乙卯（二年，一五〇七），沁水李叔淵重刻於鄂州，陳鳳梧序之。康熙乙酉（四年，一六六五），武進陶自悅守澤州，得李本於州民武氏家，欲鋟木，未果，僅爲制序弁其首。乾隆戊午（三年，一七三八），鳳臺王鏐始校刊之。今所行者，皆鏐此本云。』

四庫館臣介紹了元以來《郝經集》的流行衍變，並明確指出四庫本與乾隆本之關係。四庫本基本忠實於乾隆本，但在整理時，對一些敏感詞彙作了篡改，使《郝經集》出現一些一眼便可識別的硬傷，是爲美中不足。

道光本《郝文忠公陵川文集》

嚴格來講，道光本不是一個獨立的版本，而是乾隆本的一個重印本。據道光本諸序，知府朱樟澤州離任時，攜《郝文忠公陵川文集》書版南歸，收藏於家，其子朱鏻奉爲圭璧。乾隆甲寅（五十九年，一七九四），朱鏻攜書版北行至鄴（今河南安陽），澤州高都張大紱梅南氏將書版購回，藏鳳臺之黄石村。陵川有識者，又將書版購回，貯之郝文忠公祠。如今，《郝文忠公陵川文集》書版仍保存於陵川檔案館。

清刊道光本朱鏻乾隆甲寅《郝文忠公陵川文集序》：

小子鏻少承祖訓，嘗奉爲圭璧。數年來奔走京塵，宦游四方，終無定所。癸丑（乾隆五十八年，一七九三）春，服闋南旋，啟視家笥書卷，半飽脉望，惟《文忠公文集》一版，依然無恙。因船載以北，比至鄴，適友人魏夢熊偕張公梅南，造鏻搆觀焉。公，郝公里人也。居平所志所學，咸以文忠公爲師承。其重斯板也，與鏻有同心焉，因解篋遺之。

張大紱梅南氏嘉慶戊午（三年，一七九八）《郝文忠公陵川文集序》：『時鹿田太守裔孫鏻市版漳南，余親往納直，捆載以歸。凡以成余友志，而弗敢自爲功也。版計四百餘片，共耗金若干數，今貯余家之我書樓。』陵川知縣强上林道光八年（一八二八）《郝文忠公陵川文集敘》記載二十餘年後《郝文忠公陵川文集》書版回歸陵川之事：

適高邑皇甫君基、郜君丕協倡捐公項，從張姓買出，謀貯郡學。鳳邑趙君爾愢悉其事，謂『貯府不如歸陵』。陵人承其意，與皇甫君商，卽慨然舉櫝相贈，使數百年斯文之脉復歸故土，貯之公祠，責之掌守。

道光本在重印時，對乾隆本序跋、正文、附録等，依照原本全部收録。并在卷首及附録中，插補了朱鑅序、張大紱梅南氏序，及强上林敘。卷首還收入秦萬壽、王汝楫、張翥等所作的《郝文忠公年譜》，其中包括秦萬壽嘉慶己巳（十四年，一八〇九）的《郝文忠公年譜世系記》，道光丙申（十六年，一八三六）『後學楊豫成跋於都門客寓』的《郝文忠公年譜跋》，張翥道光戊子（八年，一八二八）的《郝文忠公年譜跋》等。因此得知，道光本《郝經集》應在道光丙申（十六年，一八三六）以後重新梓行，且其以資料的相對全備，取勝於所見《郝經集》所有版本。

諸本《郝經集》皆屬於文體與編年相結合的編排體例，茲以現存最早的正德本爲例而論，其卷首匯集有諸家序言、朝廷封贈、傳記等類文章，卷末附録有郝經相關詩文資料。正文部分，則以文體分類爲編，依次爲賦、詩、圖説、論、雜著、文、哀辭、祭文、箴、銘、贊、説、書、記、序、述擬、奏議、碑文、墓誌銘、行狀、使宋文移等二十一類文體，分爲三十九卷。每卷所收文體不等，如卷一爲賦，整一卷；詩共十四卷，又按不同詩體分類，計古詩五卷，古詩和陶二卷，歌詩五卷，律詩二卷，七絶與五絶一卷；文共二十四卷，亦按不同文體分類，圖説一卷，贊與説一卷，使宋文移三卷等。同時，每卷所收詩文，又分别按時間先後順序，進行編排。故而，正德本《郝經集》屬於文體與編年相結合的編排體例。據卷二九《甲子集序》與延祐本所録中書省移江西行省咨文，家藏本與延祐本，可能就是文體與編年相結合的編排體例，遂被正德本沿用。只是家藏本與延祐本皆未傳世，只能以正德本爲據而論其體例。而後世的乾隆本、四庫本、道光本，完全遵循了正德本《郝經集》的編排體例而無變化，只是刻印精細水準不同而已。

今人對《郝經集》進行了系統的整理，各有特點優劣。山西古籍出版社二〇〇六年出版的秦雪清點校簡體橫排《郝文忠公陵川文集》及馬甫平點校繁體豎排《郝經集》，皆沿用正德本所形成的編排體例而無變化，皆以道光本爲底本，不涉校勘，僅可供普及閲讀。

李修生主編的江蘇古籍出版社一九九八年版《全元文》第四冊收有郝經賦與文，其以正德本《郝經集》爲底本，參校乾隆本與四庫本。共收賦十五篇，文二百十六題二百十四篇，其中集外輯佚文一篇。同時，對所收賦與文，進行了系統校勘，並作校記。其中有一百篇或賦或文，以題記形式，作有簡明的繫年；並且在編排體例上，調整了正德本以來諸本文體的編排順序。

楊鐮主編的中華書局二〇一三年版《全元詩》亦屬繁體豎排校勘本，第四冊收有郝經詩歌，以道光本《郝經集》爲底本，參校正德本、乾隆本與四庫本。共收詩四百六十六題七百三十首，其中集外輯佚詩三首。同時，對所收詩篇，進行了系統校勘，其中有五十首詩作有簡明校記。在編排體例上，遵循了道光本《郝經集》的編排體例。

《郝經集編年校箋》遵循道光本《郝經集》文體與編年相結合的編排體例。全書共收賦十五篇；

詩四百六十七題七百三十一首，其中輯佚詩及殘詞四首； 文二百十六題二百十四篇，其中輯佚文一篇，爲目前所見《郝經集》諸本中匯集郝經詩文作品最多的一個整理本，基本上收全了郝經全部的現存詩文作品。附録部分，匯集有序跋提要、祭奠題詠、年譜、朝廷封贈、碑銘史傳、遺事輯佚、雜劇《鴈帛書》等相關資料，基本上收全了郝經現存相關資料。

《郝經集編年校箋》對所收郝經的全部詩文作品，逐篇進行了系統的編年箋證校勘，糾正了此前諸本整理出版中的文字譌誤、標點譌誤。爲給作品編年提供一個總體參照，全書前特撰《綱領》一文，系統列举郝經的時代及其生平行實，檢索《郝經集》中常見的重要歷史事件，對照宋元時期的歷史變革，作引申概括述略，以爲編年的綱領參照。其編年，則在每篇作品題下，从『編年、年譜、見詩（文）、箋證』等方面，考證出該篇所作時地人物。其校勘，以現存《郝文忠公陵川文集》道光本爲底本，參校正德本、乾隆本、四庫本等版本，择善而用，作出校記。同時對明代《永樂大典》，清代顧嗣立編《元詩選》、陳焯編《宋元詩會》、張豫章等編《御選元詩》、陳元龍等編《御定歷代賦彙》，及光緒版《山西通志》、雍正版《澤州府志》、光緒版《陵川縣誌》等所收郝經詩文，也均有參校。

《郝經集編年校箋》集詩文匯集、篇目編年、箋證、版本校勘、資料輯録於一編，且以作品匯集齊全，篇目編年系統，版本校勘精細，資料輯録全面而取勝，在諸家《郝經集》整理本中獨具特色，庶可爲郝經研究提供一個全新的科學的版本依據。

綱　領

郝經的時代，中國社會剛剛歷經晚唐五代以來近四百年的分裂動亂，開始逐步走向宋元時期的整合統一。期間發生的一系列重大歷史事件，對郝經的思想及其著述都發生了直接而又深刻的影響。在此檢索郝經一生精心結撰的《郝文忠公陵川文集》（簡稱《郝經集》）中涉及的重大歷史事件，彙集郝經的生平行實，對照宋元時期中國社會的歷史變革，作引申概括述略，爲《郝經集編年校箋》之『編年』提供一個綱領參照。

一、郝經的時代

郝經的時代，中國社會發生的最重大的歷史事件，當屬蒙古民族的崛起。金章宗泰和六年（宋寧宗開禧二年，金章宗泰和六年，一二〇六），蒙古成吉思統一蒙古各部，建立了大蒙古國。蒙古乘著統一草原的雄風，開始摧枯拉朽地四處征戰，所向無敵地到處擴張。蒙古太祖十四年（宋寧宗嘉定十二年，金宣宗興定三年，一二一九）、太宗七年（宋理宗端平二年，一二三五）、憲宗三年（宋理宗寶祐元年，一二五三），蒙古先後三次西征，征服西域，横掃歐亞，建立了一個擁有金帳汗國、察合台汗國、窩闊台汗國和伊兒汗國等四大汗國的大蒙古帝國。又先後滅亡西夏，平定金源，征服大理，統一南宋。蒙古民族結束了中國自晚唐五代以來近四百年的分裂動亂，重新完成了中國的統一。

蒙古之前，先有契丹民族興起於北方。五代後梁貞明二年（九一六），遼太祖耶律阿保機統一契丹各部，建立大契丹國，定都臨潢府（今内蒙古巴林左旗南波羅城）。遼太宗十一年（九三六），因助石敬瑭滅亡後唐，建立後晉，得燕雲十六州，契丹民族進入中原。會同九年（九四六），遼太宗攻滅後晉，以中原皇帝儀仗進入東京汴梁（今河南開封）。明年，在汴梁改國號爲大遼。然而，大遼雖雄踞西起阿爾泰山、東達大海的廣漠草原，在中原地區，却僅僅據有燕雲十六州而無統一中國之雄心，遂被新崛起的金源滅亡。

女眞民族興起於東北，宋徽宗政和五年（一一一五），金太祖完顏阿骨打統一女眞各部，建立金朝，定都會寧府（今黑龍江哈爾濱阿城），改元收國。天輔四年（宋徽宗宣和二年，一一二〇），金朝接受北宋之約，訂立『海上之盟』，志在滅亡遼國。金太宗三年（宋徽宗宣和七年，遼天祚帝保大五年，一一二五），金朝聯合北宋滅亡遼國，隨即乘勢南下，於天會四年（宋欽宗靖康元年，一一二六）滅亡北宋，迫使宋室南渡，女眞民族入主中原。貞元元年（宋高宗紹興二十三年，一一五三），海陵王完顏亮遷都中都燕京（今北京），有志平定江南，統一中國，可惜死於金源内訌。金世宗與金章宗父子陶醉於大定明昌之治，金宣宗與金哀宗疲於奔命殘喘苟存。金源雖雄據中原而無統一中國之能力，終被新崛起的蒙古滅亡。

蒙古民族崛起於北方草原之際，即有雄心統一中國，也頗有統一中國的能力。蒙古太祖首先問鼎割據中原西北的西夏。早在建國前一年（西夏桓宗天慶十二年，金章宗泰和五年，宋寧宗開禧元年，一二〇五），即開始圖謀西夏，先後六征西夏，終於蒙古太祖二十二年（西夏末帝寶義二年，金哀宗正大四年，宋理宗寶慶三年，一二二七）滅西夏。

蒙古太祖六年（宋理宗嘉定四年，金衛紹王大安四年，一二一一）、八年（宋理宗嘉定六年，金衛紹王至寧元年，一二一三），蒙古兩度用兵金朝，攻破金朝北方界牆，攻克居庸關，兩度兵圍金朝中都燕京（今北京），分兵攻掠河北、山西、山東三省州縣，攻佔遼東金朝北京大定府（今遼寧寧城西北大明城）。時金朝發生宫廷政變，衛紹王被弒，金宣宗繼位，送衛紹王女岐國公主和親，蒙古退軍。金宣宗畏懼蒙古，遂放棄中都燕京，遷都南京開封府（今屬河南）。蒙古太祖十年（宋理宗嘉定八年，金宣宗貞祐三年，一二一五），蒙古攻佔金朝中都燕京（今北京），黄河以北金朝舊地盡歸蒙古。

蒙古太宗二年（金哀宗正大七年，宋理宗紹定三年，一二三〇），蒙古三路攻金。太宗率中路出山西，自白坡（今河南孟縣西南）渡河，攻佔洛陽，東進攻金朝南京開封；大將斡陳那顏率東路自濟南攻佔徐州，西進攻金朝南京開封；太宗四弟拖雷率西路進入陝西，迂回漢中，借宋道，沿漢水出唐州、鄧州，北進攻金朝南京開封。太宗四年（金哀宗天興元年，宋理宗紹定五年，一二三二），蒙古三路大軍會師金朝南京開封。金哀宗出奔歸德（今河南商丘），汴京守將崔立獻城投降蒙古。金哀宗再奔蔡州（今河南汝南）。太宗六年（金哀宗天興三年，宋理宗端平元年，一二三四），蒙古聯合南宋，攻破蔡州，金哀宗自殺，金朝滅亡。

宋太祖趙匡胤於建隆元年（遼穆宗應曆十年，九六〇）代周而立建立宋朝，定都東京汴梁（今河南開封）。宋太祖平定江南後，欲征北漢，收復燕雲十六州，徹底結束中國自晚唐五代以來近四百年的分裂動亂而統一天下，但最終無果而逝。宋太宗平定北漢後，曾北征燕雲，結果遭遇高梁河之戰慘敗，從此北宋無力再言收復燕雲十六州。

宋眞宗景德元年（遼聖宗統和二十二年，一〇〇四），契丹南下，直逼黄河岸邊澶州（今河南濮陽）城下，直接威脅東京汴梁。眞宗親征，擊敗契丹。眞宗接受契丹求和，宋遼訂立澶淵之盟，此後宋遼之間百餘年間，不再有大規模戰事。

宋仁宗明道元年（遼興宗重熙元年，一〇三二），遼興宗陳兵宋境，意欲南下。仁宗遣富弼與遼國協議，以增加歲幣爲條件，維持了澶淵之盟的和平協議，史稱重熙增幣。仁宗終朝，曾三次用兵西夏，即延州之戰、好水川之戰和定川寨之戰，三戰皆以宋朝失敗而告終。仁宗遂於慶曆四年（西夏天授禮法延祚七年，一〇四四），與西夏訂立慶曆和議，雙方休戰，西夏向宋稱臣，宋向西夏賜幣。

宋徽宗時，金朝建國，連克遼國東京遼陽府（今屬遼寧）與上京臨潢府（今内蒙巴林左旗林東鎮南郊波羅城）。宋徽宗欲收復燕雲十六州，遂與金朝訂立『海上之盟』，欲借金朝之力，聯合攻滅遼國。遼國滅亡後，北宋僅得燕雲部分州縣，金朝隨即以北宋敗盟爲由，乘勢南下，於天會四年（宋欽宗靖康元年，一一二六）滅亡北宋，擄掠宋徽宗與宋欽宗二帝北去，迫使宋室南渡，史稱靖康之變。

宋高宗南渡重建南宋，金朝繼續南征。宋高宗遂於紹興十一年（金熙宗皇統元年，一一四一）與金訂立紹興和議，結束了宋金十餘年的戰爭狀態。雙方東以淮河中流、西以大散關（陝西寶雞西南）爲界，從此形成宋金南北對峙局面，維持了將近二十年的和平局面。

宋高宗紹興二十三年（金海陵貞元元年，一一五三），金海陵王完顔亮遷都中都燕京（今北京）後，有志平定南宋，統一中國。正隆三年（宋高宗紹興二十八年，一一五八）六月，海陵王揮兵南下，渡過淮河，逼近長江，在采石磯（今安徽馬鞍山西南）渡江受挫，欲改道瓜洲（今江蘇揚州南）渡江。正隆五年（宋高宗紹興三十年，一一六〇），金世宗發動政變即位，改元大定，下詔討伐海陵王，海陵王在瓜洲被部屬弑殺，金朝退軍。

宋孝宗繼位，欲乘金世宗新立之機收復中原，於隆興元年（金世宗大定三年，一一六三），下令張浚揮師北伐。金世宗派軍反擊，在符離集（今安徽宿州）擊潰宋軍，突破宋軍兩淮防線，逼近長江。南宋再次向金求和，與金訂立紹興和議，宋金之間仍維持紹興和議後的舊疆。之後，金世宗開創了『大定之治』，宋孝宗開創了『乾淳之治』，宋金兩國近四十年無大戰事。

宋寧宗繼位，韓侂胄執政，有志北伐，收復中原。開禧二年（金章宗泰和六年，一二〇六），宋寧宗下詔伐金，史稱開禧北伐。宋軍先勝後敗，招致金兵南下，南宋遂與金人再訂和議。金人要求懲辦韓侂胄，宋寧宗殺死韓侂胄，將首級送至金朝。嘉定元年（金章宗泰和八年，一二〇八），南宋與金訂立嘉定和議，宋金之間仍維持紹興和議後的舊疆。金人感於韓侂胄忠於其國，封其爲忠繆侯。

宋金嘉定和議之前二年（宋寧宗開禧二年，金章宗泰和六年，一二〇六），蒙古太祖成吉思建立大蒙古國。蒙古攻金，迫使金宣宗放棄中都燕京，遷都南京開封。南渡後，金宣宗不顧北有蒙古之患，頻繁用兵西夏，均敗，因與西夏結怨。金宣宗又以南宋停止納貢輸幣爲由，於興定元年（宋寧宗嘉定十年，蒙古太祖十二年，一二一七）、興定三年（宋寧宗嘉定十二年，蒙古太祖十四年，一二一九），兩次用兵南宋，皆敗。

金哀宗繼位，意識到北方蒙古之患，想有一番作爲，停止用兵南宋，與西夏修好。然金朝大勢已去，而蒙古則勢不可當。金哀宗正大四年（蒙古太祖二十二年，宋理宗寶慶三年，一二二七），蒙古滅亡西夏後，志在全力滅金。

金哀宗天興元年（蒙古太宗四年，宋理宗紹定五年，一二三二），蒙古三路滅金。西路進入陝西，欲借宋道，迂回漢中，兵出河南，北攻汴京。南宋不顧唇亡齒寒之理，竟然答應蒙古假道滅金之求。於是，蒙古自鳳翔渡渭水，過寶雞，入大散關。假道南宋，由興元（今陝西漢中）沿漢水東進，屠洋州（今陝西洋縣），趨饒峰，宋人棄關不守。蒙古破金州（今陝西安康）、房州（今湖北房縣）、均州（今屬湖北），在光化（今屬湖北）北渡過漢水，進入金境河南，北上唐州（今河南唐河）、鄧州（今屬河南），在鈞州（今河南禹州）與金軍遭遇，三峰山一戰，盡殲金軍精鋭。蒙古隨之北進，三路軍會合南京，迫使金哀宗棄城出奔歸德，再奔蔡州。金哀宗曾經想和南宋聯合抗擊蒙古，遭南宋拒絶。宋理宗紹定六年（金哀宗天興二年，蒙古太宗五年，一二三三），南宋與蒙古結盟，達成聯合滅金的協定，蒙古軍與宋軍分道攻擊蔡州。明年正月，蔡州城破，金哀宗自殺，金朝滅亡，南宋舉朝慶賀。

金朝滅亡後，蒙古開始與南宋直接南北對峙，昔日聯合滅金的盟友，很快就反目爲仇，相互攻伐。

宋理宗端平元年（蒙古太宗六年，金哀宗天興三年，一二三四），南宋乘蒙古退兵，河南空虚之際，以祭掃位於河南鞏義的北宋皇陵爲名，出兵河南，先後收復原北宋東京開封府（今河南開封）、西京河南府（今河南洛陽）和南京應天府（今河南商丘）。由於道路泥濘，糧草不濟，最終被蒙古擊退，史稱端平入洛。

蒙古太宗七年（宋理宗端平二年，一二三六）六月，蒙古以南宋『敗盟』爲由，三路攻宋：太宗次子闊端率西路軍出兵四川，三子闊出率中路軍直趨荊襄，宗王口溫不花率東路軍攻取江淮。蒙古在東起淮河，西至四川之數千里戰線，攻城掠地，到處狼煙。直至蒙古太宗十三年（宋理宗淳祐元年，一二四一）十二月，蒙古太宗去世，蒙古退兵。其實，早在蒙古太宗四年（金哀宗天興元年，宋理宗紹定五年，一二三二），蒙古三路滅金之時，皇弟拖雷率西路軍假道滅宋，東出漢中之際，爲解後顧之憂，曾分兵西進，連破四川一百四十餘座州縣，蒙古初開對南宋的戰事。

蒙古憲宗元年（宋理宗淳祐十一年，一二五〇），命皇弟忽必烈平定大理。忽必烈班師，大將兀良合台留駐雲南。憲宗七年（宋理宗寶祐五年，一二五七），兀良合台平定西南，蒙古完成對南宋的迂回包圍之勢。八年，蒙古三路南下攻宋，憲宗蒙哥大汗親率西路軍由陝西攻川蜀，東道諸王塔察兒率東路軍從河南攻江淮荊襄，大將兀良合台率南路軍由雲南出兩廣，沿湖南北上，意與東路軍會師於鄂州（今湖北武昌）。東路軍戰事不利，改由皇弟忽必烈總理江淮荊襄戰事，郝經任江淮荊湖南北等路宣撫副使。東路軍攻至鄂州城下，因憲宗死於川蜀重慶釣魚城戰事，忽必烈欲北還爭奪汗位。時宋相賈似道率軍援鄂，雙方締結盟約，忽必烈退兵北還。

中統元年（宋理宗景定元年，一二六〇）春三月，蒙古東部諸王在開平府（今内蒙古正藍旗境内）推舉忽必烈卽位稱帝，建立元朝，定都開平。元世祖忽必烈遂以郝經爲國信使，出使南宋，告登寶位，傳佈通好弭兵息民之意，並要求賈似道踐約。結果，郝經被南宋拘禁於眞州（今江蘇儀徵）十六年。

中統元年（宋理宗景定元年，一二六〇）四月，元世祖之弟阿里不哥也在上都被蒙古西北諸王推舉爲大蒙古國大汗。元世祖北上親征哈拉和林，與阿里不哥爭奪汗位，歷時四年之久。最終以阿里不哥失敗歸降而終。元世祖穩定了帝位，安定了蒙古內部。

中統三年（宋理宗景定三年，一二六二）二月，江淮大都督李璮乘元世祖與阿里不哥爭奪汗位親征漠北之機起兵反元，獻漣海三城降宋，還軍益都，佔據濟南，傳檄河北。元世祖急召宗王哈必赤總督諸道征伐李璮，又命右丞相史天澤專征。七月，史天澤攻破濟南，李璮投大明湖不死，被史天澤俘獲，斬於軍前，元世祖穩固了大元王朝。

至元四年（宋度宗咸淳三年，一二六七），元世祖出兵荊襄，兵圍襄陽，至元九年攻佔襄陽，爲滅亡南宋做好了戰略準備。

至元十一年（宋度宗咸淳十年，一二七四），宋度宗逝，三歲的宋恭宗繼位，謝太后稱制，賈似道弄權。元世祖遂以南宋拘禁使臣爲由，詔令丞相伯顔總兵滅宋。伯顔自襄陽出兵，攻取鄂州、漢陽等地，順江東下，逼近臨安。

至元十二年（宋恭宗德祐元年，一二七五），賈似道畏懼，禮送郝經北還。四月，郝經入大都（即燕京，今北京）。七月，郝經病逝。明年（元世祖至元十三年，宋恭宗德祐二年，一二七六）一月，元軍兵臨臨安。南宋朝廷求和不成，向元軍投降。同年，謝太后抱著五歲的宋恭宗出城降元，南宋滅亡。

郝經一生經歷了宋金元三代興衰交替的歷史變革，他把力諫蒙元推行漢化，以『中國之道』建國治國，把出使南宋罷戰議和，作爲自己一生的歷史使命；又帶着歷史的使命感，以自己的詩文，記録了这一時代的歷史風雲，社会變革。蒙古的崛起，金源的興衰，南宋的沉浮；金源與南宋的戰和，蒙古與金源的恩讎，蒙古與南宋的對峙； 幾千年中國傳統文化的輝煌，儒家道統的不朽，金源與蒙古相繼『行中國之道』而入主中原，使華夷一統； 以及西域的回歸，契丹、西夏與大理的歷史，等等，無不展現於他的筆下。《郝經集》是郝經一生的精心結撰，是一部展現宋金元三代歷史風雲的興衰史，是一部展現宋金元三代社会變革的社会史。

二、郝經的生平行實

郝經，字伯常，澤州陵川（今山西晉城陵川）人。郝氏源出今山西太原郝莊，郝經之子采麟《郝文忠公年譜世系記》曰：『郝氏繫出有殷帝乙，支子封於太原郝鄉，因以爲姓。』五代時，其九世祖郝儀自太原遷至潞州（今山西長治）之龍莊。八世祖郝復徙澤州陵川，遂籍陵川。八世祖以下，世代業儒，教授鄉里，遂爲一郡望族。其祖父郝天挺，更爲一方名儒。

金宣宗貞祐二年（蒙古太祖九年，宋寧宗嘉定七年，一二一四），蒙古再度攻金，金宣宗放棄中都燕京（今北京），遷都南京開封（今屬河南），黄河以北金朝舊地盡屬蒙古。蒙古兵掠陵川，郝經祖父郝天挺攜家離鄉，渡河避亂。郝經《先妣行狀》云：『元光元年（蒙古太祖十八年，一二二二），復渡河。冬十有一月，生經於許州（今河南許昌）臨潁（今屬河南）之城皐鎮。』（卷三六）

蒙古太宗四年（金哀宗天興元年，宋理宗紹定五年，一二三二），蒙古圍金朝南京開封，金哀宗出奔，渡河欲北，至衛州（今河南衛輝）受挫，復渡河南奔歸德（今河南商丘），再奔蔡州（今河南汝南）。

在金哀宗渡河欲北之際，郝經父母亦攜家北渡，流寓保定（今屬河北）。二年後，蒙古聯合南宋，攻破蔡州，金哀宗自盡，末帝死於亂軍，金朝滅亡。郝經時年十二歲，自稱是年『始知讀書』。

郝經自蒙古太宗四年隨父母流寓保定以來，至元世祖中統元年（宋理宗景定元年，一二六〇）爲國信使出使南宋，共在保定寓居二十八年。期間，曾先後五入燕京，五游河南，二行山東，二上開平，一征荊鄂。同時，曾遊歷河北之正定、易縣、獲鹿、趙州、廣宗、長蘆、邯鄲、磁州、臨漳等地。

蒙古太宗四年至蒙古憲宗三年（宋理宗寶祐元年，一二五三），郝經活動於保定，以讀書設館爲要。太宗四年至九年，郝經在家讀書，且協助父母料理家務，前後五年。十年至太宗皇后乃馬眞氏稱制二年（宋理宗淳祐三年，一二四三），郝經讀書於鐵佛寺，前後六年。

此後至定宗后海迷失氏稱制二年，郝經設館於順天左副元帥賈輔府萬卷樓中和堂，教授賈府諸子弟，前後七年。

蒙古憲宗二年（宋理宗淳祐十二年，一二五三），郝經設館於順天元帥萬戶蔡國公張柔帥府，教授張府諸子弟。次年，郝經始遊學燕京。之後，郝經開始遊歷燕京、河南、山東、開平、荊鄂各地。

案：自蒙古憲宗三年以來，郝經曾多次遊歷燕京。卷三《登昊天寺寶嚴塔》有『六年五入燕，空爲眼中物。於今始一登，頓覺超凡俗』之句。

卷九《入燕行》、卷二一《曲肱亭銘有序》記蒙古憲宗三年入燕：『往歲靖肅徵士魏君過保下，以祥止王氏父子語余，而余未之見也。今年春始得入燕，祥止先生已僊去。』

卷二五《時中齋記》記蒙古憲宗五年十一月入燕：『王子惇甫既考室名之時中，經之入燕，而請曰：「室雖鄙，而名之大，君其辭而訓諸。」』（五年十一月入燕赴開平，六年春正月在開平，爾後返途再入燕。）

卷二《義士》序記蒙古憲宗七年入燕：『丁巳春，余入燕，得義士人一焉，曰晉古。』

卷三《登昊天寺寶嚴塔》、卷十《戊午清明日大城南讀〈金太祖睿德神功碑〉》記蒙古憲宗八年入燕。

元世祖中統元年又入燕。

其中蒙古憲宗五年是應忽必烈之召，北上開平時路經燕京； 元世祖中統元年是北上開平，受命出使南宋時路經燕京，皆屬往返燕京。

憲宗四年春至五年秋，郝經遊歷河南近二年。 他由河北臨漳入河南，安陽、湯陰、衛州、輝州、淇縣、孟州、商丘、開封等地都留下了他的行蹤。

案： 郝經曾四五次行河南。 蒙古太祖十八年（金宣宗元光二年，宋寧宗嘉定十六年，一二二三）冬十一月，生於許州臨潁之城皋鎮。 二十歲娶滿城徐氏，三十三歲前再娶淇澳張氏，淇澳指淇水，因指河南淇縣。 憲宗四年至五年，遊歷河南近二年。 憲宗九年，從皇弟忽必烈南征荊鄂時，曾經河南濮陽、開封、昆陽、蔡州等地。 退兵返燕時，又經河南。

憲宗五年秋，郝經遊歷山東，先後遊歷長清、濟南、青州、曲阜、泰安、臨淄、朱虛等地。

案： 元世祖中統元年（宋理宗景定元年，一二六〇），郝經爲國信使，出使南宋，又途經山東。

憲宗五年冬，郝經應皇弟忽必烈之召，北行開平，途經河北張北野狐嶺、懷來等地。

案：元世祖中統元年，郝經爲國信使，受命出使南宋，又北行開平。

憲宗九年，蒙古三路攻宋，皇弟忽必烈總理東路軍戰事。郝經從忽必烈宣撫江淮，兵趨荊鄂，曾途經河南濮陽、開封、昆陽、禹縣、蔡州、新野等地，歷經湖北德安、襄陽、隨州、石門等地，兵圍鄂州（今湖北武昌），直趨瑞州（今江西高安）與臨江（今江西清江），遊歷廬山。

元世祖中統元年，郝經出使南宋時，曾途經江蘇徐州、豐縣、留城、盱眙等地。六月至安徽宿州、五河口等地。九月至眞州，被拘禁於忠勇軍營十六年。

元世祖至元十一年（宋度宗咸淳十年，一二七四），元世祖詔令丞相伯顔總兵滅宋，元軍逼近臨安。元世祖至元十二年（宋恭宗德祐元年，一二七五）春二月，賈似道畏懼，禮送郝經北還。四月，郝經入大都（卽燕京，今北京）。七月，郝經病逝。次年一月，南宋滅亡。

例　言

一、本書集篇目編年箋證、正文點校、版本校勘、資料彙輯於一編，共收賦十五篇；　詩四百六十七題七百三十一首，其中輯佚詩及殘句四首；　文二百十六題二百十四篇，其中輯佚文一篇。在現存《郝文忠公陵川文集》各種版本之基礎上輯佚增補，基本收全今存所見郝經的全部詩文作品，以期爲郝經研究提供一個作品匯集完整、相關資料搜集齊全的新的整理本。

一、《郝文忠公陵川文集》現存明正德二年劉龍校刻本（以下簡稱正德本）、清乾隆三年王鏐校刻本（以下簡稱乾隆本）、四庫全書本（本書參校文淵閣本，簡稱四庫本）、道光間覆刻乾隆本（以下簡稱道光本）等版本。正德本總體上依據文體分卷，各卷詩文則又基本按照時間順序進行編排。這種文體與編年相結合之編排體例，爲後來乾隆本、四庫本、道光本所遵依。本書在編排時亦參考沿用之。

一、本書前有《綱領》一文，系統列舉郝經的時代及其生平行實，檢索《郝文忠公陵川文集》中涉及的重要歷史事件，對照宋金元時期的歷史變革，作引申概括述略，以爲編年提供綱領參照。

一、編年：　本書對每篇詩文作品均予編年箋證，置於詩文題目之後，正文之前。其目依次爲編年、年譜、見詩（文）、箋證、參見等，從多種角度予以闡釋。

『編年』爲每篇詩文必設之目，『年譜』、『見詩（文）』、『箋證』、『參見』等目，則視每篇詩文具體情況，酌情而設。對於一題多篇之作，一般在總題下作一總編年，不再分篇編年。

對作品逐篇系統編年、確考其撰寫時地之依據，概略有三：郝經諸多詩文作品，皆有明確年月自簽；道光本所附清代鄉賢王汝楫、秦萬壽、張翥所編《郝文忠公年譜》（簡稱《年譜》），對郝經諸多作品有明確繫年；也有諸多詩文作品，雖無郝經年月自簽和《年譜》繫年，然作品本身不時透露有一些相關年月信息，依據這些相關年月信息，略作簡要辯證，基本可以釐清該作之撰寫時地。

對於部分既無郝經年月自簽，又無《年譜》繫年，也無相關年月訊息透露之『三無』作品，則檢索該詩文所涉人物、地名、事件等，參閱相關文獻記載進行考證；同時依據『三無』詩文原編排位置，參照前後詩文之編年順序，根據郝經行蹤等予以編年。至於個別查無線索、難以確考之作，則以『不詳』而作告白，權作存疑待考。

一、年譜：過録《年譜》中相關記載，以佐證具體作品之寫作時地。

一、見詩（文）：過録該篇關於寫作時間與地點之記載，或文本透露出的關於該篇寫作時間與地點之信息，以爲確認本篇詩文寫作時間與地點之箋證。

一、箋證：結合郝經生平蹤跡，過録其他詩文中有關該篇作品寫作時間與地點之記載，或其他詩文透露出的有關該篇寫作時間與地點之資訊，進一步考證本篇詩文寫作時間與地點。對該篇所涉地名、人名、時間、事件等，亦視具體情況給予箋證。

一、參見：列舉可與該篇詩文編年相互參證的其他作品編年，或參見其他有徵於該篇作品編年的關於郝經生平的文獻記載。

一、校記：本書對所收全部詩文篇目，逐篇校勘。校勘以道光本爲底本，參閱正德本、乾隆本、文淵閣四庫全書本等版本，相互參伍校勘，擇善而用。凡於有價值之異文（包括據之可知版本流變者），均出校記。其中對於異體字根據具體情況做了一定的規範處理，不出校記。對明代《永樂大典》、清代顧嗣立編《元詩選》、陳焯編《宋元詩會》、張豫章等編《御選元詩》、陳元龍等編《御定歷代賦彙》，及光緒版《山西通志》、雍正版《澤州府志》、光緒版《陵川縣志》等所收録的郝經詩文，均有參校； 此外對李修生主編《全元文》、楊鐮主編《全元詩》亦予參校。

一、附録： 匯集有序跋提要、祭奠題詠、年譜、朝廷封贈、碑銘史傳、遺事輯佚、雜劇《鴈帛書》等相關資料，基本上收全了郝經現存相關資料。

序跋提要，依次收録《郝經集》元刊延祐本李之紹《陵川文集序》及馮良佐《陵川文集後序》，明刊正德本劉龍《陵川文集序》及陳鳳梧《陵川文集序》，清刊乾隆本陶自悦《陵川文集序》、朱樟《陵川文集序》、王鏐《陵川文集跋》，清刊道光本張大紱梅南氏《陵川文集序》、朱鏷《陵川文集序》及强上林《陵川文集敘》，凡十篇序跋，並收録《四庫全書總目·陵川集提要》等。諸文紹介《郝經集》之收集編撰，版本存佚、演變、流傳多種信息，亦不乏對郝經其人其作之精要評介，極具參考價值。

祭奠題詠，彙集宋、金、元、明、清時期郝經友人、同僚、後學、鄉賢、官宦等輩與郝經相互交遊、相勉、贈答、唱和之作，以及對郝經致以祭奠、哀思、追悼、懷念的詩詞，以見不同時期文人名士對郝經文章節義的崇敬贊美。

郝經年譜，爲道光本所附清代鄉賢王汝楫、秦萬壽、張翥所編《郝文忠公年譜》。其《年譜》編撰，系據《郝經集》詩文所簽歲月，並取金、元、宋三史，相互參照考證編撰而成。編撰者皆屬鄉賢，《年譜》

所載，較爲可靠。

朝廷封贈，依次過錄元成宗、仁宗、順帝三朝對郝經的誥詞、敕文等，並錄成宗朝翰林國史院、御史臺上奏朝廷呈文，事關朝廷對郝經的評價諸事。

碑銘史傳，彙集友人、同僚、後學所撰的事略、小傳、行述、行狀及其神道碑、墓誌銘等，以及正史、方志中關於郝經的各種傳記，可系統檢索郝經生平事蹟、行蹤影響，及其對郝經的全面評價。

遺事輯佚，彙集時人或後人所作野史、筆記、文集、雜著中有關郝經生平遺事的文獻、民間傳説等，以補正史、方志、碑銘記載之不足。

雜劇《鴈帛書》，指清代許鴻磐所著《鴈帛書》雜劇，此據山西大學田同旭整理的《鴈帛書評注》本過錄。過錄時删除注釋，並據《鴈帛書》道光刻本重作校對。《鴈帛書》敷衍廣泛流傳的郝經『鴈足傳書』故事。《鴈帛書》劇情基本尊重史實，屬較爲嚴肅的歷史劇，僅三折《詰罪》郝經面責賈似道屬情節虚構，但符合歷代指責賈似道的歷史眞實。《鴈帛書》以戲曲形式重塑郝經形象，可補史傳之不足。

郝經集編年校箋卷一

賦

擊蛇笏賦 並引

【編年】作於蒙古憲宗五年（宋理宗寶祐三年，一二五五）秋，郝經遊歷山東時期。

【年譜】蒙古憲宗五年，『秋，東行，由趙魏以適魯。八月，入於東原。九月，濟汶自鹿門入於曲阜，藩帥交辟，皆不就。世祖時在潛邸徵召賢士，諸公累薦。九月，遣使召公，不起。十一月，召使復至，公乃歎曰：「讀書爲學本以致用也。今王好賢思治如此，吾學其有用矣！」始應召而北』。見文：詳見賦序『孔公原魯，孔子之裔孫也。仕宋祥符間，嘗以笏擊祆蛇』云云。

【箋證】文曰『孔公原魯』，指宋代孔子四十五代裔孫孔道輔，字原魯。

孔公原魯，孔子之裔孫也。仕宋祥符間，嘗以笏擊祆蛇，其事其節，則有臨川之誌、徂徠之銘、王偁之傳在，其笏則歸於今張文彦遠。經晚進曲學，固不足贅於諸公之末，然義激於中，而有不能已焉者，謹賦而廣之。其辭曰：

昔仲尼之得政也，兵裔夷，戾姦宄，藏甲出，大都圮，魯宴而齊沮，王道之端，於是乎啓。奈之何天不假命，遽行而遽止。其餘威遺烈，鉞於筆而鈇於禮。誅十二公之亂臣、二百四十二年之賊子。壓之以大經，束之以大法，莫敢瀆彝倫而擾天紀。

孰意其孽魄狃而不散，逆靈締而不弭。蟠結乎大塊之阿，囚鎖乎九原之底。乃卵狠而孕戾，不矜廉而厲恥。每間治而爲亂，輒張慝而掩熾。代謝屈信，閱越千祀，以及於宋，化祆蛇而陸起。窟宅乎廟堂，馮附乎神鬼，蜿蜿蜒蜒，曳曳頍頍。伸腹傴脊，呀口侈噬。呈露怪狀，愕目奪視。侈大澤之運，動常山之勢。

愚吏蚩氓，崩角蹶趾，釃酒血牲，匍匐祈祀。若新莽盜國，而無知之民共稱符瑞。狂巫顛覡，踴躍驚喜，稱爲神龍，因緣爲市。若賊操竊權，而嗜利之士爭爲役使。妖聲異聞，鼓舌轟耳，喁訛唱和，讙呶叫噪。震一郡而駭千里，莫之敢詰，亦莫之敢詆。

聖有賢孫，釋褐於是，端笏而前，山立顧指，蓄鋭俟發，韜鋒卒起〔一〕，若子房之睨秦始；奮笏而擊，額拆身弛，祆死於心，毒摇於尾，若太尉之擊朱泚〔二〕。於是惑民雨解，義士風靡。天子是嘉，用爲御史。司國之直，致國於理。而諫中宫之廢，折遼主之誚。邁節特操，凜乎清霜，皦乎白日，雲高而山嶷。是仲尼之以直道，詒厥子孫，俾萬世如矢者，不屈不撓，拔邪樹正，賞善誅惡，無時而已也。則是笏也，與誅卯刃〔三〕，脩經筆，兵萊人戈，叩原壤杖，隳三都鍤，異時而同跡，仲尼爲不死矣。

嗚呼！叔世而下，蛇龍混蟄。春雷瘖而不鳴，直道僨而不植。已刓方而爲圓，又枉尋而直尺。誣譎誕僞，異態百出。有蕩俗惑衆，乘高而爲姦，若茲穴廟之蛇；有巧發毒伺，中人而不可測，若含沙之蜮者〔四〕。有之笏也，無之人也，孰爲之擊也！

【校記】

〔一〕韜鋒卒起，底本、正德本墨塗作『■■■■』，據四庫本補。

〔二〕太，四庫本同，正德本作『大』。

〔三〕卯，四庫本同，正德本作『卯』。

〔四〕蜮，四庫本同，正德本墨塗作『■』。

哀三都賦 有序

【編年】作於蒙古憲宗四年（宋理宗寶祐二年，一二五四）春，至次年秋，郝經遊歷河南期間。

【年譜】蒙古憲宗四年，『春，公客於杞（今河南開封屬縣）』。五年，『秋，東行，由趙魏以適魯』。

見文：『金源氏都燕，挾河朔之勢，以雍洛汴爲邊鎮。既失河朔，始南走汴，金亡而汴亦虛。迄今二十餘年，百王之制度，九州之壯觀，寖以蕪替，遂無孑遺。神州陸沉，永爲邱墟，可哀也已。於是作《哀三都賦》。』

【箋證】文曰『金亡而汴亦虚，迄今二十餘年』，約在蒙古憲宗四年以後。三都指長安、洛陽與開封。元朝之前，有西周、秦朝、西漢、新朝、東漢、前趙、前秦、後秦、西魏、北周、隋朝與唐朝等十五個王朝都曾定都長安，唐以後再無定都長安者。洛陽，古代曾有東周、東漢、曹魏、西晉、北魏（孝文帝以後）、隋（東都）、唐（東都、武后）、後梁、後唐等九個王朝都曾定都洛陽，五代以後再無定都洛陽者。開封，古代曾有夏、戰國時魏國，五代時後梁、後晉、後漢、後周，以及北宋和金等八個王朝定都開封，金朝以後再無定都開封者。蒙古憲宗四年春，至蒙古憲宗五年秋之間，郝經遊歷河南，在三都之開封留居約一年。

李唐亡，長安、洛陽遂虚。梁篡而汴始建，五代荐國，日益殷富。逮宋受禪，太祖以汴土薄易〔一〕，無四塞之固，且非王者處上游之勢也，議遷都長安，而太宗與大臣不從。太祖曰：『今汴所利者，近漕江淮之粟耳。不及百年，民力殫矣。』至宣政間，民雖繁夥，皆遊食不本著，佻靡相矜。益之以黨禍，重之以侈政。老姦擅國，黠閹用事。敗盟開邊，而宋果亡。金源氏都燕，挾河朔之勢，以雍洛汴爲邊鎮。既失河朔，始南走汴，金亡而汴亦虚。迄今二十餘年，百王之制度，九州之壯觀，寖以蕪替，遂無孑遺。神州陸沉，永爲邱墟，可哀也已。於是作《哀三都賦》。其辭曰：

維帝極之弗建，致神器之顛趾。德者斃而覆宗，力者踣而沉祀。兑鋭缺而兵頓，坤靈黑而士死。天王之所居，眾大之所止。頏野馬而蕩滅，走城狐而傾圮。噫吁咿嘻！伊誰之始？乘厥權輿，遐哉邈矣。亡國之蹤，自西而東。吞聲隕涕，原始要終。

昔明皇之臨御，恃開元之駿功。抑漢魏而闊視，攀三五以比隆。謂天崩與地陷，可宴安以無窮。學《霓裳》於天上，養祿兒於宮中。侈幾一動，姦臣愚弄。欲未足心，禍不旋踵。割一統以幾絶，耨兩河之盜種。陵夷僖昭，孽臣姦驕。睥睨問鼎，倔强不朝。巢以饑熾，溫用盜帝。刼乘輿以入洛，血椒蘭而行弑。剷咸陽之故基，祝萬世之元氣〔二〕。舍洛邑而弗居，陋姬旦之王制。噫嘻嗚呼！兩京遂蕪。

中夏壯觀，削於汴都。迄用定命，蔑爲訏謨。龍蛇起陸，競爲鬩鬪。閱五季如傳舍，啓二都之永圖〔三〕。戢干戈以《禮》、《樂》，化殘暴以《詩》、《書》。豈期百年，弗堪顧天〔四〕。漢黨復錮，唐閹再權。壞法亂紀，拔本塞源。既崇侈而肆欲，復敗盟而開邊。東南朝廷，種兩蔓菁。花石綱運，太湖浪驚。祖宗之澤盡，華陽之宫成。引金源於海上，揭汴底而一傾。忘社稷之實禍，慕燕雲之虚名。二帝北虜，一馬南渡。孽不自天，勢成崩土。有臣不臣，假王張楚。有民弗民，依國齊豫。靈光巋然，幸無一炬。鼠竇座以飛嘯，燕雕梁而不語。何故新之多變，竟不知其誰主。

去。粵惟金源，國一再傳。舉玄菟與肅慎，繩遼武而帝燕。合夷夏之制度，成一典而焕然。唐宋惟一間，詎元魏之敢先。而乃馭失其道，潛朽其索。北陸翻沙，蕭牆禍作。公孫於郉，王遷於洛。日入崦嵫，寢適冥漠。駐汴宮爲王所，不甘卑而分弱。藉二京之形勢，跨關中與河朔。雖日窘而日蹙，猶夭矯以磐礴。俾早爲之定鼎，不遂至於墜落。嗚呼噫嘻！商於雪飛，車説其輻，火焚其旗，一僨塗地，三都遂隳。

彗哲王之偉蹟，剝列聖之丕基。俘梁亡之庾信，走吳滅之陸機。宁區中以馳矚，悵掩袂而興悲。碧雲高寒，何處長安。灃水有芑，涇水有蘭。縈不見人，慨乎其嘆。漢室金莖，東移淚潛。茂陵玉盌，暴出人間。愁虹兮貫天，淒風兮射關。覽冠蓋兮弗復覩，帝東游兮何當還。維終南之峻極，與太華之孱顔。壓九地之王氣，鬱千里之秦川。雖人亡而事去，尚虎踞以龍蟠。

北邙坡陀，伊洛交波。惄焉如擣，傷如之何？悲哉白馬之禍，舉衣冠而一盡。宵人肆忿，寧恤乎他。鸞皇胡不冥飛？卒莫逃於網羅。望清流而揮涕，睇濁流而嘯歌。水南有花，水北無家。荒涼國色，慘淡天葩。衝風起兮飄忽，蕩愁錦與驚霞。

湯湯乎汴蔡，三徙兮終敗。倏鼎湖之龍去，震長平之瓦解。曠萬里爲一虚，疑天地之欲壞。文子文孫，青城苦魂。風悲白日，雨泣黄昏。陰燐吐焰，枯血長存。宫百王兮何有，山萬歲兮不壽。石九州兮果窮，巖玉京兮獨秀。惡於中原，無所歸咎。李唐既遠，金源弗受。熙豐一黨，宣和八賊。務快私忿〔五〕，竟亡人國。

言及此兮噎吭，涕無從兮横臆。草木爲之不春，日月爲之改色。小人懷土，君子懷德。王澤不流，下民蕩析。狐猶死而首邱，人豈忘乎都邑。秦人朝鮮，汴人祁連。不見鄉園，泣涕漣漣。父僕三韓，子奴桑乾。于嗟闊兮，乃無羽翰。目愁雲乎異域，淚老目乎荒原。漫搖神而振志，怨心死而骨寒。苟言還而言歸，豈安土而重遷。烏兮鵲兮，何枝可倚。邱平壠徙，碑折松摧〔六〕。鄭不來矣，鬼其餒而。魂一夕兮九逝，扣玄闕而問之〔七〕。彼氣數則已定，何侘傺而自私。

夫亡有大釁，興有嘉運。豈九州之神靈，無一人而與問。王業不偏安，坤極不終僨。蓋泰生於否，而亨始於困。國家方尚，帝德推天。元飛漢唐之龍，馭貶拓拔之鴈。臣閲帝王之窟宅，奠天居而覆民。吾何爲乎，怨嗟艱辛。以熱中而疾夏，爲萬物而憂春也。易哀爲樂，收泣爲笑。捧葵藿之朝陽，返山河之夕照。

【校記】

〔二〕薄，四庫本同，正德本作『簿』。

〔三〕祝，正德本同，四庫本作『鄒』。

〔三〕都，底本、正德本作『猪』，據四庫本改。

〔四〕堪，底本、正德本作『戡』，據四庫本改。

〔五〕快，四庫本同，正德本作『快』。

〔六〕折，四庫本同，正德本作『拆』。

〔七〕玄，底本作『元』，據正德本、四庫本改。

渾沌硯賦

【編年】作於蒙古太宗皇后乃馬眞氏二年（宋理宗淳祐三年，一二四三）至蒙古定宗后海迷失氏二年（宋理宗淳祐十年，一二五〇）之間，郝經時在賈輔萬卷樓設館七年。

【年譜】乃馬眞氏二年，『公讀書於鐵佛寺。冬，順天左副元帥賈輔辟公教授諸子，始去寺堂，館於萬卷樓之中和堂，如是者七年』。海迷失氏二年，『春，公去賈館，擬南邁，自是聲名籍甚』。

見文：『賈侯有硯，端之異石也。溫潤堅潔，渾然天成，而不鎡匠鑿之力。余嘉其能全於樸而致於用也，故名之曰「渾沌」而賦之。』

【箋證】賈侯：卽賈輔（一一九一—一二五四），字元德。金元之際祁州蒲陰（今河北安國）人。初仕金，任蒲陰縣令、祁州（今河北安國）刺史，受金將武仙排擠，遂歸附蒙古，隸屬張柔。張柔爲易州定興（今屬河北）人，仕金爲經略使，後歸蒙古。隨蒙古兵圍汴京，破蔡州，掠河南、兩淮諸地，攻鄂，戰功甚多。官河北東西路都元帥，至萬戶。張柔開府滿城（今屬河北），移守保州（今河北保定）。任賈輔行元帥府事於祁州（今屬河北），遷左副元帥，累功領順天、河南等處軍民萬戶。蒙古憲宗四年（一二五四），賈輔入拜和林，憲宗欲用爲相，病卒。賈輔一二三六年建成萬卷樓，藏書數千，曾延郝經居樓讀書，教授張、賈二家子弟，郝經因作《萬卷樓記》等文。見《新元史》卷一百六十六本傳。又參卷三十五

《左副元帥祁陽賈侯神道碑銘》。

賈侯有硯，端之異石也。溫潤堅潔，渾然天成，而不鎡匠鑿之力。余嘉其能全於樸而致於用也〔一〕，故名之曰『渾沌』而賦之。辭曰：

昔先天氏之一卵，全渾沌於太極。有心有跡，而惟變是適。方其鷇不音而拘，龍不蛻而蟄。會萬殊於一同，而納萬動於一息。忽感而化，與神俱入。秘於重泉，贅爲老石，而潛風波，沒泥滓，漱沕潏，湛清泚。哆蟾鷩而噴彩〔二〕，老蛟怒而厲齒。既未復於故步，復見遇乎舟子。淵九重而縋出，判二氣於太始。深固反以誘盜，靜密反以求徙。割鰲膽而獲翠，落鯨肝而得紫。一泓鑿而失眞，六竅存而不死。然衆變之夭忽，實大化之所使。水無風而不波，心無物而不起。但不離不隨，不鑿不弭，又焉有卵爲石石爲硯之異？又何疑硯非石石非卵之旨？

蓋必有是物，以明是理；必有是用，以明是體。一貫而通，一宅而止，是渾沌硯也已。故其奕輝光，登侯堂。琰匣貯而色瑩，淨几陳而氣張。定心存而玄穎自役，大樸在而儵忽自亡。散跡於《墳》、《典》，策勳於文章。石渠東觀，陵轢秦漢；孔壁汲冢，頡頏夏商。爐南山之松而不變，腐孤竹之管而不傷。墨者自墨而不迎，儒者自儒而不將。舍中和而雲滃雨霔，摧堅貞而金聲玉相。霧縠披於冱冰，陰鑑溢於秋陽。色非此色而妄幻滅，時非此時而寵辱亡。守重厚，薄泓洋，不名不毒，而其用不可量也。

亂曰〔三〕：　硯之珍石之詭，杳渺光含玉肥水。　知白守黑兮爲石谷，知剛守柔兮爲水委。是以涸四海而不汔，灰萬山而不毁。　納元氣兮雲之根，化無窮兮神無已。　而列諸聖賢之軌，固不待蒙莊浮屠，駕言而作訾。　時張賈二侯方事佛老，故以是諷焉。

【校記】

〔一〕樸，四庫本同，正德本作『撲』。

〔二〕蟾，底本、正德本作『噡』，據四庫本改。　噴，四庫本同，正德本作『墳』。

〔三〕亂，底本、四庫本作『辭』，據正德本改。

銅雀臺賦

【編年】作於蒙古憲宗四年（宋理宗寶祐二年，一二五四）春，至次年秋，郝經南下遊歷河南，途經鄴城期間。

【年譜】蒙古憲宗四年，『春，公客於杞（今河南開封屬縣）』。五年，『秋，東行，由趙魏以適魯』。

【箋證】銅雀臺：　東漢末年曹操所建，故址位於今河北臨漳縣境古鄴城西南隅，同時又建金虎臺，氷井臺，合稱三臺，以銅雀臺最爲高大。　古鄴城包括今河北臨漳縣西（鄴北城、鄴南城遺址等）、河南安陽北郊（曹操高陵等）一帶。　蒙古憲宗四年春，郝經曾南下遊歷河南，其行蹤約爲：　先入鄴城游三臺，歷湯陰遊周文王羑里祠（《書羑里祠》），留居開封約一年（《宿鐵塔寺》、《龍德故宮懷古一十四首》

等)，而後於蒙古憲宗五年秋，東行遊歷山東。

天斷漢紀〔一〕，誕植姦孽，董則顛而袁則揭〔二〕。曹氏倡狂，銅雀巍業。阨崑崙，閉孟門，嶡三臺，見三山，截霓斷雲，縵重楹而走六龍。折角徙甍，頡地頏空，碧甃金鎔，直外隆中。壯天骨，柱天崩，激千里而怒長風。

如此之富，如此之雄，而操之心猶未充。俾漢之天爲曹氏天，漢之國爲曹氏國，漢之民也曹氏奴，漢之臣也曹氏隸。漢氏之宗廟宮室燼矣，而曹氏之列屋長門美矣。漢氏之庭寡婦悲，曹氏之庭嬙與妃。

聆義聲，觀義旗，孰知其非？而操之心猶未涯。既立海移山，分辰斡斗。負漢鼎而入魏宮，結漢綱而維魏臺。則丕也拜表，植也拜章。權退備隱，琮降表亡。不愧漢霍光，自比周文王。四顧無人，虎踞而鬼倀。忘赤壁之辱〔三〕，誦明月之曲。笑吳蜀之僻隘，鄙桓文之局促。乃上重臺，入雙闕，慨雄姿，鼓高節。燕歌兮玉糝塵，趙舞兮風翻雪，望二喬而不見，怒孫劉之未滅。

謂我翼莫吾禦，我角莫吾折。彼神器入吾手，孰敢撤而裂之哉？曾不知此世此年，守漢宮者孤兒泣血，守魏宮者姦雄倚疊也。一但懿不忠國，昭不義扶，濟戈投車，龍悲鼎湖，則銅雀之富，魏宮之蓄，賊規盜模，一爲晉所居。

嗚呼！天既不有漢，而魏復當有天。使魏有天，則魏之爲魏，亦昭然矣。奈何魏反不務可作眞帝，逼君而生拱北，以漢臣欺世而死征西乎？噫！欺人者不自見，已不欺人，人不欺己。魏欺漢，作是臺而不能居；晉欺魏，獲是臺而不能保。臺乎，臺乎，果孰居乎？不欺人者，其永居乎！

【校記】

〔一〕紀，四庫本同，正德本作『結』。

〔二〕揭，正德本同，四庫本作『愒』。

〔三〕壁，四庫本同，正德本誤作『璧』。

龍蟠若木山子賦　有序

【編年】作於蒙古憲宗四年（宋理宗寶祐二年，一二五四）春，至次年秋，郝經南下遊歷河南，留居河南開封期間。

【年譜】蒙古憲宗四年，『春，公客於杞（今河南開封屬縣）』。五年，『秋，東行，由趙魏以適魯』。卷二四《上趙經略書》：『經自前歲八月到杞』，『今又以事將北轅，去執事日益遠』。

見文：『龍蟠若木者，禁園之奇石也。德陵狩汴，播棄泥壤，遂用崩折。有客過而悲之，因命僕以爲賦。』德陵：卽金宣宗完顏珣，一二一三至一二二三年在位，貞祐二年（一二一四）避蒙古兵鋒，遷南京（今河南開封），中都失陷。

參見卷二四《上趙經略書》編年。

龍蟠若木者，禁園之奇石也。德陵狩汴，播棄泥壤，遂用崩折。有客過而悲之，因命僕以爲賦。其辭曰：

天蛻奇骨，僵立突兀，不斤不鑱，而盡諸山之秀，鏤造化之窟。力百轉而嶒崒，鬱龍蟠於若木。茁元氣乎一拳，露太初之面目。潤涸四海，幽翻萬谷。尺有千仞之峭，巋無一粟之俗。蓋天鍾美於是，備夫三索之藴，以終萬物，而始萬物，不徒説於人，而爲眼中之物也。故其堅足以不磷，重足以鎮躁，止足以閑邪，静足以寡欲。使爲明堂之礎，而足以柱天；使爲昆吾之硎，而足以劓玉。

惜乎時也非時，命也非命，投閑置散於侈靡之地，而爲遊觀者所矚。故默默以自容，兀兀以自足。三十六宫，方爇沉薰麝，爭容而戰媚，抹朱而綰緑。此則煙淒霧慘，風呼雨沐，踞長松而倚脩竹。盡漢武之雄夸，與秦皇之凶獨。齊管絃於天籟，等山邱於華屋。寄春色於莓苔，寓山鳥之一曲。幾雷霆之震怒，欲奮飛而起陸。媧皇逝而不返，懼不周之再觸。

是以陸沉而不溺，朝隱而不屈。巍巍乎將閲千祀，振萬古，而不朽不歿也。豈意其山移海倒，地圮天覆。虎出於柙，龜毁於櫝。斡神鼎而竇康瓠，逐麒麟而囿麋鹿。又崩折於瓦礫，復閉滯於溝瀆。彼不才之石，瑰珂犖确〔一〕，全其天而碌碌。此其將遂沉淪湫底，與糞壤同化，亦將有時而出也耶？嗚呼！一石之奇猶若是，矧抱奇之士乎？士已爲楚大夫之三刖，而石復爲奇章〔二〕，公之慟哭也宜矣。

【校記】

〔一〕犖，四庫本同，正德本墨塗作『■』。

〔二〕章，四庫本同，正德本作『草』。

靜華君墨竹賦

【編年】作於郝經寓居保定，讀書鐵佛寺，設館賈輔、張柔二府期間。

【箋證】靜華君：蒙古萬戶張柔之長女，適張柔副帥喬惟忠侯之子琚。元劉因於『至元辛巳（至元十八年，一二八一）二月既望』所作《靜華君張氏墨竹詩序》：『静華君，張氏蔡武康之女，嫁爲喬氏妻。而金源名士王翛然、元裕之，皆其外氏之親表。故其家學遺澤，蔚有風範。而君之貞静端潔，其氣類之合。又有與竹同一天者，故素善墨竹。而元、郝諸公見之，因爲詩賦，以比其德，君皆不與知也。而喬氏集成一卷，請予序之，將併刻之石焉。』

君姓張氏，行臺公之女，元遺山之姨姪，總管喬君之妻也。

甚哉！物色之有異也，不爲丹青，不爲麗縟，不爲泉石，不爲卉木，墨於用而形於竹。開太古之玄關〔一〕，寫靈臺之幽獨。儲秀潤於掌握，貯冰霜於肺腹。足乎心而無待於目，備乎理而不備乎物，全乎神而不狥乎俗〔二〕。蓋達者之有天趣，而以貞節爲寓也。若一葉一節，施塗粉澤。舒焉而布煙，慘焉而綴雪。以規規之形似，幸他人之目悦。是俚惡之傚顰〔三〕，惡足以知吾物色之説。竹有竹外之形，墨有墨外之色。故與可有成竹之論，坡仙有心識之訣。而穎濱謂解牛斲輪，心手俱滅，而後至乎超絶，詎庸陋固滯者，得厠其列也。

於乎靜華，琴書滿家。雄侯玉胄，振吐天葩。幽閑貞一，瑩璧無瑕。棄寵光而高蹈，緬逸志於雲霞。湛虚室之太素，曾不憙乎豪奢。故其坐雲軒，佇靈宇，凡蹤絶，天籟舉。呑八九之雲夢，小渭川之千畝。沛蕭蕭之神寓，植歲寒於毫楮。掃胸中之全竹〔四〕，走筆下之風雨。忽穎脱而迸裂，怒絶繃而掣去。

何此君之尚玄，蔑青翠而不處。恍一夢於藍田，幻兩身於湘浦。措斧斤兮何地，陋淇園之漢武。揮淚涕兮何從，媿蒼梧之二女。發四座之清風，驅半襟之煩暑。欲折枝而不得，懼眞宰之或怒。縱入横出，高森亞舞。不步不武，不繩不矩。百千其狀，劍拔戟踞。會於嚬呻，而得於盼顧。豈畫工之屑屑，於此焉而得與？神奇忽恍，固不與萬物同化，將落落兮終古。則君之玩物色，寓天趣，又豈紛紅縵緑〔五〕，所得同年而語哉！

亂曰〔六〕：月府兮雲鄉，戲墨兮淋浪。震虩虩兮神蒼筤，列數幅兮森中堂。氣颯爽兮來三湘，粤惟靜華之比德兮，秉貞節兮凌霜。

【校記】

〔一〕玄，底本、四庫本作『元』，據正德本改。
〔二〕狗，四庫本同，正德本作『徇』。
〔三〕俚，四庫本同，正德本作『理』。
〔四〕胸，四庫本同，正德本作『腦』。
〔五〕豈，底本、正德本作『其』，據四庫本改。
〔六〕亂，底本、四庫本作『辭』，據正德本改。

怒雨賦　己酉五月十三日

【編年】作於蒙古定宗后海迷失氏元年（己酉年，宋理宗淳祐九年，一二四九）五月，郝經寓居保定，讀書鐵佛寺，設館賈輔、張柔二府期間。

【年譜】蒙古定宗后海迷失氏元年，『五月，有《怒雨賦》、《漢義勇武安王廟碑》、《許鄭總管趙侯述先碑銘》』。

蟾骨畢而膨脝，箕侈口而饞吞。帝惡貪兮赫怒，氣軒軒兮不平。乃命箕伯，召坎師，轉陰軸，翻陽機。鬱抑乎兩儀，藴隆乎四維，包並乎八荒，充塞乎九圍。括一囊而大舉，疆萬里以長吹。陣雲移海而起，雙霓貫斗而飛。肅肅慄慄，泬寥慘慼〔一〕。收兩造之和氣，寒凛凛兮來逼。忽六合之破碎，迸金光於虚碧。震來兮虩虩，迅擊兮霹靂。轟萬乘之空車，隕千尋之絶壁。勁穿心而裂耳，訝踵入而頂出。間剥啄之聲落，似沙石而還溼。忽抑絶而閉默，等萬籟之喧寂。

驟江傾而河沛，瀽天瓢爲一滴。滔滔蕩蕩，漭漭泱泱，千里一注，瞿塘峽上。急浪驚湍，沕潏飛蟠，從天而下，底柱山間。紛秦堅之百萬，避晉玄之五千。怒夫差之水犀，既射潮而矢天。少瑟縮而淅瀝，復誕漶以連泫。蛟龍奮而不屈，走陸梁以高騫。蚯蚓喑而不鳴，蛙黽噎而不喧。疑天地之嘉運，欲覆世而一湔。罔兩驚而轉石，罔象喜而跳淵。溢溷中之污穢，没庭下之蘭荃。疑天地之衰運，復太古之茫然。

稚子踣而不蘇，畏崩壞而壞垣。老嫗伏而不動，固局束以攣拳。彼胸中兮何主〔二〕，宜外物之變遷。羌獨臺兮草堂，方偃蹇而高眠。爲攬衣而徐起，正冠襟而待旃。主之乎以忠信，彼胡爲乎詖偏。倏孤電之長掃，賈餘勇而忽還。星吐焰而耿耿，月流波而娟娟。於是撫牀而下，擊藜而歌之。

歌曰：尸居兮龍見，淵默兮雷殷。彼自怒而爲幻，我惟常而是允。存而守之，一心而定。推而放之，四海而準。又何怒之遷，而喜之引也。

【校記】

〔一〕沉，底本、正德本作『沉』，據四庫本改。

〔二〕胸，四庫本同，正德本作『腦』。

瓊花島賦 有序

【編年】作於蒙古憲宗三年（癸丑年，宋理宗寶祐元年，一二五三）夏，郝經遊學燕京期間。

【年譜】蒙古憲宗三年，『夏，公入於燕，由萬寧故宮登瓊花島，慨然有懷，乃作賦焉』。見文：『歲癸丑夏，經入於燕。五月初吉，由萬寧故宮登瓊花島。』參見卷九《入燕行》編年。

歲癸丑夏，經入於燕。五月初吉，由萬寧故宮登瓊花島。徜徉延佇，臨風肆矚，想見大定之治，與有金百年之盛，慨然有懷〔一〕，乃作賦焉。其辭曰：

栝矢飛燕，遼傾宋奔，中夏壯觀，萃於金源。鬱天居之宏麗，開陸地之海山。忽陵飛而阜走，見虎踞與龍蟠。建瓴水於河朔，浩不知其波瀾。沉沉覃覃，旋坤轉乾。赤城紫府，幻出塵寰。

粤惟瓊花之一島，突兀乎其間。崑崙之巔，海風怒掀。劈濤頭而迸落，結水面之青蓮。巖巖磐磐，僵立孱顔。嶷如鰲頭冠日觀而却走，傴如鱷鯨本字背負月窟而横高寒。瑤光樓起，金碧鈎連，斷霓飲海，頡地頏天。華陽九州之塵，雲消露淨〔二〕；遼海百年之藴，燧湧煙塡。

慶雲佳氣，郁郁芊芊。時屬清夷，天下晏然。倒淮南之戈而荊楚帖，崩統萬之角而安西安。神武不殺，而日趨於平泰；信誓既結，而無事乎開邊。明珠白雉，不召而麇至；蒲梢騄耳，無用而復還。一人高拱於其上，無所爲而樂穆清之燕；大臣優游於其下，無所爲而興禮樂之盛。萬物鈞化而無間，四海被澤而不偏。風俗既厚，綱紀日完。財不聚而富，刑不用而措，政不更張而治，士不作聰明而賢，民日遷善而不知其所以然而然。

嶷嶷乎魏孝文，駸駸乎漢孝宣。宜乎於此樂天下之樂，軼邁往而追羲軒。收萬方之瑰詭，盡九土之纖妍。紆青雲之環佩，奏鈞天之管絃。御長風於絕頂，訪蓬壺之飛仙。開八荒之壽域，正一氣之陶甄。躋斯民於仁壽，而君臣與焉；挈斯民於遂樂，而君臣享焉。涵浸醲郁，上格於天；舒愉粹暢，下達於泉。濟濟洋洋，殆三十年，見始終之全。

倏九龍之飛去，墮神鼎於羽淵。宗沉社僨，而乃屢遷。雖則屢遷〔三〕，竟不能永其傳。功如是德如是，不克負荷，一舉而棄捐，孰爲之司而使之然？涸金源於汴蔡，臥一島於蒼煙。悲風射關，枯石荒殘。瓊花樹死，太液池乾。遊子目之而興嘆，故老思之而淚潸。

蓋餘恩遺烈，膏於骨髓，著於肺肝。雖死而若生，雖亡而若存。有與析津同沛、箕尾共鶱者，雖曰假山而實德山也。彼虐政虐世，昏君暴主，以萬人之力，肆一己之欲，刳吾乾坤，穢吾山川，雖曰石山而實血山。民欲與之俱亡，卒聚而殲旃，寧不愧於兹焉。

【校記】

〔一〕懷，四庫本同，正德本作『壞』。

〔二〕雲消露淨，底本、正德本墨塗作『■■■■』，據四庫本補。

〔三〕遷，四庫本同，正德本作『傳』。

泰山賦

【編年】作於蒙古憲宗五年秋，郝經遊歷山東期間。

【年譜】蒙古憲宗五年，『秋，東行，由趙魏以適魯。八月，入於東原。九月，濟汶自鹿門入於曲阜，藩帥交辟，皆不就』，作『《日觀銘》、《曲阜懷古》諸詠，《遊靈岩寺》詩，有《去魯記》，登泰山作賦』。

粵大荒之播氣，肇天一而爲水。滓沉澄而濁凝，柔洞蕩而剛峙。故水載乎地，地載乎山；抵艮茁震，冠海而起。爲萬物之始終，藏《八索》之首尾。堪輿之骨壯，眞宰之形似。人皇九頭，俶載於祀；　禹鑿益焚，神力是試。絛而爲三，别而爲九，祀而爲四。

中維岱宗，獨尊而雄，盤踞萬古，莫與比隆。衡固阜麗，瘴海極熾，融飈赫赫，物煅其鋭。

華固秀拔，金天肅殺，一翠橫秋，萬化搴握。恒亦宏富，天地闔戶，玄都幽府，固陰寒沍。

粵惟茲山，首出庶嶽。其頂則呀突乾維，其足則亘抐坤絡。奄東國之全勢，孕日出之鴻爝。作帝孫而奕大，混天胎而不鑿。爲有生之司命，權天地之橐籥。露太初之面目，慍巨靈之獰惡。鰲六眷而矯首[一]，龍七襄而奮角。障大海使不流，俾降邱以東作。拒洪河之奔湍，俾回翔而北却。三州得以完厚，萬民得以土著。瞰臨冀魏，軒輊恒趙。背左燕遼，夾右瀛鄚。闢青徐之疆畛[二]，包兗豫之封略。壓吳頭而益重，捽楚尾而欲割。拉琅邪而橫騖[三]，控龜蒙而回躍。瀹濟漯以爲襟，帶汶沂以爲約。瀦大霈於雷夏，洩龐澤於郲漷[四]。秦觀可以窺長安，周觀可以窺汴洛。合沓九州之半，覆壓數千餘里。重覺魯强，不爲齊弱。

豈無他山，高蹈磊落。劒門則擅其重閉，石樓則肆其超卓[五]。天台則鬱其詭譎，太行則亘其磅礴。各據地勢，偃蹇岞崿。如草昧之崛起，據偏方而驕跋。恃區區之險固，儌制外之封爵。孰如茲山，中華正朔。建極啓元，衣冠禮樂。天宇夷而皞皞，王道裕而綽綽。

豈無羣山，紛紜交錯。或繚徑之蛇結，或垂巘之鷲啄。或刀巖之櫛疊，或斷壁之牙遏。或青蓮之天開，或蒼屏之玉削。如夸徒與宵民，極其力而相較，客氣鼓其餘勇，冶容盛其塗抹。孰如茲山，袞冕黻珽，朱絃疏越。純粹中正，崇高溥博。

大哉乎聯延九重，鬱如深宮，巋其中峯，見天子之雍容。前列如却，後列如剝，拱捧旋躩，見百工之致恪。云云亭亭，眾星北辰；石閭社首，百鶩一鶚。既熢湧而豐隆，復曠豁而綿邈。

扶青帝之宫觀，締玄臺之樓閣。瀛州邃其幽深，蓬壺敞其寥廓。飛仙飄兮遨遊，抱明月而遂樂。采玉芝之芳潤，探先天之希闊。御絶頂之長風，眇天地於目末。閲扶桑之菌蠢，幻魚龍之轇轕。卵長鯨於雲根，巢陽烏於日脚。蒼筤分其霽色，鑠紅金於碧落。羲和起其龍馭，駭萬國以開覺。耆既蓄而奕奕，昭靈貯而灼灼。豈徒云乎高大，乃與世而落莫。豈呈奇而露異，等尋常之嵓壑哉！

若夫觸石而雲，膚寸而合，崇朝一雨，暵旱弭虐。卷舒陰陽，杳不可度。有如是之神，儲膏溢澤，蒸爲桑土。衣被天下，民無寒苦。播爲陽春，狐纊天宇。發育萬物，勾芒彙庶。信屈起伏，如嫗如煦。

有如是之仁，既高而大，又神而仁。乃於嶽麓，篤生聖人。續太皞之統，萃奎壁之眞〔六〕。太極再造，四時復春。藴而爲道，發而爲文。膏澤其民，堯舜其君。德與山高，名與山尊。六經垂天，與不死者存。則又與夫育蘭茝，囿松椿，出器車，生皇麟，羨金錫之利，藴珠璧之珍者，不既大矣乎！宜乎唐虞盛典，周漢極制。巍巍堂堂，殷秩縟事。後王後帝，崇德報施。繼繼承承，垂於萬世。

【校記】

〔一〕眷，正德本同，四庫本作『卷』。

〔二〕闢，四庫本同，正德本作『劈』。

〔三〕鶩，底本、四庫本作『騖』，據正德本改。

〔四〕龐，四庫本同，正德本作『厖』。

〔五〕石樓，底本、正德本作『樓石』，據四庫本改。

〔六〕奎壁，各本均作『奎璧』，茲用星宿名，徑改。

虎文龍馬賦 有序

【編年】作於元世祖中統元年（宋理宗景定元年，一二六〇）四月，郝經北行開平，受命出使南宋期間。

【年譜】元世祖中統元年，『春三月，世祖至開平。諸臣勸進，辛卯卽位，復召竇默、許衡至開平，初定官制，以王文統爲中書平章政事，撤江上軍，以史天澤爲江淮經略使，頒卽位詔於天下。四月丁未，以翰林侍讀學士郝經爲國信使，翰林待制河源、禮部郎中劉人傑副之，使於宋』。

見文：賦序云：『今上所御虎文龍者，空西北百千萬羣而未之有，伯樂之所未見，書傳之所不載，古今之所罕聞。』正文云：『萬里一息，建業興王。吸絕江流，瞰視武昌。朝楚暮燕，載會衣裳。』

乾陽萃精，星列房駟，健之至也。故飛而在天則爲龍，行而在地則爲馬。雖八卦皆擬其象，而獨專於乾坤。負圖而出於河，包犧氏按之爲畫，聖人事業以之張本。而文籍生焉，則又用之至也。出於乾陽，故産於西北，陰國金天，往往騰踴羣龍，駔駿特異，號稱龍種。其蕃息盛大，皆莫若國朝，沙漠廣莫，地經兩海，盡爲游牧之所。又兼金源四十萬，並西域三十國。古之所謂千里者，海飲川量，婦人豎子，皆乘御之，搜奇拔異，始得與御苑下乘。

今上所御虎文龍者，空西北百千萬羣而未之有，伯樂之所未見，書傳之所不載，古今之所罕聞。又虎變炳然，有定武功、彰文德之象焉。昔漢武帝得之外國，而親爲之歌。唐太宗之所御，則圖畫凌煙閣，而爲之贊。矧今生於本國，又若是之異乎！歌頌不作，則與駑駘等爲無聞。敢犯齒路馬之罪，而獻賦曰：

天柱折，地維絕。東南傾，西北揭。隱日星爲晝夜，結陰陽爲氷雪。死土銜沙，枯山積鐵。白草失春，黄榆下葉。洞澒幾萬餘里，蹴踏幾千萬年。蘊天馬之剛健，混神龍之窟穴。不知其幾萬餘羣，幾千萬匹。相我薄伐，控弦立國。不棧豆而秣粟，不棗脯而齧膝。盡風呵而雨止，恣原阜而野櫪。從横散漫，優游閑適。全其所天〔一〕，故皆越逸。一兵控百，百不介一。力有餘裕，故皆蕃息。瀾翻浪動，川盈谷溢。奮威靈以一戰，獮諸國而無敵。

迄今四十有餘年矣，我君中興，眞龍間生。一氣直壯，四星曜靈。駭西域，驚北庭，飛黑水，晦青冥，碎崑崙，轟雷霆。煙雲墮地，列缺生獰。振長風而一嘶，凡馬暗而不鳴。六丁盻瞠而弗執，眞宰辟易而弗乘。於是飲余吾，濯渥洼，褪鱗介，脱角牙。食萬虎而類駮〔二〕，化一龍而若騧。質金火而黑章，髣剪刀而互呀〔三〕。變乾坤之至文，散玄黄以爲花。會運數以呈用，來馴服于帝家。頭骨隱戟，面顴夾璧。竪目日出，陽鑑電激。膺門肉闊，汗溝血滴。垂梢絲齊，分鬣髮直。露筋藏骨，玉蹄鐵脊。前鳳後兔，宛轉却顧。飛燕掠地，輕不著土。奔軼滅没，掣去縱步。東西有日，天地無路。倏忽變化，匪龍匪虎。逍遥良善，遇知得主。帝軒之飛黄，后唐之赤文，周王之騄駬，漢武之天驥，魏文之澤馬，殆皆不得同年而語矣。

於是帝亦惠異，登進上廐。一品芻秩，萬乘之右。鉸玦寶錯，鞍勒珍鏤。金韉玉鞭，服習馳驟。建旆西出，足力騫張。渴飲洱水，怒蹴點蒼。萬里一息，建業興王。吸絶江流，瞰視武昌。朝楚暮燕，載會衣裳。新宫法駕，金蓮正香。飛龍在天，遂卻走馬。和鑾雍雍，垂拱而治天下。視彼夸毗，盤於遊畋。放心事侈，黷武求仙。奔貳師，走嫖姚。志欲無已焉，則又天淵之懸也。

亂曰〔四〕：嗟異馬兮遇主知，虎爲龍兮風雲期。奮靈虬兮躍神螭，隘萬里兮强一馳。乾坤小兮日月低，適時乘兮加羈羇。效倜儻兮呈權奇，宣皇靈兮耀主威。朝江南兮暮遼西，功德盛兮天人歸。飾玉輅兮開金扉，馬在廐兮方無爲。

【校記】

〔一〕天，四庫本同，正德本作『夭』。

〔二〕虎，底本、正德本作『馬』，據四庫本改。

〔三〕勢，底本、正德本作『黎』，據四庫本改。

〔四〕亂，底本、四庫本作『辭』，據正德本改。

冠軍樓賦 有序

【編年】作於元世祖中統元年夏六月，時郝經出使南宋，途經安徽宿州。

【年譜】元世祖中統元年，作『《留城留侯廟碑》、《冠軍樓賦》、《易州總管何侯神道碑》、《宣撫大使楊公神道碑》』等。

見文：『中統元年庚申夏六月，奉命使宋。道出宿州，潦路霖雨，蒸厲作惡，遂爲稽留。時東平嚴侯之弟開府於是，一日置燕於冠軍樓，在城北隅，西望平遠，盡得東南之勝，乃爲賦之。』

【箋證】冠軍樓：位於安徽宿州，爲元朝南端邊境重鎮，東平嚴侯忠濟之弟忠嗣駐軍於此。嚴忠嗣（？—一二七三）：嚴實三子，一二五五年充東平路管軍萬戶，後二年從忠濟略地揚州。一二五九年，從忠濟渡淮，克挂車嶺，救蘄縣（今江蘇宿州南），收復徐州。傳見《元史》卷一四八。

中統元年庚申夏六月，奉命使宋。道出宿州，潦路霖雨，蒸厲作惡，遂爲稽留。時東平嚴侯之弟開府於是，一日置燕於冠軍樓，在城北隅，西望平遠，盡得東南之勝，乃爲賦之。其辭曰：

庚伏苦雨，沴氣中人。壞垣毀屋，沒馬滑輪。蒸飆鬱攸，卷局不伸。予乃斷覊思，振氛翳，藏天倪，肆棲倚。將超超乎邁往，而沛沛乎凌厲。爲引領而延佇，快遐觀而馳睨。

玉臺公子，金羈列侯，立馬却坐，起予勝遊。越黃泥之坂，而登冠軍之樓。清風儵儵，火雲四收。別入一天，曠如三秋。闊步高視，覺九州之外復有九州。欲中天而上征，削塵蔓與隱憂。頡汗漫以爲友，翺逍遙以爲儔。旁薄乎希闊，徜徉乎燕休。既而觴豆粲列，吹歌疊發。涼入翠綃，怨生瑤瑟。邊聲跌宕，壯氣激烈。卷山河於霞脥，駐風雲於玉節。目與天遠，萬象入睫。夾右齊魯，面左楚越。海岱連絡，遡東北而去；淮甸平遠，轉東南而坼。聯陂塘而際野，渺青山於一抹。屹震南之相望，嶷鰲頭而岌嶪。千麾霜橫，萬壘星列。皇輿鞏固，藩牆不決。隱若長城，淮海有截。惟威惠之並擧，俾姦宄則遯跡。雖平衍之一區，固形勢如四塞。伊將臣之司邊，不在於地而在於人，不在於兵而在於德，所以爲冠軍也。玉盤醽醁，遽一再行。吳歈楚謠，激爲新聲。淋漓參錯，飲驥澆鯨。酒酣氣張，心翼馮馮。慨嘆今昔，反有累乎高情。

顧瞻彭城，隱隱垓下。想見高帝之嫚罵，項羽之叱吒。騰擲宇宙，而競爲凌跨。白骨蔽野，魚龍戰罷。孰得孰失，皆爲解瓦。一時偶然，莫驚王霸。睢水復爲之流，而怒魄邈然而化。

還望維揚，壞堤迆迆。土蛇一脊，千有餘里。負汴水而依淮，猶繚首而曳尾。遺長雲與老樹，見窮奢而極侈。藐瓊花於天風，弔荒淫之帝子。凡以欲而從人，乃保宗而延祀。將以位而爲憂，固兢兢而不恣。詎可從耳目之欲，血生人而肆一己哉？其債社沈族，身被其戮，爲萬世笑。宜矣！

登高而賦，樂極生悲。擾擾紛紛，將安所之。納萬變於一息，復駕焉而還歸。月在疎桐，步玉馳嘯。書而爲賦，以寓遐眺。

瓊花賦 有序

【編年】作於元世祖中統二年（一二六一）冬十月，郝經出使南宋，被拘禁於眞州期間。

【年譜】中統二年，『公在儀眞，宋伴使朱實臣等僞報蒙古異聞，公弗聽。復累言之，欲貳公心以降，公厲聲曰：「此事斷無。若有之，當遣我輩還國。」乃與介佐束裝露次於庭者月餘，以請歸。宋人知公不可屈，乃請復入。後果虚妄。《再與宋宰相書》、《上宋主請區處書》、《瓊花賦》』。見文：『中統二年春三月，制使李公致瓊花數枝。是年冬十月，而夢二客相邀，至維揚之后土祠，飲於花下，嘯歌爲樂。既醉而覺，乃作賦焉。』

中統二年春三月，制使李公致瓊花數枝。是年冬十月，而夢二客相邀，至維揚之后土祠，飲於花下，嘯歌爲樂。既醉而覺，乃作賦焉。辭曰：

江風吹雲，枕壓霜月。神不棲目，軼思超越。栩栩曳曳，境與世別。天宇闢，凡蹤絕。歷蘭路，開桂闕。飄飄乎馮高御空，不知身之幾何，而造乎虛白。已而扶搖頡頏，恍惚莫量。疑在鈞天，亦如巫陽。孤鶴飛來，縞衣玄裳。翩然負予，背風翺翔。下視淮海，雉堞相望。貝錯珠瑩，接屋連牆。繡簾琱櫳，綺疎綠房。十里一市，金紗煌煌。混灝海之魚龍，駭飛埃而陸梁。

忽丹霄之二仙，翥青鳥以相將。指仙花以爲言，可嚼月而飛觴。是閬苑之仙根，來瑞世而呈芳。拆膩雪以搖碧，刻春冰而帶黃。噴蘂蝶於花心，引輕絲而不狂。天風收其落英，不委地而飄揚。彼眾卉則俗死，漫紅袄而綠娟。玉陰婆娑，徙倚徜徉。清香忽來，莫知其方。乃誦《明月》之曲，歌《窈窕》之章。倚歌橫簫，鏘鳳鳴皇。挹芳瀾之浩渺，傾墜露之淋浪。卷瓊瑤於盃盤，吸霜露於肺腸。欲折枝而不敢，懼眞宰之或傷。且對花而舉酒，澆遯世之茫茫。倏焉玉女，隔花而語。髣髴花神，是爲花主。謫自瑤華〔一〕，以臨后土。剪氷綃以爲裳，染麝塵於金縷。拂白霓而下征，曳秋霞而輕舉〔二〕。現仙姿於塵寰，寓風神於月府。且曰有妹，其字飛瓊。適來瑤池，善爲新聲。與君佐酒，以薦予誠。遽作穿雲，振搖瓊英。說仙家之幽杳，詠蓬壺與赤城。閱花朝以逍遙，駐芳姿以輕盈。嗟胡爲乎斯世，而沉冥於此生也。時予既醉，二仙亦去。花落尊空，歌殘玉樹。斗轉參橫，脫兔驚寤。餘香冉冉，月滿窗戶。乃爲記夢之歌。

歌曰：玉宇春兮花始開，與二仙兮飄然而來。花亦喜兮搖搖乎瓊瑰，掇飛英兮泛酒盃。飛仙爲我兮歌以纍，纍亦既醉兮胡不歸。花滿袖兮香滿幃，謂予是夢兮予不疑。嗟時之人兮，孰非夢之爲。

【校記】

〔一〕謫，底本、正德本作『責』，據四庫本改。

〔二〕曳，正德本同，四庫本作『洩』。

秋風賦 有序

【編年】作於元世祖至元三年（丙寅年，宋度宗咸淳二年，一二六六）至十一年（宋度宗咸淳十年，一二七四）期間。元世祖至元十二年（宋恭宗德祐元年，一二七五）二月，南宋禮送郝經北歸。故取其中數，約元世祖至元七年左右。時郝經出使南宋，被拘禁於眞州。

見文：『久在舍館，偶因秋風之起，一時介佐三節人員，皆爲感愴，故作是賦，以激釋云。』

苟宗道《故翰林侍讀學士國信使郝公行狀》：『歲丙寅春，三節人有因鬥毆相殺死者，公曰：「若輩拘囚歲久，殆無生意，是不可與久處此困厄也。恐別生事端，玷吾大節。」乃與幕僚苟宗道等六人築館別居於外者，又九年。片天之下，四壁之內，秋霖夏暑，不勝其苦。公處置一定，雖萬折而不屻，著書吟詠自若也。宋人知公志節終不可奪，亦不忍害，反畏而敬之，日給廩餼頗有加焉。』

久在舍館，偶因秋風之起，一時介佐三節人員，皆爲感愴，故作是賦，以激釋云。

駐星麾於江滸，歲月會於作噩。漲老天之黄雨，鬱餘蒸而欲灼。忽焉西南，天露雲駮。槭槭栗栗，慘慘遨遨。抵罅吹隙，涼冷遽作。始則叱虢突厲，撲蟣抑蚋。漸乃蕭瑟披離，衝牖動幕。散宿溼於雲梢，眇新聲於木末。觸餘感而興懷，倍陰森而索寞。既乃一時介佐埸焉而噓，撫髀搏膺，掩面向隅。以爲行如返如，執如棄如。相與愴怳怨艾，咎躬責己。天實斲余，行使尼止。方變故之無窮，則憂思其曷已。或當饋而三嘆，或中夜而九徙。歌缺壺而寓哀，痛撫牀而裂眥。金石化而色變，骨肉悲而心死。

余乃紆徐而告之曰：『士不以一失自沮，一得自憙。金百鍊而方精，節萬折而逾厲。持此心之亢矯，奚外變之軒輊？今則暑勇退，涼風至，困疾蘇，淹抑肆。我雖連蹇，宋猶有禮。撫問仍存，德音在耳。當凌厲清氛，趯然而喜。排去鬱攸，攝衣躡履。灑然濯熱，泠然淬志。快側佇於雲霄，期翺翔於帝里。乘此風以成行，俾照耀於萬世。何乃作楚囚對泣，竟不爲魯連、毛遂，而漫爲宋玉之悲耶！子以秋風爲悲，余獨以秋風爲樂。

『夫以秋風爲悲者，非獨子也，常情皆然。門巷蕭條，良人遠征。傷心砧杵，掩淚邊城。庭樹翛翛，鴉啼柳斷。帷薄生寒，夢長人遠。此怨婦之以爲悲者也。弱水雲沉，交河日落。風急霜清，重城擊柝。令重身輕，黃雲畫角。十年不代，有書無衣。吞聲飲泣，又下邊陲。此戍役之以爲悲者也。塞北游子，江東賈客。去國朞年，音塵杳絕。行露沾衣，風吹曉月。草根蛩吟，喚愁啼血。四顧無人，氣塡心拆。此羈旅之以爲悲者也。囊中金盡，淚滿貂裘。從横不就，報主懷讎。葉落尊空，心事悠悠。知己不見，天高鴈沉。彈鋏風悲，長歌短吟。白草荒山，塵埃滿襟。此不遇之以爲悲者也。菽粟青黄，草肥弓勁。瀚海波翻，鐵山塵亘。肉飽顔酡，控弦馳競。一噴生風，長林葉下。陳合鞭鳴，驍騰萬馬。破屋殘城，崩沙解瓦。此遺黎之以爲悲者也。

『今則仁聖御世，霈德施惠。下輪臺之詔，發輸平之使。二鄙不聳，嗇人和會。麻麥幪幪，黍稷穟穟。室無怨曠之婦，塗無稽滯之旅。朝無不遇之歎，戍無屯謫之苦。抄騎不出〔一〕，烽燧不舉。則其情之所悲〔二〕，亦將以爲樂也。子何以所樂者，重爲悲乎！』

於是介佐相與言曰：『吾等之味，固如所云。吾子之樂，可得而聞？』

曰：『可哉！麗金行秋，赫輪不鑠。大火西流，盲沴不作。有風颯然，云胡不樂。若夫洞庭波，木葉脱；陂潦盡，山雲薄。快萬里以長吹，卷餘苴與纖惡。汎六合以澄清〔三〕，展青空而高闊。淨蒹葭之洲渚，鬧芙蓉之城郭。留夕照於飛樓，掛殘虹於高閣。水落而江淨天澄，林疎而煙横霞抹。天痕虚而見歸鴻，露華凉而聽鳴鶴。金莖突兀，霜仗光寒。銀字聲淒，翠綃香著。泛新商於瑶瑟，戛清音於珠箔。際邁爽以昭曠，莫不凌兢而曲躍。是其所以清也。紛紼於青蘋之上，夷猶於銀漢之間。激怒於土囊之口，弄響於松篁之前。散驚轟於洪濤，發鏗鞫於狂瀾。摐生金於曲岫，振鳴玉於空山。虎嘯而萬竅裂，龍吟而九淵翻。是其所以雄也。至於蜚霜激沙，撇捩秋草。白鷹蒼隼，金眸玉爪。飄飄搏擊，氣勁心老。沙場欲雪，代漠生雲。驊騮紫燕，渥洼龍文。輕風入足，赭沫追奔。朝飲溟渤，夕踏崑崙。尾閭潮回，天池浪激。鯨鬣揩山，鵬背闕日。乘化起運，扶搖發迹。超逸絕塵，杳不可及。是皆憑威靈而神變化，瑰奇壯浪，有不可紀極者。余於是時，則將掇蘭搴蕙，濯纓結佩。翥非煙之冉冉，御靈飆之沛沛。相羊逍遥，遊於萬物之表，鶱於八極之外〔四〕。聽萬籟之秋聲，轉一元之和氣。舒而爲春，融而爲薰。騖仁壽於吾民，厝治安於吾君。是余所以樂也。子其束載秣馬，易悲爲樂。鴻毛垂翅，乘此以飛揚；巨魚濡沫，快一縱於林壑也。』

仍作歌以訊之曰：茂陵劉郎去不歸，秋風起兮白雲飛。余欲翔於帝鄉兮，蹇予行兮江之湄。南山有荑兮，北山有薇，月皜皜兮風淒淒。有美人兮天之涯，搴桂子兮今其時。執子之佩兮，擥子之衣兮。與子歸兮，從風之吹兮，子毋以爲悲兮。

【校記】

〔一〕抄，四庫本同，正德本作『杪』。
〔二〕其，底本、四庫本作『常』，據正德本改。
〔三〕汎，正德本同，四庫本作『汎』。
〔四〕鶱，四庫本同，正德本作『鶱』。

牡丹菊賦 有序

【編年】作於元世祖至元四年十二月，時郝經出使南宋，被拘禁於眞州。

【年譜】參上篇《秋風賦》編年引苟宗道所作行狀。

元世祖至元四年，『十二月，修《易外傳》畢。記夢有詩。《牡丹菊賦》』。

見文：詳見賦序『初入新館，客將宋日新致朱砂紅牡丹菊一本』云云。

初入新館，客將宋日新致朱砂紅牡丹菊一本，秖三四花，慘悴萎暗，不以爲奇，遂植之穿廊西之隙地。今歲忽茂達成叢，高六七尺，及秋而放數百花，所未見也。適正甫書狀生朝，而其花尤盛，故作賦以寓感。其辭曰：

西風悄兮幽扃，木葉下兮空庭。忽異卉之呈芳，乃示予以不情。郁霞腴之春姿，敷玉瀅之秋英。蹙絳綃於青苞，翦翠羅於綠莛。拆緗桃與紫微，訝鞓紅與鶴翎。高層層以奕奕，重裊裊以盈盈。結膩黃以爲心，抹沉粉而含馨。凝夜氣以夸晝，姹斜陽而彈晴〔一〕。仍牡丹之花王，强將菊以爲名。

嗚呼噫嘻，時哉匪時。造化則奪，形色不移。雖反常而似妖，顧眞宰豈予欺。寓國色於羈孤，謝凡品之芬菲。掞金氣於西陸，吐霜葩於東籬。鄙傾城之鄭袖，期佩蘭之湘纍。獨超出於羣倫，不繫累於等夷。特以秋而爲春，乃奇花之出奇。彼自爲一時，殆非後時也。且持盃而浥露，更嚼句以待月。儘吳江之飛霜，甚窮海之饕雪。與後凋之姚魏，共終全於晚節。

【校記】

〔一〕晴，四庫本同，正德本作『睛』。

幽愬賦 有序

【編年】作於元世祖至元元年冬，時郝經出使南宋，被拘禁於真州。

【年譜】元世祖至元元年，『公在真州，與門人苟宗道整頓綴緝其所著，爲《甲子集》。七月一日長星見，九月十六日始歿，作記記之。十一月，宋人來報其國喪，無縱釋之命，作《幽愬賦》。』見文：『上卽位之元年（中統元年），詔經更成於宋。宋人逆之入，置於儀真。姦宄漏國，相與構陷，誣爲歎兵，不受書命，且僞報異聞者再，遂不令進退，自庚申至於甲子，凡五年。冬十有一月，宋人乃報其國喪，而復無縱釋之命。幽抑無紀極，而莫適赴愬，作《幽愬賦》以自釋。』

上卽位之元年，詔經更成於宋。宋人逆之入，置於儀真。姦宄漏國，相與構陷，誣爲歎兵，不受書命，且僞報異聞者再，遂不令進退，自庚申至於甲子，凡五年。冬十有一月，宋人乃報其國喪，而復無縱釋之命。幽抑無紀極，而莫適赴愬，作《幽愬賦》以自釋。其辭曰〔一〕：

天明監觀弗蔽兮，奠表著以誠陳。各蹈道以執則兮，於坦夷兮是循。惟禮與信爲通逵兮，俾行李以問津。顧率履之弗越兮，何虎尾之咥人。棘予裳而梶予車兮，竟蠖屈而莫信。滑溟涬以造艱兮，胡構台以遐辰。習坎而入於坎窞兮，遂蒙羃乎穹旻。塊百拆而僨於下兮，墜沉坳而無極。荐局側於眢井兮，重覆盆而擠石。鬱憒默而屯惛兮，觸黝然其若漆。蹐泥塗以墊隘兮，薄湫壤而淫溼。頓濡滯而壅底兮，疾重膇以侵賊。混河魚與谷鮒兮，麥麴窮兮焉所得。顛連而無扳援兮，仰千仞兮無涯涘。責躬而反己兮，抑不知其所自。

粤台宗之權輿兮，兆玄鳥以降殷〔二〕。託帝乙之支屬兮，分方祊於太原。蟬聯而蔓延兮〔三〕，委落族而紛綸。羌台弱植之縈特兮，乃繼序乎其季。振迅而自亢兮，欲託始以立世。襲皇風之氤氳兮，紉幽蘭以爲繫。冠章甫之巍峩兮，錯瓊瑰以爲佩。握火齊於天衢兮，挽扶桑以載燧。造高朗以正大兮，灼群昧而用晦。攄混沌之滓穢兮，萃元精之純粹。衣堯兮服舜，仁爲旗兮義爲軔。堅窮而石守兮，望道囿而日進。絕蹤兮追塵，弗以爲遠也。探神區而挹道眞，軼乎無極之近也。溷日而不得留兮，乃以夜而爲晝。

茸江蘺以爲裳兮，搴芙蓉以爲袖。扈辟芷以掞芳兮，濯爛錦而縭繡。步驥騄於康莊兮，翥鴻鵠干雲霄。越希有而出大荒兮，乃度敻而絕遼。汎洙泗以揚波兮，扇之乎以清飈。掇蕙茝而抔瀼露兮，灑旭日而晞蘭茗。遘靈脩之際嘉兮，下弓旌以爲招。謂黎元之無告兮，久遇毒於荼苦。方焦糜於鼎鑊兮，又薦之於刀俎。俾顛連之赤子兮，化白骨而撑拄。血肉膏於原野兮，腐棲苴而横宿莽。閧貙兕而拏虵虺兮，翳三光而污九土。

朕蠹焉其傷心兮，豈爲民之父母。汝其爲吾藎臣兮，敷余孚於吳楚。轉一氣爲陽春兮，暴尩魃爲靈雨。包載干戈兮，朕亦願爲好生之主。越拜手稽首兮，迓續民命則在乎茲舉。畀龍節而錫虎符兮，繚霞旌而凜霜仗。遺黎若崩厥角兮，將慰乎雲霓之望。引餘息而煦之以天吹兮，鼓太和之泱泱。變時雍而底定兮，鰥孤廢疾者而有養。攀三五以反旆兮，輅成康而掉鞅。姦宄遽爲之闕塞兮，憯不知其故也。方血人於齒牙兮，盜憎主人而惡也。要余御而不使之行兮，斷予轡於路也。眾梟不識夫鸞皇兮，謂予日之暮也。啅噪而各爲兇聲兮，乃遷台以怒也。懷照乘與夜光兮，適闇擲而召疑。爲魚目與瓦礫兮，乃翻誠以爲欺。棄神鼎與和氏兮，以康瓠珷玞而爲奇。

如射工之伺人兮，故巧發其陰機。弗爲社稷之遠猷兮，姑詭遇於一時。好逆而寇來兮，則予焉所知。會衣裳而束甲兮，執魯連爲鍾儀。荐棘而重圍兮，隔天日兮江之湄。遡洄而迍以邅兮，設羅畢而爲之縻。錮陰谷而高且深兮，入而不使之去也。爲嚇逼之千端兮，覬予改於步也。奈予心之不移兮，屹乎不周之柱也。倏歲月之屢遷兮，春與秋其代謝。交一臂而閱之兮，身乃爲之傳舍。方氣數之締兇兮，予曷能與之爭。天定亦能勝人兮，而僞烏能易余之誠。戴片天以兀處兮，而豈能拘余之心。欲天飛而道遊兮，曾不知予身之陸沉。冥搜而坐馳兮，迅祥飈而邁往。激九萬之扶搖兮，欻上征而遐想。將搴瑤芝於玄臺兮，愬於帝而稱罔。虎豹乃守天門兮，列魑魅與魍魎。犬詵詵而吠人兮，閽帝閽而弗敞。仰天而呼兮，孰讎吾民而若是之阻修。台聖非姬昌與玄王兮，曷爲亦在夫夏臺、羑里之幽。豺虎縱横兮，麟獲而爲囚。鱷鯤拉其鬐鬣兮，乃突梯乎蜃鰌。王鴡喑而不鳴兮，蜩鳩肆其啁啾。雜芳蓀於蒼菉兮，竟不別夫薰蕕。日方中而見沬與斗兮，蹇予之行孰爲此謀。挾李順與苟純兮，王驩入室而操矛。漏國而倒制兮，委而莫予問也。呼天而無與言兮，撫予膺而自恨也。蹇予業已如是兮，第不忘乎吾民。翩然還歸顧自視兮，面四壁而無聞。余節弊而增塵兮，眇隻影而無倫。

漫勞心而惙惙兮，輒申旦而弗寐。載命龜而虔卜兮，復端策而訊筮。吉弗食而數奇兮，再三瀆而莫契。鬼神亦台違兮，予焉得而請於帝。登天而不可兮，乃益入於地。悠悠靡所薄兮，曾不知其爲計。望燕雲而不見兮，聽哀鴻之嗷嗷。靈修不可以有爲兮，遽違遠而鬱陶。懷猷而孰爲矢兮，屹魏闕而夢勞。緊眇末有以召是兮，秖怨艾而自責。必操存之頗僻兮，有蒐惡與隱慝。無乃不能制欲兮，勝於理而不德。亦其饕功而冒進兮，任乎重而弗克。則亦遂非而崇侈兮，不能執中而過以不及。或昧夫幾而闇以顓兮，窒於物而彊以塞〔四〕。孝不能盡親兮，忠不能盡于君。信不能及友兮，誠不能格夫人。是用底於疐跋兮，則皆自夫予身。內咎而不敢誰尤兮，中隱畏而酸辛。

第予之所奉行兮，禮人而篤夫動也。縱或有以自取兮，何爲至此極也。戢兵兮止殺，則吾君之仁也。輸平兮繼好，非有惡於渠也。止予兮將焉求，則亦荏禍於渠也。前修與已事兮，可以鏡視而新是圖。親仁兮善鄰，乃爲國之訏謨。合則所以福吾民兮，阻則爲咎之徒。繄天誘吾衷兮，吾民之禍庶有豸。行人竟何辜兮，乃羈羈而反害。

夫澶淵與靖康兮，於得失之跡則固在。和安而戰危兮，前轍宜以爲戒。謂江南之文物兮，可以繼夫三代。釋子卿而俾之歸兮，乃曾不如匈奴。閼太和而徼倖兮，反信用乎矯誣。誤國而不自知兮，曾漢唐之不如。嗟台身之在天地兮，眇太倉之一粒。吾君之命不辱兮，死生不足爲得失。和龍之赤氣兮，釁固有所積也。自昔怙私而召亂兮，從顛隕而弗恤也。蹇台焉所望兮，乃援溺而入於羽淵。時不可以驟合兮，竟却走而不前。苟非台之所召兮，則壞運其自天。顧台所懷之貞珉兮，猶未至於玷缺。

故佩之杜蘅兮，有芳茎以爲結。擷中庭之霜華兮，旆之乎吾之節。擥江雲而綴天星兮，噫孤風而抱明月。吸素霓與清氛兮，雖闇室而益白。絜己而莫予污兮〔五〕，挺節而莫予折。截玉而斷鐵兮，冽冰而凜雪。不欺天而負君兮，庶無愧乎前哲。從野馬與塵埃兮，溷狐兔而蹀血。已地坼而天傾兮，猶不懲予之說〔六〕。在我者亦既盡兮，安得復爲之喋喋。

亂曰：與其惡蒙以求明兮，曷若靜固以養正兮。與其行險以徼利兮，曷若安時而委命兮。世固不余知兮，謹獨聖之令也。幽所以益吾之修兮，屋漏則致予之敬也。非予殄天民之澤兮，殃民者固爲之穽也。

【校記】

〔一〕其，四庫本同，正德本闕。

〔二〕玄，底本作『元』，據正德本、四庫本改。

〔三〕蔓，底本、正德本作『曼』，據四庫本改。

〔四〕彊，底本、正德本作『疆』，據四庫本改。

〔五〕絜，底本、四庫本作『潔』，據正德本改。

〔六〕懲，底本、正德本作『懇』，據四庫本改。

郝經集編年校箋卷二

古詩

寓興

【編年】不詳待考。疑作於蒙古憲宗五年（宋理宗寶祐三年，一二五五），郝經遊歷山東期間。

【年譜】蒙古憲宗五年，『秋，東行，由趙魏以適魯。八月，入於東原。九月，濟汶自鹿門入於曲阜，藩帥交辟，皆不就』。

見詩：『浩歌登日觀，嗅起雲中君。』『仲尼幸知過，顔子不復行。』

弄丸觀古初，洞見天地心。不外人與物，坦白無幽深。如何妄意者，肺腑戈矛森。亂鑿渾沌竅，遂使天機沉。世失鍾氏子，孰與傳希音。欲言復無言，感動爲長吟。

靈源洞無極，混混春泉瀉。流爲川上波，晝夜逝不舍〔一〕。榮枯遞乘除，寒暑相代謝。化機一闔闢，圓方自陶冶。君子惟乾乾，惕夕懼以藉〔二〕。勿謂吾道亡，中有不亡者。思慮卽鬼神，所發不可妄。人物或可欺，鬼神其可誑。山川鬱其傍，日月烜乎上。化幾速影響，昭晰示情狀。屋漏謹操存，頃刻不可放。重華尚兢業，吾儕可浮蕩。孳孳持此心，斃已無他望。

衆變成大化，總萃入神紐。渾淪包無外，開闔紛參蹂。伊人具斯理，往往昧所究。湮沉血氣中，頓躓牛馬後。哀哉何不淑，自棄甘凡陋。孰能與湔拂，俾見高明囿。

世運何無涯，質文繫所尚。弊政與先務，取舍定興喪。嗚呼周轍東，王室歌板蕩。虛文不知革，實禍國相望。區區八百祀，猥處諸侯上。

落日下西極，仲尼悲死麟。王澤久已熄，煽火焦斯人。中原一戰場，戈甲埋驚塵。驅車屢途窮，處處傷問津。歸來續韋編，理窟搜鬼神。百流收一源，炳烺光日新。六經垂天地，一視萬世仁。

綿綿河畔柳，婉婉成盤匜。素絲玄復黃〔三〕，織組爲裳衣。迢遥門外路，客子各所之。並行不相悖，並成不相夷。如何墨翟氏，慟哭爲傷悲。

聖人無常師，師襄又郯子。無入不自得，豈惟柱下史。夸徒以藉口，妄誕爲評訾。當時五千言，洞達窮妙理。大出六合外，遠探無極始。後人弗克承，削繩復破軌。流漫源以湮，枝披根以死。借問蓬壺仙，吾道誠爾爾。

明堂一牘書，制作本至道。折衷六代典，密理參玄造。焕乎其爲文，表表垂世教。豈惟得時制，萬世是則效。新莽何爲者，剽竊資篡盜。大典卽委地，生民弊殘暴。至治何由興，有淚滔蒼昊。

潛觀聖人用，乃在筆削書。矯矯百王法，挺挺森天誅。立義本忠恕，淳風還唐虞。後王政苟且，舍此由他途。借逆尋干戈，血肉汙皇居。遂世不復古，永永沉眞儒。

鹿門有高躅，彭澤歸去來。劉伶醉不知，痛飲銜深盃。何如王夫子，教育經濟才。河汾大澤流，唐運實此開。彼伊皆季世，此獨何爲哉。

坎坎咸秦坑，下有六經燼。後天百代跡，泯泯同一盡。厲階仲尼没，諸子各啓釁。短長互相擊，世主孰取信。異端實禍因，莫將獨罪秦。

中原二十世，迥無一漢祖。關中無一民，沛下無尺土。寬仁代暴虐，麟鳳消豺虎。所欠惟學術，不得同湯武。擾擾草竊盜，紛紛孺兒女。局促無遠略，屈强何足數。獨有唐文皇，僅得爲英主。

漢鼎既已墜，海内必有歸。誠能正德業，亦足爲王基。何必由禪讓，以爲篡弑資。鬼操勿謂鬼，百戰得偷兒。征西題墓隧，永世將誰欺。

太康晉一統，中國威幾振。天子無遠略，宰貳爭欺徇。清高機務廢，曠達廉節盡。往往矜豪奢，珠璧家充牣〔四〕。搆成骨肉禍，結起邊夷釁〔五〕。自此中國亡，罪莫加石晉。

天王不廵狩，高居事遊燕。侈心自兹啓，欲歷寰海遍。陋矣逢惡儒，拜疏請封禪。名數聖無徵，事典不經見。萬乘壓川谷，供具窮寓縣〔六〕。鏤玉以銘德，千古示誇衒。豈知藴藻菜，足作王公薦。茂陵休著書，請讀《史鰌傳》。

周謗尚赤舄，孔尼猶弦歌。大節窮乃見，首陽高峩峩。白刃義可蹈，之死矢靡它。子雲漢巨擘，問學崇丘軻。投閣遽隕穫，劇秦眞婘阿。玄文與法言，辨口徒增多。與器不與節，天命其如何。

道入王霸雜，氣逐山河分。有才或不德，有武或無文。小智私已甚，竊位徒自尊。患失以持禄，往往植禍根。

采采商山芝，麌麌秦庭鹿。商山白雲深，不見秦庭骨。乾坤百戰塲，松下纔終局。笑殺子房公〔七〕，幾被高皇戮。

伊尹五就湯，嚴陵不臣漢。所履元不殊，心跡孰與辨。濟時與全節，亦各適所願。紛紛夸毗子，利欲迷生死。黄塵事走趍，青山爲仕途。

昊天有至文，倬彼雲漢章。秋風波洞庭，漪瀾肆汪洋。嗟哉破觚士，狗辭刳肝腸〔八〕。執柯以伐柯，元氣爲凋傷。千金享弊帚，魚目誇夜光。道喪實昧昧，浮僞方翺翔。孰爲摭其華，立聖追羲皇。

昂昂兩飛鳥，不知何許來。結巢黃金殿，弄語登瑤臺。吾民競奔走，恍惚爲驚猜。或爲魯鶢鶋，拜祀祈矜哀。或爲長沙鵩，與世生殃災。歲久卵翼繁，百千爲朋儕。山水割膏腴，搆宇凌天街。遂令周孔徒，凍餒纏霜埃。

天容恒青青，日月自昏曉。此心本澄淨，萬事空紛擾。日月不變天，萬事不變心。洞觀天人際，一理神幾深。

草木變榮瘁，松栢獨也正。一色貫四時，閱世還無竟。咄嗟樵蘇子，仰視驚盻瞠。雖云梁棟姿，不免斤斧橫。顏夭跖乃年，匪道實維命。非爲桎梏死，亦非寒餒病。脩身以事天，終自爲賢聖。

西山有佳色，東溟浩淵波。區宇仍崢嶸，雷風相盪磨。借問先天公，吾道其如何。麟鳳久不來，西伯安在哉。

俯仰天地間，吾身眇何許。百年交一臂，竟自爲黃土。灌以仁義波，植之天人圃。握蘭當靈風，清芬遍寰宇。可與無極翁，乘化遊千古。

秋風吹幽蘭，明月照寒江。戛然一長嘯，遺響纏飛霜。有味非蓴鱸，齒頰流冰漿。遠駕中和車，高遊一氣傍。濂溪訪達叟，深探先天囊。

有飲不滿盃，有蓄不盈握。牀頭一卷書，卽是平生樂。落日從昧没，浮雲盡輕薄。且濯冠纓塵，不爽崆峒約。

碧海驚蕩潏，中無安穴鱗。風濤浩無際，我來方問津。飛流霑衣裳，顧盻潛悲辛。扶桑繫孤槎，不見同舟人。浩歌登日觀，喚起雲中君。

玄臺上淩虚，中有帝子室。縱横羅萬家，曠蕩含虚碧。我有今借契，竭來爲扣擊〔九〕。無聲亦無臭，默默還寂寂。時有清風來，颯爽吹江石。漠然竟無應，眞似無知識。

瞬目一晝夜，寤寐一死生。爲善尚不及，作惡竟何成。仲尼幸知過，顏子不復行。君看貫盈者，果莫逃天刑。

皇天分四時，庶類能蕃殖。聖人定四經，萬世扶人極。率經以事天，非聖卽爲賢。人事乃天道，大經卽天言。下學上達理，捷徑餘無先。

骫髒一丈夫，鼓掌下崆峒。嵩高看山色，杳杳乘長風。悴然兩頰春，不語指西東。偶來洛下居，舉世忻相從。三年忽成市，遂爲天地中。世人竟不識，耳目如矇聾。問之皇極君，乃是無名公。

朱絃寂無聲，太羹淡無味。其中還有物，磊磊軒天地。毫末晉楚富，眇小王公勢。孟賁弱其勇，離朱暗其智。卷舒穹壤間，與化同無際。

吾道古有統，軻死迷其傳。昌黎功甚勤，突兀排金僊。奎宫吾星會，麗天光群賢。太極出面目，伊洛開淵泉。吾道本吾心，心在道卽全。但使心不昧，吾道長昭然。

【校記】

〔一〕逝，四庫本同，正德本作『遊』。

〔二〕籍，正德本同，四庫本作『藉』。

〔三〕玄，底本作『元』，據正德本、四庫本改。下同。

〔四〕璧，四庫本同，正德本作『壁』。

〔五〕夷，正德本同，四庫本作『陲』。

〔六〕寓，正德本、四庫本作『寓』。

〔七〕房，正德本同，四庫本作『雲』。

〔八〕狥，四庫本同，正德本作『徇』。

〔九〕揭，底本、四庫本作『竭』，據正德本改。

北風

【編年】作於蒙古憲宗七年（宋理宗寶祐五年，一二五七），郝經時在保定。

【年譜】蒙古憲宗七年，『公自壬辰春渡河居於保，凡十一年，僦廬而徙者十。甲辰徙南里，凡十四年，於居爲最久。夏四月，始作北風亭』。『正月作《心菴先生陰符經集解序》，四月作《北風亭記》。』

【箋證】《郝經集》卷二六作有《北風亭記》，記其在保州南里（今河北保定南里）所建的亭屋。

北風胡爲來，掣箭飛沙石。無乃化樞逆，贔負塵昏塞。萬竅怒一吼，土口哆一吸。憤叱一氣轉，大呼天地窄。掃平長城隍，卷起黑山磧。野馬突空走，舊雪來塞北。曠宇驚崢嶸，六合危屹岌。中原一囊土〔一〕，再逐混沌闢。霾霾薄扶搖，黄盡勢轉黑。堪輿亦不守，慘淡歸岑寂〔二〕。卉木盡摇落，鳥獸皆竄跡。斷鴻撲雲去，下有退飛鷁。神鰲蔽兩目，大鵬摧六翮。有物入驅除，迅鋒誰與敵。惟餘冀北駒，驍騰數萬匹。乘此振威靈，踏碎夷夏國〔三〕。吾民一孔僂，攣手重局脊。住時雖不寒，口箝復股栗。矧此烈烈威，露頂裸以赤。破屋簾不閉，土挫纔半席。鶉懸肘不掩，壞褐纔過膝。妻踣子亦仆，並日無一食。抱臂走道路，無奈征賦急。肌裂冰刀刲，肉死霜矢射。骨槁痺不仁，氣竭凜不植。心飛靡所薄，指直不能屈。十室一無在，道左骸岸積。箕伯方震怒，横空賈餘力。乾坤氣不平，更欲吹海立。時余亟奔走，欲入蜩殼夕。瞑排竟不前，佇足猶畏偪。池冰勁作聲，地底生霹靂。雲飛月縮艶，日落天失色。斗尾垂三星，擺蕩光的皪。所遇變於前，頓覺所失易〔四〕。耽耽道在樓〔五〕，磨天百餘尺。毳幙重重圍，光彩耀金碧。氣濛翡翠鎖，香潤椒塗壁。上有金貂兒，銜冰驅熱疾。罇俎快號呼，淋灕文錦溼。長歌葉落柯，笑擲千金璧〔六〕。四座自三春，杳與人間隔。俯思心惄惄，幾爲吾民泣。何此有二天，天乎不余恤。孰能以此意，沛我蒼生澤。且息絲税賦，且弭兵戈役。四海一狐纊，家家趙衰日。此意竟誰會，歲月逾回遹。黎亦冀休止，颮颮以颲颲。黎亦冀霽止，曀曀愈不息。何日不鳴條，黄鳥鳴習習。五絃解吾愠，薰兮來帝室。

【校記】

〔一〕土，四庫本同，正德本作『上』。

〔二〕淡，底本、正德本作『惔』，據四庫本改。

〔三〕夷，正德本同，四庫本作『中』。

〔四〕失，底本、正德本作『守』，據四庫本改。

〔五〕耽耽，正德本同，四庫本作『眈眈』。

〔六〕璧，四庫本同，正德本作『壁』。

原古上元學士

【編年】作於蒙古定宗后海迷失氏二年（宋理宗淳祐十年，一二五〇），郝經時在保定。

【年譜】蒙古定宗后海迷失氏二年，『春，公去賈館，擬南邁，自是聲名籍甚。遺山元先生學於公大父，仕金爲翰林知制誥，金亡不仕，往來燕趙間。一見公，奇之曰：「子狀類先生，才識間出，家世淵源有所積而然也。」遂相與論作詩作文法，復勉公以百世遠大之業，公從先生學者蓋有年』。

【箋證】元學士：指元好問，號遺山，秀容（今山西忻州）人。蒙古南下，金宣宗自燕京（今北京）遷都汴京（今河南開封），黄河以北金地盡歸蒙古。元好問奉母移居河南三鄉，遷登封，興定五年（一二二一）在汴京登進士第。哀宗朝博學宏詞科入選翰林院學士，至行尚書省左司員外郎，移家汴京。蒙古圍城，城破被俘，押赴山東聊城羈管。解禁後，返歸忻州，自薦修史不成，築『野史亭』，奔走於山西、山東、河北、河南、燕京等地，致力於收集金朝往事。晚年寓居眞定獲鹿（今屬河北），卒於獲鹿。著有《中州集》、《壬辰雜編》、《南冠錄》、《金源君臣言行錄》等，多爲後人纂修金史所本，因有金元文冠之稱。元好問先師從郝經祖父郝天挺，郝經後又師從元好問。

麟死九鼎淪，萬世無孔孟。文字糠粃餘，扶藉不絕聖。伊昔大觀季，天王始失政。中聲入哇淫，吾道孰不競。金源東北來，一洗河海淨。斯文甚濫觴，幾墜土梗橫。吳楚割半天，瘡痍僅續命。伊洛遽騫騰，朱張立朝廷。弘肆六藝學，俾與日月並。中原有奇才，詞賦方鬬飣。天門黃金榜，赫耀動萬姓。君臣此爲得，父師此爲令。或者語詩文，環視驚眄瞠。孰意元化精，不遂入昏暝。浚發自蔡党，高步出遼敻。墨浸天壤深，筆掃風雷勁。絲綸帝載熙，訓誥王言瑩。諸公繼踵作，互執造化柄。黃山與黃華，雙鳳高蹭蹬。清風玉樹鳴，千古一輝映。有若閑閑公，光彩璧月恒。雲煙恣揮灑，乾坤快歌詠。亹亹金聲鏗，矯矯銀鈎硬。楊馮李雷麻，嶷嶭胥倡應。五行連麗天，四海望而敬。偉哉遺山老，青雲動高興。文林剗荊棘，翰府開蹊徑。秋空玉琴張，摶拊分雅鄭。三間一曲歌，忽喚劉伶醒。哀哀汴蔡亡，六合爲懸磬。此老獨巍然，聲價駭羣聽。振袂凌孤霞，珠璧飛欬謦。人宗一代文，天賦百年盛。紛紛夸毗子，捆摭爲訾評。自謂人勝天，詎知天已定。行行野史成，共爲天下慶。作噩建子月，投我以照乘。蔀屋驚見斗，寒焰忽蟠亘。經也生已晚，弗及拜先正。窮閻一束書，十載成墮甑。學問苟有歸，貧屢安足病。今乃得溟渤，問津有龜鏡。挈我登龍門，綆我出虎穽。搖搖風中旌，茲始見依凭。緬思先世澤，於今果無竟。嗚呼世道喪，欲語寒淚迸。何時倒銀漢，與世開塍艴。昂頭冠三山，俯瞰旭日晟。陸海闢文源，生民共涵泳。

明月

【編年】作於蒙古憲宗五年（宋理宗寶祐三年，一二五五）冬，郝經應忽必烈之召，北行開平期間。

【年譜】蒙古憲宗五年，『世祖時在潛邸徵召賢士，諸公累薦。九月，遣使召公，不起。十一月，召使復至，公乃歎曰：「讀書爲學本以致用也。今王好賢思治如此，吾學其有用矣！」始應召而北』。見詩：『明月不自照，漫作地上雪。』

明月不自照，漫作地上雪。不照蒼天心，照我多顏色。天下一月明，美人何相隔。靈波許我浴，好花許我折。滂沱淚沾血，蹉跎望明月。

黄華

【編年】作於蒙古憲宗五年冬，郝經應忽必烈之召，北行開平期間。

【年譜】同前首。

有華春不開，苦愛風霜節。有根風不栽，有子霜不結。華開難及時，華落難載色。睠焉涕泗零，桃李肯孤潔。西風一萬里，搖蕩幽香歇。

古意

【編年】作於蒙古憲宗五年冬，郝經應忽必烈之召，北行開平期間。

【年譜】同前首。

見詩：『行行重回首，日落天風高。』『一劍絶坤維，灝海無波濤。』

行行重回首，日落天風高。擊黎歌《正月》，曳屣吟《離騷》。何當御六龍，醉蹴三山鰲。

一劍絶坤維，灝海無波濤。

蒼玉軒

【編年】作於蒙古憲宗九年，郝經從忽必烈征宋，宣撫江淮，兵趨荊鄂期間。

【年譜】蒙古憲宗九年，『乃以楊惟中爲江淮、荊湖南北等路宣撫使，以公爲副，將歸德軍先至江上，宣布恩信，招納降附，所活不可勝紀』。

【箋證】蒼玉軒：　位於江西清江（今江西樟樹）東南閤皂山崇眞宮中。　忽必烈征宋，兵圍鄂州（今湖北武昌），曾分兵直趨江西，攻破臨江（今江西清江），攻佔瑞州（今江西高安）。

緑玉劍拔起，翠龍飛紫煙。　虚簷生爽氣，六合涵幽妍。　老露洗珠國，秀月涵金天。　蒼茫太古意〔一〕，蕭颯長風前。

【校記】

〔一〕太，四庫本同，正德本作『大』。

中夜誦書有感

【編年】不詳待考。應作於蒙古憲宗九年，郝經從忽必烈征宋，宣撫江淮，兵趨荊鄂期間。

日月猶不死，吾道曷其昏。天地猶不壞，吾道曷隱淪。世我實相違，贅蔓徒紛紛。有道復無鳳，非時亦獲麟。爲抱大人器，願歸大人門。長劍空倚天，安得靜風塵。藜糗一鼓腹，布褐還生春。曠蕩五車書，倥侗一幅巾。青錢買濁醪，置之老瓦盆。一醉南山頽，載立元氣根。

虛白菴

【編年】作於蒙古憲宗三年（宋理宗寶祐元年，一二五三），郝經遊學燕京期間。

【年譜】蒙古憲宗三年，『夏，公入於燕，由萬寧故宫登瓊花島，慨然有懷，乃作賦焉』。

【箋證】虛白菴：　位於燕京（今北京）全眞道長春宫內，爲道士何巨川修行處。參見卷九《入燕行》編年。

郭抱大素樸，搆菴萬物表。不礎亦不楹，曠蕩含幽杳。中有無名公，獨立何矯矯。神存一室固，心死萬化了。下視人間世，汙溷驚擾擾。客氣賈餘勇，浩然還自小。紋錦裹血肉，珠璣裝偄㒓。金宮壓地軸，玉觀飛雲杪。一朝等黃土，閱世急飛鳥。何如此菴中，振古一昏曉。白雲滿霜樹，老月涵風篠。此色與此界，昧者恒背遶。苟能反身觀，捷徑明瞭瞭。無欲觀其妙，有欲觀其徼。卽知此菴中，眼界闊多少。

義士

【編年】作於蒙古憲宗七年春，郝經遊學燕京期間。

【年譜】蒙古憲宗七年，『《祭遺山先生文》、《墓銘》、《房山先生墓銘》，詠《義士》詩』。參見卷九《入燕行》編年。

見詩序。

燕趙古多豪士，其借交報仇，排難解紛，以義相許，固其俗也。丁巳春，余入燕，得義士人一焉，曰晉古。跌宕於搢紳間，聲名籍甚，故得其爲人尤詳。初以蚤失怙恃，著道士服，杖屨去家，觀覽山川，交識名右。王内翰、白樞判、魏靖肅、元遺山，一時名流，皆嘗爲之先後。尤喜周急援難，凡孤弱顛躓，莫能自致，往往賴之以濟。一日，挈壺酒，踵余門而求詩。余素喜奇節士，聞其槩梗，尤有激於中焉，乃爲之賦詩。

嶷嶷一義士，能激壯士肝。燕市忽相逢，布褐春風寒。謂余欲赴難，白刃色無難。義烈我克舉，鴻毛輕泰山。嗚呼世道喪，私智忘厚顔。狗苟復蠅營，青天井中看。自救亦不暇，碌碌長辛酸。爲爾舉一盃，萬古高風攀。會與魯連子，把臂觀海瀾。

鶴媒

【編年】不詳待考。應作於元世祖中統元年以來，郝經出使南宋，被拘禁於眞州期間。

【箋證】鶴媒：指捕鶴者所馴養，用作誘捕野鶴之鶴。喻指陷害同類之奸佞小人。《元史·郝經傳》：『時經有重名，平章王文統忌之。既行，文統陰屬李璮潛師侵宋，欲假手害經。經至濟南，璮以書止經，經以璮書聞於朝而行。』

胎禽昂藏姿，仙家有高躅。堪輿雪月精，凋刻爲毛骨。金鼎百鍊丹，結爲頂中物。清秋唳江皐，圓吭振哀玉。時逐無心雲，閑向天邊出。弄月過赤城，警露晞暘谷。還聞綠綺琴，翻翥舞終曲。道人庭戶幽，滿院苔痕綠。春深步落花，天寒倚脩竹。每惡鷹鸇忍，大笑鸞皇俗。誰知藪澤間，甘爲獵人畜。反藏媒翳機，解發刀矢毒。翩嬛舞仙裳，著意親麇鹿。左右成犄角〔一〕，顧盼爭血肉。有如欺世人，長往謝奔逐。木食還草衣，緘口復瞑目。與世若相望，白雲繞茅屋。澹然似無心，干戈還滿腹。當時王夷甫，豈勝何平叔。巖廊高一世，危坐翻地軸。

【校記】

〔一〕犄，四庫本同，正德本作『掎』。

鴈媒

【編年】不詳待考。應作於元世祖中統元年以來，郝經出使南宋，被拘禁於真州期間。

【箋證】鴈媒：捕鴈者所馴養，專門用作誘捕野鴈之鴈。

參見前詩《鶴媒》編年。

雲衢眇飛鴻，往來解隨陽。序當夜有所，次進朝有行。瀚海天山西，卵育歲爲常。八月秋風高，雝雝共南翔。水國足汀洲，江湖多稻粱。晻靄帶殘蘆，老岸青草長。哀鳴洞庭月，亂點瀟湘霜。太和開冰天，北去頑穹蒼。信禽法天運，斷不爲炎涼。偶爲篝燈誤，縛足離江鄉。飲啄養爲媒，朋儔總相忘。嗷嗷解愁人，乃反無愁腸。弋人見冥鴻，矰繳潛施張。置媒使號呼，投網來搶攘。奄忽一舉盡，羽毛皆摧戕。厭然束縛去，又向雲間望。嗟嗟罔民徒，詭計不可防。被獲反爲用，竭力如鬼倀。有信復無智，終自爲身殃。誤己更誤人，不悞眞可傷。

三臺〔一〕

【編年】作於蒙古憲宗四年（宋理宗寶祐二年，一二五四）春，至次年秋，郝經南下遊歷河南，途經鄴城期間。

【年譜】蒙古憲宗四年，『春，公客於杞（今河南開封屬縣）』。次年，『秋，東行，由趙魏以適魯』。

【箋證】三臺：東漢末年曹操在鄴城西所建，銅雀臺、金虎臺、氷井臺，合稱三臺。古鄴城包括今河北臨漳縣西（鄴北城、鄴南城遺址等）、河南安陽北郊（曹操高陵等）一帶。蒙古憲宗四年春，郝經曾南下遊歷河南，途經鄴城。

參見卷一《銅雀臺賦》編年。

飲馬清漳曲，看山上三臺。爾來一千年，平地猶崔嵬。當時兩京荒，鄴下王業開。竊國深規模，根基重栽培。藻幹壓太行，半空丹碧堆。氷井極高寒，金虎何雄哉。銅雀中天飛，酖毒澆鬼魁。兆已成鼎足，浪戰端可哀。諱死著死欺，涕泣效嬰孩。分香儘遺臭，臭腐不肯埋。笑殺歌舞人，兩耳生青苔。舜禹纔二世，漢武尤雄猜。公卿皆負土，殿閣磨瓊瑰。忍死待仲達，痴騃眞堪咍。誰知篡國臺，卽是亡國胎。美人爲黄土，西陵等寒灰。把酒憶思王，山影青滿盃。高詠《朔風詩》，日夕鴻鴈來。

【校記】

〔一〕本詩四庫本同，正德本闕。

書羑里祠〔一〕

【編年】作於蒙古憲宗四年春，至次年秋，郝經南下遊歷河南，途經羑里期間。

【年譜】蒙古憲宗四年，『春，公客於杞（今河南開封屬縣）』。次年，『秋，東行，由趙魏以適魯』。

【箋證】羑里祠：後世在羑里爲周文王姬昌所建祠堂，故址位於今河南湯陰北。商紂時曾拘周文王於羑里，故羑里又指商代監獄之名。蒙古憲宗四年春，郝經曾南下遊歷河南，途經湯陰。參見卷一《銅雀臺賦》編年。

周德奕世修，殷道屬不競。陋哉一抔土，欲以厄大聖。人衆方勝天，故使俟天定。聖乃先天作，静幹造化柄。六畫出象數，萬世立龜鏡。終亦有天下，羑里安足病。後來僭僞者，視此驚眄瞠。爲王以不死，瞰鼎窮恣横。隨得亦隨失，肉薄還骨併。何如會兹理，在德不在命。

【校記】

〔一〕本詩四庫本同，正德本闕。

去三汊見太行〔一〕

【編年】作於蒙古憲宗四年春，至次年秋，郝經南下遊歷河南期間。

【年譜】蒙古憲宗四年，『春，公客於杞（今河南開封屬縣）』。次年，『秋，東行，由趙魏以適魯』。魏指戰國七雄之魏國，前期都安邑（今山西夏縣），後遷都大梁（今河南開封）。

見詩：『二年大河間，胷次洶餘浪。』『揚鞭得西歸，瞠目爲一放。舉首見太行，逸翠蜚萬丈。』

【箋證】三汊：河南杞縣境内黄河岸邊的三汊河口。郝經憲宗四年遊歷河南，一年後離去，前後二年時間。卷二四《上趙經略書》：『經自前歲八月到杞。』一年後，『今又以事將北轅，去執事日益遠』。

二年大河間，胷次洶餘浪。身與天根浮，泱漭隨下上。靈槎杳虚舟，顛倒泥底樣。恍疑渾沌初，溟涬天水象。揚鞭得西歸，瞠目爲一放。舉首見太行，逸翠蜚萬丈。爽朗肝膽張，豁達氣宇曠。眞宰聳奇骨，頓覺天地壯。茲山自佳色，何乃氣凋喪。吾家在椒嶢，老霧横莽蒼。松楸日樵采，山靈亦悽愴。何時鶴髮翁，攜我蹭疊嶂。雖無錦繡裏，粗著文彩狀。山河表裏全，自古更霸王。於今何索然，死石徒映向。在人不在山，先民語無妄。行行重行行，落日兩相忘。

【校記】

〔一〕本詩四庫本同，正德本闕。

郝經集編年校箋卷三

古詩

曲阜懷古

【編年】《曲阜懷古》一組八首，均作於蒙古憲宗五年秋，郝經遊歷山東期間。

【年譜】蒙古憲宗五年，『秋，東行，由趙魏以適魯。八月，入於東原。九月，濟汶自鹿門入於曲阜，藩帥交辟，皆不就。世祖時在潛邸徵召賢士，諸公累薦。九月，遣使召公』。『作《時中齋記》、《日觀銘》、《曲阜懷古》諸詠、《遊靈岩寺》詩。有《去魯記》，登泰山作賦』。

孔林

泰山元不頹，永作聖人墓。嶽麓南面馳，崛岉勢蟠踞。端門血書飛〔一〕，梁木忽生蠹。遂成覆夏屋，三千各封樹。脩竹與文楷，灌聳擁煙霧。森森十里林，鬱鬱九原路。燕人遠來觀，子貢獨不去。秦火卷土焚，漢雨横天注。本根萬丈深，枝葉四海布。斯民賴餘蔭，顛沛來比附。凡鳥寧敢巢，儀鳳見乃屢。緬懷掩袂時，重念絶筆句。摩挲石麒麟，可惜死不遇。

【校記】

〔一〕端門血書飛，正德本同，四庫本作『一從仁瑞亡』。

杏壇

天地一生意，孔門儘春風。喜聞夫子道，歌詠各雍容。當時説春王，元化開無窮。杏壇仁義香，不見花白紅。庭中手植檜，霜幹參青空。幾回比歲寒，亦指徂徠松。有席不暇暖，木鐸搖西東。桓魋怒拔樹，仗劒邀其窮。回車殺鳴犢，擇木視飛鴻。燕居都幾年，一世如斷蓬。誰知千萬世，遂爲吾道宗。枝葉今尤多，春來花更濃。昨朝上丁罷，醉殺守祠翁。

顔巷

顔巷無顔徒，荒煙亂榛梗。奚復辨崇陋，凄然想幽屏。應卜原思鄰，不與端木竝。曲肱儘餘樂，閉户祇退省。自有正大域，直造高明境。不違獨得仁，無欲乃能静。瓢飲忘萬鍾，簞食同五鼎。乃令子慟哭，天喪不敢請。顔夭未爲短，跖壽豈爲永。不貳乃云命，枉生特儌倖。黄桑千年道，尚有門前井。誰來洗心齋，無人照止影。西風散禽鳥，老雨溷蛙黽。

周廟

中城繚危基，公宫盡禾黍。惟餘文憲廟，青松蔭寒礎。塼壇冷香火，誰復薦籩俎。厥初蒼姬王，世德繼湯禹。一再幾遂微，管蔡甚祿父。公旦述聖事，攝政輔幼主。皇皇赫東征，焰焰顯西土。下能開成康，上能竝文武。禮崇七年制，樂備六代舞。更比夏商文，不替羲軒古。公薨葬畢郢，廟食乃在魯。宛與大成鄰，氣色成龍虎。誰知曲阜城，卽是文章府。

子思墓

王陵象尼山，窒皇擬天闕。白石六十四，方正相倚疊。卿雲繞龍隧，脩竹生馬鬣。前却三代祖，宛與聖人列。乃是子思子，道貫祖孫一。顔夭曾始傳，心授相世及。《大學》宏綱舉，《中庸》性理切。浩氣有孟軻，六經復爲七。向微三大賢，聖統幾廢絶。爾來一千年，晦沒無人説。韓李端緒開，伊洛本根揭。萬古唐虞心，日月光目睫。不必揮金鎚，拜墓卽親炙。

奎文閣

新宫拜小寢，旋上奎文閣。欄蠹紫苔深，簷傾青瓦落。佇立思聖人，音容儼如昨。臨深敢爲高，犇逸不可學。闕里泰山前，洙泗墳林脚。道德竝流峙，鳶魚各飛躍。靈光秋草没，泮水清霜涸。返照入顔巷，無人有餘樂。舉手捫天星，絡繹光閃爍。何時五曜入，晃朗璧府廓。歸馬掃欃槍，勝殘沉貫索。忽聞金石聲，殷殷地中作。青天有太陽，莫漫螢火爝。

遊靈巖寺

【編年】作於蒙古憲宗五年（乙卯年，宋理宗寶祐三年，一二五五）秋九月，郝經遊歷山東期間。

【年譜】同前首。

見詩序。靈巖寺：　位於山東濟南市西南泰山北麓長清區萬德鎮靈岩峪方山之陽。東晉時佛圖澄的高足僧朗建。自唐代卽與浙江國清寺、南京棲霞寺、湖北玉泉寺並稱『海内四大名剎』。

乙卯秋九月十九日登泰山，二十二日下太平頂，遂遊靈巖寺。

岱宗西北馳，倒卷碧玉環。嶽靈秘雄麗，勢欲藏三山。初從谷口入，兩崦爭孱顔。漸疑下地底，細路深屈盤。仰視覺天窄，石井攢峯巒。陸海沙刼開，突兀仁主壇。桐鯨吼西風，棟宇横高寒。石龍噴清泉，灑落几案間。脩竹掃山色，瑩緑穿雲根。丹鳳饑不來，寂寞青琅玕。上方在天上，下視無塵寰。空霏鎖霜樹，翠錦蒙朱殷。西日回清輝，輕金滿煙鬟。何時脱世網，掛席高盤桓。静境求初心，滯慮驅萬端。向晚蒼煙合，更欲窮躋攀。路斷不得前，矯首重一看。

贈青社諸公

【編年】作於蒙古憲宗五年秋九月，郝經遊歷山東期間。

【年譜】蒙古憲宗五年，『秋，東行，由趙魏以適魯。八月，入於東原。九月，濟汶自鹿門入於曲阜，藩帥交辟，皆不就。世祖時在潛邸徵召賢士，諸公累薦。九月，遣使召公』。

【箋證】青社：指祭祀東方土神之處。借指泰山。

北風吹海氛，雄鯨偃修鰭。皇皇擇木鳥，落日將安之。清霜摧豐林，枯沙沒卑枝。況復天地閉，豈汝飛騰時。嗷嗷復嗷嗷，途窮愈多岐。寸心增鬱陶，拊髀潛生悲。蒼茫欲問津，謾使行人嗤。賴有魯連子，亦在東海湄。舉手謝浮世，共欲尋安期。扶搖三山巔，笑傲雲濤低。半夜開扶桑，弄日騰清輝。伊昔孔尼父，亦欲居九夷。世網儻可逃，去去夫何疑。

青州山行

【編年】作於蒙古憲宗五年秋九月，郝經遊歷山東，途經青州期間。

【年譜】同前首。

薄遊東諸侯，致敬多擁篲。訖無安巢木，歲晏復反轍。飲馬南洋橋，摩玩米芾記。蛟龍鬱蟠拏，劒戟礫芒刺。酌別表海亭，瀲灧吸空翠。霜風吹鴻鵠，草野簇車騎。日斜過雲門，凌跨方半醉。垠崿亂葉滑，蹭蹬幾欲墜。懸嵒半過面，絕澗黑無地。入險難遽止，眩運不敢視。層崖宿山家，坐久猶膽悸。居民畏馬嘶，游子喜犬吠。汲遠終夜喧，月斜人未睡。紫闕見星稀，枕石餘蘚膩。酒散身逾困，飢透食有味。忽聞炒椒巔，虎去失羸牸。陰森木石怪，慘洌霜露氣。黎明轉重崦，呀互急幽閟〔一〕。繚繞天一線，陷日孤光細。嵌隙深且蒼，白晝悲魍魅。過午纔得水，飲漱解鞍憩。却是城西河，山間更清駛。彎環折鱷腸，詰曲亂之字。跋步重踐涉，深淺頻揭厲。林開見石田，數頃牛角鋭。淳俗久深居，見人但驚避。農婦帛纏頭，應門聳高髻。破屋有村翁，無言但流涕。舉鞭爲撫摩，俾説山中事。都因七十堌，鹵莽各稱帝。實户三百萬，食盡猶未棄。白骨與山齊，查牙誰與瘞。幸得脱齒頰，瘡殘餘一臂。年來立海州，遺噍更疲弊。邊郡增仇敵，深山無子弟。聞此不忍聞，愴悢復噓嚱。海岱稱東秦，山河號十二。峽口吞穆陵，渤澥卷無棣。初從霸國後，往往逞兇猘。虢公死巖邑，恃制殆非計。祇爲殘民區，每啓姦雄志。窟宅多龍蛇，桃源難避世。數日出脩阻，川途漸平易。雲梢見萊蕪，孤城隱霾曀。回視青萬疊，乾坤屹軒輊。穿出過徂徠，背轉逾汶泗。泰山正面看，益見崇高勢。目中好全齊，蒯生莫兒戲。爲告慕容超，勿謂燕得歲。

【校記】

〔一〕閟，四庫本同，正德本誤作『悶』。

界墻雪

【編年】作於蒙古憲宗五年冬，郝經應忽必烈之召，北行開平途中。

【年譜】蒙古憲宗五年，『世祖時在潛邸徵召賢士，諸公累薦。九月，遣使召公，不起。十一月，召使復至，公乃歎曰：「讀書爲學本以致用也。今王好賢思治如此，吾學其有用矣！」始應召而北』。六年，『春正月，公見皇太弟於沙陀』。

見詩序。昌州：是金代塞外重鎮，在今河北沽源縣九連城遺址。元楊奐（一一八六—一二五五）《還山遺稿·撫州》：『北界連南界，昌州又撫州。月照魚泊夜，霜冷鼠山秋。』

不用體物字。昌州北，金人所築界墻也。

陰風簸長嶺，坤倪忽軒豁。嶙矗生鐵雲，黯淡死灰潑。初來雜沙石，硬顆傾碎雹。旋轉迸玉屑，一噴勢愈惡。勁發萬弩齊，激去掣箭鑿。委積皆重搭，背左著點劉。遒緊不暇飛，滾滾互團搭。蟠空凍相粘，連綿渾欲閣。漫天都一片，奚計席與箔。何處覓界墻，人間無海嶽。顧盼已數尺，氣偃驚駭愕。慄慄寒作威，稜稜痛如斫。模糊半垂面，酸楚欲拆脚〔一〕。我馬不得前，我僕指已落。重繭頓覺輕，透骨江紙薄。挾纊殆兒戲，豐貂亦纖弱。向晚耦陡黑，陰雲肆饕虐。横空怒潮頭，壓地塌天角。平拉老鼠山，倒卷鴛鴦濼。刀槊走柔然，金鼓鏖衛霍。竟夜遽呼號，乾坤碎磨錯。車從谷口沒，人在冰底罨。黎明遞相尋，堆阜各挑撥〔二〕。還聞頓足歌，彎弧盡欣躍。正好射黄羊，何須待消鑠。長嘯蹴踏去，天沙蕩寥廓。聲繞霹靂絃，查牙競禽縛。平地深虎穽，更不用矰繳。瀝血嚼紫肝，流澌飲紅酪。雪盛馬尤肥，皇天助幽朔。資賦不畏寒，自得生處樂。可笑嬴秦初，更嘆金源末。直將一抔土，欲把萬里遏。隱墻日避冷，手弄不龜藥。救死恐未能，奚暇更守捉。况乃天道北，斗極重旋斡。黑雪是長安，飛灑過汴洛。突兀無與强，萬古入陰壑。爲告党家兒，惟當守盟約。君看銷金帳，豈是疆戎索。

【校記】

〔一〕拆，四庫本同，正德本作『折』。

〔二〕堆，四庫本同，正德本作『推』。

獲鹿新居哭元遺山

【編年】作於蒙古憲宗七年（宋理宗寶祐五年，一二五七）七月，郝經時在保定。

【年譜】蒙古憲宗七年，『七月四日，元遺山先生卒於獲鹿（今屬河北鹿泉）寓舍。訃至，公走常山三百里，哭之，爲文以奠，葬於定襄，並銘其墓。正月，作《心菴先生陰符經集解序》。四月，作《北風亭記》、《送張漢臣序》、《祭遺山先生文》、《墓銘》、《房山先生墓銘》，詠《義士》詩』。

【箋證】元遺山：元好問號遺山，參見卷二《原古上元學士》。

殘山遶荒城，慘淡帶餘雪。我來問新居，欲語還哽噎。搖搖識風旌，掩掩淚隱睫。額地升中堂，痛激肝膽裂。鼻若閶闔風，幽冥忽穿徹。空牀一束書，不見文章伯。愁馬喑不鳴，老僕頓欲絕。嬌兒背面啼，高弟展轉説。有書未絕筆，有傳未卒業。靈輀已西州，壯心空北闕。緬思從公遊，灝汗飛玉屑。振筆青雲開，炳烺寒電掣。鯨吹濤山回，隼厲霜鋒擊。蘊情入軟語，婉藹幽更切。鶯啼柳陰深，百囀春不歇。方張大庭樂，誰意成永別。徙倚扳庭柯，寤戶轉寥寂〔一〕。乾坤入凋喪，衣冠少顔色。魂來暮山青，魂去暮山黑。城頭老畢逋，底事悲破月。中腸元易感，使我心欲折。

【校記】

〔一〕寥，四庫本同，正德本作『泬』。

登昊天寺寶嚴塔

【編年】應作於蒙古憲宗八年（宋理宗寶祐六年，一二五八），郝經遊歷燕京期間。

見詩：『六年五入燕，空爲眼中物。於今始一登，頓覺超凡俗。』

【箋證】卷二《義士》序：『丁巳（蒙古憲宗七年，宋理宗寶祐五年，一二五七）春，余入燕，得義士人一焉，曰晉古。』昊天寺爲遼代皇家佛教寺院，舊址在今北京西便門内路西。遼道宗清寧五年（一〇五九），秦越大長公主將其宅第棠陰坊施捨建寺。道宗捐助紋銀五萬兩，親自題寫寺名『大昊天寺』，並撰寫碑文。

從蒙古憲宗三年（一二五三）至八年（一二五八），六年間郝經共六次到燕京，分別在憲宗三年（第一次）、憲宗五年春二月（第二次）、憲宗五年十一月（第三次）、憲宗六年（第四次）、憲宗七年（第五次）、憲宗八年（第六次）。這裏之所以説『六年五入燕』，是因爲憲宗六年郝經第四次到燕京是自開平返回，故不計算在內。

參見卷九《入燕行》編年。

本書卷首《綱領》中《郝經行實》部分有詳細考證，可參閱。

旭日燒銅輪，赤氣繞車轂。平步登青天，陸海一龍窟。寶藏沙刼開，突兀翻地軸。瑰奇入霄漢，締構窮土木。高穿翡翠籠，直到蓮心出。錯落金鯨鱗，蹭蹬木虵腹。致身知幾層，但覺重錦束。巧碎雕鏤心，力盡撐拄骨。合沓三天神，倚疊萬國佛。丹青雜珠琲，新若手未觸。盤盤老風煙，天門鎖寒玉。乾坤一柱旁，日月互生沒。六年五入燕，空爲眼中物。於今始一登，頓覺超凡俗。曠宇凌高寒，飄飄肆遐矚。海卷碣石回，天壓陰山覆。瀘溝一衣帶，居庸險何足。蒼蒼金臺雲，青青薊邱竹。昔賢今不見，悵望空注目。下視極羽淵，黄熊尚盤屈〔一〕。窟宅幾千祀，潛姦富凶毒。魑魅不能禦，何人與驅逐。燕雲割山河，神州疆理蹙。稱臣又呼父，萬古天王辱。一登還百憂，慘淡意回復。安得脫世網，對此傾醽醁。慷慨澆心胷，醉向天邊宿。

【校記】

〔一〕熊，四庫本同，正德本作『能』。

贈劉茂之

【編年】作於蒙古憲宗六年（丙辰年，宋理宗寶祐四年，一二五六）夏，郝經時在保定。見詩序『丙辰夏』云云。

【箋證】劉茂之：名至臨，金元之際滿城（今屬河北）人，全眞道士。參見詩序。

昔歲，余先子避兵淇衛間。久雨壞垣，壓其腰股，濊絶不知人者數日，醫者以良劑飲之而愈。甲寅夏，故疾復作，號呼晝夜，殆不能堪。全眞者劉茂之，飲之以藥，便血數斗而愈。丙辰夏，得風疾，而小便結塞十餘日，臍周左如覆盃狀。醫者殫技，莫之能瀹。茂之視之曰：『是針不能達，藥不能及，有一術可愈。』乃以手按摩，自章門至於氣海。頃之，血溺並出，出數斗乃愈。先子生平疾病者三，而愈於茂之者二。是先子數年之命，茂之延之也。茂之，滿城人，名至臨。嘗遇異人，授之方技，而不自售。遇有疾者，哀其苦，而閔其窮，卽爲治之，無不愈。顚連無告者，日塞其門而不憚也。雖爲全眞道，而喜交遊。灑落通敏，不滯於物，胷次洞豁，廓無梗礙，而其蘊蓄，有非凡夫所能見者。余嘻先子之事，且嘉茂之之爲人，乃爲賦詩。

道進物我化，技進心手忘。飄飄子劉子，道技皆所長。委世欲長往，顧瞻仍彷徨。吾民吾同胞，顛頓眞可傷。以道引汝年，以術藥汝瘍。生死且肉骨，丁手開膏肓〔一〕。譬如庖丁牛，遊刃不折芒。舉目皆全人，仁壽涵八荒。惟天畀先子〔二〕，兩厄皆再康。晏景回桑榆，庭戶生輝光。我欲借君術，醫國還虞唐。彷徨張四維，突兀宏三綱。緬思何可得，謾自摧肝腸。山林有高躅，注目煙霏蒼。何當把臂遊，深探先天囊。

【校記】

〔一〕丁，底本、正德本作「下」，據四庫本改。

〔二〕畀，四庫本同，正德本作「界」。

隨州

【編年】作於蒙古憲宗九年（宋理宗開慶元年，一二五九），郝經從忽必烈征宋，宣撫江淮，兵趨荊鄂途中。

【箋證】隨州：位於今湖北北部漢水之東。

山南楚甸拆〔一〕，漢東隨爲大。盡日涉艱阻，極力出險隘。川途落木杪，忽覩天宇快。長林偃秋色，百雉露茫昧。疑向遠水曲，隱映脩竹外。捷去不得前，横亘斷崖礙。煙深梅欲春，石亂水相帶。飛鳥不知人，投樹聲甚怪。探騎隔岸言，轉出西城背。火壕削紫土，斬絶黑欲墜。當時不受攻，例與安陸潰。居人盡室去，涵養儘一敗。荒空二十年，繁夥日蕪穢。白堊餘屋壁，狐狸窟庭内。穿窗棗枝曲，倚柱叢桂壞。誰種當道棘，亂長侵階菜。奥室沒蒿萊，何處覓粉黛。溼氣雜土腥，當晝半暝晦。相國來秉鉞，下令急翦拜。佇馬開天荒，欲復太平代。勿謂少師侈，今有季良在。

【校記】

〔一〕拆，四庫本同，正德本作『拆』。

石門

【編年】作於蒙古憲宗九年，郝經從忽必烈征宋，宣撫江淮，兵趨荊鄂途中。

【箋證】石門：指石門山，位於湖北安陸西八十里，又名石岩山，以石門最奇，凡二重。詩云『東南漢川盡』、『漢淮此要害』。

霜風赭諸山，重崦黄槲映。東南漢川盡，萬疊復嶺亘。甲士斫前路，呀轉崗坂競。登天忽落井，急注繚一徑。翻身伏馬鬣，植立上石磴。覆地露葉滑，捽面樹枝迸。斷木餘高盤，蹶步復拉脛。楂竹礫青耳，刕刺蹄血凝。石梁僅尺許，絕澗陡色暝。萬衆急相擠，失脚如墮甑。前抵雙石門，扼塞兩窟並。不虞爲申驚，傳呼空谷應。大洪宿重兵，栲栳相盻瞪。木蘭與白兆，左控復前迎。漢淮此要害，敵人必來偵。部伍各整頓，介胄聽將令。遇敵毋妄動，涉險更安靜。如律以次發，不鼓氣益盛。崎嶇得隙地，稻塍土脊硬。匍匐扱劍刃，澒洞下泥穽。回看半天乾，却欲上危磴〔二〕。日斜布營壘，煙起衆已定。反思中原好，桑麻展平鏡。沃衍少巖邑，生民樂王政。鬻熊文王師，南服始數乘。後來爲霸國，《春秋》每譏評。一州七千里，蓋亦賴形勝。六朝據上流，踵武反朝廷。吾欲問楚人，於今更幾姓。

【校記】

〔二〕磴，底本墨塗作『■』，四庫本作『嶺』，據正德本補。

白兆山

【編年】作於蒙古憲宗九年，郝經從忽必烈征宋，宣撫江淮，兵趨荊鄂途中。

【箋證】白兆山：位於湖北安陸縣西二十八里，又名碧山。唐开元十五年（七二七）李白棲此，『酒隱安陸，蹉跎十年』。

旗尾拖澗雲，鼓行斷橫谷。敵人隔林望，坐甲不敢出。白兆有居民，煙蘿蔽喬木。負擔來迎降，馬首爭蒲伏。爲聞不殺令，又復治安陸。萬死乞餘生，焦土覔舊屋。老人翻白鬣，南望吞聲哭。松楸却成林，到此死亦足。載説桃花嵒，醉墨苔蘚緑。每於秋月下，似有飛僊讀。遽令巾其巔，重爲賜米肉。偏裨好護送，縱歸不令宿。喜氣動江山，迢遥肆遐矚。安得與李白，雲牕對脩竹。

雲夢

【編年】作於蒙古憲宗九年，郝經從忽必烈征宋，宣撫江淮，兵趨荊鄂途中。

【箋證】雲夢：　指雲夢大澤，位於湖北安陸縣南。

羣山避鄢郢，霜淨楚天遠。秋色浮鴈背，風水蘆花滿。陂澤通江湖，田岸藏町疃〔一〕。橫匯淵藪大，散漫稻畦淺。積煙晚翠重，老浪虚白卷。乾坤入涵混，魚龍深宛轉。殘嶺土崖斷，餘浸黑壤輭。平崗繚中洲，闊甸負長坂。勁竹密如簀，緑粉封紫笴。忽向青楓末，半出黃檞峴。北人有圖畫，却向此間展。選鋒一萬騎，掣電鐵滿眼。更不顧虜獲，直向腹心翦。昨去今飲江，埽道草盡偃。何處仍三戶，踐蹂殆不免。荒莊自池臺，寒蔓相掛罥。鶂鸛不知家，悠悠忘還返。注目浩無際，馳想首重俛。何時結茅屋，老吟寄殘喘。濯纓謝漁父，瞑臥汀沙晚。

【校記】

〔一〕田，四庫本同，正德本作『口』。

青山磯市

【編年】作於蒙古憲宗九年，郝經從忽必烈征宋，宣撫江淮，兵趨荊鄂，兵圍鄂州之際。

【箋證】青山磯市：　位於今湖北武漢青山區，北濱長江，爲古代軍事要津。羊羅：　羊羅渡（又稱洑、堡）。王磐《趙國忠獻公神道碑》：　『己未（一二五九）歲秋，上欲觀大江形勢，帥兵由淮西進，九月四日泊羊羅渡，宋人列戰艦南岸，軍容甚盛。』元明善《稾城董氏家傳》：　『己未秋，上命世祖伐宋。至淮西，有臺山砦者，宋光山縣寄治其上，命公取之。』『九月，師次羊羅洑，宋之要害也，築堡於岸，陳船江中，軍容甚盛。』至元十一年（一二七四）十二月兀良阿朮始拔之（王惲《大元光禄大夫平章政事兀良氏先廟碑銘》）。

渡江不殺降，百姓皆按堵。羊羅到武昌，相望兩舍許。井邑聯亘長，横斜纏水滸。青山一聚落，中道勢幽阻。通衢萬家市，巴商雜越旅。背面千檣洲，漢陽對鄂渚。絕岸斷鰲立，崩濤高觜吐。竹樹深且密，石頂還戴土。傑觀復傑出，層楹瞰全楚〔一〕。薄暮重登臨，道者貌甚古。開軒具盃酒，江氣滿樽俎。萬里西風來，飄然若輕舉。

【校記】

〔一〕全，四庫本同，正德本作『金』。

壓雲亭

【編年】作於蒙古憲宗九年，郝經從忽必烈征宋，宣撫江淮，兵趨荊鄂，兵圍鄂州之際。

【箋證】壓雲亭：　位於今湖北武昌黄鶴山上，爲古代軍事要地。

重嶺繚郭峻，高亭下臨鄂。艨艟斷江流，甲騎蹙城脚。拒命始進攻，鐵匝長圍合。顧已無頭陀，徑欲椎黄鶴。謁王登巉巖，再拜瞻日角。王氣壓江山，曠朗天宇豁。十月汗沾裳，敷奏初不覺。詔賜金叵羅，禮酒焉敢嚼。絲綸重開喻，滿面春風著。撫膺還自頌，不負生平學。須臾動金鉞，猛士徹虎幄。龍起皆雲從，青山萬馬落。

黃鶴樓

【編年】作於蒙古憲宗九年，郝經從忽必烈征宋，宣撫江淮，兵趨荊鄂，兵圍鄂州之際。

【箋證】黃鶴樓：原址在湖北武昌蛇山黃鶴磯頭，始建於三國東吳，爲古代軍事要地。

江漢天西傾，斷岸蹙寒雪。石城踴高樓，瞰臨勢縣絕。雲夢吞八九，沅湘在眉睫。層軒掩石鏡，更欲壓大別。千帆落山巔，萬檣擁舟楫。中天卷晴嵐，不與人世接。縹緲多飛僊，超搖有遺跡。前缶黃鶴來，重與添顔色。丹梯插青空，萬丈生金碧。聞說呂洞賓，題詩滿新壁。至今起香霧，恡字人不識。仙語龍蛇亂，醉墨江山溼。有時橫長笛，吹落漢陽月。洞庭與彭蠡，一聲勿穿徹。我方溷戎馬，對面兵塵隔。焉能載酒上，雲間覓僊客。當年禿髮翁，幾回喚李白。不見狂處士，亦爲重嗟惜。高賢共長往，矯矯不可得。落日聽江聲，西風冷蕭索。

渡江書所見

【編年】《渡江書所見》一組四首，均作於蒙古憲宗九年（己未年，宋理宗開慶元年，一二五九）秋，郝經從忽必烈征宋，宣撫江淮，兵趨荊鄂，兵圍鄂州之際。

【年譜】蒙古憲宗九年，『作《東師議》、《班師議》、《新野光武皇帝廟碑》、《周子祠堂碑》、《渡江書所見》、《題東坡先生畫像》、《巴陵女子行》、《武昌詞》』。

見詩序。

野蓮

己未秋，奉命宣撫江淮，自鄧南入新野，蹈宋北鄙，渡泌河及湖陽，入於春陵陂塘。聯絡畎澮，縈屬村墟，蓊翳荒空不可行，佳木脩竹，奇花異卉，櫛比林莽間。怵然有感於中，而取野蓮、荒竹、秋桐、野菊四者，姑以寓感焉。

陂塘渺煙蕪，秋波淡浮空。蒹葭雜芙蕖，依稀見愁紅。輕銷露華涼，亭亭倚西風。金粉亦自香，霞腴爲誰容。無言恨最深，失偶情更濃。搖搖似相招，爲喜詩人逢。翻思彼桃李，反在羅綺中。復憶巖下蘭，綠葉翳荒叢。西子出苧羅，原思老蒿蓬。萬物在生處，莫謾仇天公〔一〕。

【校記】

〔一〕謾，正德本同，四庫本作『漫』。

荒竹

荒竹遶廢宅，高下隨女蘿。新梢入林莽，迸葉揚條柯。玉骨清且癯，埋沒還奄阿。病綠煙慘悽，枯黄雨滂沱。劒斷戟復折，壯士空悲歌。伊昔主家安，森森氣相摩。籜龍起雲雷，平地煙霄過。幽香澹庭除，靜陰延綺羅。一自兵塵生，人去斤斧多。寂寞秋不實，飢鳳將奈何。

秋桐

高秋江漢波，卉木入搖落。荒林擁孤桐，蔓草重繞縛。淒迷氣日喪，憔悴葉自脱。黄凋晚風吹〔一〕，青裂饑烏啄。無時亦無儔，幢幢老陰薄。儀鳳安所棲，宫樹空寂寞。謂汝無自傷，植根亦嬌弱。豈能持風寒，况乃失所託。何時此焉居，揚鋤翦荒惡。擕幼攀庭柯〔二〕，遂我生聚樂。

【校記】

〔一〕晚，底本作『脱』，據正德本、四庫本改。

〔二〕攀，四庫本同，正德本作『扳』。

野菊

乾坤入消數，萬物呈晚節。秋晏菊始華，荒叢翳林樾。野迥幽姿清，岡斷寒艷接〔一〕。絲蟲罥青苞，啼螿抱枯葉。瀼露積玉華，層層擁金屑。我欲摘以杯，飲之濯中熱。霜栽郁高標，胡與荒穢列。嗟爾夷惠儔，玉質難變滅。不謂無人看，便使幽香歇。安得老瓦盆，坐對澆古月。

【校記】

〔一〕岡，四庫本同，正德本作『崗』。

郝經集編年校箋卷四

古詩

渡江書事

【編年】作於蒙古憲宗九年（宋理宗開慶元年，一二五九），郝經從忽必烈征宋，宣撫江淮，兵趨荊鄂，渡過長江，兵圍鄂州，分兵直趨江西之際。或以爲作於元世祖中統元年（宋理宗景定元年，一二六〇），郝經出使南宋，渡過淮河，進入宋境之際。

【年譜】蒙古憲宗九年，『公乃率麾下揚旌而南。楊懼，謝曰：「公之執守，讀書之力也。敢不從命？」遂與公俱行，會王師於江上。公聞憲宗在蜀，師久無功，遂進《東師議》，王稱善者久之，然與帝已定約，不獲中止，遂渡江圍鄂。宋人懼，請和，會憲宗凶訃至，王召諸將屬議，公復進《班師議》，王以爲然，遂班師』。

苟宗道《故翰林侍讀學士國信使郝公行狀》：中統元年（宋理宗景定元年，一二六〇），元世祖卽位，詔郝經爲國信使，『賫國書入宋，告登寶位，布通好弭兵息民意』。『七月，進至五河口。宋人遣揚州制置司幹官朱寶臣，遥授陳州通判秦之才來接伴。八月，復遣懷遠軍招撫司參謀潘拱伯來館伴，仍請登舟而南。公將入宋境，憂朝廷初政，治具未完，事有未善者，遣使上封事言闕失』。『九月，至眞州，館於忠勇軍營，宋人規模布置，已成囚所矣』。

朔龍蜚氷天，瀚海開日月。萬國入尺箠，海外迄有截。東南天一隅，區宇獨限越。我鞭莫及腹，我車莫通轍。阻山還據江，深遠極亘絕〔一〕。桓桓天策王，建旆秉鈇鉞。睿衷推深仁，不忍遽翦伐。弘霈縱俘囚，下令明不殺。威銳極晦蓄，龐恩肆霑洽。彼乃執信使，傲鄙閧偷刼。本以禮義期，誰知重驕跋。王乃振師徒，揚旗禡太白。東西兩距海，百道相綰結。幹腹出大理，上流下開達。夔門勢扼吭，通泰潛擣脅。萬里常山蛇，首尾勁相接。八月馬首南，王氣快軒豁。千麾繞清霜，萬蹄碎踣鐵。高天四旁開，厚地一道裂。西風楚山空，豺虎皆遯跡。驥怒憑風嘶，一噴飛亂葉。羅洑覘江津，輕舟詰朝發。清波乃舒徐，大浪還妥帖。中流笑前人，浮梁與荻筏。白魚入王舟，瑞氣浮桂楫。曾莫一矢遺，諸軍報饐捷。談笑過江東，兵刃渾不血。居民盡按堵，王師有成法。駐軍武昌南，威聲轟霹靂。中令仍緩師，天衷有餘恤。彼昏還犯順，投袂安可及。文物三百年，衣冠本無敵。誤國不知罪，虛文猶論列。誣以敗爲功，負以勝爲説。欺君還毒民，何以救破滅。右師滿湖湘，左師溢巴峽。江滸連大屯，淮南擁驍甲。當朝大冠莪，於今有何策。外勝常以力，內强惟以德。乃今幷棄擲，本拔原自塞。伊昔澶淵回，信誓始寧謐。貽謀燕翼子，海內日富實。中年或生虞〔二〕，南北動疆埸。鄭公慷慨姿，開心見肝臆。遼主亦爲動，相視指天日。竟無海上盟，二帝終失國。後來秦太師，始悟前王失。尋盟息干戈，好聘堅金石。百年享安榮，而反加罪罰。經術日窮奇，國論甚迂闊。賢王本寬仁，於彼欲存活。而乃極擯蔑，激怒爾何益。嗚呼天王統，紀綱萬世一。文物與禮樂，百代更累積。一朝遂塗地，吾民作何物。厲階大江流，天地限南北。兵爭無時休，血與江水赤。混一纔四家，千年儘戈戟。何當斷其流，舟車到南極。

【校記】

〔一〕深，四庫本同，正德本作『罙』。

〔二〕年，四庫本同，正德本作『平』。

宿汝南道院

【編年】作於蒙古憲宗九年，郝經從忽必烈征宋，宣撫江淮，兵趨荊鄂途中。

【箋證】汝南：即蔡州（今河南駐馬店市汝南縣）。蒙古太宗南下滅金，圍金朝京都開封。金哀宗棄城出奔，先至歸德，終至蔡州。天興三年（蒙古太宗六年，一二三四），蒙古與南宋派孟珙率軍北上，聯合攻蔡州。金哀宗在城破前夕，傳位末帝。城破後，哀宗自縊，末帝死於亂軍，金朝滅亡。

虛庭淡黄昏，折梅見新月。徙倚爲長吟〔一〕，幽香有時發。枯葉鳴衝風，花間動殘雪。悠然憶故山，風塵信音絕。矯首天一方，疎星鴈聲噎。

【校記】

〔一〕倚，四庫本同，正德本作『其』。

浮山堰

【編年】作於元世祖中統元年（宋理宗景定元年，一二六〇），郝經出使南宋途中。

【箋證】浮山堰：位於今安徽五河、嘉山及江蘇泗洪三縣交界的淮河浮山峽內。郝經使宋，經五河口，過浮山堰，即入宋境。

斷磧呀石䂨，長亘青池池。蜿蜒繚彊蛇，鑿咢横齵齒〔一〕。淮流從天來，撇捩過一矢。氣怒猶不平，直欲卷遺址。蕭郎直耄期〔二〕，見性不見理。日暮乃倒行，平地成洚水。赤子生魚頭，百萬並一死。雖無殺戮名，亦與挺刃比。麪牲及菜果，小惠徒自喜。梁宗不血食，餒鬼未報此。侯景登明堂，降罰亦天使。哀哉無辜民，朽骨在餘滓。霖潦秋煙深，煩寃掛疎葦。淅瀝生悲風〔三〕，慘淡動遊子。白圭壑鄰邦，遺誚今未已。水可亡人國，斯言厲階始。爲報移山人，愚叟眞愚耳。

【校記】

〔一〕咢，四庫本同，正德本作『萼』。

〔二〕直，底本、四庫本作『眞』，據正德本改。

〔三〕瀝，四庫本同，正德本作『浙』。

冬至後在儀眞館賦詩以贈三伴使

【編年】作於元世祖中統元年，郝經出使南宋，被拘禁於眞州期間。

【年譜】元世祖中統元年，『九月，至眞州，時賈似道方以鄂功自頌，恐奸謀呈露，館公於忠勇軍營，規模布置已成囚所，驛吏棘垣鑰戶，晝夜防守』。

突兀天壤間，洞視及八軌。區宇入割裂，疆埸更彼此。鬩怒尋干戈，禍亂無期已。孰能著手援，下石往往是。予方閉關居，不忍安坐視。復有弓旌招，飈然爲時起。仁義一萬言，麻鞋見天子。天道本好生，天顔亦爲喜。乃曰哀吾民，去殺兵當弭。今日踐阼初，急務惟爾耳。三人奉書行，一信盈尺紙。詔下癃老泣，春風動田里。入境及淮壖，肺臆卽開披。剷薙撤藩垣，羅列倒瑚簋。萬變惟悃赤，一念無悖詭。白虹晝貫日，清江秋見底。行人不能行，在所輒頓止。一自入儀眞，改館七牢美。坐使庖丁勞，徒增魯連恥。空庭重咨嗟，闇室還徙倚。蹉跎兩朝事，慘澹一江水。堂上接玉帛，何如四郊壘。萬衆七奔命，何如一行李。新陽復生意，歲律已窮紀。節候中易感，挺特入骫骳。折梅愧皇華，對酒生頳泚。蒼生苟能活，志士豈惜死。願借君懸河，發我弦上矢。天下本一氣，南北只一理。處置一何難，鴻毛扇糠粃。中原帝高光，遽可遼金比。君家祖宗法，親仁載良史。可令富鄭公，樹立太平址。一若泰山安，一若九卵累。事幾或一失，千載貽詬訾。中間樂禍徒，沮遏逞姦宄。以爲富貴鎡，瞰鼎磨血齒。高天無風飈，側佇羽翮俟。激怒起兵端，馮鋒肆蛇豕。皇皇仁聖資，比復當謹始。發言謾盈庭，執咎誰敢爾。是非在目前，胡爲眩紅紫。政如道傍室，牽制終誤已。區區謾多議〔一〕，紙上何足恃。出門懼垂堂，何嘗見邊鄙。睽孤還自睽，見鬼急張弛。一斷卽遇雨，羣疑皆披靡。天運屬安治，何當合離仳。不能鷹脱韝，還成肉在几。盤飧寧忍食，欲斷南八指。

【校記】

〔一〕謾，正德本同，四庫本作『漫』。

儀眞館後園感春

【編年】作於元世祖中統二年春，郝經出使南宋，被拘禁於眞州期間。

【箋證】前詩《冬至後在儀眞館賦詩以贈三伴使》寫『冬至』，此詩寫『感春』，説明新的一年到來。

深庭日清亮，卉木欣東風。冉冉蒼翠香，過雨溼青紅。天葩擁纖妍，膏沐誰爲容。蛺蝶太放顛，百匝遶幽叢。自謂擅春色，豈知吾汝同。一夜落花深，綠苔香錦重。我來藉醉眠，仰而聽遊蜂。悠然發驚省，桃李不如松。

繁李夜逾白，條楊先時青。春深百草長，蘼蕪滿空庭。生恨復唤愁，况復聞啼鶯。心事觸處傷，有花還無情。朝光紅露晞，暮色紫煙晴。新燕嘲春梁，歸鴻眇雲聲。何當理舟楫，麗日清江亭。

風花點白紵，香露滴清晨。幽樹靜益鮮，虛庭寂無塵。亂草縈階除，蒼苔老餘春。鳥鳴墮紅英，蔌蔌著襟巾。翠碧掛黄棠，飛去誰家鄰。陰森現畏景，綽約逢花神。回首碧雲重，紛紛擾天眞。

三月花更愁，一雨香百和。綠英堆狼籍，紅蕾愁亦破。冉冉物華暮〔一〕，紛紛蜂蝶過。幽事關心深，愁來藉草坐。春去酒樽空，尚有餘花墮。世路足迍邅，人生多坎軻。徒倚盼殘柯〔二〕，吁嗟果奈何〔三〕。

【校記】

〔一〕華，底本、四庫本作『花』，據正德本改。

〔二〕盼，正德本同，四庫本作『盼』。

〔三〕奈何，四庫本同，正德本誤倒作『何奈』。

幽蘭　三伴使致蘭二本，感而賦詩

【編年】作於元世祖中統二年以後，至元元年（宋理宗景定五年，一二六四）之前，時郝經出使南宋，被拘禁於眞州。

春山好鳥鳴，淑氣扇芳樾。林深草野逈，窅與人世絶。猗蘭郁幽姿，心馨忘目悦。薈翳祇自全，荊蒯甘與雜。靜深反致寇，輕風遠香發。虞羅斷芳根，逢諛李桃穴。本非華堂姿，衆卉同搴擢。不逢汨羅臣，又失長沙客。上官增青蠅，鄭袖逞顔色。薰蕕臭自長，瀟灑煙霧質。揭來偶相看，慘淡初未識。却疑子羽寢，三嗅清香泣。坐久忽目成，江雲滿窻白。重吟遶雙叢，一花還一節。青金呀鳳觜，紫錦卷鶯舌。我欲紉以佩，愛重不忍折。呼兒課楚辭，諷詠思比德。所貴香不淫，時至酷清烈。所恨失所來，好玩反爾賊。何當煙雨深，還山種明月。

橄欖 南人謂之格覽

【編年】作於元世祖中統二年以後，至元元年之前，時郝經出使南宋，被拘禁於眞州。

南菓足韻勝，北人罕爲奇。銀盤獻青子，愛玩驚見之。蓮房飽出蛹，棗滑生下枝。翠粉苔埻新，清烈凝松脂。齒牙噴艱澁，苦硬不可持。氣韻久始來，靈根淪天池。灑然淩青飈，甘露濡仙芝。有如宿瘤妻，苦節眞可期。亦如相韓休，朕瘠天下肥。危辭遽逆耳，終自爲良規。先難阻欲速，後得卒莫違。默默心語口，此樂夫誰知。始覺衆果俗，橘奴復梨兒。海嶺瘴天黑，異味翻荼飴。雨露存天眞，颶霧不可滋。島嶼出乳泉，造化亦若茲。元氣舌本甜，酸苦歸涕洟。本來甘受和，衆味相假移。居然復其源，僞妄焉能欺。何當謝世網，兀坐忘奔追。深山石室空，煑石療調飢。破鼎煎春芽，嚼此吟湘纍。倏然沃肺肝，看山坐支頤。物表有眞味，載歌《采薇》詩。

秋思

【編年】作於元世祖中統二年以後，至元元年之前，時郝經出使南宋，被拘禁於眞州。

星麾重霜露，落月窺弊裘。久客心易傷，況乃逢暮秋！誰知楚江邊，卽是窮海頭？赤子解虎鬭，先拚十二牛。太阿授楚柄，濤塗竟拘囚。昊天有肅殺，未肯休戈矛。書生本迂闊，國計無身謀。俯仰但不愧，萬事從悠悠。

燕南二十年，閉戶鑿混沌。先天探首尾，立志極悱憤。衣帶歲不解，彊勉忘怠困〔一〕。落筆一萬字，開卷卽立論。不知世代遠，但覺聖賢近。學問期有用，匡濟展底藴。徵車賁邱園，蟄窟驚一奮。使行還尼止，江邊坐孤悶。

江聲萬馬來，勢欲衝夜枕。志士足多感，坐起安得寢？靜聽風雨急，透骨寒凜凜。湖湘湊遠浸，巴蜀動餘沴。誰令限南北，洶怒欲相諗！落落弭兵心，於今成貝錦。薦玉期捧盤，墮甑如拾瀋。樽中有瓊花，明朝且轟飲。

木葉墮積水，西風白鴈來。祇應破月底，曾過黄金臺。昔年弔荊卿，臺邊把酒盃。落日督亢陂，莽蒼秋雲開。浩歌易水寒，晚山青崔嵬。誰知坐江館，兩見飛鴻回。空庭日徙倚，慘淡生莓苔。援溺先墮井，計拙良可哀。

弱冠燕市遊，許與皆豪英。百匝紅錦圍，酒海横長鯨。醉倚薊邱竹〔二〕，長嘯秋風生。有時按策坐，談天復談兵。劃破天心胷，四座一時傾。今來閉重門，但聽擊柝聲。乾坤惡喧聒，竟歲喑不鳴。何日九地雷，決裂重一轟。

昔游東諸侯，秋晚登泰山。佇立太平頂，超然出塵寰。日觀望吳越，浩渺秋雲閒。長風漾江海，天末生微瀾。今年坐舍館，江聲滿重關。却如在幽陵，脩阻不得看。好花靜有色，相對婉且閑。無由寫哀怨，日遶歌幽蘭。

【校記】

〔一〕彊，四庫本同，正德本作『疆』。

〔二〕邱，正德本作『兵』，四庫本作『丘』。

儀眞館後園海棠兩花於秋因爲小酌賦詩

【編年】作於元世祖中統二年以後，至元元年之前，時郝經出使南宋，被拘禁於眞州。

二年海棠秋，幽姸對寥索。霜後輒載花，枯株吐纖弱。化工爲詩人，故令造物錯。木落出奇芬，風度亦不惡。尖黄簇短葉，膩翠光欲鑠。蹙縮包紅栗，殷濃入深萼。稀疎生意怯，靜麗尤綽約。飛絲罥青蟲，蠨蛸共聯絡。深閨養春嬌，霜花滿珠箔〔一〕。賴得西風輕，微薰小陰作。盈盈出宫妝，新寒翠綃薄。空庭自顔色，含恨誰附著。息亡楚無言，意婉心不樂。琵琶怨昭陽，所遇非所托。獨有未歸人，相看慰孤酌。却似海南時，坡仙政漂泊。有酒仍有花，世事且高閣。後時亦何遲，適寓今猶昨。香霧霑新橙，傾酒兩螯嚼。銀燭更高燒，秋花易零落。

【校記】

〔一〕花，四庫本同，正德本作『華』。

甲子歲後園秋色四首

【編年】四首均作於元世祖至元元年（甲子年，宋理宗景定五年，一二六四），時郝經出使南宋，被拘禁於眞州。

【年譜】元世祖至元元年，『公在眞州，與門人苟宗道整頓綴緝其所著，爲《甲子集》。七月一日長星見，九月十六日始歿，作記記之。十一月，宋人來報其國喪，無縱釋之命，作《幽愬賦》』。

鷄冠

夷則播新律，卉木協秋候。縮結流火餘，的皪金天宿。峩峩列庭除〔一〕，摘摘儼雄秀。炎帝朝火官，絳幘軒宇宙。植立竟不拜，離披擁青袖。奕葉初類莧，吐心漸如豆。脉絡引絲起，一片珊瑚瘦。雲芝茁紅腴，紫茵卷翠脰。碎顆蹙丹砂，肉綻殷血透。怒割赤龍耳，勁磔還亂糅。麻葉薄且聳，山字缺乃覆。査牙欲成角，擁腫下連咮。生全餘小穗，展盡帶殘皺。昂藏偃膺高，突兀出羣驟。還將早霞映，欲向朝日雊。月露終夜棲，風雨幾回鬭。再礪復自止，交退誰與救。區區閑草花，象物與接搆。弭兵日觀戰，亦是自貽咎。垂簾且相忘，高枕臥清晝。

【校記】

〔一〕列，四庫本同，正德本作『烈』。

牽牛

野花照天星，星中花亦盛。長夏蔓草深，疎籬掩斜徑。幽庭日無事，森寂澹相映。繚繞絲亂垂，默綴葉相竝。金風一披拂，零露光彩競。參差碧玉簪，縮插滑欲迸。霜絲吐水同，容色女好娟净。堂陰青錦張，牆背紫苔瑩。時方鵲橋成，佳節當秋孟。織女能翦裁，天河洗尤稱。以秋爲期，郎將花作證。風雨開雲屏，鸞凰鏘月鏡。處處乞巧筵，家家喜相慶。五年江館客，萬事成墮甑。不能致龍節，空自悲虎穽。永日鏖炎蒸，中暑甘臥病。對花淚盈目，坐起不覺暝。雲漢見雙星，回頭看斗柄。遥憐小兒女，昏嫁俱未竟。中流虞風波，相見何日更。

葡萄

深院荒草長，短蔓裂塼縫。葡萄本西果，南國誰與種？插蘆爲扶持，灌溉甚珍重。瘦骨紫節舒，龍頭青線控。蟠蟠上疎籬，蒨蒨將遠縱。遭遇雖後時，取實望秋仲。摘露添俎豆，庶間館人供。誰知六月旱，卉木焦死衆。斷秧餘幾花，勉强著土擁〔一〕。竟作纏結枯，日遶空悼痛。肺渴口重乾，望梅心欲烘。忽憶河隴秋，滿地無歇空。支離半空架，串草十里洞。拇乳積城岸，湏瀇接梁棟。一泒瑪瑙漿，傾注百千甕。往歲見沙陀，回鶻正來貢。詔賜琥珀心，雪盛瓶盡凍。查牙飲流澌，氣壓黑馬湩。一旦離魏闕，五載猶在宋。見此復何時，烏道目逆送。

【校記】

〔一〕勉强，四庫本同，正德本倒作『强勉』。

野蓼

窖池蓮蒲短，久旱餘淺淤。牆隈積餘埃，玉鳳秋不翥。野蓼根莖堅，幸得侵沮洳。節葉瘦且赤，蘼蕪交翠箸。細蘂亦鮮潔，粉米糅丹素。獨窣裊輕穗，離披滴清露。水花澹晚色，幽杳足眞趣。忽憶過蓼澤，千里渺煙樹。蘆花與蓼花，露錦蕩雪絮。深入芙蕖藪〔一〕，遠映蒹葭渡。舉鞭問飛鴻，駐馬嚼佳句。乃今四壁中，浩渺隔煙霧。日斜對幽叢，聊以慰遲暮。大似辛苦蟲，無復風標鷺。來因援沉溺，底事極幽錮。屢上刳腸書，無地瀝血訴。嗟嗟好花草，焉用生此處。祇應爲詩人，故故獨不去。嘗膽如啖蔗，食蓼猶饍御。仰首但有天，志節久愈著。

【校記】

〔一〕藪，四庫本同，正德本誤作『數』。

新館秋懷贈正甫書狀

【編年】作於元世祖至元三年（宋度宗咸淳二年，一二六六）秋，時郝經出使南宋，被拘禁於眞州。

【年譜】蒙古世祖至元三年，『春，三節人有因鬥毆相殺死者。賊登門索公於室，公乘黑出，蔽樹而匿，賊乃抽戈，公遂踰牆，賴伴使來救，得免。國信使行府提控都管成玉死焉，公爲文以祭。乃謂幕僚曰：「若輩拘囚歲久，殆無生意，是不可與久處此困厄也。恐別生事端，玷吾大節。」遂與苟宗道等六人築館別居於外，位於東序，是爲新館。片天之下，四壁之內，秋霖夏暑，不勝其苦』。

【箋證】正甫：苟宗道，字正甫，號确齋，孟州河陽（今河南省焦作市孟州市）人，徙居保定（今屬河北）。弱冠師從郝經，郝經使宋，宗道隨行爲宣撫司都事、充國信書狀官。郝經所存詩文，多由宗道收集整理，並爲郝經《續後漢書》作注。及北歸，宗道官河南北道勸農副使，至江南行臺治書侍御史、國子祭酒。詩文、書法皆具晉、唐風致，以儒名家。傳見《元詩選·癸集》、《宋元學案》卷九十。郝經文集最初由宗道在真州驛館整理而成，使宋期間，郝經多有贈宗道詩文，卷三五郝經有爲宗道之父所作《河陽遯士苟君墓銘有序》。

桂香動幽人，秋草滿高牆。縞袂臨西風，佇立歸興長。羈翼塌卑枝，冥鴻恣翺翔。南山豈能移，愚叟不自量。嗟爾違慈顏，從余使炎方。亦欲登雲衢，逸足馳康莊。誰知成阻脩，按劍看夜光。遂生肘腋變，梟獍爲禍殃。顧微仁者勇，臨難志力彊。繾綣百折餘，奮義肝膽張。吾徒其能人，玉石焚崑岡。所幸書幣完，舌在身不亡。老雨洗新屋，情話對空牀。從渠讒口壓，貝錦生鋒鋩。誣善祇自欺，謗毁痛何傷。昨宵燈火新，月落霜露涼。載續所著書，靜默窺天藏。槁茗煮黑水，數椀澆枯腸。楚騷不必歌，仰臥看屋梁。行止有天運，得失理亦常。道能全始終，終得拜萱堂。

烈士吟贈總領宋琚

【編年】作於元世祖至元三年秋，時郝經出使南宋，被拘禁於眞州。

【年譜】元世祖至元三年，『六月，作《密齋記》、《新館秋懷》詩、《烈士吟》、《新館八月三日雨》、《新館重九》詩』。

【箋證】宋琚：字仲儀。卷六《古詩和陶・和劉柴桑》（釋宋琚念母）：『骯髒宋仲儀，倚楹獨躊躇。念母望北雲，悵然憶家居。』郝經使宋隨從，任國信使行府提控都管。此詩記宋琚死於元世祖至元三年（一二六六）郝經使宋被拘眞州忠勇軍營期間三節人相鬥毆事件。宋琚爲上前調解，陷入宋人圈套被執。宋人勸降，不屈，撞柱自殺。元人王惲《秋澗集》卷四《壯士吟・題郝奉使所書手卷》亦記：『使節駐淮海，人望兩好熙。宋人足變詐，觀望占成虧。不知破武事，中伏混一機。壯士死則已，不死將有爲。宋琚凜風概，天馬不受羈。拘隔一館間，激之見連雞。事久變乃生，勢去心恫疑。奄奄十六年，慘悴甘湘纍。內開既首鼠，外侮宜紛披。盛氣屈使降，壯心終不移。睨柱欲碎首，忍見王人微。松巖操愈厲，草綠秋更萋。蕭爽隱霧豹，脱略觸藩羝。老賊在一殺，幽憤將何施。庭芝一援手，所惜良不貲。兵交使其間，天理或可期。子卿才屬國，所報亦以卑。至今郎山塚，突兀空蟠螭。兩行清汝帖，只有老天知。』

薄俗敗風節，有志亦中改。舉世遂無耻，逐利甘鄙猥。或有申棖慾，難免市道買。幾回惜魯連，重爲嘆朱亥。襟期何灑落，高義冠千載。寥寥復誰繼〔一〕，碌碌等駑駘。南北久孥兵，吾徒著手解。救鬭乃搏撠，陷穽生蟲豸。歲久或竊發〔二〕，亂刃期俎醢。烈士有宋君，王事賴不壞。賊中偶拘隔〔三〕，凜凜畏英采。慨然自拔出，喜聞官長在。館吏誘令降，不語首重擺。中宵出儀眞，五鼓入淮海。羈留故箝逼，難耐冀自悔。睨柱欲碎首，守者盡惶駭。大官遽稱謝，下拜貌磊磊。遂陳稽遲故〔四〕，勸令更延待。方説在諒陰，便對有冢宰。彼知辭理屈，我乃意氣倍。顧盼立功名〔五〕，足以起庸怠。君當持此心，吾亦重自罪。春風波長江，佇看振旅凱〔六〕。請鉞雪主辱，爲國清大憝。

【校記】

〔一〕寥寥，底本、正德本作『聊聊』，據四庫本改。

〔二〕或，四庫本同，正德本作『忽』。

〔三〕賊，正德本同，四庫本作『敵』。

〔四〕稽，四庫本同，正德本作『稭』。

〔五〕盼，正德本同，四庫本作『盼』。

〔六〕佇，底本作『停』，據正德本、四庫本改。

新館八月三日雨

【編年】作於元世祖至元三年八月三日，時郝經出使南宋，被拘禁於眞州。

【年譜】同前首。

氛祲積穢沴，旁魄宇宙滿。驕陽爍洪爐，豎電繞新館。輪囷赬雲擁，决驟白雨建。迅雷初暗嗚，缺裂蟠空遠。猛風忽著人，潑目氣卽偃。光恠入肝膈，勢若山壓卵。柱天金塔碎，奮地火旗卷。連閃復疊擊，黑海共旋轉。羣龍破壁飛〔一〕，驚浪拍戶翦。大舟千斛翻，空車萬乘碾。夜久怒益甚，惴惴懼難免。童僕儘顚頓，覆面不敢喘。牀笫等階戺，無復辨深淺。記異古未有，大變見亦鮮。祇應和龍氣，突兀揭幽顯。都將生靈恨，六合忿一闡。蠢爾禍國徒，聞此無愧覥？

【校記】

〔一〕壁，四庫本同，正德本作『璧』。

新館春日書懷

【編年】作於元世祖至元四年，時郝經出使南宋，被拘禁於眞州。

【年譜】參前首。

天末聞春鴻，梅梢見新月。孤影獨徘徊，踏破牆陰雪。寂寞未歸人，慘澹無家節。異域機穽深，中原信音絶。白璧一片心，青天竟難説。誰將萬古恨，總付江城客。歲華雖云改，突兀祇此心。弱質乃重負，第恐力不任。走馬活斯人，覆舟成陸沉。饔牢耗將竭，變故日益深。東風吹江聲，曉日睎鳴禽。從今桃李花，又是夸園林。鶺鴒下空庭，飛鳴行且搖。飲啄還相呼，去去仍相招。我有弟與妹，江山鬱迢遥。膝上讀書時，中堂拜母朝。鵷雛遶竹花，翡翠巢蘭苕。衝風吹雲衢，兩處聲嗷嗷。二親連夜夢，慘戚異平日。祇應節序改，思子不忍食。覺來淚滿枕，肝裂刀斧劈。爇紙死灰飛，酹酒霜階溼。遥想墳前土，歲久深荊棘。忠孝兩未盡，愧恨空飲泣。怨入江流深，恨與春潮上。天涯獨昂藏，顧盼空俯仰〔一〕。誰知誤國徒，解結漫天網。不漏一民命，赤子驚攘攘。徙薪重獲戾，擲秆乃加賞。笑殺伍子胥，黄池尚爭長。

舉盃對江梅，酒面生春香。一酌酹上玄〔二〕，再酌澆新陽。自勸未歸人，一詠復一觴。中原帝仁君，突兀恢皇綱。緬思好生心，此去不可量。自昔有天道，我本無愁腸。

【校記】

〔一〕盻，正德本同，四庫本作『盼』。

〔二〕玄，底本、四庫本作『元』，蓋避康熙諱改，茲回改。

丁卯孟春新館望南極

【編年】作於元世祖至元四年（丁卯年），時郝經出使南宋，被拘禁於眞州。

【年譜】元世祖至元四年，『元日有詩，《孟春新館望南極》詩、《春日夜飲見月》詩、《夏六月大雨震電》詩、《新館寒食無花》詩四首、《九月五日念母》詩』。

八年坐江館，祇得片天仰。厄運運迍邅，乖氣纏魍魎。白虹貫黑日，彗孛掃穹壤。神風忽吹出，新屋眼界廣。前秋老雨餘，霽色開莽蒼。參足玉井東，去地都幾丈。頳星隱江氣，焰焰光欲長。老人慰羈孤，驚喜意惚恍。都疑夢寐中，恠事非所想。誰知今年春，更比往歲朗。黄閏對天狼，數日見乃兩。恨無雙白璧〔一〕，薦幣展覲享。中庭望不盡，謾爲拜稽顙。南海還無波，北辰氣尤敞。中原帝聖君，太平今有象。整頓高世策，道泰非技癢。

【校記】

〔一〕壁，四庫本同，正德本作『璧』。

郝經集編年校箋卷五

古詩

幽思

【編年】作於元世祖至元元年(宋理宗景定五年,一二六〇),時郝經出使南宋,被拘禁於眞州。

【年譜】元世祖至元元年,『公在眞州,與門人苟宗道整頓綴緝其所著,爲《甲子集》。七月一日長星見,九月十六日始歿,作記記之。十一月,宋人來報其國喪,無縱釋之命,作《幽憩賦》』。見詩:『惟時屬屯蒙,患難豈能免。南北走孤蓬,秋風任飄轉。五年一龕燈,半世幾詩卷。』

江山鬱幽思,靜止有天光。宛然褰薄帷,明月照我牀。蟋蟀鳴孤根,鴻鴈頏飛霜。惄惄動羈衷,耿耿發清狂。有萬來無端,百折縈回腸。晤言且伏枕,一寐成兩忘。

搔首視天宇，幄幕四垂碧。道窮誰與言，逌然坐孤石。默默心語口，冥區扣虛寂。老鶴翩然來，聲帶江皐溼。偶與成唱和，玉振動肝臆。感寓遂無窮，亹亹參玄极〔一〕。

性天入無極，窅窅觀化初。渾淪一活物，極盡都無餘。乾坤藏首尾，坎離互根株。擺拉屑磨齒，出入軋戶樞。遂生無量人，乃有萬卷書。總萃成六經，所以爲吾儒。

眾動劇藏蓋，獨覺還發蒙。揭焰開瑩臺，赤日凌青空。宇宙一蔀屋，至明元無窮。但見人物異，誰知地天通。君看九泉下，景曜皆燭龍。昧者烏可言，耳目眞曚聾。

有物與生俱，混涵具萬象。昭昭爲吾天，翯翯不可尚。妙合元化精，屬底更無上。澹然入虛明，大惡滋意匠。如何窮奇徒，宂蠹肆豪彊。胡不觀其生，未死先自喪。

天幾爲身樞，轉幹主性情。靜定得其正，焉用巧與營。化窟每雕鎪，焜耀開萬靈。僞妄相冶陶，蜾蠃爲螟蛉。反觀心地初，周匝惟一誠。莫漫彊作爲，無本竟何成。

吾身眇天地，太倉一稊米。洞達乘道藴，大易乃吾體。胡爲生町畦，祇自揭底裏。戰心作蠻觸，鬬物劇角抵。竝行本無悖，用智私乃爾。終令八尺軀，瑣瑣同螻蟻。

爰念筭心者〔二〕，愈筭愈無數。脱兔驚處女，不知竟何處。豈如千歲日，坐欲窮其故。清風儵然來，皓月皦然去。太虛自澄湛，寂歷降霜露。求體與追跡，抱甕渾不悟。

至神妙無方，倏忽驚掣電。歸藏豈無所，至密周匝遍。君子愼不出，與民亦同患。念茲卽在茲，過化復乘變。何須七處徵，非必八還見。槌碎玉連環，總是光明殿。

風輪載水輪，天地一虛舟。歷世千萬年，生滅祇幾漚。大吹推濤山，組練翻神洲。有生當盡壞，物類仍自稠。漂泊往何深，推盪來亦周。安得窮其原，神區莽悠悠。

化區一洪爐，萬化總銷鑠。誰知鎔冶際，圍範已附著。倏忽聚散間，共是一蜩殼。古今都無跡，曠蕩歸冥漠。《易》簡故不弊，悠久相盤薄。若言天地壞，大塊何處著。

凡物皆抱一，太極元有兩。厥初無端倪，乘化互消長。何人與安排，妥帖自來往。萬物盡銷沉，山川空泱漭。秋水雙芙蓉，玉鏡花俯仰。竝蔕復同根，一種誰涵養。

地中有晦明，天體無晝夜。人物互寢興，擾擾爭傳舍。形器兩疣贅，面目更假借。化工急轉圜，光景速代謝。君子惟立德，乾乾擬泰華。揭焉與化俱，萬古常不化。

誰將碧桃核，種向虛空天。偶然落地上，紅雲滿山川〔三〕。秋風實離離，到處桃花然。太極禪兩儀，萬物相繼傳。堯老舜乃攝，伯禹不與賢。父父復子子，一家三千年。

二乃極之儀，三爲《易》眞數。渾然一推背，竟不失故步。昨朝遶屋行，百匝誦佳句。日暮碧雲重，褰裳自闔戶。夢裏遍天下，還向家中住。偶奇遂無窮，總在相因處。

太極《易》始圖，先天乃心法。重重自環中，井井皆成八。一從孔孟後，此幾無人發。誰知周與邵，千載合符節。精窮無餘塵，表裏盡通徹。青天碧玉樓，影壓秋江月。

太虛道之蘊，太極道之體。象滋本太玄，氣母託太始。維繫復融液，有萬皆本此。總向此中生，會向此中死。誰作先天囊，顛倒不見底。我欲包無窮，滿貯本然理。

賦予初無私，稟受各分定。渙汗出大號，有物歸一令。羣倫或弗從，是乃與天競。爾貴非吾心，爾富非吾性。篤恭恒自盡，慥慥言與行。窮通無加損，靜俟乃安命。倏短變數有本然差，參伍行鬼神。乾坤互傾壓，氣運潛屈伸。遂生無量物，乃有不盡人。則殊，盛衰化相因。向非氷雪姿，安得花柳春。或欲一死生，第恐理不純。

元陽首庶物，蒼蒼豈正色。轉圓開化幾，剛健乃天德。伊人體其全，造命還立極。往往欺以誣，反復爲戕賊。還看仲尼處，亦是帝堯則。乃謂吾不能，自暴烏足責。

屈平窮作問，柳州怨爲對。蒼蒼都不聞，自致誣罔罪。不周彊爲柱〔四〕，杞人謾憂墜。無擊復無鎛，居然誑茫昧。君子惟脩身，屋漏極謹畏。吾心卽吾天，炯炯不在外。

道宰藏殺幾，天斷運神武。剸割與裁制，乃爲造物主。躁欲生內兵，神奇入臭腐。撑裂太元體，鑽穴成苦窳。漫合神農藥，枉費女媧補。遂成血肉運，萬世一刀俎。

盈盈水中荷，郁郁畹內蘭。娜娜楊柳春，挺挺松栢寒。資度與余同，生意最可看。內恕惟恐傷，吁嗟懼凋殘。如何被秦人，伐木仍赭山。又有跖之徒，瀝血還膾肝。

人生會有爲，事物各有義。苟非吾所取，千駟不一視。峩峩君子心，磊磊丈夫志。泰山輕鴻毛，無復顧勢利。悲哉患失徒，滿目惟富貴。舐痔復嘗糞，甘心同狗彘。

道有本然分，立世爲大節。抑抑卑高陳，井井貴賤別。昭布作禮經，巍峩正人極。有位當自守，有門誰敢越。維世爲大綱，少紊王政缺。端本必正名，大哉春秋法。

姿貌爭寢揚，髑髏無好醜。魂氣忽登殂，骨肉歸一朽。中心足良好，衆美集萬有。不與死生俱，能同天地久。粲粲含笑人，皎皎當窗牖。寧知賈大夫，還有射雉手。

丹砂雜青空，珊瑚映瑤草。瑩美絕雕飾，物外天然寶。元精赤子心，炯炯顔色好。淨徹無點滓，本眞當自保。光明天地藏，萬象跡如掃。藹然一壺春，遂古常不老。

鄰里遞歌哭，萬古一死生。不知道之常，擾擾競衰榮。都爲利欲驅，每被寵辱驚。胷中忽成敗，堂上生棘荊。終朝飽則已，胾肉同藜羹。十萬下箸難，安用志慮盈。

白楊纏悲風，萬象總一邱。前哭後還嗟，相送何時休。君看華堂上，幾人能自留。爲善已無及，顧盼驚蜉蝣〔五〕。如何貪生人，作孽謀阻脩。腐敗不可埋，遺臭徒千秋。

形氣有盛衰，魂魄共彊弱。志師彊心田，天地相旁薄。苟爲物欲屈，消沮不復作。精成百煉鏡，躍馬能矍鑠。伯有死猶見，陰燐雨中著。莫讀《無鬼論》，神全鬼自却。

高山洩雲峯，陸物水必具。野草茁獸毛，林葉開鳥羽。剛柔乘萬變，天地一逆數。形色每相因，眞宰解陶鑄。一受不復易，妍蚩總天賦。更教影問形，陶老端慕顧。

嘗觀西伯《易》，兩兩皆反對。初從消內長，却向進中退。止是一乾坤，倍蓰生萬類。如何區中人，失計卽憒憒。吉凶互乘除，否泰相嚮背。富貴爾欲榮，貧賤彼何罪。

重險入坎窞，心術乃凌跨。靈田初坦平，底處藏譎詐。都因已弗盡，牙角潛締架。節節生城府，岌岌深罟擭。厭然欺一世，巖阻無隙罅。誰知方寸間，乃解坑天下。

見邇當應遠，知前必念後。勿謂苟且已，天地甚長久。雖遮一人目，難塞萬世口。輪困南箕舌，轉斡北辰斗。森列甚可畏，洋洋在左右。克己與不欺，此語宜重守。

市賈爭錐刀，喘汗忘昏曉。夸毗角名場，提踵中忿擾。復有欺世徒，每患機穽小。易陽反爲陰，揭本都在杪。儘爲僞妄役〔六〕，至死心不了。焉知無事人，獨立萬物表。

大鵬欲南運，北溟待天風。龍神九地潛，雲氣會相從。有形皆受制，無體方獨通。超然謝世塵，杳杳遺孤蹤。化冥復神俱，進退何雍容。掌握起消息，孰能爲樊籠。

天地無棄物，聖人無棄人。大澤生龍蛇，原田長荊榛。載質遽出疆，遑遑告時君。有教不擇類，善誘皆循循。濟眾己所任，謀道豈謀身。至哉擊磬心，中有堯舜仁。

飲水澹無味，顏氏何所樂。陋巷并日食，至今見蕭索。當時一瓢中，總是天人學。無悔不違仁，造道乃獨覺。義理泰山重，富貴秋雲薄。畏匡不敢死，襟度何落落。

通逵有大鼎，能函十二牛。內可膳千夫，外足鎮九州。蒙童抱束薪，短焰如鬼幽。勺水竟不熱，誶罵增怒尤。力到功自成，適遠匪坐謀。未行恐有聞，千載一仲由〔七〕。

乾坤廓奧區，眾動自紛擾。萬世一寒暑，往來幾昏曉。茲生顧指間，倏忽急飛鳥。大人車輪目，獨見明瞭瞭。斂藏入化宇，敻出造化表。道德高無極，教化今未了。

一理初不殊，萬化各所之。室中本無車，門外元多岐。君子盡在我，我盡夫何疑。可行吾卽行，斯乃聖之時。屢空仍自樂，途窮安足悲。爲告處世人，勿爲世塵欺。

開春桃李花，川原發豔陽。盡室出綺羅，嬿婉銜杯觴。太和暢天地，晝景方舒長。一旦鵙鳥鳴，霜露凋衆芳。短日頹崦嵫，塞向皆閉藏。君子法天運，行止亦其常。

鸞皇翥丹霄，尺鷃搶枯株。知止各翱翔，卑高一何殊。精衛苦填海，寃憤一何愚。鳲鳩不爲巢，亦自有所居。偉哉衡門士，高臥一束書。曲肱有餘樂，不用長者車。

死生由一陽，靜陰存大樸。卓午見牆影，旭日昇海角。焰焰火燎原，祇畏水澆潑。區區握苗徒，强把混沌鑿。黄庭衣朱衣，著意皆假合。寧知歇心地，自有長生藥。

叔世王道缺，斯人絕其綱。况復異教袪〔八〕，瞢昧皆發狂。陋儒萬口和，追逐尤犇忙。潤飾借寇兵，倒戈蠹天常。或者以邪攻，出筥復入筐。吾將抱六經，鑿室深山藏。

悠悠窮原人，極上不及下。作計入鬼窟，有物皆土苴〔九〕。兩墮歸虚無，天地亦僞假。終然禍仁義，舉世一野馬。與物都無情，刻忍恩遂寡。至今慕高遠，誰是眞識者。

梁折入小成，僞妄亂本眞。爲我亦爲義，兼愛同爲仁。厥初毫釐差，其禍無父君。向非大儒辨，喪心幾殺身。誰知寂滅術，遂使無人倫。巍然文章伯，詆斥一何勤。

日出開心竅，日入潜水府。寤寐不在吾，晦顯竟誰主。橐籥一往來，何處有龍虎。癡頑坐徹明，瞢暗睡卓午。矯揉徒自勞，謾使形神苦〔一〇〕。君看乘化者，徜徉樂終古。

昨夢入高寒，御風驂兩鸞。扶搖青羅界，日下看長安。烈烈丹鼎紅，紫焰燒肺肝。清晨餐玉屑，半夜登金壇。茂陵一抔土〔一一〕，依舊在人間。鼓掌爲一笑，舉世皆面謾。

夜窺古潭月，洞徹天心心。滉朗色界異，焜燿皆黃金。旁有蔚藍叢，上有丹桂林。倒影下無極，湛墜入幽深。衝風颯然至，波蕩不可尋。始知人間世，有動皆陸沉。

隱几罷心官，塌焉偶皆喪。忽在無生前，窅處太古上。頃之開内目，百骸洞五臟。知覺猶有滯，尚未都無妄。遂加存養功，玉宇森萬象。造化皆由吾，乃見鬼神狀。

濯纓厭世塵，入海求夜光。貝闕涵珠宮〔一二〕，異色森綺芒。采采滿懷袖，駕龍登扶桑。赤烏驚上天，火曜舒乾陽。回視乃瓦礫，自愧空犇忙。書生莫謾愚，弊帚安足藏。

聖域每反觀，洞達萬物情。知盡理自窮，衹是本然明。恢廓無滯淫，靜止不將迎。倏然坐乘化，皓月滿中庭。忽聞鴻鴈來，偶聽風水聲。秉燭入暗室，驚落東牕螢。

有物莫不由，萬古長安道。區區往來者，總向塵中老。年年雨灑清，日日風驅掃。行人竟無迹，涸轍生秋草。我欲謝帝閽，離居事幽討。束載無良辰，幾回問蒼昊。

一念游萬仞，塊坐不盈尺。片席凝塵埃，顧眄竟充斥。誰知呼吸間，卽是一太極。有鳥鳴牕疎，唧唧和機織。偶然作聲聽，出入幾自適。但令無錯應，萬類等喧寂。

藏舟泰山巔，偶值懷襄流。忽從歸墟東，直向西海頭。洗日復濯月，光抱空中樓。扶疎散青紅，異氣纏九州。忽焉閣寒沙，佇立令人愁。明朝早潮來，欲住不得留。

興感思往事，邈若不可及。觀化推將來，遽覺今爲昔。今昔本無異，至理萬世一。不朽惟事業，天地共終畢。前波復後波，日夜奔注急。衹是眼前水，源深遂無極。

景晏念慮歇，支頤坐看山。起來復何爲，結佩紉幽蘭。萬事從悠悠，不愧俯仰間。舉杯謝塵世，月落梅花殘。深江總風波，天淡孤鳥閑。氣數當閉物〔一三〕，我亦方閉關。惟時屬屯蒙，患難豈能免。南北走孤蓬，秋風任飄轉。五年一龕燈，半世幾詩卷。老吟調鬼神，深造每懼淺。久爲造物惡，今日復洞闡。無思重苦思，甘心向連蹇。既有昔宓犧地中復，唐虞天下泰。三王當革命，五伯極破壞。孤秦龍戰野，塗地盡一敗。時寅，復到後來亥。消長數相因，治亂更萬代〔一四〕。無爲我生初，委順從運會。

【校記】

〔一〕玄，底本、四庫本作『元』，蓋避康熙諱改。茲回改。

〔二〕篺，四庫本同，正德本作『箄』。

〔三〕紅，四庫本同，正德本作『經』。

〔四〕柱，底本、正德本作『住』，據四庫本改。

〔五〕眄，正德本同，四庫本作『盼』。下同。

〔六〕役，正德本同，四庫本作『沒』。

〔七〕由，四庫本同，正德本作『田』。

〔八〕祛，底本作『祛』，據正德本、四庫本改。

〔九〕苴，四庫本同，正德本作『且』。

〔一〇〕謾，正德本同，四庫本作『漫』。

〔一一〕抔，四庫本同，正德本作『杯』。
〔一二〕貝，四庫本同，正德本作『具』。
〔一三〕物，底本、四庫本作『塞』，據正德本改。
〔一四〕代，四庫本同，正德本作『伐』。

采杞

【編年】作於元世祖至元四年（宋度宗咸淳三年，一二六七），時郝經出使南宋，被拘禁於眞州。

【年譜】參卷一《秋風賦》編年引苟宗道作行狀。見詩：『前秋入新館，枯枝倒懸壁。冬初半青乳，慘澹不忍摘。』

蕪城古道荒，有杞雜荊棘。西風結霜腴，纍纍綴秋實。肥瑩珊瑚珠，朱殷明欲滴。長條擁寒葉，射日光的礫。采采置傾筐，入手火齊溼。歸來奉二親，煮茗紅脂泣。前秋入新館，枯枝倒懸壁。冬初半青乳，慘淡不忍摘。忽憶采杞時，樂事不可得。隻身對孤叢，片影深暝色。王事尚稽遲，何日共子職。

郝經集編年校箋卷六

古詩 和陶

和陶詩序

【編年】作於元世祖至元八年（辛未年，宋度宗咸淳七年，一二七一），郝經出使南宋，被拘禁於眞州期間。

【年譜】元世祖至元八年：『是年，公弟庸復請於朝，不得已復遣之，至建康而還，幾死者凡十數。五月，公令伴使西珪借書於兩淮制使印應雷，得二《漢》、《三國》、《晉書》，遂作正史，以裴注之異同、《通鑑》之去取、《綱目》之義例，參校刊定，歸於詳實，以昭烈纂承漢統，魏吳爲僭，號曰《續後漢書》。作《和陶》詩百餘首』。

【箋證】卷六、卷七收郝經《和陶》詩，共二卷，計五十六題一百五十四首，均作於元世祖至元八年，其用陶淵明原詩原題而賦予新意，間或加副題或短序，以示新意。此總作編年，以下不再一一編年。

賡載以來，倡和尚矣。然而魏晉迄唐，和意而不和韻；自宋迄今，和韻而不和意，皆一時朋儔相與酬答，未有追和古人者也。獨東坡先生遷謫嶺海，盡和淵明詩，既和其意，復和其韻，追和之作，自此始。

余自庚申年，使宋館留儀眞，至辛未十二年矣，每讀陶詩以自釋。是歲，因復和之，得百餘首。

《三百篇》之後，至漢蘇李，始爲古詩。逮建安諸子，辭氣相高，潘陸顔謝，鼓吹格力，復加藻澤，而古意衰矣。陶淵明當晉宋革命之際，退歸田里，浮沈杯酒，而天資高邁，思致清逸，任眞委命，與物無競。故其詩跌宕於性情之表，直與造物者遊，超然屬韻。《莊周》一篇，野而不俗，澹而不枯，華而不飾，放而不誕，優游而不迫切，委順而不怨懟，忠厚豈弟，直出屈宋之上。庶幾顔氏子之樂，曾點之適，無意於詩，而獨得古詩之正，而古今莫及也。

顧予頑鈍鄙隘，躑躅世網，豈能追還高風，激揚清音，亦出於無聊而爲之。去國幾年，見似之者而喜，况誦其詩，讀其書，寧無動於中乎？前者唱喁，而後者和訛，風非有異也，皆自然爾，又不知其孰倡孰和也。屬和既畢，復書此於其端云。

停雲 思歸也

停雲蔽日，翳翳弗雨。伊余懷傷，自詒伊阻。輾轉拘幽，莫或念撫。瞻望中原，徙倚凝佇。停雲悠悠，蒸氛濛濛。衝風入室，汹彼大江。崩心震魄，慨嘆北窻。孰因孰極，惟道是從。服仁佩義，完節爲榮。之死靡它，寔余之情〔一〕。寤嘆弗寐，攬衣宵征。載思子卿，千載如生。無媒取妻，匪斧伐柯。樂禍深仇，焉能爲和。生民無辜，遘凶既多。銷兵無期，將奈之何。

【校記】

〔一〕寔，正德本同，四庫本作『實』。

時運 安命也

時運代遷，既夕復朝。我來幽都，尼於江郊。側佇風飆，載翔雲霄。天澤弗流，原田槁苗。熱中熬熬，孰沃孰濯。密室陰陰，孰眷孰矚。仰視俯察，無愧則足。知命何憂，事天乃樂。在昔過魯，風雩浴沂。爰登岱宗，曠然忘歸。五夜觀日，神光發輝。乃今坐井，高蹤曷追。太行之巔，先人舊廬。貞松鬱林，中堂歸如。安得燕喜，美酒滿壺。否弗終傾，壞運屬予。

榮木〔一〕　觀物也

榮木青青，英華若茲。氣至而滋，人亦如之。變陽化陰，物各有時。無莫無適，夫道一而。翳翳榮木，云云歸根。多華早落，幾何生存。大冶通逵，乾坤爲門。深固有方，封植倍敦。升聚退散，載美載陋。生基死涯，信新屈舊。大業弗藏，萬有自富。造物忘物，於焉有疚。脩身事天，莫敢失墜。造次九思，局脊三畏。學聖造聖，希驥則驥。純誠粹精，遂入獨至。

【校記】

〔一〕木，底本、正德本作『物』，據四庫本改。陶淵明同題詩亦作『木』。

贈長沙公族祖

【箋證】東軒老人：郝經曾叔祖父郝震，字子陽，號東軒老人，逝於陵川。陵川郝氏家族興盛始於郝震。明道先生：程顥（一〇三二—一〇八五），字伯淳。嘉祐二年（一〇五七），舉進士後，歷任鄠縣主簿、上元縣主簿、澤州晉城令、監察御史、監汝州酒稅、鎮寧軍節度判官等職。著有《定性書》、《識仁篇》等，後人編有《二程全書》。與弟程頤學於周敦頤，世稱『二程』，同爲北宋理學的奠基者，其學說後爲朱熹繼承、發展，世稱『程朱學派』。程頤《明道先生墓表》云：『使聖人之道焕然復明於世，蓋自孟子之後，一人而已。』治平元年（一〇六四）移澤州晉城令，作有《晉城縣令題名記》，三年後改著作佐郎。參卷二十七《宋兩先生祠堂記》箋證。參本書卷三六有《先曾叔大父東軒老人墓銘》。

述東軒老人也，經之六世祖，受學於明道先生，至曾叔大父東軒老人〔一〕，道益大，傳之先大父，思而有作。

世遠學傳，道親族疎。起宗大家，罔不在初。淵源益深，歲月聿徂。慨我寤嘆，載思躊躇。於昭東軒，棣華新堂。心授口說，繡弓白璋。習習和風，洌洌清霜。吾道有宗，吾家有光。一世師儒，雲從志同。洪河北南，太行西東。瀦爲湖湘，流爲淮江。六經百氏，包羅旁通。邈予小子，亦聞格言。激揚餘波，瞻仰故山。宿草荒阡，抱書潛然。惠我後世，伊余之先。

【校記】

〔一〕老人，底本、正德本作『老』，據四庫本改。

酬丁柴桑 自警也

孰使而行，孰尼而止。排難兩朝，奔命千里。終豈能必，爰契厥始。稽山濤江，覬爲一遊。

墮甑半途，十年隱憂。豈作咄咄，衹賦休休。來之坎坎，天命悠悠。

答龐參軍

【箋證】保塞：北宋太平興國六年（九八一）改清苑縣爲保塞縣，治今保定市東北馬莊一帶。淳化三年（九九二）移今保定市舊城南三公里。金大定十六年（一一七六）後名清苑縣。

始予年十六，讀書於保塞鐵佛寺南堂，不解衣帶，坐徹明者五年。感而思之，爲賦是詩也。

孤燈長明，終夜誦書。躋深淩高，中心自娱。載汲載薪，不遑寧居。惟梗伊蓬，託處聚廬。以道爲富，以德爲珍。勤以脩身，孝以事親。師心造聖，不資於人。靜境神會，伊顔孔鄰。窮年揭揭，日夕孜孜。力探自得，何樂如之。作爲文章，暢爲歌詩。聲滿天地，無爲無思。渾沌復鑿，太極再分。警覺不寐，怡然懽忻。軼起遠蹈，馭風騎雲。萬動皆寂，博我以文。一席五載，默以道鳴。弓旌下招，遂成飄零。遠奉信函，使於吴京。故業委地，朔南失寧。焰焰古佛，依依北風。深窻短檠，時見夢中。孰令一人，乃異初終。秪緊其逢，載飭厥躬。

勸農

閔農也。兵亂以來，四民失業，農病爲甚。因讀淵明《勸農》之作，感而賦此。

植天務本，實惟農民。力田效勤，含淳守眞。代食惟賢，勸恤相因。耒耜之益，始活斯人。

每每原田，奕奕黍稷。雨暘若時，具來播植。惟是穮蓘，惟是稼穡。倉庾惟盈，斯人足食。

自兵興，魚淵處陸。汙萊菑畬，澆散純穆。浚肌刮骨，猰貐麈逐。婦役弗蠶，夫征弗宿。苛政蝟起〔一〕，紛更弗久。饑腸曷充，獨耕無耦。既空杼軸，孰事畎畝。流亡異土，隕涕博手。食衆農寡，安得不匱。有年無種，豐穫安冀。盜賊羣起，餒死並至。曾是司牧，曾是無愧。井地荒空，甿俗頑鄙。逐末逞僞，無復率履。農爲匪民，犯繩越軌。本既凋傷，政何由美。

【校記】

〔一〕苛，底本、正德本作『共』，據四庫本改。

命子

感子也。余生三十有五年，舉四子，而三夭焉。季曰阿壽，生四年矣，而余使宋，十二年弗克撫育。感而有作。

余家冀方，遺風帝唐。詩書是傳，奕葉有光。厥初受氏，爰自殷商。由漢迄今，載僨載昌。金源之亡，屯盈禍周。百口九族，竟不首邱。父獨抱子，脫死横流。敢望子孫，復始公侯。嶽嶽樹立，自别豬龍。治經立學，生人之功。鬼抉神搜，天緘地封。坦坦正道，明明高蹤。瀹苗起宗，暢根達柯。乃嗣乃續，庭充府羅。天不憖遺，未阜而竾。宛宛三穉，遽委蟲沙。曷敢尤天，秪自咎德。阿壽始孩，弗子去國。川途阻脩，變故揆忒。教之誨之，於焉可得。不成乎終，何誕乎始。徒耀松楸，謾驚閭里。有子無子，命數定止。未能無情，與物悲喜。既已奪去，摻之弗及。亦既生存，寧必成立。不孝之罪，聖人所急。大禹荒度，亦憫呱泣〔一〕。物生不齊，亦各有時。天弗私爾，勿勞爾思。魚腹子滿，孰繁若兹。蜾蠃類我，孰其使而。林回棄璧，厲夜求火。不知其天，秪解私我。失惡乎否，得惡乎可。坼裂啄食，屬離是假。孤館四鄰，擾擾嬰孩。一死一生，朝去暮來。胡肖不肖，胡才不才。敬恭脩身，曷云悲哉。

【校記】

〔一〕憫，四庫本同，正德本作『閔』。

歸鳥 寓感也

歸鳥翩翩，集于深林。飛雲遥遥，反彼高岑。瞻望弗及，實勞我心。重門擊柝，閟于幽陰。
歸鳥翩翩，深林于飛。飛雲遥遥，高岑是依。嗟我征夫，曷云還歸。瞻彼北辰，翰音弗遺。
翼翼歸鳥，翱翔徘徊。曳曳飛雲，巖谷是棲。鼓瑟鼓琴，云胡不諧。孰爲知音，伊余孔懷。
翼翼歸鳥，棲于故條。曳曳飛雲，鬱其高標。伊余南征，輸平内交。滔滔弗歸，故山夢勞。

形贈影〔一〕

萬象生道區，受形各有時。運會迭往來，寢揚成壞之。妙合我初凝，爾亦卽在兹。隱見陰陽中，幻化無了期。寤寐一死生，寂然匪爲思。我勞爲有此，爾苦勿涕洏。請看聲與響〔二〕，相隨復何疑。大都本無有，相贈徒費辭。

【校記】

〔一〕形贈影，四庫本同，正德本題前有題『形神影』。

〔二〕響，底本、四庫本作『嚮』，據正德本改。

影答形

靜陰乃道影，範圍無巧拙。大車轉通逵，輸迹豈能絕。妍醜君固有，隨君非慕悅〔一〕。日月相代明，豈能與君别。思君不如我，君没我不滅。生死無加損，得失豈内熱。因物不遂物，原原靡衰竭。君終復隨我，兹時見優劣。

【校記】

〔一〕慕，四庫本同，正德本作『暮』。

神釋

出入生死間，妙物不自著。物物弗爲物，超然變新故。二子一醯雞，羊負相胃附。成壞不在己，安用相告語。元陽初化時，靜一是存處。在在靡方所，悠悠無定住。陶老信達者，得失委命數。全神乃遺形，種秫脩釀具。一醉樂有餘，陶然忘毁譽。醉夢曾弗辨，町畦都削去。既不將不迎，亦何憂何懼。能逃世上名，豈有身後慮。

九日閒居 憶九日登隗臺

高秋登隗臺，悵然思樂生。君臣灑落契，千載稱榮名。西風菊花期，日照黃金明。青山遶故國，白鴈遺燕聲。佳時動幽懷，晏景催短齡。浩歌正激烈，樽酒時自傾。故鼎反磨室，六雄競光榮。督亢一寒蕪，酒酣重傷情。丈夫遇主知，唾手成功名。

歸園田居六首 憶登封盧溪幽居，唐盧鴻故居在焉

【箋證】盧鴻（？—七四〇前後）：字浩然，一字顥然，一名鴻一。本幽州范陽（今河北涿縣東北）人，徙居洛陽，後隱居嵩山（今登封市）。開元初，玄宗遣使徵召，再徵不至。五年（七一七）又下詔徵聘，六年至東都洛陽，謁見不拜。授諫議大夫，固辭，放歸嵩山，賜以隱居之服，官營『東溪草堂』。聚徒五百餘人，講學於草堂之中。自繪其勝景爲《草堂十志圖》。《全唐詩》錄存其騷體詩十首，名《嵩山十志》。事蹟見新、舊《唐書》之《盧鴻傳》、《大唐新語》卷一〇、《唐才子傳》卷一。

童穉游鹿豖，野逸便深山。幽居遠世塵，顥顥羲皇年。盧溪欝巖阿，繚壁涵清淵。徵君始

眞隱，種玉開石田。幽人競卜鄰，聯落崎阻間。竹木茅舍邊，桑麻橘籬前。三春牡丹雨，十月梅花煙。盧溪故居有徵君祠，祠前牡丹甚盛，背坐竹木，間多古梅，故云。孤雲出遙岑，頹日下層巔。性與萬化寂，身同天地閒。一從入畢羈，趨蹶寧復然。

區中戰羣倫，兩馬復掉鞅。樂哉山中人，身世無妄想。避世如避仇，納履遂長往。耕鉏足衣食，生聚羅穉長。含淳遂天眞，體胖心亦廣。底事綺里季，出山眞鹵莽。

雨餘山色浄，霜降木葉稀。南澗拾梨栗，帶月吟風歸。青青路邊蘭，細細侵裳衣。飯飽晦亦足，物我兩無違。

好山無俗人，林泉有眞娱。種秫足自釀，高下開荒墟。清溪侵古屋〔一〕，况有高賢居。緑竹掃山色，奇木近千株。鄰舍幾父老，話言皆純如。相見卽痛飲，甕盎傾無餘。酒酣藉月卧，清興欲凌虚。云誰知此樂，此樂世間無。

攜酒招野人，共飲清溪曲。蔬蔌總狼藉，一醉萬事足。苔痕入窪樽，林影上棊局。月出盃更深，不須更秉燭。歸去静柴扉，酣卧日已旭。

中天太少室，青滿洛陽陌。三十六芙蓉，舍此將安適。嵐光上晨曦，秀色宜日夕。攀躋景無窮，養生地有隙。不聞車馬喧，豈憚耕鋤役。奔騰三十年，樂事都敗績。面目衹自憎，俗死竟何益。

【校記】

〔一〕侵，四庫本同，正德本作『浸』。

問來使 同前

朝拾澗底松，空翠泠潑目。暮歸東籬下，自種今秋菊。清泉洗碎月，襟裾有清馥〔一〕。高臥幽夢長，不覺黄粱熟。

【校記】

〔一〕馥，底本、正德本作『復』，據四庫本改。

游斜川 憶西郎

【箋證】西郎：河北易縣境内的郎山（今稱狼牙山），山有十二峰。魏道明：字元道，易縣人。仕至安國軍（治邢州）節度使。暮年居雷溪，自號雷溪子，《中州集》卷八有傳。著有《鼎新詩話》（今佚）、《蕭閑老人明秀集注》六卷（現存三卷）、《國朝百家詩略》。

江壖坐白頭，自分如歸休。十年不出户，夢憶西郎遊。看花當雷溪，水合青山流。泓澄潭洞豁，容與浮輕鷗。回抱道明莊魏道明也，玉翅開林邱。西郎十二峰如列鳥翅，見《水經》。依依避秦人，桃源闢田疇。遺我山中酒，殷勤更獻酬。花飛好鳥歌，塵世有此不。醉踏石上水，灑然濯百憂。何年結茅屋，歸去便可求。

示周掾祖謝　同前

勞生役世物，萬戚無一欣。且拂冠上塵，暫作山中人。尋春洞林深，賞晤元有因。遠嶺絶水登，鳴泉隔花聞。幽趣方顧接，轉側志劬勤。醉歸語山家，今年當卜鄰。便送買山錢，結茅東澗濱。

諸人共游周家墓柏下

淵明柏下飲，相與樂吹彈。何異燔間乞，安足以爲懽。總爲付任適，得酒卽開顔。自同墓中人，未死心已殫。

怨詩楚調示龐主簿鄧治中

萬化一大路，去來皆茫然。孰能不由行，踵武億千年。委順出脩阻，煩憂尼崎偏。淵明苦避俗，中歲歸田園。門前柳生肘，更不入市廛。自謂羲皇人，翛然北窗眠。日月自運會，寒暑從代遷。達道久已化，宛在伯玉前。作詩本無怨，高興浮雲煙。樽酒且逍遥，銜盃稱世賢。

答龐參軍 釋魏斌念母

【箋證】魏斌：郝經使宋隨從，爲護衛人員。參見卷十二《入奏行贈千戶魏斌》，卷十三、十四同題《贈魏斌》等詩及相關注釋。

嗟嗟勿念思，諄諄聽吾言。孰不欲事親，燕安樂鄉園。王事有去留，載讀《陟岵》篇。大孝五十慕，義止從古然。白地内罟擭，賦予有厄緣。悠悠無了期，鬱鬱安得宣。精衛豈填海，愚叟難移山。天定自勝人，還歸會有年。

五月五日作和戴主簿 重午書懷，贈書狀官荀正甫

【箋證】荀正甫：卽荀宗道，參見卷四《新館秋懷贈正甫書狀》。

壞運窘天步，行人當厄窮。兀坐數年華，大火復當中。盛陽正發育，一氣方盈豐。草木各暢茂，郊園融凱風。我獨少生意，束臂待一終。燒酥點昌葅，强飲心尤冲。江靜重門深，兵嚴四壁隆。何日河陽縣，闊步登平嵩？正甫，孟州人，州治後有平嵩閣，余賜田亦在是，故云。

連雨獨飲 新館久雨

悠悠孰主張？尼此眞偶然。早歲喜學道，自致雲霄間。意欲凌八表，縹緲追飛仙。折翼墮江國，閉門悲漏天。宛在厄會中，不自我後先。乾坤漬塗泥，霑溼何時還？異域歲月速，轉首十二年。形神與化馳，欲辨復無言。

移居二首

吾道卽吾廬，仁義是安宅。苟能庇風雨，便可度朝夕。雞川十一遷，歲有缾缶役。僦屋復分庭，處處置牀席。往年始定居，生聚絶勝昔。哭墓遽南來，昆親忽崩析。

城南初定遷，高架插書詩。基構計久常，中表塗墍之。幽窻置棐几，道妙儼若思。訪問復安身，作休日四時。束帛賁門閭，推挽忽在茲。進退已不詳，天命豈吾欺。

和劉柴桑 釋宋琚念母

骯髒宋仲儀，倚楹獨躊躇。念母望北雲，悵然憶家居。湯湯伊祁水，想見先人廬。爲言我與子，南來墮幽墟。鄉園入渺茫，草木荒菑畬。母氏倚門望，無爲執勤劬。生男不若女，有子還如無。王事靡私盬，義別無親疎。嶽嶽守一節，乾乾斷百須。道在母卽存，志當金石如。

【箋證】宋琚：參見卷四《烈士吟贈總領宋琚》。

酬劉柴桑

長風動江色，俛仰星一周。蕭然步空庭，葉落凄其秋。復命不事操，燕山一田疇。我亦慕高節，終能同此不。憂心重鬱陶，安得駕言遊。

和郭主簿二首　勉馬德璘、孔進

【箋證】馬德璘：　與孔進二人皆郝經使宋隨從三節人之一，生平皆不詳。卷二一郝經《敘書》：『中統元年（一二六〇）使宋，宋人館留儀眞。三節人馬德璘、孔晉初不知書，資穎異可教，積六七年，皆能通書傳，作字便有楷法。及被劫殺，至新館，惟二子事余甚謹。』卷一五《示馬德璘》自注：『乙卯秋，食於廣平（今河北永年）逆旅。一老父挾方書數策，與之語，達者也。及使宋，其子德璘從行，似不偶然。故爲示此。』郝經另有卷十三《贈馬德璘》等詩相贈，又有卷十三《勉孔進學》、卷十五《示孔晉》等詩相贈。

周公待昧旦，大禹惜寸陰。聖學如弗及，神道開靈襟。嗟爾氣質成，變化更張琴。力奪造化幾，炳烺異昔今。尊德始好問，卓出衆所欽。去就審且精，取予酌與斟。繫風捕幽景，扣寂求至音。講習說麗澤，琢磨朋盍簪。踐形當自得，好高勿臨深。

誠身乃事親，行義貴全節。清心不滯物，月江夜澄澈。味腴須嚌深，窮理必詣絕。天人一理貫，胸次總羅列。苟能一德全，卽爲萬世傑。二子久事余，旦旦提耳訣。愼勿自棄捐，舍此無歲月。

於王撫軍坐送客 秋夕遣懷。以下並同

鴈啼霜江清，人與卉木腓。舍館極羈留，感秋尤思歸。包胥客咸陽，孰爲賦無衣。美人期好合，願言遂相違。宛轉萬民命，怵惕終夜悲。坐起對孤影，斜月流寒輝。悽風合酸辛，逌然嘆稽遲。天道本好生，伊何獨予遺。

與殷晉安別

昔遊翰墨場，濁日志尤勤。遠探羲農高，近詣周孔親。屬天耿長焰，豈惟照四鄰。尸坐正冠裳，暮夜達旦晨。擬從太極初，再使乾坤分。經世啟帝運，立德開王春。偶別燕山

月，忽落吳江雲。悵然負初心，計拙良有因。妄動希時榮，何如安賤貧。撫膺秖自責，安敢復尤人。

贈羊長史

寥廓安得翔，沮澤多羅虞。蛩吟苦關心，鴈足無來書。憶昔少年場，結佩遊通都。北嶺既再登，楚山亦常踰。樽酒生風雲，鞍馬走臺輿。鱷轉復虎躍，一世英豪俱。投穽誰使然，奇蹤日踟躕。戶外皆告絶，跬步無所如。幽明澹窻星，夜氣深庭蕪。心折萬緒繁，遘閔思舊娛。紙上認堯舜，自笑幾何疎。起來月中行，滯鬱方一舒。

歲暮和張常侍

渴中夜尤劇，扣關汲新泉。快飲沃肺肝，四顧無與言。白髮照寒月，素影亦何繁。幽窻挽衣坐，反責思尤愆。胡不蹈東海，胡不餓西山。靦然食不義，忍辱待生還。露氣凄且清，別恨相縈纏。殷憂有時窮，今夕是何年。歲月肯我與，精魄隨化遷。嗟哉胡不晨，天乎其偶然。

和胡西曹示顧賊曹

月出蔓草寒，江聲動清飋。窻戶漸樕樕，凄其飄我衣。孤鴻悲遙天，寥落片影微。蟋蟀不在堂，苦傍傷根葵。運數方厄窮，氣序亦頹衰。覊懷感尤深，中宵涕重揮。黄虞不可攀，周道何委遲。嘯歌和淵明，慨嘆有餘悲。

悲從弟仲德

銀沙滿玉河，界天清露零。孤心正耿耿，秋夜何冥冥。念我當屯凶，不如初無生。乃同不周折，遽向東南傾。猘毒方弄兵，好會其能成？蕭蕭變齒髮，冉冉頽年齡。潮生夜江高，簷間動松聲。心魄忽蕩摇，攬衣步中庭。幽蹤獨往來，慘淡關山情。未信天爲人，更著影問形。我本不欺人，萬折氣益盈。

始作鎮軍參軍經曲阿

青苔入室深，蝸涎縈素書。坐席凝陰塵，形骸久塊如。臀困磔株木，冥升躓天衢。投膠止河濁，自笑眞迂疎。羈魂重凌競，枯腸謾縈紆〔一〕。一榻不復移，轉首十年餘。空期汗漫遊，慨想山澤居。兀兀几上肉，喁喁釜中魚。有物皆恣睢，而我獨囚拘。安得天地風，吹上太行廬。

【校記】

〔一〕謾，正德本同，四庫本作『漫』。

庚子歲五月中從都還阻風於規林二首

逼窄片天月，照我江濵居。闇然六用絕，孤影獨于于。屋漏重反觀，面壁復向隅。幽明無二道，得喪歸一塗。康莊馭軒車，豈能適江湖。挾山以超海，過計元自疎。憂違付順適，樂地儘有餘。天運誰能逃，忿懥將何如！

南北信命絕，欲行將安之。家人歌扊扅，遊子無還期。門前大江橫，潮來不違時。日月相代遷，我獨何在茲。細和淵明詩，載歌《歸來辭》。知命不必憂，樂天復何疑。

辛丑歲七月赴假還江陵夜行途中

茲心乃活物，探頤還搜冥。遂知天地幾，洞見古今情。樂禍多下石，復故誰班荊。嗟嗟何不辰，瞢闇誤此生。老樹棲驚烏，江靜秋月明。顧影無匹儔，徙倚恨不平。空庭步數周，肅肅成宵征。河陽有賜田，何日得歸耕。自顧灑落恣〔一〕，而乃重纏縈。當處不可出，誤我祇世名。

【校記】

〔一〕恣，正德本同，四庫本作「姿」。

癸卯歲始春懷古田舍二首

禍隆殺戮運，民命殲蹂踐。赤手與天爭，跛躄其能免。更深不成眠，反側懷念緬。世路劇翻倒，喜惡還病善。擾擾人爲多，邈邈天道遠。寒暑迭代遷，潰亂胡不返。自與鄉鄰鬪，嗟我識慮淺。

先君貽詩書，繕性安賤貧。每戒躁與速，重勗敬以勤。尤惡名太早，不許交時人。守道業惟舊，充誠德自新。粟盡義不渝，闔門亦懽欣。伊顔遽學步，鄒魯頻問津。友愛撫弟昆，仁賢是親鄰。宛若故山家，陶唐有遺民。

乙巳歲三月爲建威參軍使都經錢溪 至日雪

夜窻密有聲，庭阿遽深積。誰知大江頭，却似窮海昔。鶡鳥喑不鳴，羈鴻斂雲翮。乾坤一模糊，玉氣皓無隔。嗟余雪國來，十年一行役。體髮久已變，兹心獨難易。眞宰豈仇予，運數會崩折。途窮歲亦窮，眞標見松栢。

還舊居 庭草

客居久爲家，十載猶未歸。蔓草上階除，委碧生恨悲。相看辨時節，夢寐荒是非。昔時車馬多，薙去一無遺。今來斷行跡，愛玩常相依。榮瘁雨暘中，凋腐寒暑推。露綠感春芳，霜黄怨秋衰。藉步柔且佳，關心涕長揮。

戊申歲六月中遇火 萱

南風青鳳尾，擁翳當庭軒。金觜碧玉莛，呀折如焚燔。深叢駐長夏，次第開後前。北堂昔養母，家人欣聚圓。對花舞斑衣〔一〕，暫出輙遽還。懽顔每爲開，太和回一天。一從哭墓後，去國十二年。年年見新花，永日相對閒。忘憂却生憂，所賴志義堅。夕步拾落英，丹蕤滿芳田。感創復臥思，蒼茫不成眠。故叢誰翦移，衹應滿西園。

【校記】

〔一〕班，正德本同，四庫本作『斑』。

己酉歲九月九日 黄葵

清標倚西風，零亂七月交。天宇始霽肅，卉木方瘁凋。停停展嬌黄，獨爾風度高。金盌困側露，緑莛嫩干霄。翛然對仙花，頓覺忘憂勞。開樽坐疎影，渴飲劇沃焦。折來插愁鬢，兀醉從陶陶。日上復盛開，更須醉明朝。

庚戌歲九月中於西田穫早稻 芙蓉

久客未還反，殷憂徒多端。對花復舉盃，暫得心田安。芙蓉如美人，盛容耐闚觀。愁紅漬粉深，醉臉傷春還。上日嬌暈滋，依風翠綃寒。含涕有深思，欲言還羞難。露重膏沐新，低重淚闌干。無情似傷情，使我凋朱顔。載歌更獻酬，物我何相關。起來拂花舞，不復爲嗟嘆。

丙辰歲八月中於下潠田舍穫 菊

霜菊有正色，堆積深庭陬。綠蘂粲金屑，清香動幽懷。願言窮節士，氣韻相與諧。亦有玉華鳳，豈無紫冠雞。俗死委蔓草，繞叢日百迴。屈子餐落英，至今辭賦哀。淵明折滿把，嘯傲東籬開。余今手自種，坐俟星火頹。依風日吟哦，天道孰違乖。最憐抱露蛩，寒夜同幽棲。

郝經集編年校箋卷七

古詩 和陶

飲酒

順適皆坦途，忘幾信所之。天地與化遷，焉能獨違時。酒中有深趣，眞樂良在茲。痛飲忘形骸，物我兩不疑。每笑蘇學士，漫把空盃持。

謝安曠達士，攜妓遊東山。蒼生如我何，勸我眞狂言。樽中酒常有，縱飲當窮年。此樂醉者知，難爲醒者傳。

道在盃杓中，有物都無情。一醉還天藏，豈將飲爲名。嗟嗟羈羈人，勞勞失此生。自著徽墨纏，仍因寵辱驚。枯腸歸高岡，渴死竟何成。

武帝燒黄金，玉殿紫煙飛。終下輪臺詔，創然徒傷悲。侈心與物競，詣絕無所依。血氣有壯瘁，困億終還歸。醉鄉萬事和，悠悠無盛衰。有酒當共飲，獻酬莫相違。好酒無惡客，合席語喧喧。銜盃相爾汝，共醻何黨偏。秋月流金樽，春風頹玉山。便作無懷民，坐使唐虞還。酒盡任去留，醉眠都無言。詩因酒更多，眞境發精英。爛熳醉後言，舉是醒時情。百川飲長鯨，千觚都一傾。我亦如劉伶，終當以酒鳴。百年都幾何，不飲安用生。上春東風和，百卉呈媚姿。家家社甕熟，相喚插花枝。此時酒無筭，盡發胸中奇。醉人臥花間，陶然亡云爲。不飲彼何得，祇自强拘覊。西風黄葉落，處處菊花開。霜螯味滿殼，持盃亦開懷。正當劇飲時，惟恐與時乖。快意傾灩灩，無復念栖栖。金英既狼籍，人亦醉如泥。我順物安忤，兀兀靡不諧。悠然反化初〔二〕，世路都沈迷。駕言入醉鄉，麴車不可迴。夜醉曉來醒，日出東南隅。嗟嗟早行人，百里已半途。我秪孰爲容，彼亦孰爲驅。飲酒有運數，生平酒常餘。賜田總種秫，終傍淵明居。屈子重違天，陶公乃達道。遙遙隙中駒，放盃身已老。欺爲畫餅欺，遂使腸枯槁。君看桃花顏，得酒色更好。榮名身後事，美酒樽中寶。一飲便成仙，御風凌八表。我愛李太白，醉眼高一時。把盃問明月，揮灑多文辭。吾生嗜盃酒，感寓實在茲。常向醉中醒，更飲不復疑。載讀《止酒》詩，陶公亦吾欺。安得泛酒海，弄月恣所之。

壺中別一天，飲之造眞境。有夢渾未覺，獨醉勝獨醒。忘物神乃會，放懷道卽領。巨壑當藏舟，括囊勿脱穎。爲告不飲人，此理天日炳。

好事邀我飲，布席我已至。散談坐生風，引滿卽徑醉。快意無町畦，縱衡不比次。忘情釋重負，適己乃爲貴。世上多虚名，樽中有眞味。

種柳復藝菊，卽是陶潛宅。眼中總盃杓，門外無轍跡。朝飲仲尼千，夕醉季路百。不用五斗解，豈計東方白。熙然識此生，獨醒眞可惜。

五年一龕燈，面壁初治經。仇酒恐廢學，中歲卒無成。晚悟盃酒樂，苦節因自更。軍府酒若海，浩蕩波門庭。十年醉如醒，遂以善飲鳴。陶然合天和，萬古達者情。

繫舟范冉墓〔二〕，黄流駕長風。玉川與金波，■城二酒館名〔三〕。萬甕傾月中。鯤鱣亦霑醉，興與江河通。醉鄉總直道，世路曲如弓。

遍飲天下酒，風味我自得。南江與北嶺，淄澠不能惑。兩海納一樽，巨量吞四塞。胷次含春元，澒洞和萬國。熟醉卽無言，百世歸一默。

我本醉鄉人，弓旌招我仕。自此樽俎疎，漠然忽喪己。醒治夸了了，枯槁成内恥。況復拘厄途，不得歸田里。十年猶不字，駸駸踰一紀。日事雖有酒，多病輒自止。强飲終無歡，忘力徒自恃。

醒眼舉作僞，醉時見天眞。模糊渾沌初，大樸還其淳。山中酒初熟，烈烈風味新。一飲平天淵，再飲一齊秦。人物在眉睫，慘淡飛埃塵。矻矻含瓦石，哀哉爲誰勤。遂古有達者〔四〕，秖與盃酒親。陶潛豈乞食，有酒卽問津。門首佳客至，快漉頭上巾。君看《飲酒》詩，始知眞醉人。

【校記】

〔一〕然，正德本同，四庫本作「悠」。
〔二〕范冉，諸本及史書作「范丹」，皆「冄」（卽冉字）形訛。
〔三〕■城，正德本作「祀城」，四庫本作「宜城」。
〔四〕遂，正德本同，四庫本作「邃」。

止酒

物各有所止，惟止止衆止。所嗜止盃酒，跌宕乾坤裏。好飲卽爲徒，更不顧妻子。無酒則酤我，得酒卽欣喜。日在醉卽眠，日出醉未起。沈酣三十年，落魄誤生理。赴詔方始醒，曠然便失己。南來增殷憂，從此酒止矣。愁濃亦如酒，苦海浩無涘。何當大刀頭，一飲醉千祀。

蜡日 自釋

氣數方構凶，我獨其能和。幸有樽中酒，自種庭前藿〔一〕。自詠還自酌，酬適興亦多。且笑勿裂眥，深衷寄長歌。

【校記】

〔一〕藿，正德本同，四庫本作『花』。

四時 記夢

夢中見西郎，綠玉十二峯。忽到太行顛，故山深長松。

擬古九首

陶潛避世士，手種門前柳。作傳復自序，實錄傳永久。高風激余中，論世期尚友。何當菊花秋，共漉山中酒。嗟嗟墮世網，願言久已負。枯腸充殷憂，覽鏡顏益厚。會有還歸日，再覓無何有。

天地相依附，吾道同始終。經世維皇綱，一王辨華戎。聖人鍾神靈，樹立何豪雄。六經通四時，顥顥弘宗風。王法奠有生，大統垂無窮。本原豈多言，萬理祇一中。

屋漏闕天人，炳烺茲一隅。掌中握靈幾，宇宙從卷舒。日月驅吾輿，乾坤廓吾廬。有萬叢吾身，通途安廣居。私知生町畦，坦夷深榛蕪。擾擾趨蹶中，跬步無所如。

十年不歸山，衡麓皆榛荒。風雨秋草深，蕪沒讀書堂。鳥道常矯首，天宇青茫茫。賜田在河陽，經始築圃場。黄流經中天，太行面北邙。痛飲登平嵩，醉眼高昂昂。厄風墮江濆，欲去還無方。辱井俗死人，顧影徒自傷。

和龍蟣蝨流，瘡膚不復完。節旄久零落，破碎十年冠。片天亦愧仰，計拙祇厚顔。音塵兩國絶，江深掩重關。幽思搖風旌，百感來無端。亦有絶絃琴，挂壁不復彈〔一〕。忍聞雲間鴈，祇恨鏡中鸞。摧坐惜日月，心死骨重寒。

鬼神居無鄉，一念卽在茲。欲知得失初，當謹未思時。静敬守關鑰，精一辨澠淄。理窮性乃盡，天命不復疑。君看《語》、《孟》書，皆是直指辭。皇皇《三百篇》，舉要無邪思。奈何季末人，忘慮先自欺。戴盆還揠苗，冥行恣所之。楚虔方詬天，豈悟《祈招》詩。

憶昔山中春，谷風扇微和。幽人坐孤石，好鳥相和歌。冷泉有清音，音響一何多。迴復步澗芳，有時墮林花。田家攜酒來，奈此高興何。

幽庭抱枯株，感槩憶壯遊。結交燕趙豪，徑欲窮九州。岱崇登日觀，赤壁弄江流。醉走天山馬，叢臺問沙邱。中途軔吾車，歷覽猶未周。行止不在吾，順適安敢求。蓬瀛有奇藥，馭風欲載採。驚濤忽翻山，對面桑田改。鯤化鵬遽起，鱗鬣乾半海。天池無培風，九萬亦有待。且搭垂雲翼，運數安得悔。

【校記】

〔一〕壁，四庫本同，正德本誤作『璧』。

雜詩十二首

縱衡十萬里，悠悠總世塵。勞生爲物役，往往失此身。對面皆九疑，惟有酒相親。花開社甕熟，春風滿比鄰。痛飲有高矚，暮夜達旦晨。君看雞窠中，豈有百年人。

種豆南山歸，放目陟高嶺。雜田似蔬畦，繡錯成野景。日夕臥柴荊，破屋風露冷。牀頭有餘醁，渴飲興味永。月出流清輝，起舞動孤影。呼兒讀《離騷》，載酌幽懷騁。醉眠踏曉日，獨樂静中静。

天命端可樂，物情孰能量。開軒受西風，明月照我房。悠然中聖人，載酌夜未央。哀鴻忽遺音，底事昔隨陽。遂令不飲人，反側斷中腸。

三代秖周孔，漢末有佛老。汩眞復翔僞，彝性遂不保。涇渭混濁清，原隰易溼燥。世多喪心人，死病不辨早。涓滴成江河，豪末遽合抱。六合一榛荒，浪走無正道。高丹山九采鳳，有道卽游豫。阿閣與岐山，和鳴復高翥。一從休德衰，轉翮遽揚去。高賢亦違亂，好遯有深慮。冒出犯難行，宵人肯爾恕。幼安遼海居，龐公鹿門住。倐然遠世塵，豈復有憂懼。

展禽黜不去，子文無愠喜。爭如臥雲窻，遠棄人間事。淵明偶束帶，初無仕宦意。酒熟遽告歸，佳期恐難值。散髮山月清，濯足溪流駛。把菊見南山，物我有廢置。

大道初坦平，奈此世路迫。劫灰到重泉，兵塵滿阡陌。乾坤一戰場，血盡骨更白。何處著此身，重覺天宇窄。獨立萬物表，秖有雲門客。弋人忘冥鴻，此中是安宅。

道人守化根，静境深苞桑。單衣不掩骭，一食恒糟糠。何心到文繡，更不願膏粱。眞風出樊籠，太和藴元陽。中襟旣忘幾，外物奚能傷。矯矯離羣倫，宛在天一方。尊中有奇樂，一詠復一觴。

西北有佳人，飄飄碧雲端。悠悠與神俱，冉冉從化還。偶來住人境，結廬青山巔。更不煙火食，秖把晨露餐。我欲從之遊，路遠縈塵緣。逌然歌紫芝，重寄歸來篇。

聖作尚簡易，古道皆若稽。叔季私煩苛，平地生巖崖。生民入罟擭，慘慘傷予懷。孰能與蠲除，變亂益盈彌。神農設教益，庖犧初取離。靡不漏吞舟，豈能强骨鸁。謀利困管商，遂使大質虧。

夷則弛炎律，廓廓高天涼。我作清夜遊，步月上河梁。蛩吟煙露根，鴈翔風水鄉。商聲激孤衷，銀漢零飛霜。向不酌酒樽，奈此秋興長。

【校記】

〔一〕壁，四庫本同，正德本誤作『璧』。

溪風吹竹花，石壁墮松子〔一〕。山氣清入骨，雲嶠時猶倚。孌孌靜中趣，超超物外理。

詠貧士七首

簞瓢豈顏樂，大聖德歸依。曠寂無過地，高朗有清暉。夸毗紆金朱，志意欲奮飛。徼倖行險途，跋疐終安歸。道義我素飽，勢利爾恒飢。缾空豈足恥，心死良可悲。

虛室白無塵，澹然造羲軒。藜糗一鼓腹，春風滿邱園。久雨釜生魚，上日厨無煙。琅然金石聲，密密道味研。七日無是餒，方聞固窮言。貧乃士之常，安貧乃爲賢。

家無儋石儲，漫撫無絃琴。淵明果達道，遯世求希音。擾擾劉寄奴，戈矛日相尋。豈若一樽酒，對菊時自斟。飢來偶乞食，當時孰汝欽。獨有桃源人，乃見高世心。

貧賤人所惡，眷眷思黔婁。富貴不可居，歸來願言酬。籃輿向田園，嘯歌行道周。俯仰澹無營，事事卽無憂。農人與野叟，欣然作朋儔。有子復有酒，生平復何求？有名不可求，有祿不可干。干祿當事人，此身卽屬官。豈辱八尺軀，區區爲一飡。道義等芻豢，足饜無飢寒。冠蓋不與賜，屢空獨稱顔。憂道不憂貧，高賢多閉關。不食如繫匏，無家劇轉蓬。尼父道彌高，少陵詩益工。閉門張仲蔚，知者獨劉龔。求志終隱居，龐公竟誰同。但有樽中酒，何必慮窮通。田父邀我飲，步月欣相從。落落田子春，不負劉幽州。竟辭萬戶侯，魯連眞其儔。昔年過燕山，飲馬易水流。斯人不復見，悵望生隱憂。日暮一樽酒，碧雲誰與酬。西風薊邱前，鴈叫疎竹修。

詠二疎

趙蓋楊韓誅，見幾當遽去。宣帝亦寡恩，二疎知所趣。眷禮方未衰，解韍卽高舉。未幾太子立，果然殺蕭傅。嗟嗟二大夫，灼見夷險路。鈇鉞已在頸，富貴其可顧。誠者健其決，豈惟常人譽。歸來事樽俎，鄉社屏世務。父子懽有餘，忘懷還澹素。韋匡多諫章，擾擾渾未悟。光禹貪身榮，寧爲漢室慮。高風獨東海，千載道益著。

詠荊軻

燕國八百年，最爲遠秦嬴。可作殷周基，何乃事荊卿。癡兒彊復讐，匕首揕咸京。徑刎於期首，更圖督亢行。倉皇事不就，狼籍斷冠纓。寒風死別歌，睥睨一世英。不若鱄設諸，飲恨復吞聲〔一〕。縱使殺一秦，寧無一秦生。呂政方忘燕，忽作繞柱驚。并呑勢不已，舉兵復有名。掃平黄金臺，故鼎入秦庭。昔我渡易水，晚登燕子城。投文弔田疇，思賢重屏營。舉事本道義，不繫敗與成。爲國恃刺客，夫豈英豪情。

【校記】

〔一〕呑，四庫本同，正德本作『含』。

讀山海經十三首 寓興

江風送夕凉，蕭蕭齒髮疎。種菊滿秋庭，偶似淵明廬。澹然絶慮營，静讀窗前書。坐馳造聖域，氣馬尻爲車〔一〕。自得每厭餘，無地容豢蔬。重覺洙泗親，似與羲皇俱。造起幾天地，周身一河圖。但恐丁壞運，閉物將無如。

清泉沃醉面，復見桃花顏。運甓置齋外，尚擬康强年。睡熟如在家，詩凡憶歸山。偶聞江上鐘，忽憶夢中言。

伊昔住山時，高興薄林邱。自許作眞逸，永結烟霞儔。竹間挂巖月，石上鳴溪流。不逢塵俗人，甘與鹿豕遊。

筭心到密地，難藏神與陽。付我秖一仁，藹藹生意長。潛地復經天，炳烺生道光。羣龍勿使戰，每戰雜玄黄〔二〕。

道寶人共傳，自棄眞可憐。片言未能充，積惡如邱山。一貫有妙理，六經皆天言。弗知還弗行，人生幾何年。

天開萬象春，生意滿草木。好鳥相和鳴，嚶嚶出幽谷。旭日露華滋，天地一膏沐。人心暢達時，此理宜自燭。

當春對花飲，酒面浮花陰。藉草幽澗邊，野色風滿林。三月鶯亂飛，晛睆弄好音。一醉臥郊原，萬事不到心。

世無不藥死，得己卽命長。君看行尸人，舉步皆失常。狂生莫揠苗，癡叟無休糧。節食謹作爲，壽樂元無央。

瑣瑣蒙利徒，揭揭事奔走。自得乃自失，甚勝卽甚負。身外皆屬人，區中竟誰有。配極惟大業，方保萬世後。

淵明忘世士，何必讀《山海》。神仙荒有無，怪誕豈眞在。若有西王母，武皇不終悔。歸來當痛飲，白衣久已待。

怪力與亂神，不語有深旨。茲生理未窮，何暇遠徵死。不須妄云爲，祇在實踐履。過高皆異端，中誠足深恃。

道衰多散人，體亡有放士。受命備萬物，稟彝各有止。方士欺凡庸，異書寧有爾。子瞻號通儒，亦重《抱朴子》。

嗟嗟蠹書蟲，本無經世才。鹵莽欲援時，迸走遽南來。明月果暗投〔三〕，按劍還驚猜。掇患既違時，委順庶優哉。

【校記】

〔一〕尻，底本、四庫本作『尻』，據正德本改。

〔二〕玄，底本作『元』，據正德本、四庫本改。

〔三〕暗，四庫本同，正德本作『闇』。

聯句 漫興

觀星見天體，北辰直南極。鵬圖亦有待，必以六月息。九萬摶扶搖〔二〕，翺翔豈人力。君子有天運，俟命祇自飭。焉用熬中腸，鰥目重反側。時來沛然起，會矯垂天翼。雲逵無阻修，河山改顏色。行止各有時，作詩爲祛惑。

【校記】

〔一〕搏，正德本同，四庫本作『摶』。

桃花源詩

桃花荒有無，誰云隔塵世。秦人既能往，我亦從此逝。歸舟忘津途，頹運急興廢。緬懷別一天，花陰好休憩。淳風無澆誕，道種可樹藝。凡夫安得到，俗駕豈容稅。君看閭閻下，聒聒形聲吠。苛法如牛毛，浮僞兢新製。高人肯著足，有山皆可詣。隱見須適時，淺揭深則厲。淵明資好遯，棄官在中歲。處身向田野，曠遠黜智慧。把菊祇見山，種秫自爲界。盃酒與浮沈，林樾重蒙蔽。到處桃花源，眞境不在外。當時避秦人，未必識妙契。

郝經集編年校箋卷八

歌詩

白溝行

【編年】作於蒙古憲宗三年（宋理宗寶祐元年，一二五三）以來，郝經在保定，遊歷河北白溝之時。

【箋證】白溝：白溝驛，在河北容城東三十里，北接新城界，東接霸州界，因北臨白溝河而名。

西風易水長城道，老濘查牙馬頻倒。岸淺橋横路欲平，重向荒寒問遺老。易水南邊是白溝，北人爲界海東頭。石郎作帝從珂敗，便割燕雲十六州。世宗恰得關南死，點檢陳橋作天子。漢兒不復見中原，當日禍基元在此。溝上殘城有遺堞，歲歲遼人來把截。酒酣踏背上馬行，彎弧更射溝南月。孫男北渡不敢看，道君一向何曾還。誰知二百年寃孽，移在江淮蜀漢間。歲久河乾骨仍滿，流禍無窮都不管。晉家日月豈能長，當時曆數從頭短。日暮途窮更著鞭，百年遺恨入荒煙。九原重怨桑維翰，五季那知魯仲連。只向河東作留守，奉詔移官亦何疚。稱臣呼父古所無，萬古諸華有遺臭〔一〕。

【校記】

〔一〕萬古諸華，正德本同，四庫本作「石郎至今」。

賢臺行 古黄金臺也，土人稱爲賢臺

【編年】作於蒙古憲宗三年以來，郝經在保定，遊歷河北黄金臺之時。

【箋證】黄金臺：　故址在今河北易縣東南北易水之南，燕昭王爲報齊仇而招賢納士所築。

高臺突兀燕山碧，黄金泥多土猶溼。曉日曈曨赤羽旗，燕王北面親前席。費盡黄金臺始成，一朝拜隗人盡驚。誰知平地幾層土，中有全齊七十城。禮賢復讎燕始霸，遂與諸侯雄並駕。七百年來不用兵，一戰轟然駭天下。二城未了昭王殂，火牛突出騎劫誅。臺上黄金少顔色，惠王空讀樂毅書。古來燕趙多奇士，用舍中間定興廢。還聞趙括代廉頗，敗國亡家等兒戲。燕子城南知幾年，臺平樹老漫荒煙。莫言騏驥能千里，秪重黄金不重賢。

古菱花鏡詞

【編年】應作於郝經寓居保定，讀書鐵佛寺，設館賈輔、張柔二府期間。

燧人燒殺太古月，化爲片銅藏死魄。噎光沈曜解反照，黑潭萬丈生虚白。蛟龍遯去不敢藏，高秋無波更澄徹。徑圍數尺透膽寒，一身忽入空明穴。背紐深嵌邊如刀，週圍菱花纏枝葉。毫髮縈回印水紋，朱砂翡翠編鱗甲。不知世上幾千年，依舊團圞無壞缺。百煉得道遂不化，又作鑪中一太極。寢揚寧陋各成形，焉用區區强裝貼。一略精神隨臭腐，眼前脂粉墓中血。菱花鏡裏都無物，瑩淨圓平本顔色。等閑棄擲漬苔蘚[一]，未免昏翳人不識。忽爲磨洗開玉井，孤電繞手明月璧。蔀屋褰開有神物，挂向青天照白日。皦然盡見不欺人，魑魅魍魎焉敢出。壽福蓮花空自名，不須倒影尤奇絶。

【校記】

〔一〕蘚，四庫本同，正德本誤作『蘇』。

藜杖行 家君命作

【編年】作於郝經寓居保定，讀書鐵佛寺，設館賈輔、張柔二府期間。

【箋證】家君：自稱自己的父親。郝經父親郝思溫，貞祐之亂，陵川郝氏南渡，流落河南。金朝滅亡，攜家北渡，寓居保定，教授鄉里十餘年。病逝，門生私謚靜直先生。

荒藜一兩青墻隅，數莖拗深勢扶疎〔一〕。柯葉張磔忽過墻，赤絲綰結綠珊瑚。雨餘霜重凋傷後，瑩節高肥榦枯瘦。斷截爲杖勁且堅，黄玉壓手光欲透。更將月漬晞朝暾，潤滑隱隱分細紋。家君垂老添數僕，馮藉看月復穿雲。倚牀半夜風雨怒，只恐飛騰作龍去。乃爲作詩重相告，從臾少陵桃杖句。天生此杖向吾家，再起衰宗振國華。會當拄到太行頂，指點千年墓上花。剗除蕪穢重灑掃，横膝琅琅過庭教。揞傾拄壞植孔孟，永使子孫扶聖道。

【校記】

〔一〕拗，四庫本同，正德本作『坳』。

蔡江月歌

【編年】作於郝經寓居保定，讀書鐵佛寺，設館賈輔、張柔二府期間。

【箋證】蔡江月：　金代保定滿城（今屬河北）女道士。又稱蔡眞人，號湛然子，諱空洞，順天府滿城賢臺（今河北滿城賢臺鄉）人。金世宗大定十八年（一一七八）年生，十七歲喪母出家作道姑。金衛紹王大安初年（一二〇九），已爲滿城玉清觀道主，遇全眞道龍門派創始人丘處機，拜爲師，遂得悟道。金宣宗貞祐初年（一二一三），金朝南渡，蒙古攻佔保定諸多州縣，蔡眞人避難至易縣狼牙山（古稱郎山）姑姑坨，入蠶姑廟修道。蔡江月洞悉兵法，苗道潤（？—一二一八）、張柔等曾以師事之。苗道潤、靖安民先後奏請，金宣宗詔賜『江月眞人』。張柔歸順蒙古後，鎮守滿城，蔡眞人重返滿城玉清觀。蒙古太宗八年（一二三六）染疾，具衣冠，端坐而死。翰林大學士王鶚撰文樹碑《湛然江月超塵瑞應之碑》，今存滿城崗頭村玉清觀。

郎山五季稱孫姑，兵家洞達握化樞。遂令方諫擁節旄，南振趙魏北燕都。爾來燕南道術高，往往卓犖動星罔。晚金乃有蔡江月，採桑神授青衣書。歸來丫髮辭姑嫜〔一〕，脱去帉帨投釵梳。便向牀頭尋紙筆，揮灑萬字紛瓊琚。夫婿瞠視不敢詰，鄰里環矚皆駭吁。爲言諸人當避兵，西山岡頭是我居。未幾雲衆四遠集，豪傑望風皆奔趨。指授方略無不中，權謀每笑孫吳疎。嘗將勳業論諸將，指示張公都不如。名高兩受紫泥詔，道重六屈金虎符苗道潤〔一〕、賈瑀、靖安民、張甫、武仙、今萬戶張公，皆嘗師事之。金宣宗下詔，賜號江月眞人。事平笑傲作天仙，綠鬓粉面堆翠鈿。絳襦青帔玉冠佩，插花吟諷香雲纏。繡帷深處説《黄庭》，碧桃隱映燒丹煙。篇章不似婦人語，磊落見道參幽玄。異人異事會當傳，爲學韓公稱道謝自然。誰與刻向西郎巔〔二〕，姑姑墹邊玉劍前。

【校記】

〔一〕苗，各本均作『留』，皆誤，徑改。

〔二〕郎巔，四庫本同，正德本作『廊嶺』。

天賜夫人詞

【編年】作於郝經寓居保定，讀書鐵佛寺，設館賈輔、張柔二府期間。

【箋證】詩據金元之際元好問《續夷堅志·天賜夫人》：河北廣寧有閭山公廟，參知政事梁公肅作舉子時，自言：『我能以昏暮或陰晦之際，入閭山廟，巡廊廡一周。』明日晚，約偕往，諸生待於廟門外。梁公肅入，至廟之東隅，有一人倚壁而立，梁公意其爲鬼，負之出。諸生取火照之，見是一美婦，衣裝絕與世俗不同。問之，美婦良久開目。詰曰：『爲人？爲鬼？何所從來？』婦言：『我揚州大族某氏女，以吉日迎往婿家。在輿中忽爲大風所飄，神識散亂，不知何以至此？』諸生喜曰：『梁生未受室，神物乃從揚州送一妻至，誠有冥數存乎其間，可因而成之。』梁公乃攜婦歸。尋擢第，不十數年，致身通顯，婦舉數子，故時人有『天賜夫人』之目。

八月十五雙星會，佳婦佳兒好婚對。玉波冷浸芙蓉城，花月搖光照金翠。黑風當筵滅紅燭，一朵仙桃降天外。梁家有子是新郎，芊氏忽從鍾建背。負來燈下驚鬼物，雲鬟欹斜倒冠佩。四肢紅玉軟無力，夢斷春閨半酣醉。須臾舉目視傍人，衣服不同言語異。自説成都五千里，恍惚不知來此際。玉容寂寞小山顰，俛首無言兩行淚。甘心與作梁家婦，詔起高門牓天賜。幾年夫婿作相公，滿眼兒孫盡朝貴。須知伉儷有緣分，富者莫求貧莫棄。望夫山頭更賦《白頭吟》，要作夫妻豈天意。君看符氏與薄姬，關繫數朝天子事。

【編年】應作於郝經寓居保定，讀書鐵佛寺，設館賈輔、張柔二府期間。

綠珠詞

石郎癡騃誇多財，三斛明珠買禍胎。墜樓獨有一綠珠，綠珠不負三斛珠。君不見息嬀無言生成王，西施歌舞向五湖。水流花落金谷園，土花零亂埋花鈿，娼女笑殺眞女憐。欲著明珠三百斛，金谷園中買玉谷。

朝雲詞

【編年】應作於郝經寓居保定，讀書鐵佛寺，設館賈輔、張柔二府期間。

章惇不愛東坡睡，再著罪名投海外。骨肉故舊但哭送，朝雲請行了無畏。朝爲行雲暮爲雨，朝朝暮暮珠厓下。爲憐國士奉巾櫛，禿髮無眚都不顧。海南又甚大法場，春淺愁深不可當。一夜東風掃落花，爲賦海棠空斷腸。三作埋文盛德事，掩淚無言誌王氏。文正清獻及張公，地底雄文還有四。君不見世間多少迴頭人，舊花摘却繫新帬。癡哥癡哥笑朝雲，翻手覆手江上雲。

讀鄉先生劉景玄碑

【編年】應作於郝經寓居保定，讀書鐵佛寺，設館賈輔、張柔二府期間。見詩：『鄉閭晚生不及見，掩淚空讀遺山文。』

【箋證】劉景玄（一一八六—一二二三）：名昂霄，字景玄，陵川人。以蔭補官，調監慶陽軍器庫，不就，遂隱居洛西永寧山水間。博學能文，六經百家，世譜、官制、地理與兵家成敗等，無所不窺。爲文淵綿緻密，平易而有奇趣。善談辯，人有發其端者，徵難開示，初不置慮，窮探源委，解析脈絡，旁貫徑出，不可窺測，四座聳聽，噤不得語。嘗從李純甫遊，又與梁持勝、雷淵、辛愿、麻革、元好問友善。元好問爲作《劉景玄墓銘》。參《中州集》卷七。

太行元氣果不死，弊世有此魁傑士。胷中羅列世間書，泛異窮奇無不至。嘗借《莊周》十日還，成誦未嘗遺一字。萬言默識殆片時，記問區區總餘事。詩文清雄簡且高，闊步不讓坡谷豪。散談四座誰敢言，横膝搖吻獨滔滔。未見皆如汲冢竹，劃開砉若并州刀。超遥孤風送行雲，爽朗夜月虚秋濤。初欲有爲下天井，寡鶴遂把霜毛整。時危事去可傍人，清露滿天還自警。終不一到當塗門，回視俗子徒紛紛。洛城西南有佳處，竹間水遶梅花村。此中儘可嚼佳句，笑傲煙霞有深趣。著書藏山不示人，坐看石田生老樹。九臯清唳誰不聞，海内至今揚清芬。鄉閭晚生不及見，掩淚空讀遺山文。

讀麻徵君遺文

【編年】應作於郝經寓居保定，讀書鐵佛寺，設館賈輔、張柔二府期間。見詩：『予時髫童誦黄口，似爲古人今未有。忽從亂後得遺文，磊落從横百餘首。』

【箋證】麻徵君：麻九疇（一一八三—一二三二），字知幾，易州（今河北易縣）人，一説莫州（今河北任丘）人。《金史》卷一二六《文藝傳》：弱冠入太學，有文名。南渡後，寓居郾、蔡間，入遂平西山，始以古學自力。博通《五經》，於《易》、《春秋》爲尤長。宣宗末，試開封府，詞賦第二，經義第一。南渡再試南省，復然，聲譽大振。及廷試，以誤絀，士論惜之，隱居而去。哀宗時，平章政事侯摯、翰林學士趙秉文連章薦之，特賜盧亞榜進士第，未拜官告歸。再授太常寺太祝，權博士，遷應奉翰林文字。性資野逸，高蹇自便。自度終不能與世合，復隱居不爲科舉計，居郾城。明昌以來，稱神童者五人，……獨知幾能自樹立，耆舊如趙秉文，以徵君目之而不名。元好問《中州集》卷六選其詩三十一首。

太初百煉透光鏡，突兀心魄無氛埃。神姦遯伏徹膽寒，日月分曜乾坤開。一詩拈出託恠銅，挂向青天白玉臺。陋儒效颦不敢視，一世盡服瑰奇才。予時髫童誦黄口，似爲古人今未有。忽從亂後得遺文，磊落從横百餘首。就中不獨此篇奇，黄金滿篋珠滿斗。高古遠探秦漢前，奥雅要繼《詩》、《書》後。正大初從孟及韓，新澁却將韓變柳。金源百年富詩文，伊洛一派獨徵君。説《易》不肯坐臯比，公卿大夫日盈門。工夫詣理全道技，日薄崦嵫終隱淪。嗚呼一鏡墮渺茫，血食肉漬莓苔昏。我欲重磨扣帝閽，虎豹呵禦不得聞，魑魅魍魎忽成群。

湖水來

【編年】應作於郝經寓居保定，讀書鐵佛寺，設館賈輔、張柔二府期間。見詩：『浮光四動青雲第，倒影半浸黄金臺。』

枯風怒遏長川迴，兩湖五月生黄埃。水晶宫碎洲渚出，昆明老火飛狂灰。魚龍錯落半生死，乾坤枯槁無雲雷。海鯨怒抉海眼破，濤頭一箭湖水來。新聲汩汩入黑壤，寒虹矯矯收蒼霾。鷗鳥静盡波不起，澄清無瑕玉鏡開。浮光四動青雲第，倒影半浸黄金臺。何當乘興呼太白，棹歌長入琉璃堆。滿船明月露華冷，翠綃銀管飛瓊盃。

梨花曲

【編年】應作於郝經寓居保定，讀書鐵佛寺，設館賈輔、張柔二府期間。

春風羅綺傾城出，踏破一川生恨綠。競堆芳樹占春光，海棠癡睡夭桃俗。梨花兩株最幽妍，姑射風神素娥骨。微光半展兩三葉，弱蒂相扶生一簇。膩粉攢攢青淡淡，纖纖翡翠輕輕玉。開樽徹幕對芳姿，一時英俊皆潘陸。辭鋒席上戰珠璣，談藪胸中湧川谷。肝腸爛漫發天藏，滔滔濯洗澆醽醁。虹霓萬丈氣相許，削去町畦開窘束。或如磊磊搖孤松，或似森森掃秋竹。或如赤驥奔長風，或似蒼虬起幽窟。歡成氣合花亦喜，舞殺微風香蔌蔌。疎陰浮動酒杯中，一吸霜魂清滿腹。綠鶯飛來隔花語，花間似聽飛瓊曲。卑枝拂面不忍折，醉眼高橫看不足。所恨此花不解語，與說瑶池舊追逐。又恨此花不解飲，共醉廣寒宮内宿。最憐人散月玲瓏，玉容寂寞還幽獨。

題琴戚先生畫像

【編年】應作於郝經寓居保定，讀書鐵佛寺，設館賈輔、張柔二府期間。

【箋證】琴戚先生：　蓋郝經同時人。生平不詳。

齊人善瑟王好竽，逵也豈效伶人趨。歸來坐石摟長裾〔一〕，突兀天地爲蘧廬。王門有路多塵土，封豕磨牙鬭虓虎。何如此曲不須彈，風入長松鳴太古。

【校記】

〔一〕摟，正德本同，四庫本作『樓』。

聽角行 贈漢上趙丈仁甫

【編年】作於蒙古定宗二年（丁未年，宋理宗淳祐七年，一二四七）冬十一月，郝經寓居保定，讀書鐵佛寺，設館賈輔、張柔二府期間。

卷十二《後聽角行》序：『丁未冬十有一月，漢上趙先生仁甫，宿於余家之蜩殼菴。霜清月冷，角聲寥亮，乃作《聽角行》以贈其行。近在儀眞，每聞角聲，因思向來卒章四句：「江上舊梅花，今夜落誰家。樓頭有恨知何事，牽住青空幾縷霞。」便有江城羈留之兆。故作《後聽角行》，以自釋云。』

【箋證】趙丈仁甫：即趙復，字仁甫，家江漢之上，宋末德安（今湖北安陸）人，世稱江漢先生。《元史》卷一八九《儒學傳》：宋理宗端平二年（一二三五），蒙古陷德安，俘虜數萬，趙復亦在其中。時姚樞奉詔，卽軍中求儒、道、釋、醫、卜士北來。趙復以九族俱殘，欲投水而不欲北。姚樞『曉以徒死無益：「汝存，則子孫或可以傳緒百世。隨吾而北，必可無他。」復強從之。』趙復自謂朱熹私淑弟子，以爲程朱理學正傳。卷三十郝經《送漢上趙先生序》：趙復北來後，郝經從其學，勸趙復『今也傳正脈於異俗，衍正學於異域，指吾民心術之迂，開吾民耳目之蔽，削蕪漫，斷邪枉，破昏塞，俾六經之義、聖人之道煥如日星，沛如河海，巍如泰華，充溢旁魄，大放於北方』。趙復遂在燕京太極書學講授，程朱理學始在北方傳播，人稱理學『道北第一人』，對元代理學有首倡之功。『復傳其學，由是許衡、郝經、劉因，皆得其書而尊信之。北方知有程、朱之學，自復始。』著《傳道圖》、《伊洛發揮》、《希賢錄》等。傳又見《宋元學案》卷九十。

疎星澹不芒，破月冷無色。千年塞下曲，忽向窗中得。當空勁作六龍嘶，四海一聲天地寂。長呼渺渺振長風，引起浮雲却無力。此聲誰謂非惡聲，借問何人有長策。漢家有客北海北，節毛落盡頭毛白。聽此空令雙淚垂，中原鴈斷無消息。南枝越鳥莫驚飛，牢落天涯永相失。江上舊梅花，今夜落誰家。樓頭有恨知何事，牽住青空幾縷霞。

蜀亡嘆贈眉山唐仲明

【編年】作於蒙古憲宗三年（宋理宗寶祐元年，一二五三）以來，郝經遊學燕京期間。

【箋證】蜀亡：指蒙古太宗時，蒙古入蜀，攻陷川蜀大半州縣之戰事。唐仲明：宋末眉州丹棱（今屬四川）人，唐庚（字子西）之孫。清吳景旭《歷代詩話》卷六五：『《堯山堂外紀》曰：蜀人唐仲明，子西孫也。蜀破被俘，鬻於燕市。安陸趙仁甫作疎鳩貲贖之。疎中有云：「錦江秀色，都爲巴蜀之蕭條；玉壘浮雲，盡入峨嵋之悲慘。」郝伯常讀而傷之，作《蜀亡歎》，畀仲明爲行券云。』唐仲明被俘事，應在蒙古太宗第三次入蜀，攻陷川蜀大半州縣之戰時。趙仁甫：即趙復。

參見卷九《入燕行》編年。

見詩後自注。

子規啼缺峨嵋月，嘉陵江中半江血。青天蜀道爲坦途，馬蹄蹴落陰山雪。芙蓉城碎朔風急，虓虎磨牙綺羅穴。不識兵戈三百年，疊鼓一聲肝膽裂。小臣鬬死尚南首，大臣見殺猶望闕。漢家陽九厄再逢，忽焉王氣西南絕。孔明廟前老柏死，四賢堂上英靈滅。愁雲深連白帝城，哀湍遠瀉瞿塘峽。坡仙玉里子西孫，挺身北走來中原。峨岷秋色横眉宇，骯髒獨倚燕市門。時望蘇樓一迴首，漠漠萬里煙塵昏。古言蜀險甲天下，一夫扞禦足成覇。前劉後李王復孟〔一〕，虎視中原雄並駕。於今底事谷爲陵，錦城萬里趨龍庭。當時不與秦塞通，一天自可延千齡。吾子莫漫嗟飄零，厲階權輿實五丁。

仲明初被俘，鬻於燕市，自言子西孫，且道陳侍郎被執不屈，朝服望闕自盡，賢主課端爲立祠事。安陸趙仁甫作疎鳩貲贖之，疎中有云：『錦江秀色，都爲巴蜀之蕭條；玉壘浮雲，盡入峨嵋之悲慘。』余讀而傷之，故作《蜀亡歎》，畀仲明爲行券云。

【校記】

〔一〕王，四庫本同，正德本作『玉』。

西郎吟　上左副賈侯

【編年】作於郝經寓居保定，讀書鐵佛寺，設館賈輔、張柔二府期間。

【箋證】西郎：　河北易縣境内郎山，山有十二峯。賈侯：　即賈輔。張柔開府滿城，移守保州（今河北保定），任賈輔行元帥府事於祁州（今屬河北），遷左副元帥。賈輔有萬卷樓，藏書數千，曾延郝經居樓讀書，教授張、賈二家子弟。詳參卷一《渾沌硯賦》箋證。

西郎峩峩秋凌空，萬壑秋氣丹霄通。翠嶓燕趙一千里，蒼束刀巖十二峯。壁立不讓恒山雄，顔行欲過東海東。老鷹南來駕黄隼，結巢便入山靈宫。羽毛不鎩爪距秃，肅雲慘月驚長風。巨靈雖爲重御護，湫穴幾爲脩蛇訌。相君巖巖西郎秀，壽與西郎高不朽。老鷹黄隼正吾儕，亦賴恩靈庇黄口。黄金臺上秋風高，會當凌風快鴻毛，爲公搏擊毆雲飈。

懷素青帘鬬將二帖歌

【編年】作於郝經寓居保定，讀書鐵佛寺，設館賈輔、張柔二府期間。

見詩：『賈侯愛玩看不休，不肯插向萬卷樓。壁間一雙岳湛璧，灑落神俊懸清秋。見我酒酣使題評，快飲數鍾澆枯喉。』

青布高垂誇美酒，醉僧扶書賒幾斗。朝朝挂向長安市，行人看書不飲酒。唐家既滅酒家亡，《青帘》草聖千載後。瀚海西邊唐將鬬，將軍揮戈虜連轂。當時本自説戰功，却使醉僧誇好手。筆勢更比《青帘》雄，常山長蛇救尾首。賈侯愛玩看不休〔一〕，不肯插向萬卷樓。壁間一雙岳湛璧，灑落神俊懸清秋。見我酒酣使題評，快飲數鍾澆枯喉。爲説草書秦漢間，變出楷隸蓋有由。但存妙處遺土苴，縱筆自如成鎖鈎。大巧既窮出大拙，作者每向無心求。所以顛張醉素嗜酒能出奇，放浪縱恣隘九州。夭矯騰蛟龍，峻利森戈矛〔二〕。婀娜春樹花，蕭颯秋江鷗。兔起復鶻落，雲行溪水流。神聚精不散，抉恠還撐幽。都非有意舉自然，所以超凡入聖直與造化侔。陶然以酒寓天趣，一著直在最上頭。莫言只作醉僧圖，君未得醉方隱憂。一身纏縛萬古愁，焉能浩浩復悠悠。侯乃大笑言，君更飲數甌。壁間又添珠一斛，三帖使我子孫收。

【校記】

〔一〕休，四庫本同，正德本作『體』。

〔二〕『夭矯騰蛟龍』二句，四庫本同，正德本作『夭矯騰蛟峻利森森戈矛』。

再飲陵山春

【編年】作於蒙古憲宗三年以來，郝經在滿城期間。

見詩：『滿城山城好風土。』

【箋證】陵山春：美酒名，產於今河北滿城。滿城境有陵山，以有西漢中山靖王劉勝陵墓而名。參見卷九《入燕行》編年。

滿城山城好風土〔一〕，土厚人淳樹木古。陵山倒壓西南城，山泉白重如鍾乳。山家釀作陵山春，春波滉瀁紅蓮府。朝朝撾鼓獻大捷，醉殺張公萬貔虎。予年甫童監榷酤，直向山根置官務。涸泉爲酒酒如泉，潮沸雲蒸日傾注〔二〕。撥開醅面漲霞腴，輕膩鵞黃湛玉湖。石泥大白不動聲，米脂浮顆泛金酥。清香插腦甚酷烈，冷飲頓覺詩腸熱。萬卷强將一斗澆，春入四肢紅兩頰。詩腸自此爲酒海，痛飲高歌忽千載。昨來夜燕秋月堂，風味依然渾不改。只無山色與泉聲，滿耳笙歌不欲聽。何當揭瓮看濁清〔三〕，一吸春泉快渴鯨。不須注金仍注瓦，醉卧婆娑古槐下。

【校記】

〔一〕滿，四庫本同，正德本作「蒲」。

〔二〕注，四庫本同，正德本作「涇」。

〔三〕濁，底本墨塗作「■」，正德本作「藝」，據四庫本補。

長歌哀李長吉

【編年】作於郝經寓居保定，讀書鐵佛寺，設館賈輔、張柔二府期間。或作於蒙古憲宗三年（宋理宗寶祐元年，一二五三）以來，郝經遊學燕京期間。

元和比出屠龍客，三斷韋編兩毛白。黄塵草樹徒紛紼，幾人探得神仙格。青衣小兒下玉京，滿天星斗兩手摘。胷中旁魄銀河湧，驅出鱣鯨噴霜雪。逸氣似與秋天杳，辭鋒忽劃青雲裂。剸空一劍斷晴霓，齊梁妖孽皆泣血。上帝俄驚久不來，恐向塵寰覆迷轍。赤虯嘶入造化窟，千丈虹光遶明月。人間不復見奇才，白玉樓頭耿孤潔。自此雄文價益高，翠華灼爍紫霓掣。我生不幸不同時，安得從衡鶩清絕。思君岳岳矯首立，扣破玄關天地寂。忽驚鳳鳥入寥廓，恍惚渾疑見顔色。車聲嘈管縹緲間，亂霞顛倒無蹤跡。六龍驤翼夾秋日，神鼎俄空鉉華碧。丹霄盤礴冠元精，縱有新詩招不得。煙凄凄兮鎖瑶臺，望王孫兮去未迴。瑛瑛玉樹生瑶階，有瑶花兮花不開。仰天三嘆天無語，萬里長風酒一盃。

壽元内翰

【編年】作於定宗后海迷失氏二年（宋理宗淳祐十年，一二五〇），至憲宗七年（宋理宗寶祐五年，一二五七）之間；或作於定宗后海迷失氏元年，元好問六十歲。時郝經寓居保定，讀書鐵佛寺，設館於賈輔、張柔二府。

【年譜】定宗后海迷失氏元年，『遺山元先生學於公大父，仕金爲翰林知制誥，金亡不仕，往來燕趙間。一見公，奇之曰：「子狀類先生，才識間出，家世淵源有所積而然也。」遂相與論作詩作文法，復勉公以百世遠大之業，公從先生學者蓋有年。』憲宗七年『七月四日，元遺山先生卒於獲鹿寓舍。訃至，公走常山三百里，哭之，爲文以奠，葬於定襄，並銘其墓』。

【箋證】元内翰：指元好問，哀宗朝博學宏詞科入選翰林院學士。唐宋稱翰林爲内翰。參見卷二《原古上元學士》。近人繆鉞《元遺山年譜彙纂》：『己酉年（蒙古定宗后海迷失氏元年，宋理宗淳祐九年，一二四九），先生六十歲。四月，度石嶺關往眞定，客眞定總府經歷張德輝所』，『庚戌年（蒙古定宗后海迷失氏二年。宋理宗淳祐十年，一二五〇），先生六十一歲。二月，自眞定還秀容。五月，過眞定。七月，往順天路萬戶家觀《金實錄》。』

秋風颯颯吹庭梧，長庚吐焰横太虚。遺山先生曳長裾，醉鞭黄鵠來天隅。蹴開化窟肆搜取，玉斗倒瀉明月珠。九原呼屈原，底事爲焦枯。青雲問李白，佳句今何如。百年元氣一盃酒，千丈光輝萬卷書。高卧一曲歌，聲價百硨磲。雲璈宫徵奏玉宇，春鶯花柳鳴天衢。惜哉時不與命偶，西周削弱爲東都。明堂一柱入樵採，安得致主爲唐虞。遺山山頭有舊廬，歸來亦足爲歡娱。既有墮地風雲之驪駒，又有竹花弄語之鵷雛。仰天一笑萬事足，倒騎箕尾遊蓬壺。

辨磨甘露碑

【編年】作於蒙古憲宗四年春，至次年秋，郝經遊歷河南期間。

【箋證】甘露碑：金哀宗天興二年（一二三三），蒙古圍金南京開封，哀宗出奔往歸德（今河南商丘），再遷蔡州（今河南汝南）。京城西面元帥崔立獻城以降蒙古，自以爲有拯救一城生靈之功，脅迫朝臣爲其立碑歌功頌德。元好問、王若虛（號滹南遺老）、麻革、劉祁等皆參預撰寫碑文。碑文寫好後，因無巨石，便磨掉宋徽宗時所立甘露碑字跡，重刻碑文。幾天後蒙古入城，碑立與否不知結果。此事史稱『崔立碑事件』或『甘露碑事件』。

國賊反城自爲功，萬段不足仍推崇。勒文訟德召學士，滹南先生付一死。林希更不顧名節，兄爲起草弟親刻。省前便磨甘露碑，書丹卽用宰相血。百年涵養一塗地，父老來看闇流涕。數樽黄封幾斛米，賣却家聲都不計。盜據中國責金源，吠堯極口無靦顔。作詩爲告曹聽翁，且莫獨罪元遺山。

郝經集編年校箋卷九

歌詩

讀党承旨集[一]

【編年】作於郝經寓居保定，讀書鐵佛寺，設館賈輔、張柔二府期間。見詩：『承旨有集當重讀，官樣妥貼腴且豐。秋風蕭颯黄金臺，紫氣正遶燕山宫。』

【箋證】党承旨：金代党懷英（一一三四—一二一一），字世傑，號竹溪，謚號文獻。宋初名將党進十一代孫，祖籍馮翊（今陝西大荔），其父爲泰安軍録事參軍，遂爲奉符（今山東泰安）人。初與辛棄疾同師亳州劉瞻，金人南下，辛棄疾歸宋抗金，党懷英則留而事金，並稱『辛党』。金世宗朝中進士，調莒州軍事判官，累除汝陰縣尹、國史院編修官，應奉翰林文字，官至翰林學士承旨，故世稱『党承旨』。章宗時任直學士、國子監祭酒，遷侍講學士、翰林學士等職，出任泰寧軍節度使，再召爲翰林學士承旨。

詩文、書法、史學都有成就。《金史》卷一二五本傳：『懷英能屬文，工篆籀，當時稱爲第一，學者宗之。』金劉祁《歸潛志》卷八：『党在北方，擢第入翰林有名，爲一時文字宗主。』又見《中州集》卷三。有《竹溪先生文集》十卷。

一代必有名世人，瑰偉特達爲儒宗。接續元氣大命脉，主張吾道追軻雄。金源文物纂遼宋，國初尚有宣政風。世宗大定三十年，師干不試信命通。藻飾皇度議事典，培植教養王化隆。勝殘去殺於乎仁，繼以泰和尤昭融。中間承旨掌絲綸，一變至道尤沈雄。巋然度越追李唐，誠盡簡質辭雍容。斲雕剝爛故爲新，暢達明粹理必窮。漢火百煉金源金，周制一用中華中。混然更比坡仙純，突兀又一文章公。自此始爲金國文，崑崙發源大河東。伊昔避亂洙泗間，太平頂隱東蒙峰。學書遍寫竹溪葉，琢句逈倚徂徠松。古文隸篆妙入神，風雅韻勝超樊籠。邈然欲作魯兩生，放浪海上尋高蹤。中原有主始出仕，白頭射策開天聰。進退不苟尤老成，蓬累偶爾爲蛇龍。先皇實録似貞觀，往往筆補造化功。鎬王一詔説帝心，懇惻義與大誥同。告歸復擁仙巖節，君臣道合全始終。文孺子端拜道左，請更指授祛矇聾。爲言但當多讀書，不求於工應自工。嗚呼後學安得知，客氣趁俗塗青紅。承旨有集當重讀，官樣妥貼腴且豐。秋風蕭颯黄金臺，紫氣正遶燕山宫。果如公言讀盡世間書，必如眞龍出九重，一洗萬古凡馬空。

【校記】

〔一〕承，底本、正德本作『丞』，不誤，以『承』較通行，故據四庫本改。下同。

書蔡正甫集後

【編年】作於郝經寓居保定，讀書鐵佛寺，設館賈輔、張柔二府期間。據詩末二句，『龍集』即歲次之意。己酉即一二四九年。此詩作於該年八月初。

見詩：『更書卷尾記年月，龍集己酉八月初。』

【箋證】蔡正甫：名珪（？—一一七四），金朝海陵王時丞相蔡松年（一一〇七—一一五七）之子，眞定（今屬河北）人。海陵王天德年間進士，不赴選調，求未見書讀之，其辨博爲天下第一。入爲翰林修撰，至太常丞。世宗大定年間，除河東北路轉運副使，入爲修撰，遷禮部郎中，出守濰州，未赴疾卒。其文章在世宗大定年間聲名顯著，被推爲金代文學奠基人。金元好問《中州集·蔡太常珪》：『國初文士如宇文太學、蔡丞相、吳深州之等，不可不謂之豪傑之士。然皆宋儒，難以國朝文派論之。故斷自正甫爲正傳之宗，党竹谿次之，禮部閒閒公又次之。自蕭戶部眞卿倡此論，天下迄今無異議云。』

哀哉蕭閒蔡丞相，崔浩幸免門房誅。文采風流今尚存，筆力矯矯鍾遺孤。中朝尚文屬安治，儒雅柄用敦詩書。揚厲偉蹟加潤色，鋪張鴻休尊典謨。共推小蔡燕許手，金石瑰奇近世無。森森凡例本六經，貫穿百代恢規模。追琢山嶽礱琬琰，郊廟祠宇神鬼墟。斷鰲立極走四夷，銘功頌德流八區。煎膠續弦復一韓，高古勁欲摩歐蘇。幾回細看聖安碑，區別二代張吾儒。車輪眼孔斗大膽，突兀正論搖天樞。滔滔更辯燕王墓，證據古今攄悁誣〔一〕。瑣屑芥蔕一無遺，有似《爾雅》編蟲魚。不肯蹈襲抵自作，建瓴一派雄燕都。昨從張公借書讀，文府武庫渾不殊。堆山疊岸亂策中，煙煤一書纏網蛛。爲讀忽見文正宗，歸來撫卷爲嗟吁。規矩準繩有大匠，自視所作何麤疎。乃今政須日一通，深探海底尋驪珠。更書卷尾記年月，龍集己酉八月初。

【校記】

〔一〕攄，底本作『攄』，據正德本、四庫本改。

登龍興閣觀銅像

【編年】作於郝經寓居保定，讀書鐵佛寺，設館賈輔、張柔二府期間。

【箋證】龍興閣：　又名隆興寺、大佛寺，位於河北正定城東隅。

轉空岌嶪金碧鱗，平地突起三百年。我來一登秋雨霽，壯氣奕奕排霜天。初疑榱桷欲飛動〔一〕，復恐棟宇將騰騫。峩峩鰲頭昂出六合外，地軸欲斷還相連。鈎心詰屈牛斗度，光景煥爛日月躔。高標樞極森戶牖，囚鎖造化蟠風煙。上窮九霄下九泉，中有十丈植立之金仙。焜煌照曜手眼千，提挈萬象歸斡旋。把握心印持化權，蕩搖幻海開福田。吾徒問學一見亦瞻仰，彼伊紛紛無所守，宜乎奔走狂蹶顛。天地萬物同一身，手眼億兆元無邊。各因私智自閼塞，所以一目無所視，一手還拘攣。周旋憑欄肆遐矚，太行滹水吾山川。孤鴻渺渺入天末〔二〕，遠引幽思參茫然。何當乘化恣所往，日馭叱起先著鞭。掃除塵翳快一滌，眼界廓廓開坤乾。

【校記】

〔一〕桷，四庫本同，正德本誤作『桶』。

〔二〕渺渺，四庫本同，正德本作『眇眇』。

趙邈齪伏虎圖行

【編年】應作於郝經寓居保定，讀書鐵佛寺，設館賈輔、張柔二府期間。

【箋證】趙邈齪：又作趙邈卓，宋代畫家，生平里籍不詳。性粗魯，不善修飾，故人號爲邈齪。工畫虎，有《伏崖》、《戰沙》、《嘯風》等虎畫傳世。宋劉道醇《宋朝名畫評·畜獸門·妙品六人》：『趙邈卓，亡其名，以其性不靈慧，故人以邈卓目之。輕財好施，尤嗜歌酒，與人交有始卒。善畫虎，多氣韻，具形似。夫氣韻全而失形似，雖活而非；形似備而無氣韻，雖似而死。二者俱得，唯邈卓焉。文潞公與王侍郎家，各有邈卓所畫一虎，文公者伏崖高視，王公者當風舐掌。視者驚其威，其實經模，尚非親筆。眞本爲華州王法據所收，雖朋友親狎未嘗許見。今以包鼎虎爲上游者，何其陋也。』

南山射虎曾得名，壁上忽見令我驚。何物敢爾來戶庭，屢叱不動仍生獰。畫師前身是山靈，胷中有虎無丹青。老槲數筆平掃成，殺氣慘淡猛氣橫。頭顱半妥蹲孤城，怒尾倒插蟠霜旌。鐵鬚張磔疑有聲，赤吻瀝血猶帶腥。抱石欲臥復欲騰，爪入石角瞠不瞑。寒電夾鏡騫兩睛〔一〕，四座凜凜陰風生。威稜神采出典刑，邈齪乃是金天精。伊昔詩家杜少陵，酷愛賦馬並賦鷹。爲憐神俊故屢稱，我今賦虎亦有徵。要得猛士建太平，坐令四海皆澄清。吁嗟擲筆還撫膺，世間道路多棘荊，倀鬼磨牙不可行。

【校記】

〔一〕睛，正德本同，四庫本誤作『晴』。

跋展子虔畫齊後主幸晉陽宮圖

【編年】應作於郝經寓居保定，讀書鐵佛寺，設館賈輔、張柔二府期間。

【箋證】展子虔（五四五？—六一八）：隋代畫家，渤海人。曾在洛陽天女寺、雲花寺，長安靈寶寺、崇聖寺、龍興寺等繪有壁畫。元湯垕《畫鑒》云：『見《北齊後主幸晉陽宫圖》，人物面部神采如生，意度具足，可爲唐畫之祖。』

盲人歌殺斛律光，無愁天子幸晉陽。步摇高翹翥鸞皇，錦韉玉勒羅妃嬙。馬後獵豹金琅璫，最前海青側翅望。龍旗參差不成行，旄頭大纛懸天狼。胡夷雜服異前王〔一〕，況乃更比文宣狂。眼中不覺鄴城荒，行樂未足遊幸忙。君不見宇文寢苦戈滿霜，黄河不冰便著一葦航。癡兒正看新點妝，浪走更號無上皇。狂童之狂眞可傷，展生貌此示國亡。圖邊好著普六茹，並寄江南陳後主，門前便有韓擒虎。

【校記】

〔一〕胡夷，正德本同，四庫本作『四方』。

山陽橙歌贈緱子玉

【編年】作於蒙古憲宗四年（宋理宗寶祐二年，一二五四）春，至次年秋，郝經遊歷河南期間。見詩：『太行之陽，大河之曲，鬱洞庭之秋色，結江南之尤物。』

【箋證】緱子玉：河内山陽（今河南沁陽）人。曾仕金，金亡隱居鄉里。

太行之陽，大河之曲，鬱洞庭之秋色，結江南之尤物。西風萬里吹吳霜，黄入新橙變寒緑。河山孕秀渾不異，風味矯矯清亦足。緱君遺我秋滿座，瘴雨蠻煙遶茅屋。黄龍飛去失新卵，壯士熟視不敢觸。急呼西施南威一雙婢，便擘輕金染纖玉。崆峒酒海入盃盤，快作鯨吞香滿腹。齒頰戛戛秋風生，浮動霜天穿月窟。憑凌喚李白，共酹劉伶骨。從渠人間世，擾擾還碌碌。淋漓傾倒發天藏，傾盡明珠三萬斛。

鼠毫筆行贈劉遠

【編年】應作於郝經寓居保定，讀書鐵佛寺，設館賈輔、張柔二府期間。

【箋證】詩中『巫閭』，即醫巫閭山，古稱於微閭、無慮山，今稱閭山，被封爲北方幽州的鎮山，地處今遼寧省錦州市北鎮西、義縣東。『鴨緑巨浸』，即鴨緑江，其下游經遼寧丹東。劉遠：精於制筆，並收徒傳藝，有高徒張進中。按此詩『巫閭』二句，劉遠當爲遼東人，寓居於幽燕地區。元好問《劉遠筆》云：『老紘力能舉玉杵，文陣挽强猶百鈞。惜哉變化太狡獪，向也褐衣今虎文。宣城諸葛寂無聞，前後兩劉新冊勳。謝朗神鋒恨太雋，雖然豈不超人群。三錢雞毛吐皇墳，尖奴定能張吾軍。何時酌我百壺酒，爲汝醉草垂天雲。』元王惲《贈筆工張進中》、程文海《筆歌贈張進中》涉及劉遠。

輕風吹衣硯滴乾，胷中有思如湧泉。此時正賴毛錐子，束縛贈我森戈鋋。遼東黄貂健且圓，得法自遠源也傳。巫閭山色來幽燕，鴨緑巨浸涵中邊。貯雲停霧遵且堅，雞距一米雄於椽。宣城必須試誠懸，山谷枉道能三錢。雖云好手必利器，心手器要三者全。近聞清秋十萬騎，長槍闊劍凌霜天。如何明窻淨几，執此對聖賢？撼搖風雨一萬字，瑰劘日月三千篇，元氣萬象歸斡旋！

贈楊伯通

【編年】作於蒙古憲宗三年（宋理宗寶祐元年，一二五三）以來，郝經遊學燕京期間。

【箋證】楊伯通：生平里籍不詳。據郝經詩意，楊伯通爲金末隱士，曾寓居燕京。參見後文《入燕行》編年。

天機奪得探天幽，七襄掌上如泉流。飄然聲名半九州，倒騎箕尾燕市遊。河山壯觀在胷宇，總萃萬化摩高秋。世人擾擾入揮斥，公爲布衣輕王侯〔一〕。卽今鸞鳳與蛟虬，垂翅枳棘蟠囂湫。何時風雲各變化，白日矯矯登鰲頭。

【校記】

〔一〕輕，底本、正德本作『公』，據四庫本改。

緯亢行

【編年】作於蒙古定宗元年（丙午年，宋理宗淳祐六年，一二四六）十一月十五日，郝經寓居保定，讀書鐵佛寺，設館賈輔、張柔二府期間。

【年譜】蒙古定宗元年，『是歲冬十一月越十有五日辛未，五星會於亢，作《緯亢行》』。見詩後自注。

歲臨鶉火斗插子，穉陽欲復老陰死。朱靈南極元龜首，望舒北至明堂裏。乾坤翻覆變已窮，氣數朝元將有啓。旄頭日沒正當中，五緯將且躔蒼龍。羣陰已伏衆星沒，玄天變白生清風。兩角在南大角北，龍頭半妥朝上宫。誰知總向亢中聚，同舍參差不同度。歲鎮熒惑共光明，金水煌煌俱不怒。東西絡繹似連珠，色正芒寒共昭布。往年長星掃金源，前年孛入紫微垣。欃槍妖客不時出，天狗枉矢還驚傳。今朝太平有此象，不久再見成康年。昔時曾聞入房駟，兆啓金商六百祀。同來東井漢元年，四百年中稱帝制。後來丁卯焕文章，二百餘年方季世。曾逢丙午當百六，今日重逢又重六。五星忽來會辰前，不知誰禍誰爲福。綱紀梁棟兩攝提，招摇玄弋動光輝。馬祖直欲飲亢池，星翁曆史休相欺，正是君臣會合時。

丙午冬十有一月，越十有五日辛未，五星會於亢。太陽躔斗十九度，太陰經心五度。木星躔亢二度八十三分十秒，在辰前逆行六日，行一度；土星躔亢宿一度三分，在辰前順疾十日半，行一度；金星躔亢一度六十四分四十六秒，在辰前順疾一日，行一度；火星在亢東五度六十二分半，在辰前順疾二日，行一度；水星躔亢三度三十二分三十秒，在辰前順疾一日，行一度。以其五緯皆躔於亢，故謂之緯亢云。

答李淑玉

【編年】作於郝經寓居保定，讀書鐵佛寺，設館賈輔、張柔二府期間。詩中『昨朝燕王古臺下』，則二人會於燕昭王黄金臺下，故址在今河北易縣東南。

【箋證】李淑玉：生平里籍不詳。郝經稱李淑玉爲燕趙奇士。據詩『昔年』二句，李曾問學於郝經。見詩：『古稱燕趙多奇士，乃今於君還見之。』

卷十三《李淑玉送醉梨》：『李氏家梨點漆光，蟄龍遺卵結冰霜。香中風味爛中得，皮裹陽秋凍裹藏。破酒滿盤烏玉顆，醒心一掬粉紅漿。燕南奇士共奇果，不獨張公擅洛陽。』

古稱燕趙多奇士，乃今於君還見之。襟懷落落絕點滓，雲夢湛徹涵天池。玉虹千丈青羅天，赤驥萬里黃金羈。文章翰墨特餘事，宇量藴蓄乾坤奇。昔年贈我以長句，靡旌摩壘來致師。吾方堅壁養吾鋭，十年不戰空相持。昨朝燕王古臺下，慷慨懷古傾酒巵。一鼓作氣森辭鋒，再鼓建旆開襟期。須臾合沓閧談藪，錦囊亂瀉明玉璣。上稽唐虞下周孔，推索究竟餘無遺。嗚呼吾道甚綴旒，絕無僅有眞可悲。何當扶義帥衆軍，鼓吹六經張四維。縱横闢去異端異，突兀振起衰世衰。廓清摧陷鶩正路，剗除荊棘驅狐狸。景星會入奎壁府〔一〕，祅祲倒卷蚩尤旗。吾民仁壽吾道行，聞望萬古江河馳。

【校記】

〔一〕壁，四庫本同，正德本誤作『璧』。

唐十臣像歌

【編年】不詳待考。應作於郝經寓居保定，讀書鐵佛寺，設館賈輔、張柔二府期間。

魏徵、李白、郭子儀、渾瑊、顏眞卿、韓愈、白居易、牛僧孺、崔愼由、司空圖。

鄭公山立面粟黄，袖中隱隱露諫章。致君堯舜肩禹湯，太宗一鏡今不亡。謫仙翩然來帝鄉，淋漓龍巾倚御牀。斗酒百篇錦繡腸，光焰至今萬丈長。汾陽沈雄異姓王，中興功業冠有唐。人臣始終壽且昌，深山大澤龍蛇藏。咸寧氣貌慘不揚，殺氣凜凜横天狼。回天再造忠且强，功名端不讓汾陽。太師魯公日角方，挺特不撓百鍊鋼。端笏正朝貌堂堂，盧杞藍面不敢望。昌黎高冠何昂昂，泰山北斗元氣傍。天衢搖曳雲錦裳，斥去老佛擅文章。樂天翛然世相忘，江水蕩漾江花香。不作房杜庸何傷，歌詩直與日月光。奇章重厚國棟梁，亂來粗能立紀綱。太平無象稱小康，不計黨禍深膏肓。崔相憂國眥兩尨，區别流品何太忙。天子閉目猶自防，曹節侯覽不可量。司空表聖宜賢良，清癯不欲游巖廊。詩外有味誰肯嘗，寡鶴飛去高翱翔。

樓子白蓮

【編年】不詳待考。應作於郝經寓居保定，讀書鐵佛寺，設館賈輔、張柔二府期間。

玉樓一尺千蘂攢，緑雲高擁白玉盤。眞出清波絕點塵，水仙解種水牡丹。秋渚亭亭倚妍素，冰肌不受煙脂汙。都將金粉抹蘭膏，香盡西風一天露。洛神漢女回清顧，脉脉溶溶縱微步。我將一葉臥爲舟，載向水晶宫裏住。誰意無心復無子，褪雪堆霜委波底。空餘潔白漫清高，古來薄命皆如此。

宣和内人圖

【編年】作於蒙古憲宗四年（宋理宗寶祐二年，一二五四）春，至次年秋，郝經遊歷河南期間。

牡丹横壓搔頭玉，眼尾秋江翦寒緑。金翠冠梳抹且肩，正是宣和舊妝束。腰肢一搦不勝衣，當時宜瘦不宜肥。三千想見無顔色，偏有親題御製詩。蔡攸恢復燕山府，曾索君王不曾許。蕭條萬里去中原，偶見花枝淚如雨。却將换來向三韓〔一〕，遂令流落在人間。道君一顧曾傾國，今人休作等閒看。

【校記】

〔一〕來，底本、四庫本作『米』，據正德本改。

薛稷舞鶴圖

【編年】不詳待考。應作於郝經寓居保定，讀書鐵佛寺，設館賈輔、張柔二府期間。

【箋證】薛稷：唐代河東汾陽（今山西萬榮）人。善畫，長於畫鶴，卷軸畫計有《啄苔鶴圖》、《顧步鶴圖》、《瑞鶴圖》、《二鶴圖》、《戲鶴圖》等，另有鶴畫壁畫多處，皆爲公認的傑作。

丹砂入頂開雪翎，雙膝半屈玄裳輕。一天清露月滿庭，浮煙弄影來玉京。當時華表曾留形，只見翻翥還無聲。畫工姓薛不姓丁，前身亦是胎禽精。素練忽展江邊亭，長風翛翛筆下生。洪流蕩潏排重扃，抖擻寒玉凌赤城。我欲援琴鼓湘靈，低昂曲折仍有情。壁間至今不肯停，灑落一見胷次清。請君休讀《瘞鶴銘》，爲君更寫《舞鶴行》。

索靖月儀帖

【編年】據『昨從中秘得《月儀》』句，中秘指中書省與秘書省，在燕京。故作於蒙古憲宗三年（宋理宗寶祐元年，一二五三）郝經初次游學燕京時期。

【箋證】索靖：西晉書法家，敦煌（今屬甘肅）人。《晉書》有傳。

草書初工漢晉末，超凡入聖張與索。伯英冠軍名貫索，數行一筆鈎鎖活。索靖變體作章草，草法如眞楷爲草。出筆似隸簡且婉，態度益多縈結少。一畫大抵皆三變，却把張芝墨羃練。包藏飛動爲妥貼，功夫總向中邊見。昨從中秘得《月儀》，古意遠過王羲之。世人草法宗會稽，章草自此識者稀。二十六幅兼閏餘，玉盤亂走明月珠。辭尤簡嚴勢深秀，字字出奇世所無。如印印泥筆不差，短長肥瘦無損加。鈎心鬭角方且停，半妥遠山飛小雅。古人下筆不輕易，一世功夫成幾字。由來絕藝屬高人，鹵莽焉能作能事。當時瓘死岳亦亡，一妙不可在洛陽。秋風揮淚指銅駝，此生不用尚書郎。風度超然如靖節，灑落孤風與明月。須知萬古氷雪姿，就中自有蛟龍畫。君看顛張醉素兩禿翁，半盆墨酒澆心胷，世人不識盡稱工。乾坤模糊眼正黑，豈知更有《月儀帖》。

跋党承旨篆字太白琴讚〔一〕

【編年】作於蒙古憲宗四年（宋理宗寶祐二年，一二五四）春，至次年秋，郝經遊歷河南期間。見詩：『問説琴臺在魯山，磨崖深刻亦何難。』

參見《讀党承旨集》編年。

右軍學書世界黑，扶桑蠒盡西海竭。竹谿學書無片紙，寫遍千山萬山葉。太白《琴讚》二尺餘，丞相小篆承旨書。端勁妥貼肆雄奇，展盡筆力世所無。綠綺徽聲絕絃久，嶧陽孤桐至今有。知音賴得謫仙詞，揮灑又逢天下手。問説琴臺在魯山，磨崖深刻亦何難。青天二絕一萬古，絕勝區區坐上看。

【校記】

〔一〕承，底本、正德本作『丞』，不誤，以『承』較通行，故據四庫本改。下同。

書黄華涿郡先主廟碑陰

【編年】作於蒙古憲宗三年（宋理宗寶祐元年，一二五三）以來，郝經在保定，遊歷涿郡之時。

【箋證】黄華：　指王庭筠（一一五一—一二〇二），字子端，别號雪溪。金代遼東人（今營口熊岳），米芾之甥。他於章宗朝罷官後，曾買田黄華山（今河南林縣黄華山），隱居黄華寺，自號黄華山主、黄華老人。原籍熊岳（今遼寧蓋平），移居河東（今山西永濟），漢代太原賢士王烈三十二代孫。父王遵古，海陵王正隆末年（一一六〇）進士，官至翰林直學士，學識淵博，時人譽之爲『遼東夫子』。庭筠於金世宗朝中進士，官恩州軍事判官，有政績。降館陶主簿，不得意，買田黄華山下。章宗時入館閣，召爲翰林修撰等職。因趙秉文上書事，貶爲鄭州防禦判官，起復任翰林修撰。將要大用，不幸謝世。善詩文，亦工書畫。山水畫師任詢，書法學米芾，與党懷英、趙渢、趙秉文俱以書法成名家。《中州集·黄華王先生庭筠》：『子端詩文有師法，高出時輩之右。字畫學米元章，其得意處頗能似之墨竹，殆天機所到，文湖州已下不論也。平生愛天平黄華山水，居相下十年，自號黄華山主。』

稱道孔明獨有杜少陵，論著昭烈復見王黄華。君臣一體始無愧，蜀相祠望樓桑家。昨因應詔過燕南，青林一簇啼鳶鴉。簫鼓寂寞村社散，廊廡慘淡昏龍蛇。西南一碑刻蒼玉，每讀輒止驚咨嗟。磊落一片恢復心，始終於仁無少差。當陽之言永安命，三代聖王何以加。仲謀雄略秖借僞，阿瞞詭譎空姦邪。論議到此眞不欺，文采絢縟森芳葩。書法二王作眞行，得意韻勝如時花。歌謡慷慨燕趙義士風，但恨不能完漢軍敗崩三巴。百匝細讀立復坐，不覺午日傾簷牙。傍徨欲去不忍去，饑馬更繫枯荊楂。東夷何以得此人，日出之圖王氣韜朝霞。滅遼服宋帝諸夏，禮樂制度無疵瑕。家世章廟布衣臣，貴胄鼎族來幽遐。春深徑渡鴨緑江，太行山巔高掛浮海槎。風流儒雅冠當代，碧雲玉樹峩烏紗。漢魏以來無此作，作詩爲向諸生誇。

入燕行

【編年】作於蒙古憲宗三年以來，郝經遊學燕京期間。

【年譜】蒙古憲宗三年，『夏，公入於燕，由萬寧故宫登瓊花島，慨然有懷，乃作賦焉』。

【箋證】郝經一生至少九次遊歷燕京：蒙古憲宗三年（一二五三）初次入燕。蒙古憲宗五年春二月第二次入燕，十一月第三次入燕。蒙古憲宗六年第四次入燕（自開平返回）。蒙古憲宗七年第五次入燕。蒙古憲宗八年第六次入燕。元世祖中統元年（宋理宗景定元年，一二六〇）第七、八次入燕。元世祖至元十二年（宋恭宗㬎德祐元年，一二七五）第九次入燕，終逝於燕京。本書卷首《綱領》中《郝經行實》部分有詳細考證，可參閲。

南風緑盡燕南草，一桁青山翠如掃。驪珠晝擘滄海門，王氣夜塞居庸道。魚龍萬里入都會，澒洞合沓何擾擾。黄金臺邊布衣客，拊髀激歎肝胆裂。塵埃滿面人不識，骯髒偃蹇虹蜺結。九原唤起燕太子，一樽快與澆明月。英雄豈以成敗論，千古志士推奇節。荊卿雖云事不就，氣壓咸陽與俱滅。何如石晉割燕雲，呼人作父爲人臣。偷生一時快一己，遂使王氣南北分。天王幾度作降虜，禍亂衮衮開其源。誰能倒挽析津水，與洗當時晉人恥。崑崙直上尋田疇，漠漠丹霄跨箕尾。

跋魯公送劉太冲序帖

【編年】不詳待考。應作於郝經寓居保定，讀書鐵佛寺，設館賈輔、張柔二府期間。

魯公筆法皆正筆，出奇獨有劉太冲。初從眞草入行草，削去畦町尤清雄。懸針數筆皆側鋒，往往矯矯如飛龍。輪囷權奇恣揮灑，瑰偉乃見烈士風。觀此好向書家道，未有能眞不能草。

荊公配享小像碑本

【編年】作於蒙古憲宗四年春，至次年秋，郝經遊歷河南期間。

見詩：『天津月明聞杜鵑，愁殺洛下無名公。未幾南人果爲相，汴梁化作單于宮。』

天津月明聞杜鵑，愁殺洛下無名公。未幾南人果爲相，汴梁化作單于宮。老泉初作《辯姦論》，舉世盻瞠俱未信〔一〕。王衍盧杞合一人，熙豐末年禍始釁。小遷累讓謙萬端，一知制誥不辭官。皋夔稷契高自稱，敢把官家輒面謾。富彊豈是吾儒事，王道何嘗利爲利。却將孔孟作申韓，刻剝生靈壞元氣。顛倒乾坤事事新，規模僞莽與孤秦。底事當時不便亡，祖宗恩澤猶在人。西廛更勸殺韓富，所幸不從天且祐。惠卿遽已發私書，佞人不遠將誰咎。獻可卽日彈新參，罪狀十事猶叵堪。朝臣縮手疑太早，後來君實亦爲慙。至今宗廟無片瓦，學術終然殺天下。燕山竟不得寸土，瓜步江寒飲戎馬。當時三黨皆奇才，共成國禍眞可哀。可能陳竇勝牛李，未能朋亡皆禍胎。仲尼日月萬古一，顔孟大賢纔入室。首惡要伏春秋誅，更可巍峩聖人側。倀鬼諛龤死不休，更期不朽鐫頑石。世間萬事難盡曉，三韓分米買日曆。

【校記】

〔一〕盻，正德本同，四庫本作『盼』。

定武蘭亭帖

【編年】作於蒙古憲宗三年（宋理宗寶祐元年，一二五三）以來，郝經遊學燕京期間。見詩：『昨向燕都得善本，重爲摹勒憂墜損。雲龕細鑿黄金臺，永與諸人作繩準。』參見前詩《入燕行》編年。

會稽蘭亭修禊草，一世眞行此尤好。當時信手敘興感，心手兩忘都壓倒。法度備具郁有神〔一〕，一篇《秋水》、《逍遙》身。不知孰爲鍾太傅，何處復有衛夫人。有時姿媚似花朵，却向莊嚴生婀娜。蕭然自有林下風，野逸行間亂塗抹。字字不同數十『之』，清流激湍黜黜奇。管絃豈計絲與竹，九方相馬誤黄驪〔二〕。遂使書家推第一，昭陵玉匣藏眞跡。歐虞褚薛臨硬黄，價重兼金與連璧。溫韜刼墓出人間，縑墨生塵氷水寒。中秘緘封貴人手，翰林待詔時得看。西蜀初傳刻棗板，點畫傷硬亦蕭散。後來定武刊翠琰，山陰春風還在眼。君謨坡谷始盛稱，韻勝遠過换鵝經。宋金以來三百年，永和規模存典刑。昨向燕都得善本，重爲摹勒憂墜損。雲龕細鑿黄金臺，永與諸人作繩準。當時無意不欲傳，只今視昔似偶然。君不見浙江變作黑水源，越山筆冢高摩天。運斤斲輪熟乃精，從横十萬方無言。初從有意到無意，始知前賢道爲技。試看魯公《座位帖》，數幅書藁爲二絕。

【校記】

〔一〕郁，正德本同，四庫本作『都』。

〔二〕『管絃』二句，四庫本同，正德本倒置作『九方相馬誤黄驪，管絃豈計絲與竹』。

望漢樓

【編年】作於郝經寓居保定，讀書鐵佛寺，設館賈輔、張柔二府期間。

【箋證】望漢樓：又名望漢臺，位於趙州（今河北趙縣）城内。元納新《河朔訪古記·常山郡部》：『趙州城中州衙南，皇華驛之東，有望漢臺。此卽東漢耿純所築，以望東武之所也。』

漸臺斗折新莽死，天下還歸赤帝子。漢民恰見漢官儀，又值王郎與更始。河北忠貞有耿純，舉族徑欲隨官軍。孤城頓爾音信絶，誓死不肯爲賊臣。築臺望漢賊滿目，蒼茫不見劉文叔。饒陽一縷燎鬢煙，正向蕪蔞食豆粥。滹沱氷合赤幟來，犇鸁解瓦驅風雷。漢家一氣從此迴，域門不閉乾坤開。誰知當時望漢臺，卽是畫像登雲臺。

沙丘行[一]

【編年】作於郝經寓居保定，讀書鐵佛寺，設館賈輔、張柔二府期間。

【箋證】沙丘：指沙丘宫，又名沙丘臺，位於今河北廣宗大平臺。相傳商紂王在此廣築苑臺，做酒池肉林，通宵淫樂，招致亡國喪身。戰國時，趙武靈王因趙國内訌，被困於沙丘宫而餓死。秦始皇統一天下，巡視天下途中，病逝於沙丘臺。

林胡遂出榆林塞，滿國騎射衣冠改。西遊直入咸陽宫，趙王使者秦王駭。玉鞭擊斷過函谷，夜飲叢臺翻酒海。生前傳位稱主父，一切都非三代故。座中誰意有潘崇，宫甲盡起商臣怒。熊蹯不來事益急，雀鷇雖探能幾日。一生英氣頓消散，胡服掩面空垂泣。祖龍亦向沙邱死，詐殺扶蘇書一紙。武皇父子戰京師，釁端也自開邊起。古來好殺多子禍，浮山堰壞臺城餓。至今金陵駡侯景，誰知亂本由臨賀。君不見，殷湯六百載，周武八百年，以殺止殺救民命。用兵雖人元自天，孝子慈孫相繼傳。

【校記】

〔一〕丘，底本作『邱』，清雍正始避諱改字，據正德本、四庫本回改。

郝經集編年校箋卷十

歌詩

宿鐵塔寺

【編年】作於蒙古憲宗五年秋，郝經遊歷山東期間。

【年譜】蒙古憲宗五年，『秋，東行，由趙魏以適魯。八月，入於東原。九月，濟汶自鹿門入於曲阜，藩帥交辟，皆不就』。

【箋證】鐵塔寺：在山東濟寧城内，原名崇覺寺，始建於北齊皇建元年（五六〇），寺内原無塔。北宋崇寧四年（一一〇五），徐永安之妻常氏，爲還夫願，獨資鳩工，在寺内建鐵浮屠七級，因名爲鐵塔寺。

西風蕭蕭暮煙溼，滿袖青攜亂山入。枯雲黯慘忽蔽空，未及黄昏徙昏黑。行行暝投荒寺宿，繫馬階除劒懸壁。中庭一塔揭暝色，倔强生獰半生澁。鐵龍雷轟不能蟄，怒尾呀天轉張磔。須臾蜚雨過前山，密灑牕扉寒淅瀝。黄塵萬事隨雨來，壯懷零落憂思集。學成書劒兩無用，竟作窮途奔走客。短衣著處逐秋蓬，誰信胷中有長策。孤燈照夜耿不眠，老焰憧憧動輕碧。寤言欲問復無言，抱膝長吟轉蕭索。

楷木杖笏行

【編年】作於蒙古憲宗五年（乙卯年）秋九月，郝經遊歷山東期間。詩序：『乙卯秋九月，經拜謁墳林，家長翁以笏杖各十相貽，故爲賦此。』參見前詩《宿鐵塔寺》編年。

金源以來，進士登第，例授楷笏，無則以槐代之。今曲阜祖庭，有孔道輔釋褐時擊蛇笏，殷血猶在，横絡一綫，旁迸數砂粒，色若枣漆，以水濯洗，則其色鮮紅，如新濺著者。今此笏乃其尺度，故制也。孔氏族人又以長材爲杖，以贈好事者。乙卯秋九月，經拜謁墳林，家長翁以笏杖各十相貽，故爲賦此。

兩楹夢斷壞梁木，天出斯文生宰木。翳雲擁霧二十里，虎踞龍蟠泰山足。道德仁義爲根株，禮樂枝葉光扶疎。芘蔭百代吾道尊，戶有絃誦家詩書。中間楊墨常蠹食，重欲剪伐逢老釋。崔嵬柯幹尚生意，千古堂堂孟韓力。年來旦旦加斧斤，幹爲居楔枝爲薪〔一〕。知音抱去甚泣玉，觀者掩面如悲麟。大横庚庚紫蛇腹，手版霑恩照緋綠〔二〕。老儒扶藉見聖人，豈並枯藤與桃竹？斯文將墜吾道亡，不絕一綫甚濫觴。豈爲區區狥枯木？亦如告朔存餼羊。孔氏家庭手植檜，楷樹相望閱千世。亂來秦火幾番燒，土黑灰寒共憔悴。靈光殿基秋草深，牧童相喚穿墳林。青蛙亂聒顏氏井，饑烏落日啼白禽。佩玉長裾新進士，回視詩書等閒事。赭袍白馬飛將軍，闊劍長槍不識字。中原慘慘無神靈，白骨蔽野無蒼生。只知下石誰手援，老夫有淚洪河傾。皇極厄會數流血，誰與澄清倒溟渤。摩挲東家扣脛杖，拂拭囊中擊蛇笏。會當立聖黜祆昏〔三〕，鞭擊魚龍起春窟。

【校記】

〔一〕居，四庫本同，正德本作『居』。

〔二〕版，四庫本同，正德本作『板』。

〔三〕祆，底本作『袄』，據正德本、四庫本改。

手植檜孔子像

【編年】作於蒙古憲宗五年秋，郝經遊歷山東曲阜期間。

參見前詩《宿鐵塔寺》編年。

稷降播種生百穀，封植積累鍾運木。東枝扶桑西昧谷，柯葉薈蔚盛文物。七百餘年開世卜，子欲代母彗東出。仲尼傷麟掩袂哭，手植庭檜鍾遺躅。三代脉絡拱把續，先王遺澤不滅没。歲寒高隱闕里屋，忽遇秦火傷老佛。榱崩棟折不可復，民莫茈蔭殃禍酷。千年餘根重儲蓄，孔庭家傳深韞匵。遺我尺許香馥郁，手澤膏潤如紫玉。道德根株太極骨，神雖無方像髣髴。刻劃乾儀鏤坤軸，象環綦組殷士服。瀾翻海口與河目，突兀六經還在腹。梁木可仰天未祝，元氣不死生意足。不須金身駭氓俗，見者再拜重祇肅。文楷十里泰山麓，墓前舉是韋編竹。聖世不絕生民福，我欲載之告四隩。斥去僞邪信抑屈，矯矯更用擊蛇笏。并以楷木及墓竹緝神室，故云。

梁甫吟

【編年】作於蒙古憲宗五年秋，郝經遊歷山東，登臨泰山期間。

【箋證】梁甫吟：樂府楚調曲名。梁甫，又作梁父，泰山之下一山名，死人聚葬之地。參見前詩《宿鐵塔寺》編年。

南山有芙蕖，北山有鯉魚。河乾石亦爛，海竭桑亦枯。于嗟乎，將安歸乎？南山有鵷雛，北山有蒲蘆。蒼梧竹不實，朝陽桐亦枯。于嗟乎，將安歸乎？秋蘭兮青青，秋菊兮有英。美人兮不來，芳菲兮滿庭〔一〕。望美人兮山之阿，褰桂子兮披綠蘿。美人兮不來，臨風兮嘯歌。荒山陂陁，六龍蹉跎。雲雷不從，將奈之何？

【校記】

〔一〕芳菲，四庫本同，正德本作『芳菲菲』。

封松行

【編年】作於蒙古憲宗五年秋，郝經遊歷山東，登臨泰山期間。

詩序：『始皇登泰山，風雨暴至，避於五松下……今其處猶有穉松存焉，乃爲賦此。』參見前詩《宿鐵塔寺》編年。

始皇登泰山，風雨暴至，避於五松下，已乃爵松爲五大夫。今其處猶有穉松存焉，乃爲賦此。

六國西移周道絶，草木盡汙秦兵血。泰山山頭五株松，黛色猶參周日月。文武成湯深雨露，八百年來養貞節。祖龍一旦侈心生，坑深不用諸儒説。千乘萬騎壓山谷，檢玉泥金自銘德。鬼神呵禁不容上，振雨淩風力飄蕩。人誅未即即天誅，欲使碎骨千年障。偶來擇音幸偷生，濫爵斜封重誣謗。眞松本自如魯連，泰山豈不如林放。山東赤帝子已生，山靈亦已居芒碭。秦皇雖云幸〔一〕，余亦爲松悲。君不見湘妃祠前風雨夕，赭山伐木一無遺。

【校記】

〔一〕皇，正德本同，四庫本作『王』。

乙卯秋九月十九日登泰山太平頂

【編年】作於蒙古憲宗五年（乙卯年）秋，郝經遊歷山東，登臨泰山期間。

參見前詩《宿鐵塔寺》編年。

窮秋老雨四十日，坤軸欲爛陰霾纏。我來方作泰山游，玉虹一夜收雲煙。山靈奕奕生喜色〔一〕，突兀撑裂青羅天。輕裾飄飄過黄峴，乘興直到三峯前。霜餘灌木出秋色，萬疊紅錦幪椒巔。泓澄寒溜浸太古，翠壁細瀉珠璣圓。當時秦漢極侈麗，未必如此皆天然。天門中斷兩屹立，箭筈一磴蛇蜿蜒。凌層絶頂肆崇峻，佇立矯首望八埏。長天沉沉入西極，九州却在東海邊。衝風慘淡萬里來，海窟勁刮鯤鯨涎。須臾白雲生嶽麓，脚底泱莽無山川。秦壇周觀覺浮動，滿地覆冒兜羅綿。忽疑山移入海中，白浪四洶虚濤掀。山陰瑰詭光恠出，赤氣翠暈相鈎連。下從谷底上碧落，寶塔萬級高蟠旋。遂登日觀叱日馭，六龍倒著珊瑚鞭。玉鱗剝落金甲拆，九芒迸綺生血鮮。三山摇蕩海水沸，蓬壺縹緲來飛僊。爲言此色與此界，君自固有非塵緣。恍然記悟復無語，把手一笑三千年。

【校記】

〔一〕靈，四庫本同，正德本作『露』。

華不注行

【編年】作於蒙古憲宗五年秋，郝經遊歷山東期間。

【箋證】華不注：山東濟南東北華不注山，山下有濟南七十二名泉之一華泉，故稱。參見前詩《宿鐵塔寺》編年。

崑崙山巔半峯碧，海風吹落猶帶溼。意氣不欲隨羣山，獨倚青空迥然立。平地拔起驚孱顔，劒氣勁插青雲間。濟南名泉七十二，會爲一水來浸山。我來方作鯨川遊，玉臺公子邀同舟。君山浮嵐洞庭晚，小孤滴翠清江秋。酒酣興極煙霏昏，魚龍慘淡迴山根。少陵不來謫仙死，舉杯更欲招其魂。魂兮不來天亦老，元氣崔嵬山自好。超超絶頂凌長風，注目東溟望蓬島。

峭山陵行

【編年】作於蒙古憲宗五年秋，郝經遊歷山東期間。

【箋證】䃉山陵： 南宋叛臣、金朝所封僞齊皇帝劉豫陵墓。䃉山又名鵲山，因春秋名醫扁鵲葬於此山而得名，與華不注山相望，位於山東濟南。

參見前詩《宿鐵塔寺》編年。

五國興王兵一旅，并滅兩家都一鼓。燕雲忽使遼作金，汴洛遽令齊代楚。乾坤入手肯與人，根本未牢難遂取。漢人且使漢人看，一旦不須煩再舉。當時若欲存中國，只向京師留少主。石家父子尚徒勞，今次重來渾浪語。邦昌數月又劉豫，二子猖狂都不悟。誤添鱗角欲爲龍，刮盡肌膏送兵賦。我爲其德爾爲讐，百姓嚣嚣怨嗟聚。君親無將將必誅，大寶何人敢叨據。臣節便棄眞鹵莽，侈然竟致人神怒。八年辛苦謾經營〔一〕，兩手歡欣却分付。祖宗天位爾乃奸，倉皇被執欲免難。䃉山山前齒已冷，道君猶自在三韓。當時徽倖學敬瑭〔二〕，錯把金源比契丹。地下若逢張孝純，赤汗滿面不敢看。劉豫何須責，邦昌先已爾。莫言從權爲社稷，爭忍便受傳國璽。君不見滎陽紀將軍，也曾詐作漢天子。漢王既脱不用生，鼎鑊談笑就一死。

【校記】

〔一〕謾，正德本同，四庫本作「漫」。

〔二〕瑭，正德本同，四庫本作「塘」。

居庸行

【編年】作於蒙古憲宗五年冬，郝經應皇弟忽必烈之召，北行開平途中。

【年譜】蒙古憲宗五年，『世祖時在潛邸徵召賢士，諸公累薦。九月，遣使召公，不起。十一月，召使復至……始應召而北』。六年，『春正月，公見皇太弟於沙陀』。

驚風吹沙暮天黃，死焰燎日横天狼。巉巉鐵穴六十里，塞口一噴來氷霜。導騎局脊銜尾前，氈車轣轆半側箱。彈箏峽道水復凍，居庸關頭是羊腸。横拉恒代西太行，倒卷渤海東扶桑。幽都却在南口南，截斷北陸萬古强〔一〕。當時金源帝中華，建瓴形勢臨八方。誰知末年亂紀綱，不使崇慶如明昌。陰山火起飛蟄龍，背負斗極開洪荒。直將尺箠定天下，匹馬到處皆吾疆。百年一僨老虎走，室怒市色還猖狂。遽令逆血灑玉殿，六宫飲泣無天王。清夷門折黑風吼，賊臣一夜掣鎖降。北王淀裏骨成山，官軍城上不敢望。更獻監牧四十萬，舉國南渡尤倉皇。中原無人不足取，高歌曳落歸帝鄉。但留一旅時往來，不過數歲終滅亡。潼關不守國無民，便作龜茲能久長。汴梁無用築子城，試看昌州三道墻。

【校記】

〔一〕强，四庫本同，正德本作『繮』。

北嶺行

【編年】作於蒙古憲宗五年冬，郝經應皇弟忽必烈之召，北行開平途中。

【箋證】北嶺：野狐嶺，位於河北張北與萬全交界。

參見前詩《居庸行》年譜。

中原南北限兩嶺，野狐高出大庾頂。舉頭冠日尾插坤，横亘一脊繚絶境。五臺南望如培塿，下視九州在深井。上有太古老死冰，沙埋土食光烱烱。盤磴滑硬草無根，枯石摩天墮生礦。南人上來不敢前，撲面欲倒風色猛。坡陀白骨與山齊，慘澹萬里殺氣冷。嶺北乾坤士馬雄，雪滿弓刀霜滿頸。稀星如盃斗直上，太白似月人有影。寄語漢家守城將，莫向沙場浪馳騁。

懷來醉歌

【編年】作於蒙古憲宗五年冬，郝經應皇弟忽必烈之召，北行開平途中。

【箋證】懷來：　位於今北京西北，河北宣化東，隸屬河北。爲塞外進入中原必經之路，自古有塞北通衢之稱。

參見前詩《居庸行》年譜。

胡姬蟠頭臉如玉，一撒青金腰線緑。當門舉酒唤客嘗，俊入雙眸聳秋鶻。白雲亂卷賔鐵文，臘香一噴紅染唇。據鞍側鞚半淋鬣，春風滿面不肯嗔。繫馬門前折殘柳，玉液和林送官酒。二十五絃裝百寳，一派氷泉落纖手。須臾高歌半酡顔，貂裘潑盡不覺寒。誰道雪花大如席，舉鞭已過雞鳴山。

雞鳴山行

【編年】作於蒙古憲宗五年冬，郝經應皇弟忽必烈之召，北行開平途中。

【箋證】雞鳴山：位於今河北懷來西北，海拔一千一百二十八點九米。古來寺觀較多，曾爲遼國皇家園林。

參見前詩《居庸行》年譜。

一峯奇秀高插空，萬馬踏碎青芙蓉。桑乾黑浪落絕壁，霜浄天澄更覺雄。窮邊絕徼誰曾顧，千古行人少詩句。渾如定武看嘉山，絕勝齊州華不注。

沙陀行

【編年】作於蒙古憲宗六年春，時郝經應皇弟忽必烈之召，到達開平之際。

【箋證】沙陀：泛指北方游牧民族，及其所居沙漠戈壁地區。此指忽必烈藩邸所在的開平府（今内蒙古正藍旗境）金蓮川草原。卷三二郝經《東師議》：『右臣經自乙卯十一月被旨北上，丙辰正月見於沙陀，不以鄙末，問以時事，且令便宜條奏。』

參見前詩《居庸行》年譜。

老鼠山陰界墻北，隱隱磷磷起沙磧。泉腴草薦地高寒，王氣瑰雄當斗極。幾回秦漢儘消沉，隔斷中原没行跡。坡陀瀰漫重復重，舊濼新尖宛如一。天傾海倒白浪枯，中有生龍千萬匹。雲屯霧郁無半岸，水灧煙浮川谷溢。騵驒窟宅籔蕩寬，騄駮康莊夐磨密。參差不斷動魚文，汹湩相銜翻蟻隙。噴風掣電脱兔疾，色别群分鮮錦織。春迴凍裂怒蹄齧，踢碎冰天轟霹靂。分馳茁壯賈餘俊，突兀權奇縮生力。角伏踠促口乂豁，目凸銅毬凹溝脊。鯨鬣瀾翻鳳臆横，山字圓平尾梢直。飄飄舉是萬里足，往往玉立八九尺。雪壓草根脂滿口，不解人間有皁櫪。腹胦氣猛穩且馴，不喜牽籠喜迎敵。隘視河山渾一抹，仰首西風聽鳴鏑。古來伯樂未曾見，天下更無多馬國。國初西北半天紅，房駟光芒逸天策。帳前白馬飛下天，青草年年益蕃息。開國一戰何所須，木鎗五千跨生駒。百萬山崩排堵墻，乘勝逐北過燕都。更得金源四十萬，大青小青絶世無。回戈却取西南夷，奄有渥洼與余吾。長鬣巨鼻入監牧，大宛空群王作奴。崑崙蹴平飲河源，瑶池月窟皆長驅。沙陀拓境數萬里，驥騄驍騰古無比。金粟堆空漢月沈，馬上眞人作天子。釁端不在宴賜年，斗尾堆金勢難止。西域既定右臂舉，皁旗隨風便南指。迅鋒踏破李王城，抄騎直入杏花砦。小關透漏潼關敗，嶢峯扶出汴梁驚。黄流見底江漢狹，我馬正渴方横行。中原無人馬有足，殘城破屋不足平。風聲鶴唳皆落膽，但言有馬不問兵。既平西海復南海，馬鳴蕭蕭迴旆旌。歸來罷戰合長圍，令如殺敵誰敢違。包山絡海數千里，兩稍把手隔年期。一朝圍合密鐵匝，馬耳戢戢爲藩籬。百獸擁起自衝蹙，骨牙挂角傷毛皮。先開一面放三日，然後共施弧矢威。黄羊野馬不足數，躪躐貙兕驅熊羆。赤霧不散肉山赭，乾坤模糊血淋漓。長楊上林莫大誇，舍長露短彼一時。向令見此無復獵，相如枉用多文辭。以戰爲獵國俗然，況乃萬里皆鞭笞。馬多地廣兵力勁，將士能將馬爲命。終身騎射不離鞍，辛苦生獰殆天性。鼓鼙聲動便開張，人人據鞍皆王良。每將饑渴勒狂横，一飽一肥無復病。俊逸都無水草態，變化自有眞龍性。直入飲血鬻頭顱，查牙生人潤枯腸。所向空闊都無敵，遂令四海皆天王。毦駝錦背高崔嵬，玉帛萬國來梯航。琵琶絃急曳落高，酡顔半醉馬乳香。玉脂潋灔玻璃滑，浮動酥顆金粟黄。供官大群肉擁腫，揮霍鴻洞如酒漿。馬頭一璞鷩孱顔，横截數尺琢玉鞍。絛革編珠排碎錦，繁纓小鈴絡金鐶。前朝不數大無價，九采奪目誰敢看。五花虎文稱裝束，踏地恐破驕且閑。大官牽來至尊御，馬前拜舞朝百蠻。此時息民立紀綱，泰山四維萬世安。地無與大兵無强〔一〕，何用更舉秪自殘。天生此馬爲天下，敵盡兵窮亦當罷。五十年來不摘鞍，安得瘡疲被王化。但願沙陀馬無數，會見中原有新户。深宫九重不動塵，永使騂騮脱羈靮。

【校記】

〔一〕强，四庫本同，正德本作『疆』。

化城行

【編年】作於蒙古憲宗五年冬，郝經應皇弟忽必烈之召，到達開平之際。

【箋證】化城： 幻化的城郭。指幻境，猶海市蜃樓。北方草原沙漠戈壁，猶如沙海，時見海市蜃樓。

參見前詩《居庸行》年譜。

東郊野馬如馬驚，依稀隱約還成城。參差雉堞雲間横，鰲頭岌嶪擎長鯨。壯哉三都與兩京，殿閣樓觀頑空明。丹雘峭麗欹且傾，煙氣荏苒搖旆旌。其中似有百萬兵，是邪非邪寂無聲。秦邪漢邪杳難名，長風忽來一掃清。赤日如血高天青，霜凈沙乾鴈鶩鳴。路傍但見棘與荊，秖有慘淡萬古情。人間城郭幾廢興，一抔聚散皆化城〔一〕。君不見始皇萬里防胡城〔二〕，人土並築頑如冰。屈丐按劍將土蒸，堅能礪刀草不生。神愁鬼哭枯血腥，殺人盈城著死爭。只今安在與地平，平地深谷爲邱陵。江南善守鐵甕城，城外有田不敢耕。西北廣莫無一城，控弦百萬長横行。身爲心城屋身城，一朝破壞俱化升。佇立感化參玄冥，乾坤翻覆一化城。

【校記】

〔一〕抔，四庫本同，正德本作『杯』。

〔二〕防胡，正德本同，四庫本作『城長』。

鐵堠行

【編年】作於蒙古憲宗五年冬或六年春，郝經應皇弟忽必烈之召，在開平前後。

【箋證】鐵堠： 指古代瞭望敵情的土堡，稱堠子，猶烽火臺。土堡因有鐵腥氣，故稱鐵堠。泛指蒙古漠北草原間的烽火臺。

參見前詩《居庸行》年譜。

漢家窮兵漠南無王庭，解甲百萬標北庭。高摩斗尾似陰山，氷埋雪漬生鐵腥。殺氣昏昏無白晝，行人不識呼鐵堠。北去和林又數千，衛霍過此猶窮鬬。中原無人益蕭條，僅得呼韓一再朝。子卿不來王嬙去，平城冒頓仍自驕。長城蹴踏誰遮截，千年費盡九州鐵。道傍白骨皆人堠，井田廢後無長策。

古長城吟

【編年】作於蒙古憲宗六年春之後，郝經應皇弟忽必烈之召，由開平返京途中。

參見前詩《居庸行》年譜。

長城萬里長，半是秦人骨。一從飲河復飲江，長城更無飲馬窟。金人又築三道城，城南盡是金人骨。君不見城頭落日風沙黄，北人長笑南人哭。爲告後人休築城，三代有道無長城。

白山行

【編年】作於蒙古憲宗六年春之後，郝經應皇弟忽必烈之召，由開平返京經白山時。

【箋證】白山：　詩中所稱白石山，又名胡土白山，位於金代西京路撫州、元代上都路開平府（今内蒙古正蓝旗境）金蓮川境内。

參見前詩《居庸行》年譜。

鴛鴦濼東白石山，一峯峻前尤高寒。金蓮花擁玉芙蓉，奇秀誰教在此間。頑冰積雪雕鎪就，追琢琳琅露枯瘦。霧披煙染不能青，草隱沙昏日依舊。當時朱勔若相逢，玉京不運萬歲峯。華陽宮中第一山，沉水灌洗金泥封。瑰異無緣到華夏，歲歲年年聚羊馬。幾回重著吟鞭點，崔嵬貌作詩中畫。曉來雨過無埃塵，落月冷浸光更新。就中必有連城璧[一]，世間誰過三刖人。北山安得移山叟，移向石淙玉溪口。太湖烏玉都壓倒，更添風月三千首。

【校記】

〔一〕璧，四庫本同，正德本作『壁』。

戊午清明日大城南讀金太祖睿德神功碑

【編年】作於蒙古憲宗八年（戊午年）春，郝經遊學燕京期間。

【箋證】大城：大的城池。此指金朝中都燕京（今北京）。金太祖，完顏阿骨打（一〇六八—一一二三），金國開國皇帝，此碑由參知政事韓昉撰，翰林承旨宇文虛中書，翰林待制吳激篆額，天會十三年（一一三五）立於燕京城南。金中都城門四，南名宣陽門。參見卷九《入燕行》箋證。

雜花妝樹燕草緑，珠翠重重擁燕玉。踏青車騎各一簇，巉天一碑杳梢出。髀肩垂袖立馬看，穹龜交龍勢崛蟠。四面渾鐫堆字山，塡金剜盡黑蠟班〔一〕。冒頭遷史學《舜典》，序事班書雜《文選》。銘章《生民》麗且婉，《太祖帝紀》都一卷。初賄肅慎兆已陳，日出之圖生聖人。周雖舊邦命維新，不事殺戮義與仁。海青一翅海西落，兩國君臣俱不覺。鶻鵃聲裏降王縛，漢民不失生聚樂。平地突起金天龍，面如紫玉眞英雄。化行江漢服羌戎，百年以來誇儁功。參用遼宋爲帝制，文采風流幾學士。磊磊高文辭稱事，卓冠一代誰復似。汴亡文物委地壞不收，獨有此碑岌嶪在幽州。荒煙莽蒼無人讀，使我掩面涕泗流。鄭王已自磨甘露，故壟移來立新墓。小民世情多心諱，更欲去除誰愛護？不久拽仆野火焚，後人不復見此文。攀花再讀傾一樽，朗詠直過宣陽門。

【校記】

〔一〕班，正德本同，四庫本作『斑』。

聽姚尚書彈玉磬琴

【編年】作於蒙古憲宗三年（宋理宗寶祐元年，一二五三）以來，郝經遊學燕京期間。

【箋證】姚尚書：指蒙元名臣姚樞（一二〇一—一二七八），字公茂，號雪齋、敬齋。先世營州柳城（今遼寧朝陽）人，後遷洛陽（今屬河南）。蒙古太宗七年（一二三五），從太宗攻宋，破德安（今湖北安陸），從俘虜中得趙復，延請至燕京，爲建太極書院，奉趙復主講，北方始知理學。遂從趙復學，與許衡悉心理學，使程朱之學得以北傳。太宗十三年（一二四一），姚樞以燕京行臺郎中辭朝，隱居輝州（今河南輝縣市），專治理學。忽必烈總理漠南漢地，姚樞深受器重，從忽必烈征大理、江漢。元世祖即位，姚樞以藩府舊臣參預朝政，參定一代制度，歷官東平宣撫使、大司農、中書左丞、河南行省僉事，入拜昭文館大學士，終於翰林學士承旨。郝經與姚樞有多次相遇，初遇於燕京太極書院，同師趙復；忽必烈征江漢，姚樞與郝經皆在軍中；元世祖即位建立元朝，姚樞參預議，郝經爲國信使出使南宋。此詩當作於與姚樞在燕京太極書院同師趙復期間。

參見卷九《入燕行》箋證。

桐焦漆死聲無木，首尾斷裂烏蛇腹。江氷絃索玉軫足，瑟瑟音徽明碧綠。龍池鳳沼銘山谷，高人爇香一揮拂。氷泉雜弄碎金玉，沈著凍雨打疎菊。磊落鏗錚不煩促，注坡寶馬急回復。峻嶮屹立驚突兀，蕭散清越重紆曲。委珮編磬輕撞觸，霜秋月夜風萬斛。帝子揮淚滿湘竹，大雅一變無塵俗。斷絃今乃煎膠續，名琴絕藝會遇難。頓覺古意生肺肝，回視鄭衛何卑凡。坐中乃有郝高山，子牙從今放手彈。

趙州石橋

【編年】作於郝經寓居保定，讀書鐵佛寺，設館賈輔、張柔二府期間。

【箋證】趙州石橋：　又稱安濟橋，是座落於今河北趙縣境内洨河上的一座石拱橋，名匠李春監造於隋開皇十五年至大業元年（五九五—六〇五）。

輪囷太古緑玉月，半揷水面不挂天。一矼一段數十丈，大業至今七百年。深衜密匝無罅隙，嵌磨妥貼堅且圓。仰視壓面勢飛動，勁欲拔起疑墜顛。鬼功神力古未有，地維欲絶還鈎連。蛟龍辟易洚水伏，細紋參錯如新鐫。晴虹不散結元氣，海摔縹緲纏蜚煙。衝風倒景鯨背摇，金瀾滉瀁青環偏。乾坤壯觀全趙雄，幾回笑殺秦人鞭。往來細讀張相碑，直與北嶽相軒輊。先君有詩不忍看，摩挲華表空泫然。

東坡先生畫像　曹州教授王安仁所藏，己未六月一日敬題

【編年】作於蒙古憲宗九年（己未年，宋理宗開慶元年，一二五九）六月，郝經時在曹州。

【年譜】蒙古憲宗九年。『九月，皇太弟總兵趨荊鄂，遣使召公從行，駐軍於濮會。』郝經遂從皇弟忽必烈征宋，宣撫江淮，兵趨荊鄂。出發經曹州時當在夏六月，參卷十五《曹南道中憩關羽祠書事二首》箋證。是年，郝經作『《渡江書所見》、《題東坡先生畫像》、《巴陵女子行》、《武昌詞》、《棣華堂記》』等。

【箋證】王安仁：里籍不詳，或謂曹州（今山東菏澤曹縣）人。蒙古憲宗九年（己未，一二五九）任曹州醫學教授，中統初任太醫院副使。朝廷命大名等路宣撫使歲給王氏等衣糧，賜田以爲永業。同年五月，得朝廷所授金牌，往諸路設立醫學，制定教學及考核等制度。詳《元史》卷八十一《選舉志》、《新元史》卷六十四《選舉志》。

見題注。

五精聚奎五季平，三朝積累三蘇生。東坡一龍獨崢嶸，抉裂西極來承明。頓撼日月轟雷霆，萬喙蓄縮喑不鳴。顛倒六合江河傾，瀾翻奔注泅四溟。闔肆捭闔掀鯤鯨，紆餘曲折重關扃。脱兔處女孫吴兵，珠璧噴薄光怪驚。嘻笑怒罵似不情，卒止禮義歸中聲。既竭復鼓氣益盈，轉石決溜方施行。變窮出奇伏且騰，常山蛇走捩孤鷹。恣睢安閑便且輕，鳥鳴花落春山晴。根極孔孟據六經，道德仁義炳日星。蹴踏漆園隘蘭陵，揮斥《戰國》跨《兩京》。睥睨儀秦更縱横，每笑子雲譏長卿。屈宋賈馬擷華英，李杜韓柳皆包并。諸子百氏歸題評，出入老佛雜刑名。雜不越理純粹精，融會變化集大成。更不蹈襲自名家，一張新錦秋江澄。巉巉峨眉去天尺，倒插崑崙有餘力。雪嶺隱日嘉陵深，翻動鸞皇織金碧。乾坤都作一錦城，回視前王甚寒乞。書法淋漓元氣淫，以隸爲楷尤雄崛。爲嫌顛張醉素俗，特與魯公添出筆。九天九地未曾見，總向篇章揮灑出。備具百體窮道技，横拈竪出皆第一。奇才本欲濟時了，慷慨屢進萬世策。王道還疑仲舒緩，時務仍比陸贄切。以重自任伊周學，貫日巉天天下節。大儒不使爲大臣，豪傑竟作文章伯。區區小技皆游戲，舉是先王等閒事。從渠唤作謫仙人，恥作翰林直學士〔一〕。當時不止忌才名，凛凛都因有英氣。初爲子孫得宰相，竹筒吹喘競逐放。陰謀毒手必置死，禍致詩文厚誣謗〔二〕。玉堂遽作赤壁磯，金蓮却照儋山瘴。政足大公無所損，粘天更覺風濤壯。不恨不得居廟堂，但恨夷甫誤蒼生，遂使諸戎更覇王。一網打盡朝廷空，八賊揶揄宗國喪。蘇公竟不到中原，舒王却在凌煙上。昔嘗讀公文，今乃拜公像。至神無滯形，丹青莫能狀。畫工豈有浩然氣，謾著南箕翕舌空點痣。不如夜寂對江月，皜皜見公眞顔色。面間多黑子，故云。

【校記】

〔一〕直，四庫本同，正德本作『眞』。

〔二〕禍，四庫本同，正德本作『稛』。

溫公畫像　王安仁藏

【編年】作於蒙古憲宗九年（宋理宗開慶元年，一二五九）六月，郝經時經曹州。

【箋證】溫公：北宋司馬光，陝西夏縣（今屬山西）人，卒贈溫國公。參見前文《東坡先生畫像》年譜。

後來三代漢唐宋，太師溫公絕世無。汲黯魏徵與宋璟，馬遷劉向及仲舒。問學德度兼名節，純粹骨鯁一大儒。麒麟鳳凰代希有〔一〕，布帛菽粟民所須。無心求世篤脩身，正襟危坐三省吾。以道事君入官聯，循分守信不敢踰。進言格非理必盡，渾厚質直辭無餘。制禮作樂如成康，漸仁摩義期唐虞。不幸熙豐方有爲，祖宗良法盡剷除。磊磊顯諫章十上，不用不可一日居。勇退不補樞密班，分司洛下甘著書。論列治亂尤愛君，心存魏闕身江湖。鉤深致遠推象數，更擬《太玄》作《潛虛》。窮神知化德亦盛，不忍赤子極焦枯。一僮一馬哭裕陵，萬民遮擁牽衣裾。有田不敢種青苗，司馬相公來活予。兩宮下詔登一相，旱火潑雨天下蘇。東丹驚喜西夏服，中朝突兀尊皇輿。誰知孔明食遽少，以死勤事皆駭吁。革弊治蠱雖未竟，已定鼎命開規模。建炎國脉實在此，紹聖姦黨徒厚誣。高風奕奕今共仰，遺像尚可懲姦諛。槁木寧有食肉相，隱隱但見金粟膚。布衾自可覆蒼生，貂蟬不稱山澤臞。泫然想見公薨時，鸞衣致奠哭過車。不獨此本在人間，一日四海皆畫圖。更不負公有子瞻，兩碑萬字堆瓊琚。刻石署公爲首惡，小人私計眞區區。

【校記】

〔一〕凰，四庫本同，正德本作『皇』。

閑閑畫像　王安仁藏

【編年】作於蒙古憲宗九年六月，郝經時經曹州。

【箋證】閑閑：　趙秉文（一一五九—一二三二），字周臣，晚號閑閑老人，磁州滏陽（今河北磁縣）人。世宗大定二十五年進士，章宗時出知平定州，衛紹王時爲翰林直學士，宣宗興定元年（一二一七）拜禮部尚書，兼侍讀學士，兼修國史、知集賢院事。哀宗卽位，改翰林學士。天興元年（一二三二）三月，蒙古軍圍南京（今河南開封）。五月壬辰，卒於府第。天興三年正月，蒙軍破蔡州，金朝滅亡。仕五朝，官六卿，朝廷詔冊表及與宋夏國書多出其手。詩文書畫皆有成就，在党懷英死後，主文壇三十年，爲金末『文士領袖』。劉祁《歸潛志》：『幼年詩與書皆法子端（王庭筠），後更學太白、東坡，字兼古今諸家學，及晚年書大進。詩專法唐，魁然一時文士領袖，自號閑閑居士云。』著有《閑閑老人滏水文集》。

參見前文《東坡先生畫像》年譜。

烏巾鶴髮鳶雙肩，丹沙噀面深兩觀。存神垂老孰與傳，正大八九天與前。金源一代一坡仙，金鑾玉堂三十年。泰山北斗斯文權，道有師法學有淵。中華命脉屹不偏，楚妃正色絕纖妍。石光玉潔無腥羶，高文大册職所專。潤色帝業星霓纏，體制妥貼開坤乾。官樣奥雅春容篇，筆力壯浪傾源泉。草聖肆意揮雲煙，晚年游戲西域禪。月江卷盡藤蘿涎，清風翛翛《易》一編。每欲杖屨尋伊川，熒惑犯昴光竟天。不與亡國天惜賢，始終無慊獨巍然。國初學士汴與燕，世章蔡党方騰騫。宣政佻靡快濯湔，補完大樸無雕鐫。卿雲腴霞鳳鸞翩，具闕賓府珠璧聯。崇極欲圮龍步遷，此老始終元氣全。大儒巖廊筆如椽，六鰲一掣三山連。紀甗墮地誰續絃，破觚頓脰皆沈綿。東塗西抹競取憐，夸紅奼紫十百千。安得起公重著鞭，萬古一日當天懸。德陵嘗賜公所服丹，潮紅滿面。公先壬辰之變，以禮部尚書翰林學士承旨卒於第〔一〕，人以爲天幸。

【校記】

〔一〕承，底本、正德本作『丞』，據四庫本改。

【編年】作於元世祖中統元年（宋理宗景定元年，一二六〇），郝經北上開平，受命出使南宋，路經

高麗歎

燕京時。

見詩：『盡將生口賣幽燕，年年採借高麗錢。肌膚玉雪髮雲霧，羅列人肆眞可憐。前年令公輔太子，鈎魚山前見天子。掩面過市衆皆哭，哭聲痛入燕人耳。』前年，指前一年，即蒙古憲宗九年（宋理宗開慶元年，一二五九）。

高麗立國千餘年，跨山連海東北偏。文物制度慕漢唐，衣冠禮樂如中原。曾蹶煬帝困太宗，拒險守要尤精雄。瞰臨遼碣飲鴨綠，風飄轉出東海東。自被天兵都破碎，稱臣納質兵弗退。殘滅虜掠五十年，窮蹙無聊竟何罪。盡將生口賣幽燕，年年採借高麗錢。肌膚玉雪髮雲霧，羅列人肆眞可憐。前年令公輔太子，鈎魚山前見天子。掩面過市衆皆哭，哭聲痛入燕人耳。幾迴事宋事遼金，不似今番寃苦深。甘心曲股渾不信，要把高麗都殺盡。嗚呼哀哉，何時免此殺戮運。

曉登昆陽故城

【編年】作於蒙古憲宗九年（宋理宗開慶元年，一二五九），郝經從皇弟忽必烈征宋，宣撫江淮，兵趨荊鄂，途經昆陽故城（今河南葉縣昆陽鎮）之際。

弓刀蹀躞西風鳴，慘澹夜入昆陽城。疎星牢落楚氛黑，立馬起坐東方明。凌晨歷覽增壯觀，世祖凛凛猶如生。以寡敵衆古亦有，以怯爲勇夫誰能。始知謹厚是眞勇，彼僞不足當吾誠。眼中百萬已破碎，著手一戰成中興。天定豈容人復勝，新莽猶然事符命。漢家王氣滿咸陽，空向漸臺看斗柄。憑高落落生壯懷，萬里一片青山來。子陵不屈亦堪惜，乃使耿鄧升雲臺。東都制度遂狹陋，王室陵夷寖傾覆。漫將風節與維持，終入曹瞞莫能救。巖巖高節固可奇，濟時行道胡不爲。釣魚臺上秋風老，我欲與子論襟期。蕭蕭草木南陽道，龍虎春陵氣仍好。須當策杖向軍門，整頓乾坤濟時了。

武當道士歌

【編年】作於蒙古憲宗九年，郝經從皇弟忽必烈征宋，宣撫江淮，兵趨荊鄂期間。見詩：『爇香重與扣玄關，爲説天道方在北。』

【箋證】皇弟忽必烈征宋，兵趨荊鄂時，郝經曾與武當道士論説天道。武當：山名，道教聖地，在今湖北十堰市境内。

武當道士數十百，亂兵驅來不動色。就中一人尤瑰奇，兩頰紅潤鬚髮白。恬目深涵漢江水，仙骨迥立秋山石。肘後高懸緑玉符，簪頭倒挂丹砂筆。傍人爲説不記年，上聖親傳官斗極。掌上曾教起風雨，袖中傾下生霹靂。玉肥嗤嗽身體輕，居無匕箸不火食。深巖綰縛龍幾潭，遠岫逍遥鶴一隻。爇香重與扣玄關，爲説天道方在北。斂藏形氣更不語，我亦無言兩寥閴。

巴陵女子行 有序

【編年】作於蒙古憲宗九年（己未年），郝經從皇弟忽必烈征宋，宣撫江淮，兵趨荊鄂期間。

【年譜】蒙古憲宗九年，作『《巴陵女子行》、《武昌詞》、《棣華堂記》』。

【箋證】巴陵女子：　指巴陵（今湖南岳陽）女子韓希孟，北宋名臣韓琦五世孫，適襄陽賈瓊。理宗開慶元年（蒙古憲宗九年，一二五九），蒙古陷岳州被掠，乘間赴水死。《宋史·列女傳》：『少明慧，知讀書。開慶元年，大元兵至岳陽，女年十有八。爲卒所掠，將挾以獻其主將。女知必不免，竟赴水死，越三日得其屍，於練裙帶有詩曰：「我質本瑚璉，宗廟供蘋蘩。一朝嬰禍難，失身戎馬間。寧當血刃死，不作衽席完。漢上有王猛，江南無謝安。長號赴洪流，激烈摧心肝。」』元陶宗儀《南村輟耕録》卷三：『先是，岳州破時，韓氏爲遊卒所掠，以獻諸主將。韓知必不免，乘間赴水死，越三日有得其屍，於練裙中題五言長句曰：「宋未有天下，堅正臣禮秉。……願魂化精衛，填海使成嶺。」此詩士大夫多稱道之。韓名希孟，年十有八，魏公五世孫襄陽賈尚書之子瓊之婦。死且三十年，而其英爽不昧，復能託夢趙魏公（趙孟頫），爲書其詩，則節婦之名，因公之翰墨，而愈不朽矣。』

見詩序。

己未秋九月，王師渡江，大帥拔都及萬戶解成等，自鄂渚以一軍覘上流，遂圍岳。岳潰，入於洞庭，俘其遺民以歸。節婦巴陵女子韓希孟，誓不辱於兵，書詩衣帛以見意，赴江流以死。其詩悲婉激切，辭意壯烈，有古義士未到者。今并其詩，錄於左方。嗚呼！宋有天下，文治三百年，其德澤龐厚，膏於肌膚，藏於骨髓，民知以義爲守，不爲偷生一時計，其培植也厚，故其持藉也堅，乃知以義爲國者，人必以義歸之。故希孟一女子，而義烈如是。彼振纓束髮，曳裾峩冠，名曰丈夫，而誦書學道，以天下自任。一旦臨死生之際，操履云爲必大有以異於希孟矣。余既高希孟之節，且悲其志，作《巴陵女子行》，以申其志云。

北來諸軍飛渡江，突騎一夜滿岳陽。樓頭火起入閭巷，曹逃偶走如牛羊。巴陵女子尚書婦，生平不識門前路。亂兵驅出勢倉皇，夫婿公姑在何處。吞聲掩淚行且啼，啼痕沾溼越羅衣。此身忍使人再辱，裂帛暗寫臨終詩。上言社稷安危事，下說投江誓天志。一回宛轉一悲辛，心折魂飛不成字。詩成淚盡赴江流，蛾眉蕭颯天爲愁。芙蓉零亂入秋水，玉骨直葬青海頭。古來烈婦纔一二，誰似巴陵更文理。名與長江萬里流，丞相魏公還不死。

附

巴陵女子赴江詩

巴陵女子韓希孟，魏公五世孫，嫁與賈尚書男瓊爲婦。岳州破，被虜之明日，以衣帛書詩，願好事君子相傳，知吾宋家有守節者。

【箋證】此爲附詩，巴陵女子韓希孟作。參見前詩《巴陵女子行》編年。

宋未有天下，堅正臣禮秉。開國百戰功，每陳唯雄整〔一〕。及其侍幼主，臣心常炯炯〔二〕。帝曰卿北伐，山戎今有警。死狗莫擊尾，此行當繫頸。〔三〕。卽日陛辭行，盡敵心欲逞。陳橋兵忽變，不得守箕潁。禪讓法堯舜，民亦普安靜。有國三百年，仁義道馳騁。未改祖宗法，天何賜太眚〔四〕。細思天地理，中有幸不幸。天果喪中原，大似裂冠裎。君誠不獨活，臣實無魏邴。失人與得人，垂誡常耿耿。江南無謝安，漠北有王猛。所以戎馬來，飛渡巴陵境。大江限南北，今此一舴艋。本期固封守，誰知如畫餠。烈火燎崑岡〔五〕，不辨金與礦。妾本良家子，性僻守孤梗。嫁與尚書兒，含香署蘭省。直以才德合，不棄宿瘤癭。初結合歡帶，誓比日月昞。鴛鴦會雙飛，比目願長並。豈期金石節，化作桑榆景。旄頭勢正然，蚩尤氣先屏。不意風馬牛，復此逸鄢郢〔六〕。一方遭虜劫〔七〕，六族死俄頃。退鷁落迅風，孤鸞弔空影。簪堅折白玉，瓶沈斷青綆。死路定冥冥，憂心常炳炳。妾心堅不移，改邑不改井。我本瑚璉器，安肯作溺皿。志節匪轉石，氣噎如吞鯁。不作爝火燃，願爲死灰冷。捨生念麴蛾，乞憐羞虎穽。借此清江水，葬我全首領。皇天如有知，定許血面請。願魂化精衛，填海使成嶺。

【校記】

〔一〕雄，四庫本同，正德本作『務』。

〔二〕烱烱，四庫本同，正德本作『炳炳』。

〔三〕『死狗』二句，正德本同，四庫本作『殄滅速爲之，下民待延頸』。

〔四〕太，正德本同，四庫本作『大』。

〔五〕烈，底本、四庫本作『裂』，據正德本改。

〔六〕鄢，四庫本同，正德本作『𨟻』。

〔七〕方，四庫本同，正德本作『身』。

武昌詞三首

【編年】作於蒙古憲宗九年，郝經從皇弟忽必烈征宋，宣撫江淮，兵圍鄂州之際。

【年譜】蒙古憲宗九年，作『《巴陵女子行》、《武昌詞》、《棣華堂記》』。見詩序。

王師圍鄂，游騎於金牛鎮得一婦人，欲侵之，厲聲曰：『我夫婿翁姑皆死，目前未卽死，又可受辱邪！　速與我死。』遂置之。　自稱梅溪主人張素英，作歌詩數篇以見志，尋以疾卒。　於湖中得一路分妻，一日，以無夫選賜有功軍人。　卽以掌批其頰，對今上大呼曰：『妾夫將千五百人扼敵沅州，妾命婦也，豈可辱於是！　乞速賜死。』上矜其志，賜之衣糧，使有司存恤之，以俟其夫，亦尋以疾卒。　又有漢陽教授之妻，爲一兵所掠，義不受辱，投于沙湖。　三人者，僕親見之，皆可附希孟之義，各爲賦詞，以寓意云。

巴陵女子韓希孟，梅溪主人張素英。　解作歌詩還死節，不論傾國與傾城。

烏鬼山頭鬧鼓鼙，武昌恭人攜孺兒。　黄鬚回鶻便批頰，義感萬乘眞英奇。

漢陽宣教是妾夫，妾身未死緣事姑。　騎士朝來强擁去，抱石半夜投沙湖。

使宋過濟南宴北渚亭

【編年】作於元世祖中統元年（宋理宗景定元年，一二六〇）以來，郝經出使南宋，途經濟南之際。

往年薄游宴渚亭，高秋霜落波光清。今年持節又來宴，菱葉荷花香半城。城南倒插泰山脚，城北沈涵海氣横。週圍盡浸樓臺影，魚鳥慣聞簫鼓聲。錦堂流出珍珠冷，花底漂揺碎光烱。名泉多在府第中，繡簾深掩胭脂井〔一〕。推波委濤到北渚，滙蓄涵停數十頃。虹橋桁柳平分破，巨蟿雲莊入煙暝〔二〕。濟南名士多老成，行臺突兀皆名卿。樽中政有李北海〔三〕，坐上寧無杜少陵？堰頭臘瓮滿船求，歌舞要送行人行。江南風景已不殊，渚亭卽是西湖亭。

【校記】

〔一〕胭，底本、正德本作『煙』，據四庫本改。

〔二〕煙，底本、四庫本作『燕』，據正德本改。

〔三〕李，四庫本同，正德本作『孔』。此句以李北海（唐代書法家李邕，曾任北海太守），稱譽同行高松崑（見下詩贊爲『李大夫』，李邕封朝散大夫）。又，下句以杜甫自任。唐天寶四年（七四五）杜甫遊濟南，作《陪李北海宴歷下亭》。此二句正用此事。

古篆行 贈高松崑文舉

【編年】作於元世祖中統元年以來，郝經出使南宋，被拘禁於眞州期間。

【箋證】高松崑：又作高松庵，字文舉，元代書法家，詩中稱其爲『關南賴有高使君』。《山西通志·科目》：『元進士：年號失考總列於後。高文舉，忻州人。』曾隨郝經使宋，被拘十六年始北歸。元張之翰《題高文舉篆千字文》：『後世之評篆者，當謂李陽冰，後便到党竹溪，竹溪後便到高松庵。留宋十六年，向之眞蹟，尚不可多得，況北歸後者乎？至元己卯，燕士趙克敬所藏千文示余，蓋授渠絕筆書也。觀其隨手任意，無半點幽憂不平氣，政如子美夔州後詩，退之潮州後文，皆不煩繩削而盡神妙矣。克敬能刻諸石，得與党本並行，千百載之下，亦足少慰公於九原也。』

見詩：『關南賴有高使君，書法一世推專門。』『儀眞館中坐老天，日看筆陣驅雲煙。』『他年必到秦丞相，今日還逢李大夫。』（李邕封朝散大夫。）

亂來小雅幾盡廢，文物典章俱掃地。紛紛隨世趨所尚，天下幾人知篆隸。關南賴有高使君，書法一世推專門。諸家命脉究終始，力探遠蹈工古文。倔强鑴金還屈鐵，勁利玉版昆吾切〔一〕。孔壁汲冢都破碎〔二〕，方矩圓規仍妥帖。儀眞館中坐老天，日看筆陣驅雲煙。『琴讚』一字二尺許，顧盼頃刻還終篇〔三〕。圓熟省力似行草，霜月氷泉勢尤好。自言一畫氣一口，少爲呼吸便傾倒。是乃精意能入神，奏刀砉然如運斤。文章亦説氣爲主，巧寓拙外意愈新。金源百年党承旨〔四〕，明月夜光傳片紙。屠龍誰意復有人，元氣堂堂元不死。請君閣筆無妄書，鐵門自買堆磚礫。他年必到秦丞相，今日還逢李大夫。

【校記】

〔一〕版，四庫本同，正德本作『板』。

〔二〕壁，四庫本同，正德本作『璧』。

〔三〕盼，正德本同，四庫本作『盻』。

〔四〕承，底本、正德本作『丞』，不誤，兹以『承』爲較通行，據四庫本改。

郝經集編年校箋卷十一

歌詩

西陵行

【編年】作於蒙古憲宗四年（宋理宗寶祐二年，一二五四）春，至次年秋，郝經遊歷河南期間。

【年譜】蒙古憲宗四年，『春，公客於杞（今屬河南開封）』。蒙古憲宗五年，『秋，東行，由趙魏以適魯』。

【箋證】西陵：　三國魏武帝曹操陵墓，位於今河北臨漳西南，與今河南安陽接壤。郝經於憲宗四年遊歷河南，一年後離去，前後二年時間。卷二四《上趙經略書》：『經自前歲八月到杞。』一年後，『今又以事將北轅，去執事日益遠』。

漢鼎已移心未已，不肯分明作天子。冕旒北面稱警蹕，造僞萬般難免死。臨終更不謀禪代，竊國規模有不在。人間解著鬼欺人，地下還將縛鬼賣。漫言題作征西墓，誰信西陵亦虛墓。又説譙都九烏井，臭腐掘埋秖幾處。銅雀臺邊鬧歌舞，兩眼難看滿黄土。何須析履更分香，涕淚咿嚶效兒女。君不見永安宫中漢昭烈，重向孔明託後主。付君一片討賊心，嗣子不才君自取。天下英雄只玄德，操等區區眞溷鼠。

晝錦堂碑後

【編年】作於蒙古憲宗四年春，至次年秋，郝經遊歷河南期間。

【箋證】晝錦堂： 故址位於今河南安陽古城内，爲宋神宗朝三朝宰相韓琦任相州知州時，在州署後院修建的一座堂舍，取《史記·項羽本紀》中『富貴不歸故鄉，如衣錦夜行』之意，名『晝錦堂』。原碑立於北宋治平二年（一〇六五），邵必篆額，歐陽修撰文，蔡襄（字君謨）書丹。後毁。元初重刻，清順治間移立於韓琦祠西廡内。

參見前文《西陵行》年譜。

兩朝定策推元勳，君模楷法歐陽文。豐碑突兀大字書，目射猶有五色雲。德並汾陽盡終始，器如霍光學問美。孔明才具汲黯直，社稷大臣無與比。西北無事中國安，三十年來只一韓。乾坤都著錦繡裹，笑殺錢王衣錦山。身安卽是蒼生福，書錦名堂公所辱。君不見萊公眼孔似車輪，美錦裁來便裹足。

朝歌行

【編年】作於蒙古憲宗四年春，至次年秋，郝經遊歷河南期間。

【箋證】朝歌：古地名，位於今河南北部淇縣。商朝武乙、文丁、帝乙、帝辛紂王等帝王在此建都。周滅商後，封康叔在朝歌建立衛國。

參見前文《西陵行》年譜。

壯哉茲城冠河山，老玉回抱青孱顏。建邦立極古有制，何乃獨在河朔間。獨夫智力制天下，瞰視中原强王霸。誰知天與六州王，八百諸侯已從化。摘星樓頭醉未醒，酒池一夜蜚血驚。成湯高宗遂不祀，珠宮瑶臺爲土平。我來感歎重延佇，驅車不入朝歌路。陰風莽蒼吹短衣，落日投文比干墓。

比干墓

【編年】作於蒙古憲宗四年春，至次年秋，郝經遊歷河南期間。

【箋證】比干：商朝沬邑（今河南衛輝北）人，曾任少師（丞相），先後輔佐帝乙與紂王，被紂王所殺。周武王滅商，封比干之墓，位於衛州汲縣（今河南衛輝）北比干家鄉。

參見前文《西陵行》年譜。

斫脛河南比干墓，崔嵬尚是武王土。一邱直欲壓太行，一死能令重千古。國亡突兀見眞純，龍逢與君冠夏殷。無人語與魏鄭公，良臣不幸爲忠臣。已醢九侯紂猶怒，箕子佯狂微子去。三仁一仁獨殺身，剖心庶使王心悟。王終不悟國遂亡，朝歌無人至今荒。行人只拜比干墓，有殷賢臣獨不亡〔一〕。

【校記】

〔一〕殷，底本、正德本作『因』，據四庫本改。賢，底本、正德本墨塗作『■』，據四庫本補。

共山行

【編年】作於蒙古憲宗四年春，至次年秋，郝經遊歷河南期間。

【箋證】共山：又名北共山、蘇門山，屬太行支脉，位於今河南衛輝境内，三國以來爲隱居之地。參見前文《西陵行》年譜。

吾生嗜奇能討幽，足跡徑欲窮九州。會稽未得探禹穴，太行先作共山遊。是時天地方閉塞，固陰沍涸山靈愁。誰知眞宰爲我起蟄窟，喜氣奕奕山光浮。雲容煙影變態出，脉絡盡露峯巒稠。宏富屹天造，峭截窮彫鎪。峩峩鰲脊一翠萬里壯〔一〕，縮出元氣直入東海頭。中間膏腴甲天下，匱奇孕秀無與侔。雲根漲玻璃，寶藏劃不收。玉鏡面寒瑩，皪皪明珠流。泓澄百丈底，錦石埋黄虯。老蟾噴彩忽蕩動，萬山破碎翻神湫。竹間老樹掛山骨，緑玉葱錯風颼飀。不見孫公和，荒臺等陵邱。萬籟喑不鳴，邃古空悠悠〔二〕。何時無名公，説破先天由。一笑碧山下，弄月淩虚舟。舉手謝浮世，醉臥三千秋。卷藏神紐入化府，從渠菌蠢還蜉蝣。

【校記】

〔一〕峩峩，四庫本同，正德本作『峩』。鰲，正德本同，四庫本作『鼇』。

〔二〕邃，底本、正德本作『遂』，據四庫本改。

太行望

【編年】作於蒙古憲宗四年春，至次年秋，郝經遊歷河南期間。見詩：『今年恰得到蘇門，百泉亭上更崢嶸。』

【箋證】蘇門山：在今河南新鄉市輝縣市百泉鎮，爲太行山支脉，海拔一百八十四米。有晉代孫登隱居長嘯處。南麓多泉，《荀子·儒效篇》即云：『武王伐紂，暮宿於百泉。』參見前文《西陵行》年譜。

半天遮斷連青城，參差雉堞雲間横。當時十歲初渡河，舟中錯愕來相迎。今年恰得到蘇門，百泉亭上更崢嶸。千嵒萬壑入絕壁，落日倒銜山盡赤。玉立萬仞磔鯨牙，金翠千層擁鰲脊〔一〕。天沈影重看不足，雲淨煙虛晚尤碧。西北兩峯寒，云是雙石人。不覺淚横臆，患難思二親。一從戎馬三十年，桑梓慘澹埋荊榛。何時突兀過絕頂，拜掃邱園見鄉井。黄沙神頭聞有千尺松，灑盡苦淚吟長風，注目直向東海東。

【校記】

〔一〕鰲，正德本同，四庫本作『鼇』。

三汊北城月榭翫月醉歌

【編年】作於蒙古憲宗四年春，至次年秋，郝經遊歷河南期間。

【箋證】三汊：河南杞縣境内黄河岸邊的三汊河口。

參見前文《西陵行》年譜。

大河奔放千里一片黄，鰲頭傑觀突起河中央。露華漲冷濯桂窟，氛霧洗盡豁四旁〔一〕。濤山隱映生金輪，水天不辨渾金光。杳然坐我月宫上，星斗錯遻雲錦裳。玉虹高挂飲酒海，黄流倒卷都淋浪。兩行美人列嫦娥，翠綃深夜氷肌凉。悄然清唱多怨曲，攪亂覊思爲停觴。輕飇忽來四座覺浮動，吹落桂子颯颯生秋香。急令撾鼓歌慷慨，驪龍掀舞白鳳翔。玉牀插天抱孤月，醉卧萬里銀河長。

【校記】

〔一〕霧，底本、正德本作『露』，據四庫本改。

望京府賞紅梅

【編年】作於蒙古憲宗四年春，至次年秋，郝經遊歷河南期間。

見詩：『汴梁宫中絳綃梅，移向汴河堤上栽。』

【箋證】望京府：指詩中『張公』在開封城中府邸。《河南通志·開封府》：『望京樓，即府西門樓。舊無名，後以唐令狐綯《登樓詩》有望京字，因名。唐令狐綯詩：「夷門一鎮五經秋，未得朝天未免愁，因上此樓望京國，便名樓作望京樓。」』明李濂《汴京遺蹟志》卷八：『望京樓，即汴城西門樓也。樓舊無名，唐令狐綯《登樓詩》有望京字，因名。』

參見前文《西陵行》年譜。

汴梁宫中絳綃梅，移向汴河堤上栽。青條團掿杏花顆，瑣細向陽才半開。張公小隊呼我飲，風色偃髯寒氣凜。玉銜徑踏黄河冰，貂帽颯簷掀紫錦。金鞍細馬歌舞人，雪壓小橋不動塵。入門下馬簇花宴，紅蓮舊府花正新。玉川金波碧香酒，折花遍插分素手。春透寒梢未全綻，風流正要臙脂瘦。賞梅不用歌落梅，緩歌却著銀笙催。愛香細擷生霞蘂，浮動雲腴嚼一杯。本是前村冷澹花，不稱王侯將相家。明朝會散更向明月底，藉雪凍吟疎影裏。

黃山草聖歌

【編年】作於蒙古憲宗四年春，至次年秋，郝經遊歷河南期間。見詩：『爲避時名便把黃華放，一頭聲價亦自雄周京。』

【箋證】黃山草聖：即詩尾『黃山趙蹇驢』，金代書法家趙諷，又作趙渢，字文孺，山東東平人，號黃山，人稱『趙蹇驢』。金世宗朝中進士，曾任襄城令，遷應奉翰林文字，《遼史》編修官，至禮部郎中。善詩，工於書法，有《黃山集》。《中州集·承旨党懷英》：『本朝百餘年間，……於時，趙黃山、王黃華，俱以詩翰名世。』《金史·趙渢傳》：『趙秉文云：「渢之正書體兼顏蘇，行草備諸家體，其超放又似楊凝式，當處蘇、黃伯仲間。」党懷英小篆，李陽冰以來鮮有及者，時人以渢配之，號曰「党趙」。』參見前文《西陵行》年譜。

一從蔡党闢文源，復有黃山黃華相後先。黃山古雅尤老成，迫蔡堬党難重輕。爲避時名便把黃華放，一頭聲價亦自雄周京。澹薄翛然無宦情，玉階寡鶴誤一鳴。書法更比詩文精，正筆子瞻變眞卿。擘窠大字儼重極方停〔一〕，眞行行草至顛草，獨步一代眞豪英。昨嘗中酒觀此本，清風颯颯吹我醒。卷軸甚大總是學《易》、《詩》，如如縱筆自在絙墨繩。正是莊生悟道書，綱破夢覺蝴蝶驚〔二〕。絲綸不收魚不食，湛徹盡見江底星。鉛華洗浄出玉骨，無意偶與閑雲行。中間態度自闢鏁，剪裁不斷還相縈。往往筆不盡，點綴藏遒緊。初疑不附著，字字相犄角〔三〕。二王没後無草書，顛張醉素空模糊。只除洛陽楊風子，認得黄山趙蹇驢。

【校記】

〔一〕儼，正德本同，四庫本作『嚴』。

〔二〕綱，四庫本同，正德本作『網』。

〔三〕犄，正德本、四庫本作『掎』。

三峯山行

【編年】作於蒙古憲宗九年，郝經從皇弟忽必烈征宋，宣撫江淮，兵趨荆鄂，途經三峯山之際。

【箋證】三峰山：　位於今河南禹縣境。蒙古太宗二年（一二三〇），蒙古三路南下滅金。蒙古太宗窩闊臺親率中路軍，自孟津渡河攻佔洛陽而東進汴京。東宗王斡赤斤率東路軍，由濟南南下至徐州而西進汴京。皇弟拖雷率西路軍，由鳳翔出兵，繞過潼關，假宋道，經寶雞、漢中，取鄧州、唐州而北進汴京，三路相約明年會師汴京。拖雷率軍假宋道連克鄧州、唐州，攻至鈞州（今河南禹州），與金帥完顏合達在三峰山決戰，击败金兵。蒙古三路遂會師汴京，金哀宗出奔蔡州（今河南汝南）。太宗六年（金哀宗天興三年，一二三四），蒙宋聯合攻破蔡州，金哀宗自盡，金朝滅亡。

朔方善爲幹腹兵，豈肯掠地還攻城。北王戰罷馬首迴，十年大軍不南行。西域既定殺李王，疾雷破柱關中驚。鷙鳥匿形深且蟠，汴梁不悟空椎氷。小關幸勝未足多，舉朝刻日期中興。都人盡喜識者懼，俄聞遶出西南路。突騎一夜過散關，漢江便著皮船渡。襄陽有兵隔岸看，鄧州無人渾不顧。縱入腹心將安歸，彼騎豈足當吾步。脱兔一去不可及，却兵洛澗苻堅誤。日日鏖戰深且艱，我帥益忙敵亦閒。短兵相擊數百里，孤窮轉鬭甲盡殷。直向虎穴探虎子，既入重地寧肯還。掃境盡至欲一賭，前後百匝相回環。就中眞人有天命，躍馬直上三峯山。黑風吹沙河水竭，六合乾坤一片雪。萬里投會卷土來，鐵水一池聲勢接。丞相舉鞭摔鞊言，大事已去吾死節。彦章雖難敵五王，並命入敵身與決。逆風生塹人自戰，氷滿刀頭凍槍折。一敗塗地眞可哀，鈞臺變作髑髏血。二十萬人皆死國，至今白骨生青苔。壕塹已平不放箭，城門著礮猶自開。大臣壅蔽骨肉疎，事急又送曹王來。至了不去誤國賊，向非汝南死社稷，欲爲靖康不可得。

【編年】作於蒙古憲宗四年春，至次年秋，郝經遊歷河南期間。

青城行

【箋證】青城：有二，一在開封南薰門外，爲祭天齋宫，稱南青城；一在開封封丘門外，爲祭地齋宫，稱北青城，借指北宋京師東京及金朝南京開封（今河南開封）。靖康之變，金朝滅亡北宋，在青城拘押宋徽宗、欽宗二帝北上。蒙古滅亡金朝，也在青城，將太后、皇后、梁王、荊王等擄掠北上。

參見前文《西陵行》年譜。

壞山壓城殺氣黑，一夜京城忽流血。弓刀合沓滿掖庭，妃主喧呼總狼藉。驅出宫門不敢哭，血淚滿面無人色。戴樓門外是青城，匍匐赴死誰敢停。百年涵育儘塗地，死霧不散昏青冥。英府親賢端可憐，白首隨例亦就刑。最苦愛王家兩族，二十餘年不曾出。朝朝點數到堂前，每向官司求米肉。男哥女妹自夫婦，覥面相看寃更酷。一旦開門見天日，推入行間便誅戮。當時築城爲郊祀，却與皇家作東市。天興初年靖康末，國破家亡酷相似。君取他人旣如此，今朝亦是尋常事。君不見二百萬家族盡赤，八十里城皆瓦礫。白骨更比青城多，遺民獨向王孫泣。禍本骨肉相殘賊，大臣蔽君尤壅塞。至今行人不歎承天門，行人但嗟濠利宅。城荒國滅猶有十仞牆，牆頭密匝生鐵棘。

照碧堂行

【編年】作於蒙古憲宗四年春，至次年秋，郝經遊歷河南期間。

【箋證】照碧堂：位於歸德（今河南商丘）。始修於北宋元祐六年（一〇九一），晁補之紹聖二年（一〇九五）謫應天府通判，游此堂而作《照碧堂記》。《金史·哀宗紀》：金哀宗天興二年（蒙古太宗五年，一二三三），蒙古圍開封，金哀宗奔至歸德。權臣蒲察官奴以忠孝軍爲亂，殺尚書左丞李蹊、參知政事石盞女魯懽、點檢徒單長樂，禁錮金哀宗於照碧堂。『官奴眞授參知政事，兼左副元帥。官奴以上居照碧堂，禁近諸臣無一人敢奏對者。上日悲泣言曰：「自古無不亡之國、不死之主，但恨朕不知用人，致爲此奴所囚耳。」遂與内局令宋珪等謀誅官奴。』

參見前文《西陵行》年譜。

熒惑入斗終下殿，哭廟背城爲一戰。怒龍飛去轟霹靂，震碎乾坤掃孤電。倉皇不乘破竹勢，苟且只與姦臣便。旌旗慘澹入宋州，爭似全師秖守汴。四郊皆壘彈丸城，玩主潛生肘腋變。官奴闒茸本駑下，輒敢鴟張學韓建。宮中梟獍有小錘，密結兇渠欲爲亂。公卿誅徙威權去〔一〕，左右俄空侍衛換。開門日日向敵言，旦夕須將天子獻。事急壯士能感激，決計惟當下手先。卿爲其易朕爲難，傳呼便詔將軍見。升堂進謁遽令前，太阿倒持仍使看。王敦但覺赤日壓，全忠甚駭浹背汗。倚門力士驚盻瞠〔二〕，面無肉色復肉膻。膽定徐徐索劒還，徑斫逆賊肩脅斷。照碧堂紅血滿壁，手刃不覺御衣濺。顧盻黨與皆就禽〔三〕，禁蹕忽清祅霧散。此時便亡心亦足，外敵雖强無内難。臨危突兀翦强臣，絕地求生未曾見。古來惟有敬宗奮袂誅爾朱，今朝天興拔劒斫官奴。壯哉兩君萬古無，嗚呼兩君萬古無。

【校記】

〔一〕徙，底本、正德本作「徒」，據四庫本改。

〔二〕盻，正德本同，四庫本作「盼」。下同。

〔三〕皆，底本、正德本作「背」，據四庫本改。

汝南行

【編年】作於蒙古憲宗九年（宋理宗開慶元年，一二五九），郝經從皇弟忽必烈征宋，宣撫江淮，兵趨荆鄂，途經蔡州之際。

【箋證】汝南：即蔡州。蒙古太宗南下滅金，圍金朝京都開封。金哀宗棄城出奔，先至歸德，終至蔡州。天興三年（蒙古太宗六年，一二三四），蒙古與南宋派孟珙率軍北上，联合攻蔡州。金哀宗在城破前夕，傳位末帝。城破後，哀宗自縊，末帝死於亂軍，金朝滅亡。

將軍死綏君社稷，炳烺義所不可惑。青衣行酒豈能活，肉袒牽羊秖辱國。初從貞祐棄燕雲，赤氣半天開斗極。又絕西夏撤藩垣，枝葉縱存無本實。不問朔漠攻蕲黄，敗盟要利增讐敵。區區一道當數面，賦税重繁兵役急。宫闈意忌疎骨肉，陪貳從諛專壅塞。比時久已當破滅〔一〕，况復奔播何嗟及。天興不是亡國主，不幸遭逢眞可惜。十年嗣位稱小康，若比先朝少遺失。汴梁不守大事去，黄陵潰散焉敢北。險阻艱難氣益振，照碧堂中親討賊。孤軍轉戰入汝南，作氣蟠鋒轉深壁。日夜望有勤王師，以廢爲興賴忠力。闒闟誰意叛武仙，感慨從爲歎仲德。雙雞既盡麴屑空，重圍益堅負戶汲。池戰水涸還登陴，城墮斫樹埋巷栅。空拳無皮短兵盡，戰士嚼齒猶憤激。譙門鬬碎鬬尤甚，肉薄似牆當劍戟。雖知力竭不可救，氣數儘窮心未畢。慨然傳位誓衆死，音彩凜凜不動色。一百餘年作天子，與國俱亡在今日。哀哉雉頸復自楚，將相血視不敢泣。互爲挐髻相刲刀，往往刎頸屍狼藉。須臾衆踣若崩山，汝水不流波盡赤。黑風裂天灰燼飛，紅雪亂攪深數尺。島中自殺五百人，義烈只數田横客。何如國君死國臣死君〔二〕，數萬同死死所得。還聞露布到江南，城南夾攻平汝南。莫言解復九世讐，三韓有靈應益慚。

【校記】

〔一〕比，正德本、四庫本作『此』。

〔二〕何如國君，底本、正德本作『何國君君』，據四庫本改。

金源十節士歌

【編年】《金源十節士歌》一組十首，應作於蒙古憲宗九年（宋理宗開慶元年，一二五九），郝經從皇弟忽必烈征宋，宣撫江淮，兵趨荊鄂，途經蔡州之際。

【箋證】一二三四年，金朝亡於蔡州。參見前文《汝南行》箋證。

金源氏播遷以來，至於國亡，得節義之士王剛忠公等十人，皆死事死國，有古烈士之風，可以興起末俗，振作貪懦。其名字官階，始終行業，自有良史。其大節之嶽嶽磊磊，在人耳目，雖耕夫販婦，牛童馬走，共能稱道者。作歌以歌之，庶幾揄揚激烈，由其音節，見其風采云。天興諸臣，國亡無史，不能具官。故皆祇以當世所稱者，如郭蝦蟇〔一〕、仲德行院等書之，俟國史之出，當爲釐正云。

【校記】

〔一〕蝦蟇，正德本同，四庫本作『哈瑪爾』。

王子明

【箋證】王子明：本名旦，因避金熙宗名『亶』同音之諱，改名晦，金代澤州高平（今屬山西）人。金章宗明昌年中進士，任長葛主簿，遷安陽令，進霍王傅，至翰林侍讀學士，加勸農使。宣宗貞祐初，蒙古攻金，率軍送通州粟入中都燕京。以部兵守順州（今北京順義），通州圍急，攻牛欄山以解通州圍。順州被圍，部將王臻勸其投降，王晦不聽。城破被執，拒降被殺，謚剛忠。宣宗令有司立祠，歲時致祭。史肅爲作《哀王旦》詩，元王惲《至元七年十月二十二日過順州，與梁御史話金節侯剛忠王公子明死節事，馬上爲賦此詩以弔……》云：『雉堞蜿蜒隱塊城，剛忠於此歿天兵。千年英氣如生在，草木風前動戰聲。』見《金史》卷一二一《忠義傳·王晦》。

讀書便學張復之，手刃姦髡血寫詩。幾回投筆重咨嗟，章句小儒安足爲。時危始作通州守，賊臣遽獻居庸口。千羣鐵騎遶燕都，玉輦倉皇下殿走。孤城彈丸當畿甸，飲血登陴日酣戰。進明逗遛南八回〔二〕，拊髀張拳面迎箭。日暈忽破城無址，失守何顔見天子。朝服南嚮再拜畢，意色不動握節死。詔爲立祠謚剛忠，稱道更有閑閑公。突兀義與巡遠同，千載凜凜烈士風。

【校記】

〔一〕進，底本、正德本作『晉』，據四庫本改。遛，四庫本同，正德本作『留』。

移剌都〔一〕

【箋證】移剌都：　蒲察移喇都，又作富察伊埒圖，東京（今遼寧遼陽）猛安人。初爲護衛長，調同知秦州（今甘肅天水）防禦使事、武衛軍鈐轄，以憂去官，起復武器署令。宣宗貞祐年間，蒙古攻金，移喇都兵潰被執，後逃歸。遷隆安府（今吉林農安）治中，至蒲與路（治今黑龍江克東金城屯）節度使，兼同知上京（今黑龍江阿城）留守事，改知隆安府事，拜尚書右丞。與上京行省蒲察五斤爭權，棄隆安而赴南京。興定年間，改簽樞密院事，權右副元帥，行樞密院於鄧州。御史臺奏移剌都數事，坐誅。見《金史》卷一百四本傳。

金源大將重移剌，義烈膽勇絕世無。渥洼霜蹄誤一蹶，長萬忽中金僕姑。思歸不忍遯逃去，立功報效同關羽〔二〕。雄猛已取左右忌，姦兇叵測憂旦暮。曹沫不免刧齊桓，賢王慷慨許送還。聯鑣南下三千里，義如子反與華元。負鑽梁園見天子，猛士來師盡驚喜。再賜節鉞還部曲，光彩騰騰滿旗尾。獨當一面帥南陽，誰知鬼蜮不可防。忽然羅織斬東市，市人盡哭斛律光。自壞長城撤棟梁，翦殘羽翮速滅亡。嗚呼伊剌都，可惜烈丈夫。擊殺麒麟跨蹇驢，却相白撒將官奴〔三〕。

【校記】

〔一〕移剌，正德本同，四庫本作『伊喇』。下同。

〔二〕關羽，正德本同，四庫本作『溫序』。

〔三〕白撒，正德本同，四庫本作『布色』。

郭蝦蟇〔一〕

【箋證】郭蝦蟇：又作郭蝦蟆、郭哈瑪爾。本名郭斌，綽號蝦蟆，會州（今甘肅靖遠南）人，金宣宗時以善射從軍。興定四年（一二二〇），西夏破會州，蝦蟇被俘，逃歸，授同知蘭州軍州事，以功遷同知臨洮府（今屬甘肅）事。屢敗西夏，收復會州，授知鳳翔府事、本路兵馬都總管、元帥左都監兼行蘭會洮河元帥府事。哀宗在蔡州，感蔡州無險可守，曾欲遷都鞏昌府（今甘肅隴西），以粘葛完展爲鞏昌行宮。蔡州城破，哀宗自殺。綏德州帥汪世顯破鞏昌，殺粘葛完展，降蒙古，又勸降蝦蟇，遭拒。金亡三年後，西部州府皆歸降蒙古，僅蝦蟇會州孤城堅守。蒙古太宗八年（一二三六），蒙古攻城。蝦蟇殺牛馬以慰將士，燒毀房子以示必死決心。城破之際，蝦蟇與家人皆自焚。見《金史》卷一二四《忠義傳》。

不援西夏棄燕都，本根顛蹶藩籬疎。不都長安都汴梁，爲愛青屋能久長。隴上豪士山西將〔二〕，憂國無言意惆悵。中興不居用武地〔三〕，君臣苟且吾何望。郭公堂堂性忠勇，自拒洮河保秦鞏。數年尚得建行臺，金城堅牢華嶽聳。誰知自報小關捷，總倚潼關爲守阨。渾將梁宋作龜茲，便視秦涼等吳越〔四〕。西州漸孤敵漸多，四郊皆壘奈敵何。將軍百戰氣尤壯，頭顱擲血爲洗戈。野無戰地始乘城，城傾堞圮接短兵。先將妻子置草圍，坐束萬矢著死爭。鏃筈相銜如雨注，敵人却走不敢顧。彎弓入圍始自焚，飛矢出圍渾燎羽。灰飛城陷力始竭，賢王立祠稱壯烈。王師十萬下馬拜，競捽馬鞭聲咄唶。黄河都爲苦淚流，隴山自此無顔色。峩峩大將節，凜凜死國名。英靈在天爲列星，祇應汝南破滅時。却從煙熖見，天興臣自焚，各得死所古未聞。

【校記】

〔一〕蝦蟇，正德本同，四庫本作『哈瑪爾』。

〔二〕士，底本、正德本作『山』，據四庫本改。

〔三〕地，四庫本同，正德本作『帝』。

〔四〕涼，底本、正德本作『梁』，據四庫本改。

哈達平章〔一〕

【箋證】哈達：卽完顔合達，又作完顔哈達，女眞族。金宣宗貞祐年間，護衛岐國公主赴蒙古和親。授臨潢府推官，權元帥右監軍。隸經略使烏林答乞住。臨潢、全慶兩軍變，殺烏林答乞住，推其爲帥，固守平州。蒙古圍平州，因孤立無援而降蒙古，旋卽率部南渡歸金，授鎮南軍節度使，駐益都，後移延安府事，遷元帥右都監，連敗宋軍，屢挫西夏。元光年間遷元帥左監軍，權參知政事，行省事於京兆，兼統河東兩路。哀宗正大年間，遷平涼行省，進平章政事爲丞相，權樞密院副使，行省事於閿鄉，防禦潼關。後棄關中，退入河南，與蒙古戰於鈞州三峰山（在今河南禹州境），敗走鈞州（今河南禹州），城破被執殺。見《金史》卷一一二《完顔合達傳》。

乘輿已播遷，乾坤在孤注。維時忠藎有哈達，應敵東西無定住。職兼將相爲國楨，身繫安危如尚父〔二〕。賊國白撒深冒嫉〔三〕，小臣獻讒極諂附。飛章誣陷罷兵柄，幾把功臣薦刀鋸。子儀召入奉朝請，彥章不用大事去。事急復起使迎敵，卽日上道無喜怒。並命鏖戰來報捷，每從中制肘屢掣。嶢關透漏斡腹出，大河絕流兩軍接。天欲亡人不可爲，六合横傾數丈雪。人自爲戰身伴僵，空拳無皮凍槍折。力竭慷慨赴敵死〔四〕，死恨不能存社稷。至今三峯山，白骨盡銜鐵。老臣一片憂國心，慘澹悲風與寒月。

【校記】

〔一〕哈達，底本、正德本作『合答』，據四庫本改。下同。

〔二〕父，底本墨塗作『■』，正德本闕，據四庫本補。

〔三〕白撒，正德本同，四庫本作『布色』。

〔四〕力，底本、正德本作『人』，據四庫本改。

陳和尚馬〔一〕

【箋證】陳和尚：　卽完顏陳和尚，四庫本作禪華善，爲女眞語音譯。名彝，字良佐，小字陳和尚，豐州人（今内蒙古呼和浩特東），金朝宗室，有儒將之譽。宣宗貞祐年間，蒙古破豐州，被俘虜，與兄完顏斜烈奪馬十餘匹，奉母南歸。宣宗以斜烈有猛安謀克世爵而授都統，陳和尚任爲護衛，轉奉御，遷忠孝軍提控。正大六年（一二二九）大昌原（今甘肅寧縣東南）之戰，他率忠孝軍四百騎，擊敗八千蒙古，解慶陽之圍，封爲定遠大將軍、平涼府判官、世襲謀克等職。七年，蒙古漢軍史天澤圍攻衛州（今河南汲縣），他又解衛州圍。八年，蒙古速不台部攻潼關，陳和尚往救，大敗蒙古，遷禦侮中郎將。九年，三峰山之戰，金軍大敗，陳和尚與完顏合達率數百騎敗入鈞州。蒙古破鈞州，被俘拒降，大駡不屈，至死不絕。哀宗詔贈鎮南軍節度使，塑像立褒忠廟。見《金史》卷一二三《忠義傳·完顏陳和尚》。

陳侯膽勇絕世無〔二〕，也曾深入身陷敵。一夕躍馬却南歸，追騎畏威不敢及。入朝復使爲大將，鈐閤蕭然見襟量。征南素有《春秋》癖，禮接士夫尤退讓。深知敵情屢獻策，常談不用心快快。憂國密坐時拊髀，揮淚無言重惆悵。三峯失利還被執，植立不拜尤憤激。彼此皆帥敗則死，椎碎兩脛終不屈。臨終大呼邈吉烈，豹死留皮在今日。壯哉國士當代無，一死又勝移剌都〔三〕。

【校記】

〔一〕陳和尚馬，正德本同，四庫本作『禪華善』。

〔二〕陳，正德本同，四庫本作『禪』。

〔三〕移剌，正德本同，四庫本作『伊喇』。

烏古孫道原〔一〕

【箋證】烏古遜道原：字道遠，《金史》作烏古孫奴申，四庫本作烏克遜納新。《金史》卷一二四《忠義傳》：『由譯史入官。性伉特敢爲，有直氣。嘗爲監察御史，時中丞完顏百家以酷烈聞，奴申以事糾罷，朝士聳然。後爲左司郎中、近侍局使，皆有名。哀宗東遷，爲諫議大夫、近侍局使、行省左右司郎中、兼知宮省事，留汴京居守。崔立變之明日，同御史大夫裴滿阿虎帶自縊死於台中。』其子麻因同時自殺。

金源國士多國人，與國俱死皆大臣。百年涵育重名義，况復舉是王室親。中都失守有福興，大梁當亡仲寧道原尤有聲。道原氣比二相直，立朝凛凛盡忠赤。京師根本寄天下，致力一死乃其職。誰知崔立便反城，豈能復作褚淵生。都堂一夜血浸屍，瞠視國賊目不瞑。家中復有貞義女，父死于君女死父。蹋戶懸梁義不辱，駡賊投繯有餘怒。一門忠貞古未有，名節俱全義不朽。從今莫把夷狄看〔二〕，中原幾人能自守〔三〕？

【校記】

〔一〕古孫，正德本同，四庫本作『克遜』。
〔二〕夷狄，正德本同，四庫本作『等閑』。
〔三〕中原，正德本同，四庫本作『試問』。

仲德行院

【箋證】仲德：　即完顔仲德，章宗朝中進士，宣宗朝嘗爲蒙古所俘，尋率諸降人萬餘來歸。哀宗即位，授同簽樞密院事，行院於徐州。移知鞏昌府，遷鞏昌行省。拜工部尚書、參知政事，行尚書省事於陝州。蒙古圍南京開封，力諫哀宗遷都鞏昌。哀宗不從，行尚書省於徐州。後赴歸德，隨哀宗遷蔡州，再行尚書省於蔡州。蔡州城破，仲德率兵巷戰。聞哀宗自縊，仲德赴水而死。詳《金史》卷一一九本傳。

士窮見節義，國亂出忠勇。仲德帝室胄，虎文將家種。儼儼静且深，辨事不賴寵。帝聞彭城有逆節，詔公密取不敢泄。臨行斬首挂馬鞍，萬衆不讙皆妥帖。仗鉞東南當一面，寇去看書寇來戰。中樞大府無人聲，儒將威名滿淮甸。甫臨秦鞏遮長安，大軍失利三峯山。徑穿敵壘數千里，乘輿已出空淚潸。過門不入急赴難，犯圍直向黄河岸。照碧堂空幸汝南，賊臣新誅衛士散。自古未有降天子，君臣血視付一死。夫人徒步自拔來，命婦般礮自我始。夫婦死國無與侔，至今聞者涕泗流。

絳山奉御（一）

【箋證】絳山：完顔絳山，金哀宗之奉御（掌天子供奉）。哀宗天興二年（一二三三），蔡州被圍，饑民萬餘求出。哀宗遣近侍官分監四門。絳山時在北門，憫人之饑，出過其數，命杖四十。明年，蔡州城破，哀宗傳位末帝承麟，自縊於幽蘭軒，絳山焚其屍，瘗於汝水旁。再拜號哭，將赴汝水死，軍士救之得免，後不知所終。見《金史》卷一二四《忠義傳》。

田横得士，大都從死五百人，島中悲歌天下聞。天興君臣數萬同日死，自古得士誰得似。至今汝水澀不流，寃波苦浪漂髑髏。高官厚禄義當死，裨將賤卒果誰使。乃知義烈能感激，致命竭力無彼此。幽蘭軒中自焚日，宦人乃有魏御直。慨然正色責承御，俱從煙焰火中入〔二〕。尚衣奉御絳山奴〔三〕，殺馬毁玉如袁克。撥灰向敵葬主骨，敵人義之亦垂泣。君不見漢唐閹豎徒紛紛，刼制朝綱紊宫闈。英風突兀惟此君，千載凜然應不泯。

【校記】

〔一〕絳山，正德本同，四庫本作『經錫』。

〔二〕火中入，底本作『火■入』，正德本作『焰火入』，據四庫本補。

〔三〕絳山奴，正德本同，四庫本作『有經錫』。

李豐亭

【箋證】李豐亭：名用宜。據詩：金朝末年中進士，正大時授城父（今安徽亳州城父鎮）令。初到任，蒙古兵臨城下，遂率兵二千出城迎戰，被圍，與蒙古短兵相接，力竭而死。《金史》卷一一七《粘哥荊山傳》：天興元年（一二三三）五月，『大兵石總管入州，改州爲順天府。（楊）春爲總管，戴興爲同知，劉順治中留党項軍千人戍之。屬縣皆下，惟城父令李用宜不降。其妻子在亳，春以爲質，竟不屈而死』。

士爲有用學，有志終有爲。先生乃不幸，一第當時危。腐儒苟且皆畏避，奔走要門求内地。趑趄冀得斗升禄，覥面祗爲妻子計。先生守官聽銓選，不避畏途羞自便。一通誥命令城父，卽駕柴車出畿甸。甫能到縣敵已至，意色不動卽視事。排牆拔樹爲守禦，馬嘶動地人鼎沸。團兵僅得二千人，開門轉戰箭滿身。見星鏖出據大林，人蔽一樹氣益振。弓折矢盡樹無枝，重圍百匝何所依。飲血復鼓更格鬬，揮戈慷慨指落暉。力竭衆斃付一死，以死報國眞烈士。君不見汴梁諸生不出門，手把付身皆餓死〔一〕。

【校記】

〔一〕付身，正德本同，四庫本作『遺經』。

李伯淵

【箋證】李伯淵：寶坻（今屬河北）人。《金史》卷一一五《崔立傳》謂其『本安平都尉司千戶，美姿容，深沉有謀，每憤立不道，欲仗義殺之』。崔立獻城降蒙古，伯淵與聯合都尉李崎、都尉權東面元帥李賤奴、元帥黄摑三合等，共謀誅殺崔立。金亡歸宋，爲鎮北軍主將，死於襄陽戰事。《宋季三朝政要》卷一《理宗》：端平元年（金哀宗天興三年，一二三四），宋將全子才率師『七月二日抵東京，距城二十里駐兵，五日整兵入城。行省李伯淵，先期以書來降，願與谷用安、范用吉等結約，乃殺所立崔立，率父老來降』。或説伯淵在襄陽復叛被殺。《宋史》卷四二《理宗紀》：『襄陽北軍主將王旻、李伯淵，焚城郭倉庫，相繼降北。』宋杜範《論襄陽失守劄子》：『近者訪聞，襄陽城中北軍爲變，挾李伯淵以叛，半殲南軍。制帥趙範狼狽出城，僅以免。雖傳聞未可盡信，若其果爾，則是北軍之患又有證矣。』

天王出居委社稷，城門不閉人相食。内外音塵俱斷絶，匝合長圍事尤急。賊臣一夜忽爲變，舉城應敵遽傳箭。政事堂中誅二相，部曲讙呼上前殿。京城提控便稱王，鹵莽欲學張邦昌。公然入宫辱妃嬪，輒據御座著柘黄。伯淵忠壯賊黨畏，飲泣無言重歔欷。烏合不久相屠并，討賊誅讎在此際。宫前古槐是獨柳，馬上便梟崔立首。剖心灑血哭向天，義氣凜凜古未有。主人已亡國難興，讎恥既雪歸同盟。不幸復遇襄陽潰，一死兩朝全令名。常聞汴梁父老説，當時不受江南節。便亡儘可作純臣，金源義士第一人。此是《春秋》責賢意，但能殺賊都不計。况復去就死生皆得所，英聲自足垂千古。

題項王墓

【編年】作於蒙古憲宗五年（宋理宗寶祐三年，一二五五）秋，郝經遊歷山東東平期間。

【箋證】『魯人』二句：事見《史記·項羽本紀》，時漢持項羽頭至魯，『以魯公禮葬項之穀城』。《水經注》等均認爲在古東阿縣，即今山東東平縣舊縣鄉舊縣三村東高地。

黄公廟西穀城北，突兀一邱埋項籍〔一〕。誰知道傍幾抔土，却解銷沈拔山力。天下苦秦又一秦，天資好殺不好仁。古來鬭將皆莫及，當時帝王自有眞。江東子弟亦良苦，本自亡秦却亡楚〔二〕。不渡烏江亦天意，免使東南爲漢虜。時不利兮可奈何，可憐壯士亦悲歌。臨亡焉用幾行淚，倉皇灑向漢山河。魯人仗節付一死〔三〕，葬王故用魯公禮。規模往往近三代，天命宜歸赤帝子。往年聞有沙邱土，搥牛致祭重流涕。墓前作文哀項籍，不知所哀竟何事。漢王入關無項王，不王諸侯不殺降。約法開關各罷兵，一伐大定武與湯。漢王纔入項王來，天下盡爲狼與豺。嗚呼遺民端可哀，項王宜怨不宜哀。

【校記】

〔一〕邱，正德本、四庫本作『丘』。下同。

〔二〕亡，底本作『云』，四庫本作『去』，據正德本改。

〔三〕仗，四庫本同，正德本作『伏』。

靈泉行

【編年】作於蒙古憲宗五年（宋理宗寶祐三年，一二五五）秋，郝經遊歷山東期間。

【箋證】行臺嚴公：　指嚴忠濟（？—一二九三），一名忠翰，字紫芝。長清（今屬山東）人，嚴實（一一八一—一二四〇）之子。嚴實初爲金朝長清令，後聯宋抗蒙古，宋授爲濟南治中，太行山以東均受其管轄。蒙古太祖攻金，金宣宗南渡，蒙古太師、國王木華黎經略中原，總太行以南軍政事宜，攻取河北、山東、山西各地。嚴實挈所部彰德、大名、磁、洺、恩、博、滑、濬等州戶三十萬歸降蒙古，拜爲金紫光祿大夫、行尚書省事，東平路行軍萬戶。嚴實死，忠濟襲爵爲東平路行軍萬戶。曾從元世祖攻宋，有戰功。至元二十三年（一二八六）授中書左丞，行江浙省事。因年老，辭不就。《元史》卷六十七有傳。明朱權《太和正音譜》將其列於『詞林英傑』一百五十人之中。東山：　在山東東平東，下有東山村。靈泉：　位於東平梯門鄉東溝流村北鳳凰山之陽靈泉寺東北隅，鳳凰山卽鳳山。東山在縣東，有東山村。

見詩序。

乙卯秋八月，及行臺嚴公獵於東山，遂會於鳳山之靈泉，故賦二詩。

赤雲夾日騰清暉，太陰殺氣纏海霓。元戎小隊數百騎，金鑣玉勒紅牙旗。長鞭一點陣偃月，稍騎兩合前山圍。查牙折角獲挺鹿〔一〕，模糊生血禽孤羆。霜蹄剝落落澗石，饑燕亂掠秋草飛。應弦霹靂疊破碎，掇拾挂馬皆纍纍。一川錯莫半山赭，空穴破冢妖狐悲〔二〕。將軍推仁亦中怛，弛弓服矢收神威。力士下馬各數獲，從官解劍稱酒巵。山河慘澹生壯觀，乾坤突兀增雄奇。溶溶喜色動歸路，滿城樓觀重煙霏。

蕭蕭弓劍秋山行，老玉破碎前相迎。石蛇遶徑入煙樹，一天忽在青山層。三巖鼎峙勢欲墜，元氣突兀强拄撐。相君坐定從官列，游子乘興窮其登。穿雲石磴上方遠，忽入洞窟行幽冥。黑風吹衣出大隧，泉源湛徹光泚清。儵然濺弄窅次豁，一匊流盡千年酲。憑高悠悠肆遐矚，天宇曠闊秋毫明。泰山西來忽中斷，翳翳桑土西南平。須臾撾鼓震虛谷，樽酒坐嘯還同傾。醉歌扣碎一明月，欲入碧海騎長鯨。

【校記】

〔一〕挺，正德本同，四庫本作『鋌』。

郝經集編年校箋卷十二

歌詩

彭城李師射虎行

【編年】作於元世祖中統元年，郝經出使南宋，途經彭城（今江蘇徐州）之際。

【箋證】彭城：　今江蘇徐州。李師：　生平不詳。

【箋證】彭城：　在今江蘇徐州，在濟南（今屬山東）至宿州（今屬安徽）之間。元世祖中統元年（宋理宗景定元年，一二六〇）四月，元世祖以郝經爲國信使使於宋。《年譜》：『夏五月，公至濟南。』『六月，至宿州，移文於宋，以請接納。七月，進至五河口。』李師：　生平不詳。

偃林風色號鷙鳥，山殘樹老虎負嵎。將軍躍馬翻雕弧，飛雹一點金僕姑。赤羽飲肉血滿鬚，勁欲一撲垂霜顱。谷神不靈暗且愚，山靈僨死悲狸狐。十年一逕無樵蘇，一日便使爲通衢。虐政既革虎害除，郡人咄唶爲嗟吁。歸來猛氣慘不舒，勇無所用將賈餘。舉杯側坐紅氍毹，玉鞭擊碎青珊瑚。意欲一舉開八區，櫜弓却馬還隆儒。作詩問君能從無，當路先去入於菟。

八月十五夜五河口觀月

【編年】作於元世祖中統元年八月，郝經出使南宋，途經五河口之際。

【年譜】元世祖中統元年，郝經奉命使宋。『六月至宿州，移文於宋，以請接納。七月進至五河口，宋遣朱寶臣、秦之才來接伴。八月，宋復遣潘拱伯來館伴，請登舟而南』。

【箋證】五河口位於今安徽蚌埠市五河縣南北岸。宋金及宋元對峙時，南宋在此置關隘駐兵防守。五河口爲邊城，郝經過五河口，便進入宋境。

去年燕南醉明月，黄金臺上秋風發。兩行燕玉笑姮娥，直著風神比顔色。前年山南醉明月，露氣風聲纏玉節。甲士撾鼓邊聲雄，漢水波翻峴山裂。今年又作江南行，五河河口澆雄鱸。舉杯對月月浮動，酒浪搖碧金鱗生。彷徨四顧天宇豁，九州四海一月明。誰令此地限南北，鬩起禍亂挐甲兵。人生大抵隨所遇，南北東西無定住。今宵對月傾金尊〔一〕，便可長吟嚼佳句。醉時抱月凌孤風，桂苑煙霄快高步。浩歌亂扣白玉盤，天上人驚亦何懼。不須槌碎黄鶴樓，何必翻倒鸚鵡洲。大江江頭呼李白，我欲與汝蓬山游。赤城城頭搖曳紫綺裘，白雲雲邊倒卷蒼玉甌。雙成佐酒飛瓊唱，不解人間更有愁。

【校記】

〔一〕今，底本、正德本作『金』，據四庫本改。

燭芝行

【編年】作於元世祖中統元年以來，郝經出使南宋，被拘禁於眞州期間。

【箋證】燭芝：燭花，燈花。古人以爲，夜燭結花，吉祥之兆。

更長燭明對幽獨，紫煙青焰噴赤粟。爊爲芝菌亂烱碎，莖葉輪囷花篤蔌。珊瑚小樹凝霞腴，一片金沙襯紅玉。嗟嗟既以明自煎，尚有精英結尤物。江南江北富貴家，喜氣氤氲滿華屋。高燒深夜照紅妝，剪落煙花花更出。余方孤館交一臂，兩國愁添兩眉蹙。魚龍慘淡湖山昏，風雨飄蕭鬼神哭。星芒錯落劒花澀，慷慨歌謡動心曲。投戈散地三十年，殘姓遺黎儘魚肉。子亡其父婦亡夫，淚痕更甚銀盤燭。不知此瑞胡爲來，奕奕層層生不足。祇應臘盡將回春，再立元氣開乾坤。發爲陽和盟二君，億萬性命從今存。金蓮夜對承主恩，玉虹千丈纏朱門。照耀萬古光斯文，與世作瑞垂後昆。

書焦山瘞鶴銘後

【編年】作於元世祖中統元年，郝經出使南宋，被拘禁於眞州期間。

見詩：『儀眞館中三伴使，攜來貽我襟宇豁。』

卷二十《瘞鶴銘辨》：『中統元年，持節使宋，館留儀眞。伴使潘居之，以焦山磨崖《瘞鶴銘》見貽，而昏剝湮漬，漫不可别。既而提舉路鈐、王順，送焦山寺僧所寄一本，及《辨證》一卷，卽此本也。方之他本，最爲完具。嚮在河朔時，所見數本，皆摹榻失眞。近歲鄧州石刻傳布雖多，而枯硬剸截，絕無韻勝。及見此本，氣韻具足，矯矯飛動，乃知書家亦自有眞耳。故既論其書法，又辨其名氏，又賦詩以答諸伴使云。』

【箋證】焦山：位於今江蘇鎮江東北長江之中江心島。原名樵山，東漢末年隱士焦光曾隱居於此山，宋眞宗時改爲焦山。焦山保存有衆多珍貴的摩崖石刻與碑林墨寶，有江南第一碑林之稱。其中

《瘞鶴銘》被稱爲碑中之王，稀世之寶。

江流赴海勢莫遏，潮頭推山怒噴薄。崩崖倒影浴朝日，金碧萬丈涵石脚。右軍將軍筆如椽，擘窠大字銘瘞鶴。剸劃造化去畦町，六合萬象歸旋斡。意趣宛在結繩前，巧寓拙外無心學。氣壓江海爭雄深，飛動還疑地軸弱。年深石爛水波沸〔一〕，鱷鯢淬齒龍厲角〔二〕。書家元氣老欲死，濺沫掀濤半斑駁〔三〕。華表空存舊年月，胎禽竟自翔寥廓。儀眞館中三伴使，攜來貽我襟宇豁。墨粘紙涇帶江霧，神采超超勢沉著。忽從滄海得遺珠，舉目全牛已刲割。乃知書法盡本此，泝流求源各穿鑿。惟餘魯公坡仙得其正，永州磨崖《中興頌》。惠州李氏潛珍閣，照耀萬古傳脉絡。何時摩挲斷石一樽酒，揮灑江山臥煙壑。坐中還有打碑人，直待今年秋水落。

【校記】

〔一〕爛，四庫本同，正德本作「欄」。

〔二〕厲，正德本同，四庫本作「礪」。

〔三〕駁，底本、正德本作「駮」，據四庫本改。

書磨崖碑後

書至於顏魯公，魯公之書又至於《中興頌》，故爲書家規矩準繩之大匠。河朔嘗見三數本，皆完好，而森森如劒戟，有不可犯之色。今得此本，頗爲殘缺，既裝褙，則反得古中韻勝。乃知崖角刓弊，本眞全露。有李白所謂『秋水出芙蕖，天然去雕飾』者，尤可賞激也，乃爲賦詩云。

汝南昔曾謁公祠，霜日皜洌森英姿。乃今江館坐牢落，奪目忽覩《中興碑》。神明煥若還舊觀，義烈凜凜生見之。滯氣激起天宇豁，快意發冢揮金鎚。生平每爲二賢惜，以技掩節公義之。不阿桓溫止殷浩，遺世脫屣終游嬉。平原突兀杲卿死，李唐中債公能持。政令二賢書不工，隻字片楮猶當奇。矧於超凡入聖筆，冠冕百代書家師。坡仙論書至公止，此本於公又其

【編年】作於元世祖中統元年以來，郝經出使南宋，被拘禁於眞州期間。

見詩：『乃今江館坐牢落，奪目忽覩《中興碑》。』

【箋證】磨崖碑，即《中興碑》，全名《大唐中興頌》碑，刻於湖南永州祁陽浯溪露天摩崖，唐代元結撰文，顏眞卿丹書。

雄至。正筆篆玉藏李斯，出筆存鋒兼漢隸。古硬陵轢《瘞鶴銘》，韻勝韜抉《蘭亭記》。《離堆》雄峻僅能亞，《畫贊》沉深還櫛比。書法至此爲絕塵，頓覺諸家異端異。恢宏正大極遒緊，馳鶩剛方窮壯麗。萬古千秋討賊心，二十四城忠義氣。惜哉歲久頗殘缺，苔蝕潮春寢磨滅〔一〕。去國幾年似者希，滄海遺珠亦奇絕。酒酣對酌虎賁郎，况乃摩挲是明月。斷畫嶄嶄屹斷金，倔彊常山筆端舌。中間剝泐尚含胡，慘淡中丞面餘巘。載看激裂壯士肝，意苦時危將泣血。置書勿論撫膺歎，更有何人似公節。忠貞端不負巡遠，文字尤令重元結。只今誰識段文昌〔二〕，世上焉知李希烈。終南太華皆可磨，後人竟莫墮嵯峨。惟餘浯溪青天一片石，照耀邃古馳江河。誰能與世見此不朽業，蕩攘邪穢蠲袄痾。再立元氣攄澆訛，踵武至德肩元和，九原起公吾其歌。

【校記】

〔一〕寢，底本作『寢』，據正德本、四庫本改。

〔二〕今，底本、正德本作『令』，據四庫本改。

江梅行

【編年】作於元世祖中統二年二月，郝經出使南宋，被拘禁於眞州期間。

見詩：『爲言儀眞梅最多，苔花古樹深煙蘿。一年十月至二月，紅紅白白盈江沱。』

江城畫角吹吳霜，破月著水天昏黄。波澄煙妥林影澹，雙梅帶雪横溪塘。此時承平風物盛，家家種玉栽琳瑯。朝來伴使宴江館，銀瓶亂插吹銀管。霏微香霧入紅袖，零亂春雲遶金盌。都將和氣變荒寒，錦瑟愁生燕玉煖。爲言儀眞梅最多，苔花古樹深煙蘿。一年十月至二月，紅紅白白盈江沱。自從天馬飲江水，草根斸盡梅無柯。揚子人家楚三戶，今年幸有燒殘樹。忽聞星使議和來，盡貯筠籠待供具。從今江梅好顏色，爛醉長吟嚼佳句。

江聲行

【編年】作於元世祖中統三年，郝經出使南宋，被拘禁於眞州期間。

見詩：『鴈啼月落揚子城，東風送潮江有聲。』『三年江邊不見江，聽此感激尤傷情。』

鴈啼月落揚子城，東風送潮江有聲。乾坤洶洶欲浮動，窗戶凜凜陰寒生。昆陽百萬力一蹴，齊呼合譟接短兵。鐵騎突起觸不周，金山無根小孤傾。起來看雨天星稀，疑有萬壑霜松鳴。又如暴雷鬱未發，喑嗚水底號鯤鯨。祇應靈均與子胥，沉恨鬱怒猶難平。更有萬古戰死骨，銜寃飲泣秋濤驚。虚庭徙倚夜向晨，重門擊柝無人行。三年江邊不見江，聽此感激尤傷情。須臾上江帆欲舉，舟子喧豗鬧撾鼓。江聲漸小聽雞聲，慘淡芙蓉落疎雨。

花蘂夫人詞

【編年】作於元世祖中統三年，郝經出使南宋，被拘禁於眞州期間。

【箋證】元王逢《讀國信大使郝公帛書有序》：中統十五年（元世祖至元十二年，宋恭宗㬎德祐元年，一二七五）九月一日，郝經鴈足傳書。『未幾，虞人獲之於苑中，以所繫帛書，託近侍以聞，上惻然曰：「四十騎留江南，曾無一人鴈比乎？」遂進師南伐。越二年，宋亡。書今藏諸秘監河南王客劉澮齋云。』

見詩序。

青城費氏，以才色入孟蜀宫，後主嬖之，效王建作《宫詞》百首。國亡入宋，備太祖後宫。嘗召使誦詩，因誦《亡國詩》云：『君王城上豎降旗，妾在深宫那得知。十四萬人齊解甲，寧無一個是男兒！』予感其事，故爲作《花蘂夫人詞》。

花蘂夫人似花蘂，氷肌玉骨深宫裏。等閑蜂蝶那得知，惜殺風流蜀天子。芙蓉開滿摩訶池，月殿香來動風水。廣寒却有兩姮娥，鬢亂釵橫飄桂子。自作《宮詞》一百首，學得晚唐王建體。六宮寵愛渾一身，太眞飛燕親曾比。誰知一夜花開了，子規啼向汴梁邸。始知世上花蘂多，一番春去空紅紫。榻上眞龍方鼾睡，絕語新詞不到耳。向人更誦《亡國詩》，爭妍忘盡降王恥。十四萬人皆男兒，夫人宜向蜀宮死。

二年冬至日湯安撫送梅

【編年】作於元世祖中統二年冬至日，郝經出使南宋，被拘禁於眞州期間。見詩：『去年擬向西湖看，今歲猶然揚子岸。』

見詩題。

風吹雪霰日南至，銀瓶又插眞州梅。塵封蠟顆春欲透，添水細浴清香回。去年擬向西湖看，今歲猶然揚子岸。燭花相對淡橫斜，江靜天寒聽孤鴈。

後聽角行

【編年】作於元世祖中統二年，郝經出使南宋，被拘禁於真州期間。見詩：『燕南壯士江城客，孤館無眠心已折。』『當時聽角送南人，南人吹角不送人。』見詩序。序中『丁未』，爲金天會五年（一一二七）。

丁未冬十有一月，漢上趙先生仁甫，宿於余家之蜩殻菴。霜清月冷，角聲寥亮，乃作《聽角行》以贈其行。近在儀真，每聞角聲，因思向來卒章四句：『江上舊梅花，今夜落誰家。樓頭有恨知何事，牽住青空幾縷霞。』便有江城羈留之兆。故作《後聽角行》，以自釋云。

燕南壯士江城客，孤館無眠心已折。那堪夜夜聞角聲，怨曲悲涼更幽咽。一噴牽殘楊柳風，五更吹落梅花月。霜天裂却浮雲散，鴈行斷盡疎星接。餘音眇眇渡江去，依稀似向愁人說。勸君且莫多歎嗟，家人恨殺生離別。可憐辛苦爲誰來，凋盡朱顏頭半白。萬緒千端都上心，一寸肝腸能幾截。當時聽角送南人，南人吹角不送人。不如睡著東風惡，拍枕江聲總不聞。

巧蟠梅行

【編年】作於元世祖中統二年（宋理宗景定二年，一二六一）冬十一月，郝經出使南宋，被拘禁於真州期間。

見詩：『江石細嵌蒼蘚泥，百巧直要似西湖。盈盈矮矮密且疎，北客乍見忘羈孤。』

金陵檻梅曲且紆，松羔翠箸相倚扶。紫鱗强屈蟠桃枝，藤絲繳結費工夫。白蘂紅萼玲瓏層，玉錢亂貼青珊瑚。江石細嵌蒼蘚泥，百巧直要似西湖。盈盈矮矮密且疎，北客乍見忘羈孤。聞說江南富貴家，金漆洞房新畫爐。錦簾深垂春自生，遶牀羅列十數株。清香透骨滿意濃，翠袖捧觴歌貫珠。開殘不向前村尋，送新易舊常有餘。細思只是兒童計，不是詩人與梅意。深江古岸三百樹，亂落潮溝遮野渡。苔封雪漬硬劉青玉錐，半開不開萬里霜風吹。犯寒燒酒傾數杯，折殘戴了乘月回，一天清興詩家梅。

電白馬行

【編年】作於元世祖中統二年冬十一月，郝經出使南宋，被拘禁於眞州期間。見詩：『詔令持節南使宋，黄金臺前始解鞚。儀眞夜夜來入夢，突兀使我心魄動。』

余方丁年喜鞍馬，費却千金總駑下。忽從河壖得驥子，躍出驚湍汗流赭。逸足追風名電白，電掣騰空一片雪。幾回閑踢汴梁花，半生快意燕山月。身如膩玉不染塵，面無餘肉腕露筋。不驕不惡穩且馴，良馬可人如美人。顧盼徘徊會人意〔一〕，門巷街衢盡能記。繫向垂楊立如睡，逍遙布路方半醉。恒山堂北曾躍數丈橋，漢東事急一踴上山陬〔二〕。臨危赴難每索轡，兩耳直欲摩雲霄。前年渡江飲血鸚鵡洲，今年朝天五千里。金蓮花開却飲灤江流〔三〕，忽從監牧羣中過。大青小青盡回頭，詔令持節南使宋，黄金臺前始解鞚。儀眞夜夜來入夢，突兀使我心魄動。

【校記】

〔一〕盼，正德本同，四庫本作『盻』。

〔二〕陬，正德本同，四庫本作『椒』。

〔三〕濼，底本、正德本作『欒』，據四庫本改。

長星行　甲子歲七月一日始見，九月十六日没

【編年】作於元世祖至元元年（甲子年，宋理宗景定五年，一二六四）九月，郝經出使南宋，被拘禁於眞州期間。

見詩：『五年江館戴片天，變故紛紜翻覆手。』

見詩題注。

銀槼萬條日没西，玉虹千丈月合丑。雄雞一聲半天赤，太陽欲出星在柳。東南勢妥裁氷刀，東北迸開驅雪帚。行侵熒惑掩太白，直從北斗向南斗。上相黯慘忽無色，上將參差都不守。明堂帝坐總芒昧〔一〕，房駟王良欲奔走。漸過輿鬼漫兩河，渾掃三垣當井口。突煙滚滚欲浮動，異事驚人古未有。初從暵旱忽風雨，拔木轟山聲亂吼。爾後妖芒忽亘天，七月初吉又踰九。縱橫凌犯臥復堅，自暮至朝長更久。五年江館戴片天，變故紛紜翻覆手。摧心褫魄又見此，閉目不敢窺戶牖。天傾地裂由積釁，敗國亡家皆自取。吾聞有道必得壽，長星勸汝一杯酒。

【校記】

〔一〕芒，正德本、四庫本作『茫』。

入奏行贈千戶魏斌

【編年】作於元世祖至元三年九月，郝經出使南宋，被拘禁於眞州期間。見詩：『七年姦兇緘髓骨，故作狼跧期一撲。』

【箋證】魏斌：郝經使宋隨從，其他不詳，爲護衛武官。千戶：元代職官，掌兵千人防衛地方的武官。

天王推恩下寶書，龍節玉幣金虎符。邊臣喜兵禍二國，陰使豎子來相圖。七年姦兇緘髓骨，故作狼跧期一撲。艨人救死趨夜發，羣起先尸帳下督。拔柵登門强斬關，直入臥內殺長官。洶湧逆氣噴信函，模糊生血撼帳竿。魏斌慷慨掉臂入，舉頭爲城令避賊。抱書登墉性命存，黑風卷地飛沙石。賊徒駭亂各散走，館吏嚴兵擁前後。倉皇國士幾委地，再活還因此人手。人心事急方可見，平日相看衹見面。只今歸國俱入見，爲君草奏黃金殿。整頓腰間大羽箭，討賊誅讎爲一戰。

觱栗行

【編年】作於元世祖至元三年，郝經出使南宋，被拘禁於眞州期間。見詩：『幾年南來坐江館，但聞江城畫角聲悠悠。』

昔年燕都賢豪宴我百花樓，張觜合吹□絕藝，象花短管安蘆頭。主人捧觴初壽客，一聲便作新《凉州》。傾側四座皆寂默，清洌揭起嘶蒼虬。漸爲怨曲淒且幽，更有珠帬翠袖揄音赴節囀鶯喉〔一〕。宛如饑鳳來求凰，碎挑銀字眉黛羞。有時亂敲檀板忽惆悵，渾似薊門桑葉秋。軒昂悲壯多感激，有客淚滿紫綺裘。幾年南來坐江館，但聞江城畫角聲悠悠。昨宵花落啼杜鵑，月窗孤影生離憂。誰家夜把觱栗吹，一噴新聲喚舊愁。窅如深江一葉舟，高如楊花春不收。忽然搶遏成百折，低昂頓挫如有求。一絲解將心緒抽，掛向燕山新月鈎。無情漫激壯士肝，中夜坐起涕泗流。

【校記】

〔一〕囀，四庫本同，正德本作『轉』。

狠牆歎

【編年】作於元世祖至元三年，郝經出使南宋，被拘禁於眞州期間。

見詩。

危牆鬬峻倒插棘，四簷抵匝無罅隙。東日曬透西日炙，周興鐵甕熾火逼。置予此中不許出，虐哉狠牆甚狠石，嗚呼何時見天日。

宼鐍歎

【編年】作於元世祖至元三年，郝經出使南宋，被拘禁於眞州期間。

見詩。

重門重鐷禁不開，伴使送入不復來。鐵簧生澀深金苔，沴氣纏結埋陰霾。竇中進食當門回，咬唇閉目猶疑猜，嗚呼宼鐍孰爲哀。

憶寶刀歌

【編年】作於元世祖至元三年，郝經出使南宋，被拘禁於眞州期間。見詩：『近來館下遇家賊，空拳無奈徒忿激。』

生平知己壓腕刀，借交報仇燕南豪。一從濠梁成隔絶，梟獍觸忤狐狸嘷。夜夜斗牛多異氣，玉虹縈天光燭地。幾回夢裏飛入手，痛惜當年都廢棄。近來館下遇家賊，空拳無奈徒忿激。撼牀一夜寶刀鳴，黑風卷地吹霹靂。只今使節猶未回，祇應玉琫生青苔。何時磊落却在手，爲我討賊除氛埃。

陽春怨

【編年】作於元世祖至元四年，郝經出使南宋，被拘禁於眞州期間。見詩：『別時重約頻付書，一字不到八年餘。』

去年春歸花滿空，今年無花酒樽空。起來牆頭望歸鴻，却見花落千片紅。劉郎劉郎怨東風，武陵桃源一夢中。西樓畫角東寺鐘，深閨月落昏簾櫳。美人美人隔江水，流年暗逐江水東。

江頭怕見楊柳春，楊花飛來愁殺人。紅顔落盡花片新，黄昏無人淚霑巾。舊花被疊凝春塵，夢中忽見渾未眞。隔花半面春山顰，恨郎不歸多怨嗔。不知兩處同苦辛，同是天涯愁恨人。幾年心事向誰說，花落鶯啼晝掩門。

別時重約頻付書，一字不到八年餘。死耶生耶漫嗟吁，是耶非耶有還無。應言被郎誤殺余，豈知郎在空牀居。春風滿簾酒滿壺，落紅零亂飄庭除。不言不飲愁恨俱，半睡不睡情緒無。杜鵑啼落桃花月，紅燭無情泣座隅。

芳草凄凄春又青，階前院後喚愁生。隔牆飛花帶鶯聲，都因無情却有情。强飲不醉愁難醒，欲睡不著夢難成。一簾斜日堆綠英，春風澹淹江無聲。楊花茫茫揚子城，總是天涯流落情。夜來說殺梁間燕，一世春愁在此行。

【編年】作於元世祖至元四年，郝經出使南宋，被拘禁於眞州期間。

長歌行爲正甫書狀壽

見詩：『借問怨何事？　怨我與子久在江之沱。』

【箋證】正甫：即荀宗道，詳卷四《新館秋懷贈正甫書狀》。

髯公子，聽我歌，歌聲苦長奈若何。窮天亘地怨不盡，顧視萬古都蹉跎。借問怨何事？怨我與子久在江之沱。嗟子之才世豈多，琮璜縝潤琢且磨。圭珽特達正不頗，宜在巖廊奉璋峩。紫霄絳雲白玉珂，翠蕤孔蓋金錯摩。論建唐虞開太和，突兀磊落不婀娿。高風颯颯吹明河，秋天水鑑冷不波。六合表裏盡清澈，世塵不到更把佳句哦。誰知一旦雜黽蛙，翻風豫章蔦女蘿。所以歌聲長，與子硋沉痾。子居河陽縣，我住陵川頂。子方丁年我知命，龍文虎氣心烱烱。大才自古多抑塞〔二〕，會當拔起快馳騁。金樽滿浸太行影，黄河倒卷入天井。門前大江流，幾度秋風吹。我歌聲正長，莫嘆猶未歸。壯節巉天虹貫日，志士豈作兒女悲。

【校記】

〔二〕才，四庫本同，正德本作『材』。

丁卯冬十二月二十八日修易外傳畢記夢

【編年】作於元世祖至元四年冬十二月，郝經出使南宋，被拘禁於眞州期間。

卷二九《周易外傳序》:『九年(元世祖至元五年,宋度宗咸淳四年,一二六八)春正月立春日,陵川郝經序。』

君子道長及夬決,聖筆無麟義當絕。尋終究尾動精爽,黑日入夢寒滿魄。頑冰瑩徹轉車輪,陰鑑水深嵌屋壁〔一〕。山東日月忽分曜,一線微光變痕迹。兩手摩挲冷逼心,恍然記悟祇一《易》。韋編斷後二千年,故紙紛紛壅南極。却從孤館學蠹魚,自笑蚍蜉不量力。雕鎪太極百萬言,破碎乾坤裂肝臆。大江粘天硯滴乾,風雨滿窻眞宰泣。邵先生程夫子,是聖人能不死。平地重成五鳳樓,精義入神還有此。

【校記】

〔一〕屋壁,四庫本同,正德本作『壁屋』。

太平頂讀秦碑〔一〕

【編年】作於蒙古憲宗五年(宋理宗寶祐三年,一二五五)秋,郝經遊歷山東期間。

【箋證】太平頂:泰山頂峰,今稱玉皇頂。

岱宗太平頂，磨崖與天齊。左列則天頌，右刻張説辭。文采與書法，不離近代規。漢封宛在周觀東，秦壇敻出絶頂西。壇前圓平值中峰，突兀上有始皇碑。年深雨漬百裂餘，析作兩峰蹲半規。面陽數字仍可辨，隙縫重銜苔蘚皮。中間隱約見制可，完好可辨惟臣斯。拳如釵股直如筯，屈鐵碾玉秀且奇。千年瘦勁益飛動，迴視諸家肥更癡。當時風雨有餘怒，豈容夸石獨在茲。秖應神明愛文物〔二〕，不肯轟擊常護持。昔年韓文公，曾賦《岣嶁》詩。字青石赤皆傳聞，漫爲咨嗟涕連洏。何如親登泰山日觀峰，光怪特見絳氣纏金虹。摩挲細讀秦相碑，天門高詠來清風。乃知山靈不相負，夜宿天邊不忍去，醉倚雲窻重回顧。

【校記】

〔一〕太平頂讀秦碑，此詩正德本不收，乾隆本據顧嗣立《元詩選》本初集卷十四增入，底本、四庫本相沿用。

〔二〕文，底本作『九』，四庫本作『尢』，據顧嗣立《元詩選》本初集卷十四改。

郝經集編年校箋卷十三

律詩

秋興五首

【編年】作於郝經寓居保定，讀書鐵佛寺，設館賈輔、張柔二府，立志道濟天下之時。見詩：『六經依舊垂天地，千載秦灰散刼空。』『但能握節終吾事，絕食猶輕漢五侯。』

風振長天秋氣豪，幽人興與雪山高。霜纏短褐歌《商頌》，月滿空庭讀《楚騷》。萬事已應隨弊俗，一身寧忍墮塵牢。會須散髮滄溟上，鞭擊魚龍舞碧濤。

世事雖窮道不窮，金聲猶振魯王宮。看書極探天人理，下筆全侔造化功。未灑後塵心有贅，忽驚前哲坐生風。六經依舊垂天地，千載秦灰散刼空。

沙泠雲平塞外天，霜風掣箭射幽燕。羣狐蹀血濡腥尾，一鶻搏空弄老拳。白玉樓成賀安在，黄金臺廢隗猶賢。翩翩精衛休填海，驅石秦人已斷鞭。永夜漫漫苦飯牛，北溟誰下釣鰲鈎。拘雲琢句鬼神泣，倚劍長歌天地愁。日暖桃源秦世外，月明蘭國楚江頭。但能握節終吾事，絕食猶輕漢五侯。萬里長風掃陣雲，浩歌一曲倒清樽。昔人猶有未埋骨，邃世難招不返魂。陰沴豈能昏日月，濁河難使貫乾坤。皇天不許中州静，夜夜長庚出薊門。

寓興

【編年】應作於郝經寓居保定，讀書鐵佛寺，設館賈輔、張柔二府期間。

實學湮沉僞學張，四科一併入文章。詞源更不窮西漢，詩律惟知效晚唐。風雅義迷元氣死，天人理昧正心亡。何當倒挽銀河水〔一〕，淨洗雲孫織錦裳。

【校記】

〔一〕挽，底本、四庫本作『換』，據正德本改。

李淑玉送醉梨

【編年】作於郝經寓居保定，讀書鐵佛寺，設館賈輔、張柔二府期間。卷九《答李淑玉》：『古稱燕趙多奇士，乃今於君還見之。』

李氏家梨點漆光，蟄龍遺卵結冰霜。香中風味爛中得，皮裏陽秋凍裏藏。破酒滿盤烏玉顆，醒心一掬粉紅漿。燕南奇士共奇果，不獨張公擅洛陽。

雪意

【編年】作於蒙古憲宗四年（宋理宗寶祐二年，一二五四）春，至次年秋，郝經遊歷河南期間。

【箋證】氷井：古臺名。東漢建安年曹操在鄴城（今河北臨漳）一帶建銅雀、金虎、氷井三臺。梁園指今河南開封。

暘谷初氷冽曉霾，瑶花一夕滿瑶臺。雲飛海嶽寒難吐，風振堪輿凍不開。秀魄暗成氷井月，冷魂潛入楚江梅。梁園此日多豪俊，濯濯無因展異才。

晚晴登西臺

【編年】作於郝經寓居保定，讀書鐵佛寺，設館賈輔、張柔二府期間。或作於蒙古憲宗四年春，至次年秋，郝經遊歷河南期間。

【箋證】西臺：指河北易縣西南之西臺。或指曹操所建三臺之銅雀臺，也稱西臺。

電明雲黑轉驚雷，忽送諸山暮雨來。萬騎蹴風飈陣駭，六鰲噴海漲天開。無情漫作陸地浪，有意不洗中心埃。落日明霞照湖水，一天爽氣上高臺。

呈王内翰

【編年】作於郝經寓居保定，讀書鐵佛寺，設館賈輔、張柔二府期間。

【箋證】王内翰：金代名士王若虛，藁城（今屬河北）人，金章宗承安年間進士，官至翰林直學士，主盟文壇幾三十年。卷二《義士》序：『初以蚤失怙恃，著道士服，杖屨去家，觀覽山川，交識名右。王內翰、白樞判、魏靖肅、元遺山，一時名流，皆嘗爲之先後。』元好問《內翰王公墓表》：『文以歐蘇爲正脈，詩學白樂天，作雖不多，而頗能似之。』元王鶚《滹南遺老集序》：『主文盟幾三十年，出入經傳，手未嘗釋卷。爲文不事雕篆，唯求當理，尤不喜四六。其主名節，區別是非，古人不貸也。』

霜落雲枯秋盡時，翰林遺得桂林枝。春風久已歸桃李，刼火從渠照虎貔。白髮操戈浮世在，赤心傾蓋幾人知。壺中有酒無天地，醉後休歌貝錦詩。

送陵川魏夢臣

【編年】作於郝經寓居保定，讀書鐵佛寺，設館賈輔、張柔二府期間。

【箋證】魏夢臣：郝經故鄉山西陵川人。

太行一脊壯中州，上有吾家最上頭。蓬鬢他鄉淹歲月，錦衣何日拜松楸。塵埃滿面將何往，羽翼生心漫起愁。聞説棣華堂尚在，紫荊花老鶺鴒羞。

南樓書懷贈趙丈仁甫

【編年】作於郝經寓居保定，讀書鐵佛寺，設館賈輔、張柔二府期間。卷十二《後聽角行》序：『丁未（蒙古定宗二年，宋理宗淳祐七年，一二四七）冬十有一月，漢上趙先生仁甫，宿於余家之蝸殼菴。霜清月冷，角聲寥亮，乃作《聽角行》以贈其行。近在儀眞，每聞角聲，因思向來卒章四句：「江上舊梅花，今夜落誰家。樓頭有恨知何事，牽住青空幾縷霞。」便有江城覊留之兆。故作《後聽角行》，以自釋云。』

【箋證】南樓：位於保定。趙丈仁甫：即趙復，詳卷八《聽角行》。

慘澹風雲鸚鵡洲，蹉跎歲月仲宣樓。從渠得失兩端了，不媿乾坤萬事休。往行前言秖自省，樂天知命復何憂。此身難著人間世，只合長歌老飯牛。

送仁甫丈還燕

【編年】作於郝經寓居保定，讀書鐵佛寺，設館賈輔、張柔二府期間。

參見前詩《南樓書懷贈趙丈仁甫》編年。

一鞭天地起孤愁，高戴南冠賦遠遊。濟瀆醉探窺海眼，岱宗闊步望吳頭。唐虞問學傳千古，伊洛波瀾浸九州。七十餘君皆不遇，却攜漢月渡盧溝〔一〕。

【校記】

〔一〕盧，底本、正德本作『瀘』，據四庫本改。

送高聖舉之關西

【編年】作於郝經寓居保定，讀書鐵佛寺，設館賈輔、張柔二府期間。

【箋證】高聖舉：名道凝，金元之際西京（今山西大同）人。曾奉元好問爲師，又爲姚樞弟子。至元十七年至二十年（一二八〇—一二八三）任江西行省郎中，遷江南行臺侍御。元魏初《贈高道凝》序：『侍御道凝之尊君侍郎先生，在中統末建元之前十年，我先大夫玉峰被召，薦中州名士大夫六七十人，有曰西京高聖舉，年三十已上博學，善屬文，通世務，有器識，廉介有守，可使臨財，亦可以臨政。歲丙辰（一二五六），遺山元先生入燕初，朝夕奉杖屨。曾聞其説：「今之能文者李之和、高聖舉，人莫之識也。」自後，初嘗求先生之文如記如序如詩文，往往讀之不能舍去。』參姚燧《鄭龍岡先生挽詩序》。元貞元年（一二九五）爲侍讀，與翰林學士姚燧共任《世祖實錄》總裁。見《元史》卷一七四《姚燧傳》。

關西：　指函谷關或潼關以西地區，約今關中渭河流域。

碧落心期已自通，滿襟霜月又相同。斯文不墜浮雲外，元氣常存刼火中。太華峯頭老秋色，銅駝陌上舊春風。終當對此一樽酒，豈限秦關西與東。

哀王子正

【編年】作於蒙古太宗皇后乃馬眞氏稱制三年（宋理宗淳祐四年，一二四四），郝經寓居保定，讀書鐵佛寺，設館賈輔、張柔二府期間。

【箋證】王子正（一二〇三？—一二四三），初名元亮，後改名元粹，字子正，世稱王粹，號恕齋，右北平（今河北盧龍）人。系出遼世衣冠家，金哀宗正大末，以蔭敍爲南陽酒官。金亡，流寓襄陽。蒙古破襄陽，隻身北歸，寄食燕中，遂爲道士。後輔助趙復主太極書院事，以病卒。《元史·楊惟中傳》：蒙古太宗七年（一二三五），『皇子闊出伐宋，命惟中於軍前行中書省事。克宋棗陽、光化等軍，光、隨、郢、復等州，及襄陽、德安府，凡得名士數十人，收伊、洛諸書送燕都，立宋大儒周惇頤祠，建太極書院，延儒士趙復、王粹等講授其間』。《中州集》卷七錄其詩三十三首。又見《甘水仙源錄》卷七《恕齋王先生事蹟》。參見卷二三《與北平王子正先生論道學書》文。

鹿去中州道不行，先生今日死猶生。長鯨萬里朔風急，獨鶴一天秋月明。擬見斯文還太極，遽收浩氣反元精。世無程邵知音少，雲黯燕山恨不平。

追挽楊文獻公二首

【編年】作於郝經寓居保定，讀書鐵佛寺，設館賈輔、張柔二府期間。

【箋證】楊文獻公：指楊雲翼（一一七〇——一二二八），字之美，平定樂平（今山西昔陽）人。章宗明昌五年經義進士第一，詞賦中乙科，特授承務郎，應奉翰林文字，歷陝西東路兵馬都總管判官，至翰林修撰。衛紹王朝，召授提點司天臺，兼翰林修撰，大安元年兼禮部郎中，三年轉禮部侍郎。宣宗興定元年，遷翰林侍講學士，知集賢院事，二年進禮部尚書，四年改吏部尚書、御史中丞。哀宗正大元年攝太常卿，官翰林學士，二年復爲禮部尚书。謚文獻。詳《金史》卷一一〇本傳。博通經傳，官歷四朝，主持科舉三十年，貞祐南渡後，與趙秉文同掌文柄，門生半天下，時號『楊趙』。元好問《内相文獻楊公神道碑銘》盛稱：『惟其視千古而無媿，是以首一代而絕出。然則元光、正大以來，大夫士推公爲中朝第一，而不以百年計之者，知公爲未盡歟。』

九龍猶未復金源，柱石儒臣不假年。社稷隕靈興廢定，圭璋無玷死生全。筆頭黼黻能華國，掌上星辰解補天。景畧格言今在耳，空令有識淚如泉。

晚進無由拜搢紳，空將行錄問前津。身兼達德智仁勇，學貫三才天地人。月落丹山嗟鳳鳥，風悲大野哭麒麟。文章從此無公論，安得餘波灑後塵。

送董巨源

【編年】不詳待考。應作於郝經寓居保定，讀書鐵佛寺，設館賈輔、張柔二府期間。

【箋證】董巨源：生平里籍不詳。

錯落霜華季子裘，茫茫何處是西周。乾坤破碎無元氣，歲月蹉跎漫客愁。舉世横身歸虎口，幾人懷策射龍頭。相逢不得從容地，空著長歌慰遠遊。

挽喬侯

【編年】作於蒙古定宗元年（丙午年，宋理宗淳祐六年，一二四六），或作於蒙古定宗后海迷失氏二年（庚戌年，宋理宗淳祐十年，一二五〇），時郝經寓居保定，讀書鐵佛寺，設館於賈輔、張柔二府。

【箋證】喬侯：喬惟忠（一二〇九—一二六四），字孝先，金末元初涿州定興（今河北保定定興）。金宣宗南渡，從張柔聚族屬鄉曲，保西山之東流堝，别自爲一軍，任定遠大將軍、恒州刺史。後隨張柔降蒙古，爲元帥都監，以功遷左副元帥，兼行元帥府事。參與三峰山之戰，圍汴梁之役。金亡，復攝元帥府事，從征淮右，授行軍千戶。隨張柔伐宋，破棗陽，攻光、黄等州，後卒。元好問《千戶喬公神道碑銘》：『張公勇而有謀，能得士死力，每以方略授公使戰；公亦稟而後行，故所至克捷。幕府統城三十，遭離喪亂，人物憔悴；而能生聚教育，使之去愁歎而就妥安，出於翼贊者爲多。計公之功，蓋不特攻城戰野而已也。』參卷三十六《喬千戶行狀》。

卷三六《喬千戶行狀》：『丙午夏，寢疾，五月二十七日薨於第，春秋五十有五，寓殯於順天府城之東原。』『歲庚戌，將改葬先塋，文碑墓隧，故次第始終昭灼者於右。鴻儒碩筆，其諒於兹。孤子珪等狀。』

挾槊歸來鬢未霜，便如王翦臥頻陽。風雲墜地空黄土，劍甲埋光慘白楊。壯節固應書北闕，英名更好刻西郎。傳家有子無遺恨，珠樹蘭花滿玉堂。

老馬

【編年】作於元世祖中統元年（宋理宗景定元年，一二六〇），郝經從皇弟忽必烈征宋，宣撫江淮，退軍歸來保定之際。

【年譜】元世祖中統元年，『春，公宣撫江淮，至自武昌。』『四月，世祖遣使召公，平章王文統素忌公有重名，世祖欲修好於宋，文統請遣公。　王本李璮幕屬，乍被親幸，復陰囑李璮潛師侵宋，欲假手害公。時或爲公言：「宋人譎詐叵信，盍以疾辭？」公曰：「吾讀書學道三十年，無大益於世。今南北構難，困弊已極，倘弭兵靖亂，活百萬生靈，吾學爲有用矣。」遂赴召見於開平，以公爲翰林侍讀學士，賜佩金虎符，充國信大使，齎國書入宋，告登寶位，布通好弭兵息民意。』

百戰歸來力不任，消磨神駿老騣騣。　垂頭自惜千金骨，伏櫪仍存萬里心。　歲月淹留官路杳，風塵荏苒塞垣深。　短歌聲斷銀壺缺，常記當年烈士吟。

詠史

【編年】不詳待考。　應作於郝經寓居保定，讀書鐵佛寺，設館賈輔、張柔二府期間。

八朝高祖擅英聲，盡以姦雄簒奪成。　曹魏規模爲故事，帝堯禪讓竟虛名。　貪夫胠篋盜仁義，豎子欺人弄甲兵。　天下區區幾千祀，誰能端肯爲蒼生。

壽毛德義

【編年】不詳待考。應作於郝經寓居保定，讀書鐵佛寺，設館賈輔、張柔二府期間。

【箋證】毛德義：不詳。據詩意，疑爲道士。

振落紛華別得天，誦詩學道便超然。黄花明月琴三弄，綠竹清風《易》一編。本與聖賢相對偶，却教塵土强拘攣。他年看取騎鯨去，搖曳長裾入紫烟。

題楊之美尚書寄王運使守太原書後

【編年】作於郝經寓居保定，讀書鐵佛寺，設館賈輔、張柔二府期間。

【箋證】楊之美：即金宣宗朝禮部尚書、御史中丞楊雲翼。參見前詩《追挽楊文獻公二首》。

憶昔風塵暗兩京，北門此日賴真卿。乾坤翻覆見忠節，臣子危亡置死生。一柱數年支大厦，孤軍千里重長城。尺書便是《中丞傳》，讀者猶能感義聲。

哭高監察

【編年】作於郝經寓居保定，讀書鐵佛寺，設館賈輔、張柔二府期間。

【箋證】高監察：　高嶷，遂州（今河北保定徐水區西北遂城）人。參見詩後原注。《金史·术虎高琪傳》：　金宣宗正大四年（一二二七）十月，『大元大兵取潼關，次嵩汝間。待闕臺院令史高嶷上書』云云。元楊弘道《唁高士美》詩原注：『士美名嶷，嘗宰藍田，承左司局，赴京中路。爲商帥之所困辱時，洛南方被兵。』詩曰：『王室方求士，轅門亦選材。劻勷逢彼怒，偵伺望塵迴。士命輕如紙，詩名冷若灰。君歸無所贈，長折浙江梅。』遂州：　金天會七年（一一二九）改廣信軍置，治遂城，泰和四年（一二〇四）廢。貞祐二年（一二一四）復置。元至元二年（一二六五）廢，入安肅州，後又復置。金天會七年（一一二九）於保州設順天軍。蒙古太宗十一年（一二三九），保州置順天路。

見詩後自注。

問學淵源筭略長，中樞近右轉臺郎。繡衣春照金宮日，白筆寒生玉殿霜。亡國失身雖共苦，無兒死客獨堪傷。摩挲翠琰徐河道，駐馬西風淚幾行。先生諱嶷，字士美，遂州人。以才幹精絕，拔爲樞密院都事。學術純正，轉監察御史。金亡入燕，喪子感疾而卒。居順天，嘗語僕以讀書作文法。故其卒，賦詩以哭之。今順天北徐河橋上修橋碑，先生之父都轉運使之文也，故及之。

讀昭烈皇帝紀

【編年】作於郝經寓居保定，讀書鐵佛寺，設館賈輔、張柔二府期間。

苟宗道《故翰林侍讀學士國信使郝公行狀》：『公自弱冠，每以陳壽所修《三國志》統紀紊亂，尊魏抑漢，後世不公之甚，他日必當改作。及聞晦菴先生有《通鑒綱目》，嘗語人曰：「《綱目》雖奪魏統而與漢，然一代完書終未改正。」公乃創作紀、傳、序、志、論、贊等書，其辭例森嚴正大，雄深雅健，黜奸雄之僭僞，續一世之正統，則昭烈、孔明之心白日正中也。仍改曰《續後漢書》，若干卷。』

南堂即事

誓將餘燼熾高光，誰意區區竟蜀亡。三顧雄圖起諸葛，一生遺恨逐劉璋。吞吳絕援誠無策，爲羽誅仇義不忘。可惜後人私漢統，周文孰與漢中王？

【編年】作於元世祖中統元年（宋理宗景定元年，一二六〇）三月。郝經從皇弟忽必烈征宋，宣撫江淮，退軍歸來保定之際。

【年譜】蒙古太宗十年（宋理宗嘉熙二年，一二三八），郝經十六歲。『是歲，静直先生館於保之滿城。適蒙古試諸路儒士，公遂爲決科文。時僦廬託處，乃假屋於鐵佛寺僧張仲安，得其南堂，聚童子而教之，以佐生業。夏四月一日始入而從事，日誦二千言爲課，夜則考其傳注。始入夜，往庀家事，舂粟治菽。二鼓入於書堂，龕燈隱几，不解衣帶，閱誦輟録，昏怠則仰就背枕以假寢。五鼓往家負薪汲水，黎明入於書堂，以是爲常，雖盛寒大暑不替也。』

元世祖中統元年『春，公宣撫江淮，至自武昌。哭静直先生之墓而入，蓋公之服尚未闋也。見墓側有小邱，始知阿長之殤，因慟而爲志。三月達順天，鐵佛寺僧張仲安來謁，公至讀書之所，顧二親不見，因涕泗横集，揮淚爲記』。郝經所作，即卷二六《鐵佛寺讀書記》。

【箋證】南堂：　郝經在保定鐵佛寺讀書教學的南堂。

長夏禪房絶點埃，鬱蒸襟袖迥然開。　半軒流水移天去，滿榻雄風送雨來。　不記閑愁千萬種，有時清唱兩三杯。　輕鷗也自知人意，浮入鷩波却便回。

大宛二馬　天廄所育，詔錫張蔡公

【編年】作於蒙古太宗十三年（一二四一）郝經寓居保定，讀書鐵佛寺，設館賈輔、張柔二府期間。

【箋證】《元史·張柔傳》：　『辛丑，升保州爲順天府，賜御衣數襲，名馬二，尚廄馬百。』張蔡公：

即張柔（一一八九—一二六八），字德剛，金元之際河北地方武裝首領之一，易州定興（今河北保定市定興县）人。蒙古南下，金朝南遷，張柔聚兵結寨自保，金朝任爲定興令、經略使、中都留守兼知大興府事。與蒙古戰於狼牙嶺，兵敗被俘，歸降蒙古。任行軍千戶、保州等處都元帥。奉調伐金，率軍參與圍金南京汴京（今河南開封）。汴京降，柔獨至史館取走《金實録》與秘府圖書；又訪耆舊望族，護送北歸。後入覲窩闊台汗，升萬戶，兼管軍民。先鎮杞縣，移鎮亳州，從大帥察罕攻江淮，節制河南諸翼兵馬征行事。升保州爲順天府，又從忽必烈攻鄂州。忽必烈北還，柔留駐白鹿磯。建立元朝，詔令班師。柔獻《金實録》於朝廷，以年老致仕。又起用爲判行工部事，營建大都，旋逝。至元四年（一二六七）晉封蔡國公，延祐五年（一三一八）加封汝南王。詳見《元史》卷一四七本傳。墓在滿城縣城北，翰林學士王磐撰《大元故蔡國張公神道碑銘》，見《滿城縣誌》卷四。

【編年】作於郝經寓居保定，讀書鐵佛寺，設館賈輔、張柔二府期間。

落花

氣，大宛龍種絕氛埃。將軍正欲成勳業，看汝驍騰展驥才。

二馬飄飄萬里來，玉花蕭颯上金臺。風生兩耳雲霄近，電掣雙瞳日月開。渥水虎文連殺彩雲紅雨暗長門，翡翠枝餘蘀綠痕。桃李東風蝴蝶夢，關山明月杜鵑魂。玉欄烟冷空千樹，金谷香銷漫一樽〔一〕。狼籍滿庭君莫掃，且留春色到黄昏。

【校記】

〔一〕漫，四庫本同，正德本作『謾』。

哭魏先生

【編年】作於蒙古憲宗元年（辛亥年，宋理宗淳祐十一年，一二五一）正月，郝經寓居保定，讀書鐵佛寺，設館賈輔、張柔二府期間。

【年譜】蒙古憲宗元年，『正月，有《祭徵君魏先生文》、《送道士申正之序》』等。卷二一《祭魏先生文》：『歲舍辛亥正月壬戌朔，越三日甲子，陵川郝經謹以清酌之奠，致祭於故徵君魏先生之靈。』

【箋證】魏先生：名璠（一二〇一—一二七〇？），字邦彦，一字山公，號玉峰，道號一峰老人，渾源（今屬山西）人，後居弘州順聖（今河北陽原縣）。魏初從祖。金宣宗貞祐年間進士，補尚書省令史。哀宗天興年間，蒙古圍金南京開封，以朝列大夫、翰林修撰招撫武仙救援，不應，幾被殺。金亡，北還鄉里。庚戌歲（一二五〇），世祖居潛邸，聞璠名，徵至和林，訪以當世之務。璠條陳便宜三十餘事，舉名士六十餘人以對，世祖嘉納，後多採用焉。以疾卒於和林，年七十，賜謚靖肅。詳《元史》卷一六四本傳。參見卷二一《祭魏先生文》。

臨危正色義巍然，曾叱三軍誚武仙。赤子共知歸大老，晚生獨喜見先賢。鳳鸞重赴邱園詔，鬼蜮潛生李郭船。高棟傾摧更誰屋，衣冠苦淚欲平天。

挽劉善甫

【編年】不詳待考。應作於郝經寓居保定，讀書鐵佛寺，設館賈輔、張柔二府期間。

【箋證】劉善甫：名伯熙（一一八三—一二五六），字善甫，號房山，昌平（今屬北京）人。元王惲《史天澤家傳》：『北渡後，名士多流寓失所，知公好賢樂善，偕來遊依。若王滹南、元遺山、李敬齋、白樞判、曹南湖、劉房山、段繼昌、徒單侍講，爲料其生理，賓禮甚厚；暇則與之講究經史，推明治道。』詳參卷三五《房山先生墓銘》。

葱葱玉樹照清秋，蹭蹬群倫正黑頭。方以孝廉升茂等，便能籌策佐賢侯。氣凌天宇虹千丈，怨入東風土一邱。寂寞神交與英契，幾回中夜淚橫流。

挽賈叔儀

【編年】不詳待考。應作於郝經寓居保定，讀書鐵佛寺，設館賈輔、張柔二府期間。

【箋證】賈叔儀：生平里籍不詳。

把臂論交氣吐霓，青天白日快襟期。誰知夜半驚鸞去，漫使秋殘獨鶴悲。劫火只燒希世寶，惡風偏損出林枝。玉昆新有池塘句，夢斷空看墮淚詩。

哭祁陽賈侯

【編年】作於蒙古憲宗四年（甲寅年，宋理宗寶祐二年，一二五四），郝經從皇弟忽必烈征宋，宣撫江淮，退軍歸來保定之際。

【年譜】蒙古憲宗四年：『十月，左副元帥賈輔卒，公爲文祭之，並銘《神道碑》。』見詩：『恩門知己將何報，淚洗貞珉刻墓銘。』

【箋證】又見本書卷三五《左副元帥祁陽賈侯神道碑銘》。賈侯：詳卷一《渾沌硯賦》箋證。

萬卷巉雲慘六經，三千拊髀惜生靈。地維斷絶翻河海，天柱傾摧變日星。相印不交虛左揆，衮衣忽斂閉幽扃。恩門知己將何報，淚洗貞珉刻墓銘。

哭蕭侯孟圭

【編年】不詳待考。應作於郝經寓居保定，讀書鐵佛寺，設館賈輔、張柔二府期間。

【箋證】蕭孟圭：疑指蕭顒。卷三三《唐帝廟碑》：『永平，故中山屬縣，金源氏升爲州，曰完，今隸順天道。歲甲辰，監州事蕭侯顒，以堯城之廟久廢，乃令進士董仲方規故基，復爲立廟。』卷三三《羑里周文王廟碑》：『於是屬諸相臺總管蕭侯，使新其廟，以勗斯民善善惡惡之心。』據卷二一《祭蕭孟圭文》文意：『東丹之裔』，『共子新城』，知蕭孟圭爲契丹後裔，原籍遼東，流寓新城（今屬河北）。曾與郝經共事張柔，隨張柔官相臺（今河南安陽）、譙都（今安徽亳州）總管。因受人誣陷，鬱憤而死。

譙都狠蜮致中傷，毒手陰謀果扼吭。方喜明時見麟鳳，忽驚平地碎圭璋。人心甚海誰能測，天道如弓不可量。爲告遺孤休舐血，玉壺氷鑑有賢王。

挽劉房山

【編年】作於蒙古憲宗七年（丁巳年，宋理宗寶祐五年，一二五七）春，郝經遊學燕京之時。

【年譜】蒙古憲宗七年，『四月，作《北風亭記》、《送張漢臣序》、《祭遺山先生文》、《墓銘》、《房山先生墓銘》，詠《義士》詩』等。

卷三五《房山先生墓銘》：『歲丙辰（一二五六），復如汴，卒於旅次，年七十四，寓殯於蘇門。丁巳春，其子某改葬於燕京梨園頭劉氏先塋。房山，其自號也。』

【箋證】劉房山：名伯熙（一一八三—一二五六），字善甫，號房山，漢中山靖王之後，唐盧龍節度使劉怦之裔孫，昌平（今屬北京）人。

蒙古憲宗七年，郝經曾有燕京之行。參見卷九《入燕行》編年。

節鉞盧龍十令公，紫髯如戟氣如虹。半生笑殺春閨月，一夜歌殘玉樹風。義獻典刑存筆外，遼金興廢列胸中。飄零竟向梁園死，苦淚空隨汴水東。

題李轉運碑後

【編年】不詳待考。應作於郝經寓居保定，讀書鐵佛寺，設館賈輔、張柔二府期間。

【箋證】李轉運：北宋徽宗朝人，不詳所指。

宣政宵人禍搢紳，先生道義獨能存。恨身不入蘇黄黨，此足可登童蔡門。賴有高文見完節，惜無佳語爲招魂。屠龍大筆神明護，滄海遺珠在後昆。

次韻答王國範〔一〕

【編年】不詳待考。應作於郝經寓居保定，讀書鐵佛寺，設館賈輔、張柔二府期間。

【箋證】王國範：生平里籍不詳。卷十四《送王國範北上》：『一别恒陽下，雲霄忽羽儀。恥爲州郡屈，直結帝王知。歲月不我與，河山空自奇。黄塵愧先達，感槩入新詩。』

從君躍馬入長途，罇酒風雲日便踈。白璧暗投皆若此〔二〕，赤心知己更誰歟。不能北闕紆奇策，甘向南山守敝廬。抱膝長吟意蕭索，半生辜負五車書。

【校記】

〔一〕詩題，底本、四庫本題作『贈馬德璘』，正德本題作『次韻答王國範』。卷十三所錄郝經詩，有幾首詩題與內容互有錯訛，今皆從正德本，逐一後見。

〔二〕璧，正德本同，四庫本作『壁』。

静香亭二首

【編年】作於蒙古憲宗三年（宋理宗寶祐元年，一二五三）以來，郝經遊學燕京之時。

【箋證】靜香亭：位於燕京（今北京）。參見卷九《入燕行》編年。

南風吹綠滿庭槐，門巷翛然絕點埃。紅玉生煙塵世隔，錦幃遮日洞天開。鶯知好客飛無語，蜨爲新花去復來〔一〕。好酌生前無限酒〔二〕，浩歌長醉亂霞堆。

小山曲檻映回廊，别有一天深處藏。人物風流還似晉，衣冠儒雅尚如唐。四圍紅錦香風軟，滿地綠陰清晝長。坐久杳然忘世味，碧雲高興欲飛揚。燕自兩河之戰，遂非唐有，荐罹遼金幾四百年。然而不漸宣政佻靡之化，豪勁任俠，渾厚敦雅，猶有唐之遺風焉。故是詩有『衣冠儒雅尚如唐』之句。

【校記】

〔一〕蜨，四庫本同，正德本作『蝶』。

〔二〕酌，四庫本同，正德本作『著』。

題涿郡昭烈皇帝廟

【編年】作於蒙古憲宗三年，郝經遊學燕京，途經涿郡之時。

【年譜】蒙古憲宗三年，『夏，公入於燕，由萬寧故宫登瓊花島，慨然有懷，乃作賦焉』。參見卷九《入燕行》編年。

【箋證】涿郡昭烈皇帝廟：據王庭筠承安四年（一一九九）《重修蜀先生廟碑》，該廟初由唐涿州刺史建於乾寧四年（八九七）。

興王百折似高皇，垂老纔能據一方。鄴下只知移漢鼎，江東不肯對劉郎。千年生長村猶在，三代君臣道未忘。涿水都爲永安淚，子規啼血怨樓桑。

衛南感

【編年】作於蒙古憲宗四年（宋理宗寶祐二年，一二五四）春，至次年秋，郝經遊歷河南期間。

【箋證】衛南：　衛州（今河南衛輝）之南。　金哀宗天興二年（蒙古太宗五年，一二三三），蒙古圍金南京開封，哀宗出奔，渡河欲幸河朔，議取衛州。　兵敗，遂渡河奔歸德，再奔蔡州。一年後，金朝滅亡。

衛北傳聞卷甲趨，衛南誰意却南驅。百年曆數雖當盡，孤注乾坤便可輸。　漢割鴻溝還闘楚，蜀亡江表益征吳。　兵家勝敗尋常事，萬折彌堅是丈夫。

靈巖道中

【編年】作於蒙古憲宗五年（乙卯年，宋理宗寶祐三年，一二五五）秋，郝經遊歷山東期間。

【箋證】靈巖：　泰山北約五十里靈巖寺，位於今山東長清。　卷三《遊靈巖寺》序：　『乙卯秋九月十九日登泰山，二十二日下太平頂，遂遊靈巖寺。』

輕騎長鞭踏老埃，蕭靈爽氣動靈臺。霜餘落水三秋盡，日照扶桑半夜開。袖裏還攜泰山去，筆頭又卷東海來。臨風悵望有所憶，魯連安期安在哉。

金線泉

【編年】作於蒙古憲宗五年秋，郝經遊歷山東期間。

【箋證】金線泉：位於濟南趵突泉東北側，泉池呈長方形，水面有波紋，映日凝望，宛如金線浮於水面，故名。宋吳曾《能改齋漫錄》載：『石瓷方池，廣袤丈餘，泉亂發其下，東注城壕中，澄澈見底。池心南北有金線一道，隱起水面。以油滴一隅，則線紋遠去。或以杖亂之，則線輒不見，水止如故。』曾鞏《金線泉》詩：『玉甃常浮灝氣鮮，金絲不定路南泉。雲依美藻爭成縷，月照寒漪巧上弦。已繞渚花紅灼灼，更索沙竹翠娟娟。無風到底塵埃盡，界破冰綃一片天。』

不著靈犀水自分，輕金一縷見天根。飛來寒電空留影，消盡春冰尚有痕。亂劃波心還便續，醉探泉眼不能渾。冥冥化窟呼眞宰，此理須當與細論。

過臨淄

區宇沉雄海岱間，漢家曾着此秦關。風煙老樹千年國，金碧斜陽一片山。管仲霸圖無謂小，魯連高義孰能攀。半生失意仍漂泊，嘆舊懷賢益厚顏。

【編年】作於蒙古憲宗五年秋，郝經遊歷山東期間。

竹溪

竹溪無竹背陰崖，澗石參差漬老苔。六逸於今竟何往，四賢不復更誰來。葉邊重覓懷英

【編年】作於蒙古憲宗五年秋，郝經遊歷山東期間。

【箋證】竹溪：位於山東泰安東徂徠山西南麓的乳山脚下，金明昌年間泰安安升卿刻『訪竹溪六逸於乳山』。唐開元二十五年，李白與孔巢父、韓準、裴政、張叔明、陶沔隱於此，號竹溪六逸，見《舊唐書·李白傳》。

畫，天末空思太白才。爲向居民問遺跡，路南秪有看山臺。泰安文廟有羊祜、孫明復、石介、党世傑四賢祠。

哀李文甫

【編年】不詳待考。應作於郝經寓居保定，讀書鐵佛寺，設館賈輔、張柔二府期間。

見詩註。清苑：今河北保定市清苑區。

亂來嗟嘆子衿風，英俊無聊坐死窮。數册舊書塵滿甑，一間空屋淚霑蓬。最憐短折抛嫠婦，忍見咿嚶哭騃童。收拾同門二三子，挽輿權厝草岡東。文甫，保州清苑人，其父、祖皆第進士，爲顯宦。金亡，以孤童歸鄉里，教授句讀，安於貧寠，年三十一歲疾卒。經嘗與之游，故賦是詩以哀之。

哭亡友孟振文

【編年】不詳待考。應作於郝經寓居保定，讀書鐵佛寺，設館賈輔、張柔二府期間。

【箋證】孟振文：名鐸（一二二三—？），字振文，金末順天軍（今河北保定）人，郝經友人。卷三五《須城縣令孟君墓銘》：『甲寅（一二五四）冬十有一月，大雨雪。經在杞，戍人方警，孟君振文來，……遂去，獲於洛之登封以歸，而經亦北轅。將會葬，振文狀其事以請銘。』須城縣令孟君有『一子鐸，卽振文也。幼孤，自知爲學，通《春秋》。節節山立，雖落魂不偶，而不滓世汙。事業雖未見，已能挺身數千里葬其先人』。

見詩注。李特立：爲金燕京（南京）三司使司轉運使。

簪笏箕裘出鼎腴，泥塗誰使擲瓊琚。負骸千里還墟墓，泣血三年殯敝廬。聞説朱衣畏金石，豈期白粥亦癰疽。羈孤撩亂號嫠婦，淚浸牀頭幾册書。振文，順天軍節度使某之孫，故須城令某之子，轉運使李公特立之甥也。幼孤，三十年後始於河南登封，求得其父遺櫬負歸，甫葬於清苑先塋，而喪其母；母喪適終，而疽發背，卒，故云。

曉渡滏河

【編年】作於蒙古憲宗九年（宋理宗開慶元年，一二五九），郝經從皇弟忽必烈征宋，宣撫江淮，兵趨荊鄂期間。

【箋證】滏河：又名扶恭河，源出湖北隨州市鳴山，南流入涓水，涓水南流過安陸、漢川而入漢水。蒙古憲宗八年，蒙古三路攻宋。憲宗蒙哥率西路軍攻四川；大將兀良合臺率南路軍出雲南，經廣西、湖南而攻湖北；皇弟忽必烈率中路軍攻荊鄂，明年兵圍鄂州。郝經從忽必烈征荊鄂，途經湖北隨州過涍河。

旌旗斷續出林巒，部曲喧豗過石灘。殘月没時愁地險，宿雲收處覺天寬。自知不武還爲將，漫使閒身也屬官。落盡黄榆秋老色，楚山青曉石樓寒。

營獨山谷

【編年】作於蒙古憲宗九年，郝經從皇弟忽必烈征宋，宣撫江淮，兵趨荊鄂期間。

【箋證】獨山：今河南確山縣境内有獨山。確山縣位於河南南部。《河南通志·山川·汝寧府》：『獨山、黄山，俱在確山縣東南二十五里。』今湖北武穴境内亦有獨山。武穴即舊廣濟縣。《湖廣通志·山川·黄州府·廣濟縣》：『獨山，縣東南三里，衆山環擁，一峯孤迴。』蒙古南征荊鄂，均途經二獨山。

秋風獵獵建牙旗，月澹昏黄馬不嘶。區脱定時林影黑，邏兵行處草聲低。豺狼遠跡終宵遁，烏鵲驚飛到曉啼。中夜幾迴還自惜，缺壺歌罷意凄迷。

德安道中聞大軍渡江

【編年】作於蒙古憲宗九年九月，郝經從皇弟忽必烈征宋，宣撫江淮，兵趨荊鄂期間。

【箋證】蒙古憲宗三路攻宋，皇弟忽必烈率東路軍攻荊鄂，憲宗九年九月，由陽邏堡渡過長江，兵圍鄂州。德安：宋德安縣，屬江州路。

萬騎吞江勢欲乾，江神一夜倒狂瀾。縱横奇計山河壯，霹靂先聲草木寒。下令推恩今始見，存心不殺古猶難。天將海宇都平蕩，休道東南有謝安。

公夫人毛氏挽章

【編年】作於元世祖中統元年（庚申年，宋理宗景定元年，一二六〇），郝經寓居保定，讀書鐵佛寺，設館賈輔、張柔二府期間。

卷三五《公夫人毛氏墓銘》：『己未（一二五九）八月某日以疾薨於寢，享年六十有二。是月某日，權厝於府城東原。』『歲庚申，經宣撫江淮，至自武昌，則公夫人已薨矣。乃爲文奠哭，而其子某等致辭請銘，經何敢辭。』

雍容二十四城春，叶贊元戎作虎臣。家法自傳王令尹〔一〕，流風復見謝夫人。種香忽去花辭樹，秋月俄空鏡掩塵。最苦一年門下客，不能紼紼在江濱。

【校記】

〔一〕王，四庫本同，正德本作『土』。

孟少保後園四題

【編年】作於蒙古憲宗九年，郝經從皇弟忽必烈征宋，宣撫江淮，兵趨荊鄂期間。見詩：『秖應來歲蓬蒿底，埋没兵塵取次休。』『主人一去無消息，庭戶蕭疎落晚鴉。』

【箋證】孟少保，南宋名將孟珙（一一九五—一二四六），字璞玉，原籍絳州（今山西新絳），後隨父寓居棗陽（今屬湖北）。宋寧宗嘉定十年（金宣宗興定元年，一二一七），金宣宗遷都南京開封，拓地南宋，孟珙隨父孟宗政抗擊金軍。理宗紹定年間，擊敗金將武仙軍，轉鄂州江陵府副都統制。紹定六年（金哀宗天興二年，一二三三），與蒙古聯合破蔡州，滅亡金國。端平三年（蒙古太宗八年，一二三六），蒙古三路攻宋，東路連破襄陽、隨州等地。孟珙擊敗蒙古東路軍，收復襄陽、信陽等地，又收復四川夔州，封漢東郡開國侯。淳祐年間，拜檢校少保，進封漢東郡公，以寧武軍節度使、檢校少師致仕，卒於江陵，葬武昌金紫山。其後園在棗陽。棗陽位於湖北北部，與河南接壤，西鄰襄陽，東連隨州。蒙古憲宗三路攻宋，諸王塔察兒初率東路軍，連破襄陽、棗陽、隨州等地，略地至長江而受挫，蒙古憲宗遂令皇弟忽必烈總理東路軍攻荊鄂。

芙蓉

池館無人花正愁，仙家城郭楚江頭。一簾斜日錦雲晚，萬里西風紅露秋。深院周圍情脉脉，小山側畔思悠悠。秖應來歲蓬蒿底，埋没兵塵取次休。

木犀

湖玉山前緑玉房，靈犀幾點透心香。麝塵和露花間結，金粟嫌風葉底藏。寂寞生情動騷客〔一〕，殷勤通信與春娘。短襟翠袖偏能惜，戴了還看意緒長。

【校記】

〔一〕寂寞，四庫本同，正德本作『着莫』。

山茶

雪塢欹斜綠葉稀，梅邊竹底弄嬌姿。小山曲檻偏宜着，飛蝶狂蜂總不知。秦樹怨離抛翡翠，漢宮愁絶冷臙脂。内家最愛常留得，生色屏風有數枝。

瑞香

羽葆層層擁細花，甲梅斜映隔山茶。兩三叢裏氤氳氣，數百年來富貴家。雕玉香濃團瑞雪，翠翹春暖插輕霞。主人一去無消息，庭戸蕭踈落晚鴉。

題汶陽王太師彦章廟〔一〕

【編年】作於蒙古憲宗五年（宋理宗寶祐三年，一二五五）秋，郝經遊歷山東期間。

【箋證】汶陽：今山東汶上縣，五代後梁時爲中都。宋汪夢斗《汶上縣西門外有梁王彦章廟金人泰和中重修廟記存》：『鐵鎗戰死後梁時，消得金人爲葺祠。近歲江頭幾符節，過來須也讀殘碑。』王太師彦章： 即五代後梁名將王彦章（八六三—九二三），壽張（今山東陽谷壽張鎮）人。王彦章防守中都（今山東汶上）時，與後唐交戰，戰敗被俘，不屈被殺。石敬瑭建立後晉，爲嘉許王彦章對後梁的忠誠，追封王彦章爲太師，後世爲其立廟汶上縣。

不許乾坤屬李唐，孤軍直與決存亡。大梁僅得延三日，疋馬猶能敵五王。誰意人間有馮道，幸因身後遇歐陽。千年豹死留皮在，破冢風雲繞鐵槍。

【校記】

〔一〕太，四庫本同，正德本作『大』。

晚登徐州黄樓

人物河山自古雄，郡人尤説大蘇公〔一〕。黄樓去後風波惡，赤壁歸來文字工。戲馬尚能存壯觀，沐猴且莫笑重瞳。我來慷慨懷今昔，樽酒超超駐晚風。

【編年】作於元世祖中統元年（宋理宗景定元年，一二六〇），郝經出使南宋，途經江蘇徐州之際。

【校記】

〔一〕尤，底本、四庫本作『猶』，據正德本改。

題留城留侯廟

【編年】作於元世祖中統元年五月，郝經使宋，途經江蘇留城之際。

【年譜】中統元年，『作《居庸關銘》、《讀書堂記》、《祭淮瀆文》、《禡牙文》、《立政議》、《備禦奏目》、《便宜新政》、《留城留侯廟碑》』等。

【箋證】留城：漢代留侯張良封邑，故址在今江蘇沛縣東南，徐州西北，沛縣五段與銅山縣馬坡交界一帶。

龍蛇繞亂出氛埃，隆準相逢帝業開。三世相韓攜劍起，一言平楚據鞍回。掃除亂略伊周輩，駕馭英雄管樂才。崔浩張賓是何者，敢將驥騄比駑駘。

宿州夜雨

【編年】作於元世祖中統元年，郝經出使南宋，途經安徽宿州之際。

【年譜】元世祖中統元年，『六月，至宿州，移文於宋，以請接納。七月，進至五河口，宋遣朱實臣、秦之才來接伴』。

震南樓

飛電穿牕滿室光，却從陡黑見昏黄。雷霆半夜翻龍窟，風雨終宵撼客牀。塞上詩懷尤索莫，天涯壯氣獨昂藏。星麾何日平康了，兩國長令似一王。

【編年】作於元世祖中統元年，郝經出使南宋，途經江蘇徐州、安徽宿州之際。

【箋證】震南樓：威震江南之意，疑指宿州冠軍樓。宿州自金以來，爲南鄙重鎮，東平嚴侯忠濟之弟忠嗣駐軍於此。然詩有『黄流一曲枕鰲頭』、『此地誰教限南北』諸句，黄流指黄河。黄河岸邊的震南樓，疑在徐州。南宋光宗紹熙二年（金章宗明昌二年，一一九一），黄河在陽武（今河南原陽）決口南徙，流經徐州、宿遷、淮安等地，奪淮入海，長達七百多年。其中，流經徐州、宿遷的黄河故道，即早年泗水河道，流經淮安的河道即淮河故道，曾作爲南宋與金國的南北界線。

參見卷一《冠軍樓賦》編年。

危樓雄壓楚氛收，緩帶輕裘日燕游。赤羽萬夫開虎幕，黄流一曲枕鰲頭。天高樹老關河暮，水落雲枯澤國秋。此地誰教限南北，蒼茫極目使人愁。

以三弟庸將别憶二弟彝

【編年】作於元世祖中統元年秋，郝經出使南宋途中。

【箋證】郝經兄弟三人，郝經爲長，二弟郝彝，三弟郝庸。《年譜・世系》：『彝字仲常，匱玉不仕。庸字季常，奉訓大夫，潁州知州。』《元史・郝經傳》：『又九年，丞相伯顔奉詔南伐，帝遣禮部尚書中都海牙及經弟行樞密院都事郝庸入宋，問執行人之罪。宋懼，遣總管段佑以禮送經歸。』見詩：『二弟分襟向河朔，一身持節向江南。』説明郝經在使宋途中，與二弟分别。

西風木葉下湘潭，鄉思離愁兩不堪。二弟分襟向河朔，一身持節使江南。斷鴻噎噎催秋别，踈雨零零梗夜談。莫爲他邦重懷憶〔一〕，要將忠義壓煙嵐。

【校記】

〔一〕邦，底本、四庫本作『鄉』，據正德本改。

【編年】作於元世祖中統元年，郝經出使南宋，即將進入宋境之際。

【年譜】元世祖中統元年，『六月，至宿州，移文於宋，以請接納。七月，進至五河口，宋遣朱寶臣、秦之才來接伴。八月，宋復遣潘拱伯來館伴，請登舟而南。公將入宋境』。

沙洲夜泊

【箋證】沙洲：卷三七郝經《與宋國兩淮制置使書》：『自到五河，及移沙洲，綿歷五月，書劄關移，一無所報。』卷三八郝經《再與宋國丞相書》：『及朱制幹、秦通判相邀登舟，乃拜表闕廷，移文邊鎮，以爲順流東下，便當成行。而復泝流而西，置之沙洲者一月。』

一來駐泊便淹旬，洲渚人家鴈鶩村。滿地月明疑白晝，半帆煙影易黄昏。天連平楚無邊闊，河入長淮徹底渾。夷甫諸人憑寄語，莫教石勒上東門。

【編年】作於元世祖中統元年九月，郝經出使南宋途中。

九月晦盱眙南爲何待制壽

【箋證】盱眙：位於今江蘇中西部，淮河中下游，洪澤湖南岸，淮安南端。郝經出使南宋，過宿州（今屬安徽）至五河口（今屬安徽），曾途經盱眙。何待制：即翰林待制何源，郝經出使南宋副使，其他不詳。《元史·世祖本紀》：『中統元年夏四月丁未，以翰林侍讀學士郝經爲國信使，翰林待制何源、禮部郎中劉仁傑副之，使於宋。』

雲國回春事亦難，每將和議動龍顏。不辭漠北三千里〔一〕，喜見淮南第一山。總謂豚魚知信使，誰言虎豹守天關。先生此舉眞豪傑，鶴髮遨遊二帝間。

【校記】

〔一〕漠，底本、四庫本作『溟』，據正德本改。

奉和詳議叔巘梅之什

【編年】作於元世祖中統元年冬，郝經出使南宋，被拘禁於眞州期間。

【箋證】詳議：此指郝經出使南宋隨行副使劉仁傑（一作人傑），曾任益都同知、禮部郎中。《元史》卷一五七《郝經傳》：『經至宿州，遣副使劉仁傑、參議高翿，請入國日期，不報。』元于欽《齊乘·山川·堯山》：『中統初，益都同知劉仁傑始立廟設像紀石。』詳議是禮部官職名，掌禮儀、祭祀、接待外賓等事，相關禮儀較爲複雜，時時需要詳議，故稱。《舊唐書》卷七四《崔仁師傳》：『詔禮部集諸儒詳議。』《宋史》卷一百《禮志》：『俟郊禮畢，集官詳議典禮以聞。』副使劉仁傑爲禮部郎中，故此以詳議代稱其官職。此稱詳議叔，或劉仁傑爲郝經父執，故稱叔。郝經詩又稱劉詳議、劉郎中。參前首箋證。

蠟顆含春色更嬌，物窮宜着點枯條。日融蜂翅黄將破，雪壓檀心紫欲消。驛使最憐和竹把，野人不惜並薪燒。何當走馬燕南道，管領東風玉燭調。

月丹

【編年】作於元世祖中統元年以來，郝經出使南宋，被拘禁於眞州期間。

【箋證】王承宣：南宋接待伴使，其他不詳。承宣，承宣使，爲武臣加官虚銜。

小艇移來江漲橋，盤盤矮矮格仍嬌。丹霞皺月琱紅玉，香霧凝春翦絳綃。一種是花偏富貴，三冬無物比妖嬈。廣寒記憶曾攀折，滿殿光摇照紫霄。王承宣致月丹一本，云：山茶大者曰月丹〔一〕，又大者曰照殿紅，故爲賦此。

【校記】

〔一〕曰，四庫本同，正德本作『四』。

館中書懷

【編年】作於元世祖中統元年以來，郝經出使南宋，被拘禁於眞州期間。

一夜風濤洶客牀，覺來無處問行藏。頭皮新起粼粼雪，鬢脚潛生短短霜。李順包藏情已露，王驩朝暮意難量[一]。事成却被庸人擾，心緒和梅也不香。

【校記】

[一]暮，四庫本同，正德本作『莫』。

劉房山方鏡二首

【編年】作於蒙古憲宗七年（宋理宗寶祐五年，一二五七）春，郝經遊學燕京之時。

參見前詩《挽劉房山》。

銅老寒芒欲動搖，嶄然圭角背鸞翹。四邊蝕却月猶在，一段裁成冰不消。挂向霜臺空耿耿，照來蓬鬢漫蕭蕭〔一〕。好將物鑑爲人鑑，圓行圓綫滿市朝。

端瑩無塵雹影飄，先生心印見秋毫。水池落手洞庭小，玉井涵天太華高。物外將迎何足數，世間妍醜莫能逃。開奩一照還驚掩，疑有蒼虬噴雪濤。

【校記】

〔一〕漫，四庫本同，正德本作『謾』。

伴使秦文舉欲入維揚故賦詩以見意

【編年】作於元世祖中統元年九月，郝經出使南宋，被拘禁於眞州期間。郝經出使南宋，中統元年九月到達揚州。

【箋證】秦文舉：郝經使宋随从，其他不詳。

東風吹落瓊花雨，南浦潛生荔子煙。夜久有懷聞獨鶴，春歸無語怨啼鵑。天沉海底涵金鎖，日隱鰲頭頓玉鞭〔一〕。千尺絲綸萬年井，文園消渴竟誰憐。

【校記】

〔一〕鰲，正德本同，四庫本作『鼇』。

芍藥　王承宣送揚州芍藥數本

【編年】作於元世祖中統元年以來，郝經出使南宋，被拘禁於眞州期間。

【箋證】王承宣：　南宋接待伴使。參前《月丹》詩。

夜來風雨洗殘春，芍藥還開春又新。入座忽驚持酒客，舉盃先酹送花人。煙輕雪膩丰容質，露重霞香婀娜身。鐵石肝腸總銷鑠，都將軟語説風神。

瓊花

【編年】作於元世祖中統元年以來，郝經出使南宋，被拘禁於眞州期間。

淮南江北春三月，天上人間玉一株。有地欲移移不得，見花方落落還無。冰蕤膩碧開香雪，金粟銜黄簇蘂珠。聞説隋家自亡國，莫將詩句重相誣。

館中書懷

【編年】作於元世祖中統二年，郝經出使南宋，被拘禁於眞州期間。見詩：『星麾留滯楚江邊，葉落樽空又一年。』

星麾留滯楚江邊，葉落樽空又一年〔一〕。兀坐政如游黑海，舉頭時復見青天。拘同羑里難重《易》，拙甚揚雄媿草《玄》。聞説長歌猶慟哭，慰愁賴得有詩篇。

【校記】

〔一〕樽，四庫本同，正德本作『尊』。

晚步

【編年】作於元世祖中統元年以來，郝經出使南宋，被拘禁於眞州期間。

花落深庭步晚風，雨苔生綠上幽叢。黄鸝隔葉啼巖桂，翠碧攀枝啄海紅〔一〕。静裏細吟詩有趣，閒中遐想事無窮。江雲不定生愁思，白疊爲鱗散遠空。

【校記】

〔一〕攀，四庫本同，正德本作『扳』。

爲劉詳議壽

【編年】作於元世祖中統二年，郝經出使南宋，被拘禁於眞州期間。見詩：『去年淮上今江上，安得稱觴向敝廬。』

【箋證】劉詳議：郝經出使南宋隨行副使劉仁傑，參見本卷前詩《奉和詳議叔孅梅之什》。

鶴髮垂肩雪滿鬚，故鄉耆德更誰如。風流杜牧心尤壯，湖海元龍氣不除。白酒芙蓉秋爛漫，青山桑梓日蕭疎。去年淮上今江上，安得稱觴向敝廬〔一〕。

【校記】

〔一〕敝，四庫本同，正德本作『弊』。

曉起

【編年】作於元世祖中統二年以來，郝經出使南宋，被拘禁於眞州期間。

屠龍心事碧雲重，臥誦《離騷》嘆我儂。墜甑幾回傷往事，斷蓬何處着孤蹤。鴈啼揚子江心月〔一〕，風遞金山寺裏鐘。喚起小童添半臂，且乘曉露看芙蓉。

【校記】

〔一〕揚，四庫本同，正德本作『楊』。

湯計議生朝

【編年】作於元世祖中統二年以來，郝經出使南宋，被拘禁於眞州期間。

【箋證】湯計議：　宋臣。其他不詳。南宋度宗朝進士俞德鄰作有《小樓詩爲湯計議作》詩。計議：　卽計議使、計議官，宋金元均設置，出使以達成和盟。

一夜芙蓉着早霜，江風吹浪到中堂。兩朝和氣回春色，百萬生靈入壽觴。傾盖便能知肺腑，舉盃時復露衷腸。靈椿未老多丹桂，今日燕山竇十郎。湯時年四十餘〔一〕，一子請舉，一知無錫縣，二補太學上舍。

【校記】

〔一〕餘，四庫本同，正德本作『七八』。

生朝祭先有感

【編年】作於元世祖中統三年冬十一月，郝經出使南宋，被拘禁於真州期間。

【年譜】蒙古太祖十八年（金宣宗元光二年，宋寧宗嘉定十六年，一二二三）『冬十一月，公生於許州臨潁之城皋鎮』。見詩：『三冬又盡三年數，兩國無成兩鬢斑。』

金橘堆盤荔子丹，瓊花滿奠爇沉山。風生香案空遥拜，月掩重門尚未還。目斷松楸心耿耿，氣填胷臆淚潸潸。三冬又盡三年數，兩國無成兩鬢斑。

先大夫忌日

【編年】作於元世祖中統三年冬十一月二十八日，郝經出使南宋，被拘禁於眞州期間。

【箋證】前詩題爲《生朝祭先有感》，謂過生日時祭祀先祖。故而，《先大夫忌日》應作於元世祖中統三年冬十一月。卷三六《先父行狀》：『戊午冬十有一月……二十八日終於寢。』

墨經歸來草滿墳，擬將還葬奉遺言。幾年竟墜蹉跎計〔一〕，萬里徒勞慘澹魂。客裏可堪逢忌日，夢中却得見生存。遥知今夜佳兒女，哭斷寒雲静掩門。

【校記】

〔一〕墜，四庫本同，正德本作『墮』。

爲劉郎中壽

【編年】作於元世祖中統三年以來，郝經出使南宋，被拘禁於眞州期間。

【箋證】劉郎中：即劉詳議，郝經出使南宋隨行副使劉仁傑，時任禮部郎中。參見本卷前詩《奉和詳議叔皪梅之什》。

翠羽同舟共陸沉，蕭條江館歲華深。艱危愈識斷金義，險阻尤存底柱心。表海亭邊今昔事，雲門山下短長吟。幾時拂拭塵埃了，尊酒盟寒却重尋。

鏡藤亭

【編年】作於元世祖至元元年（宋理宗景定五年，一二六四），郝經出使南宋，被拘禁於眞州期間。

【年譜】元世祖至元元年，『作《鏡藤亭記》』等。

參見卷二七《鏡藤亭記》編年。

薄薄輕雲似霧塵，陰陰江氣冷侵人。一庭芳草留連客，兩樹夭桃斷送春。檻外流鶯仍語巧，梁間旅燕又巢新。東城飲伴西湖柳，寒食中間入夢頻。

望金陵

【編年】作於元世祖至元元年以來，郝經出使南宋，被拘禁於眞州期間。

雲際參差是石頭，天浮斜日鴈横秋。誰將故國千年恨，都付長江萬古流。破屋殘城未埋骨，焦頭爛額盡封侯。不逢四海爲家日，獨立蒼茫漫起愁。

贈都事苟正甫

【編年】作於元世祖至元元年以來，郝經出使南宋，被拘禁於眞州期間。

【箋證】苟正甫：郝經使宋書佐苟宗道，參卷四《新館秋懷贈正甫書狀》。

接屋連牆受學初，嶄嶄頭角氣凌虚。捋鬚便敢刺雙虎，回首還看總一猪。未齧子卿氈上雪，且傳黄覇獄中書。天教三士從重耳，返國尊王儘有餘。

甲子秋懷

【編年】作於元世祖世祖至元元年（甲子年）九月，郝經出使南宋，被拘禁於眞州期間。

【年譜】蒙古世祖至元元年，『公在眞州，與門人苟宗道整頓綴緝其所著，爲《甲子集》。七月一日長星見，九月十六日始歿，作記記之。』作『《秋懷》詩、《後園秋色四首》。』

江館無家久似家，西風院落老天涯。黄纏薯蕷猶多葉，緑擁芙蓉尚未花。紗幕墜塵歸晚燕，窨池生草窟秋蛙。枯腸欲斷誰濡沫，擊柝聲中夜煑茶。

秋晚後園獨步

【編年】作於元世祖至元元年以來，郝經出使南宋，被拘禁於眞州期間。

孤館年深草自荒，愁來無語立斜陽。裂冠毁冕霜雞紫，接屋連牆露菊黄。仰視飛鴻腸欲斷，佇聞靈鵲恨尤長。中原萬里家何在，江氣霏霏水潑裳。

壽劉詳議

【編年】作於元世祖至元元年以來，郝經出使南宋，被拘禁於眞州期間。

【箋證】劉詳議：劉仁傑，詳本卷《奉和詳議叔蠟梅之什》。

坐數年華更覺頻，今年猶在大江濵。却秦但惜侯嬴老，反晉全憑舅犯親。把酒相看如夢寐，圍棊正急羡精神。丹心不誤蒼生命，黑井從渠白髮新。

晚步〔一〕

【編年】作於元世祖至元元年以來，郝經出使南宋，被拘禁於眞州期間。

薄寒孤影澹黄昏，步出空齋自掩門。霜落池萍清見底，風凋庭樹静歸根。天高鴈去人千里，江闊烏驚月一痕。兩國音塵俱斷絶，幾年懷抱與誰論。

【校記】

〔一〕詩題，底本、四庫本題作『次韻答王國範』，此從正德本。

丙寅新館重九

【編年】作於元世祖至元三年（丙寅年，宋度宗咸淳二年，一二六六）九月，郝經出使南宋，被拘禁於眞州期間。

【年譜】元世祖至元三年，『春，三節人有因鬥毆相殺死者。賊登門索公於室，公乘黑出，蔽樹而匿，賊乃抽戈，公遂踰牆，賴伴使來救，得免。國信使行府提控都管成玉死焉，公爲文以祭。乃謂幕僚曰：「若輩拘囚歲久，殆無生意，是不可與久處此困厄也。恐別生事端，玷吾大節。」遂與荀宗道等六人築館別居於外，位於東序，是爲新館。片天之下，四壁之內，秋霖夏暑，不勝其苦。公處置一定，萬折不衄，著書吟詠自若也。宋人知公志節終不屈，亦不忍加害，反畏而敬之，日給廩餼有加。三月，作《祭成玉文》、《原古錄序》。六月，作《密齋記》、《新館秋懷》詩、《烈士吟》、《新館八月三日雨》、《新館重九》詩』。

幾度重陽雜溷蛙，舟中一夜總仇家。半因半客儀眞館，不死不生揚子衙〔一〕。巖桂渾疑是楓葉，牡丹誰使作黄花。强將瓊露澆斜日，萬里西風萬里霞。是日伴使送木犀一瓶，牡丹菊一本，故云。

【校記】

〔一〕揚，四庫本同，正德本作『楊』。

丁卯春日夜飲見月

【編年】作於元世祖至元四年（丁卯年，宋度宗咸淳三年，一二六七）春，郝經出使南宋，被拘禁於眞州期間。

【年譜】元世祖至元四年，『元日有詩，《孟春新館望南極》詩、《春日夜飲見月》詩』。

新年新月照愁人，白髮新添愁更新。擬着長鞭遊海外，豈期孤劍坐江濵。醉殘蠟炬前冬酒，開盡梅花今夜春。自古行藏有天命，不須兒女淚霑巾。

雨中飲臘封瓊露

【編年】作於元世祖至元四年（宋度宗咸淳三年，一二六七）以來，郝經出使南宋，被拘禁於眞州期間。

簷溜琅琅戞玉繩，陰氛鬱鬱釀炎蒸。江湖不見繫書鴈，風雨偏驚墮網鷹。天道本來愁似海，人生安得酒如澠。臘封賴有瓊花在，痛飲從渠變谷陵。

修易外傳太極演

【編年】作於元世祖至元五年（戊辰年，宋度宗咸淳四年，一二六八）春，郝經出使南宋，被拘禁於眞州期間。

【年譜】蒙古世祖至元五年，『正月，成《周易外傳》八十卷、《太極演》二十卷，皆爲序。十月晦，《一貫圖》成，有《圖說》』。

暮四朝三等賦狙，斗升幸得活枯魚。深庭寂寂都忘世，長日沉沉且著書。根本還將太極演，規模直向先天初。興來徑着江濡筆，事去從渠雪滿梳。

贈馬德璘〔一〕

【編年】作於元世祖至元五年以來，郝經出使南宋，被拘禁於眞州期間。

積六七年，皆能通書傳，作字便有楷法。及被刼殺，至新館，惟二子事余甚謹。』卷二十《叙書》：『中統元年使宋，宋人館留儀眞。三節人馬德璘、孔晉，初不知書，資穎異可教，

【箋證】馬德璘：廣平（今河北永年）人，郝經使宋隨行人員，其他不詳。

持節寧知墮甑空，政當竭力効公忠。鬢毛變白烏元黑，頭角尤高馬自童。日月麗天常轉北，江河宗海必朝東。下帷講誦朝還夕，玉振金聲道不窮。

【校記】

〔一〕詩題，底本、四庫本題作『晚步』，此從正德本。

贈魏斌

【編年】作於元世祖至元五年九月，郝經出使南宋，被拘禁於眞州期間。

【箋證】魏斌：郝經使宋隨從，其他不詳，爲護衛人員。

參見卷十二《入奏行贈千戶魏斌》編年。

我解屠龍推第一，君能射虎説無雙。乾坤磊落心何愧，歲月蹉跎義不降。白刃斬袪離舊

館，黑風吹血破寒江。競將康瓠欺神鼎，正賴孤忠力與扛[一]。

【校記】

[一]扛，底本、正德本作『杠』，據四庫本改。

戊辰新館守歲贈正甫書狀

【編年】作於元世祖至元五年（戊辰年）除夕，郝經出使南宋，被拘禁於眞州期間。

【年譜】蒙古世祖至元五年，『《新館守歲贈正甫書狀》』。

【箋證】正甫，苟宗道，詳卷四《新館秋懷贈正甫書狀》。

坐上春回北斗邊，梅花驚落燭花前。六人同出今三歲，一夕相看是十年。行入玉門持漢節，却朝金闕見唐天。不須更作楚囚泣，歸馬東風快着鞭。

勉孔進學

【編年】作於元世祖至元七年（宋度宗咸淳七年，一二七〇），郝經出使南宋，被拘禁於眞州期間。

【箋證】孔進：卽孔晉，郝經使宋隨從三節人之一，生平不詳。卷二一郝經《敘書》：『中統元年（一二六〇）使宋，宋人館留儀眞。三節人馬德璘、孔晉（進）初不知書，資穎異可教，積六七年，皆能通書傳，作字便有楷法。及被劫殺，至新館，惟二子事余甚謹。』參見卷六《和陶・和郭主簿二首》（勉馬德璘、孔進）、卷十五《示孔晉》。郝經《和陶詩》作於元世祖至元八年。

見詩：『十載甘心作蘇武，九齡誰意得童烏。』

萬卷撑腸是大夫，豈宜冠玉作庸愚。學書便得吾家法，開卷願爲君子儒。十載甘心作蘇武，九齡誰意得童烏。天將男子屠龍技，着力須探頷下珠。

己巳三月二十六日二首

【編年】作於元世祖至元六年（己巳年）三月，郝經出使南宋，被拘禁於眞州期間。

【年譜】元世祖至元六年，『作《三月二十六日》詩二首』。

春來渾不見花枝，春去蕭條總不知。有酒四時難有興，無情三月竟無詩。歸鴻恨別排雲遠，雙燕嫌孤入戶遲。江渴風高還欲斷，魚龍宛轉亦堪悲。

夢遊故國人仍獨，春到空梁燕自雙。雲淡星疎祇見斗，浪平風定不聞江。五更鼓角纏孤枕，千里關河入破窻。落盡好花春又老，依然塵土暗金釭。

庚午夏至夜雨

【編年】作於元世祖至元七年（庚午年）夏至日，郝經出使南宋，被拘禁於眞州期間。

【年譜】元世祖至元七年，『是年，公弟庸又請介行人問罪於宋，下大臣會議，以爲不可。公在新館。作《夏至夜雨》詩』。

至日元陽霖甲子，中霄陰氣一何豪。龍蛇起陸乾坤黑，風雨翻江鼓角高。病骨濕侵寒似水，寃腸恨入毒於刀〔一〕。幾回坐起椎牀語〔二〕，白地南來坐鐵牢。

【校記】

〔一〕於，底本、四庫本作『如』，據正德本改。

〔二〕椎，底本、正德本作『推』，據四庫本改。

壽正甫書狀二首〔一〕

【編年】作於元世祖至元八年，郝經出使南宋，被拘禁於眞州期間。

【年譜】元世祖至元八年，『是年，公弟庸復請於朝，不得已復遣之，至建康而還，幾死者凡十數。五月，公令伴使西珪借書於兩淮制使印應雷，得二《漢》、《三國》、《晉書》，遂作正史，以裴注之異同、《通鑑》之去取、《綱目》之義例，參校刊定，歸於詳實，以昭烈纂承漢統，魏吳爲僭，號曰《續後漢書》。作《和陶》詩百餘首』。

【箋證】正甫：卽苟宗道，詳卷四《新館秋懷贈正甫書狀》。

詩中有注：『時余改修《三國志》，正甫爲余集注，故有「徐無黨」、「宋子京」之句。』

歲晚途窮漢節遥，秋高江闊尉佗驕。銀潢鴈度五更月，赤岸鯨吹半夜潮。世路從來多梗塞，雲天無日不風飈。艱危正要胷襟豁，磊磈須將斗酒澆。杜少陵《王宰山水圖歌》：「赤岸水與銀河通。」赤岸，在瓜步山東南，連皇天，蕩海濤，入江衢，激六七百里，金陵之至險也。在儀眞西南〔二〕，故有『銀潢赤岸』之句。

江城兀坐聽秋聲，羨殺西風鴈背輕。一紀乃能同患難，數盃聊復慰生平。新書總付徐無黨，半臂誰添宋子京。昨夜太行還入夢〔三〕，倚天青碧大河横〔四〕。時余改修《三國志》，正甫爲余集注，故有『徐無黨』、『宋子京』之句。

【校記】

〔一〕本詩底本、四庫本爲一題二詩，正德本則爲二題二詩。

〔二〕在，四庫本同，正德本作『直』。

〔三〕太，四庫本同，正德本作『大』。

〔四〕大，四庫本同，正德本作『太』。

郝經集編年校箋卷十四

律詩

升賢村二首

【編年】作於郝經寓居保定，讀書鐵佛寺，設館賈輔、張柔二府期間。

【箋證】升賢村：又稱聖賢村，卽今河北滿城城西聖賢村。

棗栗荒山脚，懸崖石作牆。共言長樂老，此是讀書莊。五季乾坤黑，三綱道義亡。誰云不直死，更請問歐陽。

兩嶺青林夾，孤山黑石圍。雲攏踈雨過，風約斷虹飛。爲告奸雄叟，難逃筆削譏。荒村好終老，白首竟忘歸。

張燕公讀書臺

【編年】作於蒙古憲宗元年（辛亥年，宋理宗淳祐十一年，一二五一）冬，郝經寓居保定，讀書鐵佛寺，設館賈輔、張柔二府期間。

【箋證】張燕公：指唐代張說，原籍范陽（今河北涿州），移居河東（今山西永濟），徙家洛陽。張燕公讀書臺，金元好問《續夷堅志·抱陽二龍》：順天（今河北保定）西北四十里抱陽岩寶教院，『唐張燕公說、馮瀛王道、宋崇儀使大名總管邢仲良、近代鄭州刺史趙攄子充，皆嘗讀書於此。有邢氏繼志庵忘歸軒，燕公石穴讀書堂。明珠窩，初，山石崩，出一穴如杯椀之半，瑩滑無琢削痕，似有光彩，土人傳有明珠飛出，故以名之。近山三四里所，有升賢村，屬滿城，馮王故居也。辛亥冬，予與毛正卿、德義昆仲、郝伯常、劉敬之諸人一遊。』

石窟煙龕黑，懸崖隱斷碑。峥嶸大手筆，突兀小須彌。天入無邊闊，山臨欲盡危。衹應秉鈞日，憶得讀書時。

寓感二首

【編年】不詳待考。應作於郝經寓居保定，讀書鐵佛寺，設館賈輔、張柔二府期間。

天運不可測，人心空自疑。茅廬與耕釣，遭遇亦其時。火鼠能爲布，冰蠶自吐絲。區區路傍馬，笑殺抱關兒。

前途如闇室，長夜老乾坤。怪字書衾裂，繁雲蔽月昏。悠悠心曷展，落落志仍存。反側不成寐，西風葉打門。

過友人故居

【編年】不詳待考。應作於郝經寓居保定，讀書鐵佛寺，設館賈輔、張柔二府期間。

不見青雲士，唯餘數畝宫。斷牆藜藿滿，破屋子孫窮。肝膽交游在，文章事業空。舊時同坐榻，閑臥夕陽中。

送王國範北上

【編年】不詳待考。應作於郝經寓居保定，讀書鐵佛寺，設館賈輔、張柔二府期間。

【箋證】王國範：　生平里籍不詳。參見卷十三《次韻答王國範》詩。恒陽，應指河北曲陽境内恒山之陽。

一别恒陽下，雲霄忽羽儀。恥爲州郡屈，直結帝王知。歲月不我與，河山空自奇。黄塵愧先達，感槩入新詩。

送宋和甫從軍

【編年】不詳待考。應作於郝經寓居保定，讀書鐵佛寺，設館賈輔、張柔二府期間。

【箋證】宋和甫：　不詳。

北陸開新運，爭依日月光。一時乘變化，萬里快騰驤。碧海轉鯨背，青雲列鴈行。春風吹錦浪，好去看三湘。

下泰山題眞君觀壁

【編年】作於蒙古憲宗五年（宋理宗寶祐三年，一二五五）秋，郝經遊歷山東期間。

【箋證】眞君觀：　在山東泰安東嶽廟中，祭東嶽大帝。

黄峴趨迴馬，州人競捧觴。忽驚天上夢，猶帶日邊光。絕頂秦碑裂，陰崖漢柏香。行行重回首，瞻仰意難忘。

開平新宫五十韻

【編年】作於蒙古憲宗五年冬，郝經應皇弟忽必烈之召，北行開平期間。

【年譜】蒙古憲宗六年，『世祖時在潛邸徵召賢士，諸公累薦。九月，遣使召公，不起。十一月，召使復至……始應召而北』。蒙古憲宗六年，『忽必烈城開平府，劉秉忠營之。春正月，公見皇太弟於沙陀』。

《元史·世祖本紀》：『歲丙辰（一二五六）春三月，命僧子聰卜地於桓州東、灤水北，城開平府，經營宮室。』『初，帝命秉忠相地於桓州東灤水北，建城郭於龍岡，三年而畢，名曰開平。繼升爲上都，而以燕爲中都。四年，又命秉忠築中都城，始建宗廟宮室。』

日月旋天蓋，星辰合斗樞。光騰掌内鐵，氣繞澤中蒲。金帛羞重賜，弓刀奮一呼。眞人翔灞上，天馬出余吾。尺箠初開闢，羣雄競走趨。無勞爲更舉，乘勝卽長驅。蹴踏千年雪，驍騰萬里駒。長城衝忽斷，弱水飲先枯。肅殺威靈盛，驅除運會俱。華夷塵澒洞〔一〕，天地血模糊。地盡諸蕃外，兵窮兩海隅。九州皆瓦礫，萬國一榛蕪。誰與重休息，徒爲妄駭吁。治平須化日，殺伐豈良圖。聖子曾當璧，神孫會握符。鐵山深藴玉，瀚海特生珠。曆數終當在，謳歌信不誣。欲成仁義俗，先定帝王都。畿甸臨中國，河山擁奥區。燕雲雄地勢，遼碣壯天衢。峻嶺蟠沙磧，重門限扼狐。侵淫冠帶近，參錯土風殊。翠擁和龍柳，黄飛盛樂榆。岐山鳴鸑鷟，冀野牧騊駼。風入松杉勁，霜涵水草腴。穹廬罷遷徙，區脱省勤劬。階土遵《堯典》，卑宫協《禹謨》。既能避風雨，何用飾金朱。棟宇雄新造，城隍屹力扶。建瓴增壯觀，定鼎見規模。五讓登皇極，群生賜大酺。還聞却走馬，卽見弛威弧。簡策詢前代，弓旌聘老儒。恢弘回一氣，徼倖絶多途。雷雨施龐澤，乾坤洗舊汙。直爲提赤子，遂使出洪鑪。遠檄收疲薾，窮邊罷轉輸。江壖遺鄂岳，石窟棄巴渝。刀槊存殘骨，膏粱换毒痡。却令逢有道，免使叫無辜。契闊還同室，鰥惸得字孤。八荒皆壽域，六合極歡娛。白叟休垂泣，蒼生獲再蘇。只知期用夏，更擬論平吳。旭日氷天透，仁君雪國無。終能到周漢，亦足致唐虞。遇主得知己，逢時合捨軀。弭兵通信誓，奉詔敢踟躕？頓覺心田豁，還將肝紙刳。行行重回首，瑞氣滿闉闍。

【校記】

〔一〕華夷，正德本同，四庫本作『寰區』。

不寐

【編年】作於元世祖中統元年（一二六〇）以來，郝經出使南宋，被拘禁於眞州期間。

夜久不成寐，蒼茫自詠詩。客懷山月老〔一〕，春信野梅遲。喜子垂牕隙，燈花落硯池。衹應有行色，失語問何時。

【校記】

〔一〕山，底本、四庫本作『三』，據正德本改。

春夜

【編年】作於元世祖中統二年以來，郝經出使南宋，被拘禁於眞州期間。

春雨江湖夜，東風花柳寒。舉頭不見日，何處是長安。歲月纏星節，乾坤遶血盤。控拳紛愈甚，排難古來難。

儀眞館中暑一百韻

【編年】作於元世祖至元元年（宋理宗景定五年，一二六四）夏，郝經出使南宋，被拘禁於眞州期間。

見詩：『五載淹江館，三年錯雨暘。』

五載淹江館，三年錯雨暘。熱中蒸滯氣，涸轍斷枯腸。黑井鹽煎火，紅爐鐵鍊鋼。㟳幪加誕罔，坎窞觸機張。直壯無身慊，窮堅著命當。鼻煙從燎炬，溝汗盡翻漿。噎塞難通匕〔一〕，摧頽懶揭裳。沾濡粘弊屣，毒螯上空牀。甑擁輪囷肉，瓶熬鬵沸湯。喚喁氣尤偃，吽吼怒如狂。曉瘴煤生柱，晴霾土抹牆。片雲遮日薄，踈雨灑晴忙。熒惑凝青血，長庚迸赤芒。槁天高破碎，乾月死昏黃。翕熇渾無露，萎焦似有霜。燕呀棲不壘，鳶跕墮難翔。雷殷轟蚊塔，沙生闇蜮槍。飛螢空自熠，戰蟻竟深藏。盤礴摧腰脊，低垂塌目眶。本來觀化日，誰使遇愆陽。風土聞南國，江山異朔方。豈期惟酷烈，無處別炎涼。故國包全晉，吾家壓太行。高寒雄地勢，瀟灑静雲莊。六月衣冠冷，千年草木香。長松撼潮海，絶壁隱虚堂。却到燕山北，行歌易水傍。鴈霜凋夏木，鳩雨潤春桑。聘幣輝光重，徵車道路長。沙陀瞻帝里，雪谷拜天王。的皪星銜凍，巖凝日隱光。群雄奮氷窟，六合入氊囊。半世無蒸溼，於今重禍殃。襟裾堆蚤虱，肘腋沸蜩螗。豈免泥塗辱，還令羽翮戕。甘言雖未已，毒手益難量。夾柵仍規覘，重圍更限防。塹門深虎圈，擊柝閙魚梆。箝逼鑪錘密，枝梧觜吻荒。釜鬵烹則易，刀俎食非强。氣數俱臻極，天人盡反常。旱灾綿歲月，禍本入膏肓。重怒非長策，佳兵甚不祥。揶揄肆巖阻，鄙外極戎羌。信誓猶然在，明徵固未妨。但令心匪石，儘自口如簧。喟嘆愁仍積，吁嗟氣不揚。行人竟何罪，國體豈無傷。反己私尤責，知微實愧惶。逢時當際會，援溺止懷襄。自縛懸難解，輪人律否臧〔二〕。恧心煨肺腹，畏景急炮煻。欲掘陰山鼠，翻思雪窖羊。履危從蹇剝，挺節不低昂。伊昔當崇慶，金源復靖康。白虹纏帝座，紫電激天狼。傳説騎箕尾，王良策駟房。一龍轟霹靂，萬馬快騰驤。歷塊無完國，蜚鋒舉斷吭。纔聞過燕趙，又已出河湟。此際通和好，惟時正擾攘。渾如沃薪火，大似堰流糠。狼籍三峯敗，顛連五國亡。濟師攻汴蔡，徼節到餘杭。海上盟空闊，城南事渺茫。劒關開要害，淮海失城隍。寓縣餘骸骨，乾坤一痏瘡。百年血肉運，萬里戰爭場。邊將徼功賞，兵人藉糗糧。居然忘厄會，但請復侵疆。虎怒寧須激，鯨吞更請嘗。肌膏坐銷鑠，節鉞漫熒煌。破屋渾生亂，方畦孰插秧。蘼蕪没洲渚，潢潦漫陂塘。莽蒼人何在，陰森鬼正倀。鴈兵秋滚滚，魚竄夜遑遑。豈忍仍擠石，無爲更藥瘍。欃槍鬧三紀，絲臬紊千箱。已亂仁明出，中興祚胤昌。勝殘須必世，奕葉始呈芳。秦府鳳鱗質，周家金玉相。河山收殺氣，雲漢焕文章。潛邸人皆仰，春宫德益彰。厭兵符太母，歸馬勸先皇。禮樂尊周孔，聲名慕漢唐。恢弘張治具，突兀振乾綱。駿發渝平急〔三〕，鋪敦大命將。奉書秖局脊，馳驛敢彷徨。加額人皆賀，摩肩衆所望。只今全父子，無復痛孤孀。延入拘營壘，周羅匝廡廊。只將人桎梏，不用鐵鋃鐺。龍節埋泥穽，狐涎汨土甀。焚身無取齒，避竈豈爭煬。炎赫惟加熾，風飈不許凉。秖愁化灰燼，何處薦珪璋。天問終無語，冥搜未易詳。艱屯果誰敢，壞亂實難匡。有賦誇鸚鵡，無媒獻驌驦。何當快風雨，吹去臥滄浪。

【校記】

〔一〕匕，底本、四庫本作『七』，據正德本改。

〔二〕臧，正德本同，四庫本作『藏』。

〔三〕渝，底本、四庫本作『輸』，據正德本改。

二月二十三日猶在儀眞館三首

【編年】作於元世祖中統二年二月，郝經出使南宋，被拘禁於眞州期間。

見詩：『一年淹使節，二月駭春雷。』

向晚日華紫，殷然轟夜雷。龍蛇開蟄窟，桃李動春臺。淚逐催花雨，心同潑火灰。何由復龍動，百感坐中來。

一年淹使節，二月駭春雷。瘴入江心黑，雲銜雨脚灰。壯心還激烈，滯氣忽騫開。明日誰聊賴，鶯花故惱來。

二月還如夏，炎蒸鬱震驚。迅霆侵骨冷，飛雹透心明。海氣霑衾溼，江聲拍枕平。從今休禁火，一雨萬家生。是月初二日火，二十日丑刻火，午刻復火，一月凡三火，獨遺舍館及漕臺州治在，故有是句。

月夜感懷

【編年】作於元世祖中統元年以來，郝經出使南宋，被拘禁於眞州期間。

去國期星歲，無家阻萬金。江山沉苦思，花月動哀吟。變故空長策，蹉跎惜此心。遥憐燈火罷，兒女夜愁深。

江暑

【編年】作於元世祖中統元年以來，郝經出使南宋，被拘禁於眞州期間。

地軸風濤浸，吳門江海流。四時長似夏，一雨便成秋。煙潤青紗幕，香濛白氎裘。燕山猶避暑，今日向江頭。

壽何待制

【編年】作於元世祖中統元年以來，郝經出使南宋，被拘禁於眞州期間。

【箋證】何待制：　即何源。　參卷十三《九月晦盱眙南爲何待制壽》。

歲月閑丹竈，乾坤坐白頭。幾迴看北斗，何日見西周。盤谷蘭花老，天壇桂葉稠。會當逃世網，共與赤松遊。

雨中感懷

【編年】作於元世祖中統元年以來，郝經出使南宋，被拘禁於眞州期間。

舍館年年老，江邊日日陰。雨聲便熟睡，花氣動幽吟。樹密鶯愁溼，庭荒雀畏深。晚風吹鼓角，慙愧弭兵心。

薄莫二首

【編年】作於元世祖中統元年以來，郝經出使南宋，被拘禁於眞州期間。

薄莫秋雲合，江聲靜裏來。無聊空徙倚，失志重徘徊。細雨金桃落，踈煙玉鳳開。相看如夢寐，觸物總傷懷。

棘栅今年改，庭隅展半陰。草依斜徑短，苔入後墻深。歲遠人空老，時危事益沉。頻頻問烏鵲，何日有佳音。

曉起

【編年】作於元世祖中統元年以來，郝經出使南宋，被拘禁於眞州期間。

傍枕衾裯薄，還家夢亦難。月華終夜白，江氣先秋寒。心苦天爲碎，辭窮海欲乾。起來看北斗，何日見長安。

聖節

【編年】作於元世祖至元二年八月，郝經出使南宋，被拘禁於眞州期間。

見詩：『六年瞻北闕，八月拜西風。』

六年瞻北闕，八月拜西風。氷雪天王聖，河山帝業雄。但令旄節在，焉問酒樽空。屬國歸何晚，浮江有阿童。

壽劉詳議

【編年】作於元世祖至元二年，郝經出使南宋，被拘禁於眞州期間。

【箋證】劉詳議：郝經出使南宋隨行副使劉仁傑，參見本卷前詩《奉和詳議叔爛梅之什》。

甲子數盈亥，神强志不衰。共知憐絳老，誰與問鍾儀。萍梗三朝夢，乾坤兩鬢絲。得年萬事足，爛醉復何辭。

江雲

【編年】作於元世祖至元二年春，郝經出使南宋，被拘禁於眞州期間。

江雲似江水，渺渺復粼粼。晻靄無窮態，紆餘不盡春。遮回斷行鴈，望殺未歸人。何日星軺路，馮高更憶親。

新館感春四首

【編年】作於元世祖至元三年春，郝經出使南宋，被拘禁於眞州期間。

【年譜】新館建於至元三年春。詳卷一《牡丹菊賦》年譜。

東風吹敝褐，水氣撲虛簷。月窟星河濬，江城鼓角嚴。年深愁不醒〔一〕，春至恨猶添。爲問秦通守，何顔説錦簾。

行李金昏節，腰圍玉搏鞓。居然隔天日，不許出門庭。歲月侵霜鬢，乾坤誤六經。誰邊覓春色，牆上草還青。

佇立無人語，巡簷思慘然。夜江寒浸月，春樹瞑生煙。計拙仍持節，途窮擬問天。難爲繞指鐵，萬折志彌堅。

憶昔清明際，昏昏醉裹身。吟魂半牕月，花影一簾春。豈意傷心別，空勞入夢頻。漫聞烏與鵲，悵望幾迴嗔。

【校記】

〔一〕愁，四庫本同，正德本作『秋』。

丁卯夏六月大雨震電

【編年】作於元世祖至元四年(丁卯年)夏六月,郝經出使南宋,被拘禁於眞州期間。

【年譜】『元日有詩,《孟春新館望南極》詩、《春日夜飲見月》詩、《夏六月大雨震電》詩、《新館寒食無花》詩四首、《九月五日念母》詩。』

雨連江表黑,電入海東紅。川瀆翻冥漲,乾坤破猛風。忽開金碧界,幻出水晶宫。我欲乘時去,長歌向此中。

八月九日甲子夜雨

【編年】作於元世祖至元四年八月,郝經出使南宋,被拘禁於眞州期間。

久旱雨亦好,還霖甲子秋。陰森當月黑,黯黮作天愁。北海汹疑落,西風浩不收。凜然寒入骨,鄉思滿牀頭。

九月五日念母

【編年】作於元世祖至元四年九月，郝經出使南宋，被拘禁於眞州期間。

【年譜】元世祖至元四年，『元日有詩，《孟春新館望南極》詩、《春日夜飲見月》詩、《夏六月大雨震電》詩、《新館寒食無花》詩四首、《九月五日念母》詩。』

思子甚思母，秖應淚更多。尚無歸國日，其奈倚門何。江漢悲溫嶠，詩書愧孟軻。今朝誰獻壽，庭戶可張羅？

戊辰寒食

【編年】作於元世祖至元五年（戊辰年）春，郝經出使南宋，被拘禁於眞州期間。

【年譜】元世祖至元五年，『《寒食》詩、《七夕》詩、《新館守歲贈正甫書狀》』。

今歲明寒食，梨花月正圓。客愁催我老，春色向人偏。强飲稽留酒，難辭簇送筵。杜鵑休浪語，歸去更何年。

贈魏斌

【編年】作於元世祖至元五年，郝經出使南宋，被拘禁於眞州期間。

【箋證】魏斌：郝經使宋隨從，其他不詳，爲護衛人員。參見卷十二《入奏行贈千戶魏斌》。

熊虎無堅對，風雲滿義襟。每將孤劍説，但惜二毛侵。貫日臨危節，巉天討賊心。中原有期運，莫畏歲華深。

傳易有感

【編年】作於元世祖至元五年，郝經出使南宋，被拘禁於眞州期間。

【年譜】『正月，成《周易外傳》八十卷、《太極演》二十卷，皆爲序。』

故國河山表，中原斗極邊。稽留深失計，還反竟何年。風雨纏孤劍，塵埃委斷編。漫窮西伯《易》，誰好子雲《玄》。

壽正甫書狀 往歲正甫壽予以詩，今歲復用其韻以壽之

【編年】作於元世祖至元七年，郝經出使南宋，被拘禁於眞州期間。見詩：『十年仍嚙雪，一念久通天。』

【箋證】正甫：即苟宗道，詳卷四《新館秋懷贈正甫書狀》。

繾綣心尤壯，崔嵬志不遷。雖云寃土窄，猶有片天圜。吾道艱危久，君才賦予偏。抗秦完白璧，御寇敚青氈。遂使干旄在，終當斗印懸。物窮寧不返？期逝未爲愆？在我都無愧，從渠遂弗悛。風雲纏怒虎，霹靂墮寒蟬。眞玉千燒冷，渾金百折堅。十年仍嚙雪〔一〕，一念久通天。莫信枉能直，誰言典則全。會將乖領抉，還把怒鬚編。得失兩端了，安危一著先。冥區初罔象，陸海本忘筌。日月圓機轉，乾坤大器埏。屈伸成變化，來往共回旋。困極難移石，潛深可脱淵。九原驚奮迅，八表會飛鶱。蘇武終歸漢，田疇不負燕。河山生喜色，戲綵舊堂前。

【校記】

〔一〕嚙，底本、四庫本作『齧』，據正德本改。

新館夜聞杜鵑二首

【編年】作於元世祖至元七年春，郝經出使南宋，被拘禁於眞州期間。

啼落深江月，催殘故國春。不堪多恨鳥，偏聒未歸人。血盡腸應斷，哀餘聲更頻。關心尤入耳，一枕夜愁新。

久客難勝感，那聞泣血禽。乾坤心緒苦，歲月鬢毛深。亡國元多恨，催春漫好音。館人將赭樹，何處没青林。

壬申二月四日二首

【編年】作於元世祖至元九年（壬申年）二月，郝經出使南宋，被拘禁於眞州期間。

庭雨滋春草，江煙溼落梅。病多剛斷酒，席合亦持盃。氣數冥難測，乾坤莽不迴。還看仍焰焰，未肯著寒灰。

戍鼓晚來急，春潮夜有聲。燭花侵坐落，梅影上窗横。小酌歡尤洽，孤吟興愈清。最憐星散後，一枕故山情。

病中卽事

【編年】作於元世祖至元九年秋，郝經出使南宋，被拘禁於眞州期間。

久客難堪病，衰顔倍覺秋。空杯仍自舉，墮甑復何求。兩度交金火，連年犯斗牛。道窮還遇此，安得見西周。

十二月十七日大風雪

【編年】作於元世祖至元九年十二月，郝經出使南宋，被拘禁於眞州期間。

海立陰風黑，氷牀報雪威。紛披平地衮，攪擾半天飛。牕隙楊花亂，簷前穀穗肥。還聞八千騎，飽肉飲江歸。俗謂氷顆爲氷牀，有則有大雪。又謂簷前氷柱爲穀穗，長大則豐年之祥也。

癸酉閏六月十三日夜病中聞笛二首

【編年】作於元世祖至元十年（癸酉年）閏六月，郝經出使南宋，被拘禁於眞州期間。

【年譜】元世祖至元十年，『《玉衡眞觀序》、《閏六月十三日夜病中聞笛二首》』。

深夜涼風發，迢遙送笛聲。只愁江月破，不放野雲行。怨曲人多感，離腸恨易生。病中椎坐起〔一〕，傾側若爲情。

斷續誰家笛，噫嗚入耳偏。燕山記疇昔，江館是何年。餘響星河外，覊魂月露邊。那堪更三弄，老淚已如泉。

【校記】

〔一〕椎，底本、四庫本作『催』，據正德本改。

郝經集編年校箋卷十五

七言絶句

滿城道中二首

【編年】作於郝經寓居保定，讀書鐵佛寺，設館賈輔、張柔二府期間。見詩：『十二西郎縹緲中，顔行壁立插晴空。』

【箋證】滿城：　今河北保定市滿城區。十二西郎：　指郎山十二峰。郎山即狼牙山，又名狼山，古稱郎山、西郎山，位於今河北易縣西南，與保定交界。

溪水隨城陡屈伸，夕陽亂閃碧金鱗。沙堤帶草鳥啼健，山色逼人詩句新。

十二西郎縹緲中，顔行壁立插晴空〔一〕。欲攜天地諸山去，不逐秦鞭過海東。

【校記】

〔一〕壁，底本作『璧』，據正德本、四庫本改。

抱陽寺

【編年】作於蒙古憲宗元年（辛亥年，一二五一）冬，郝經寓居保定，讀書鐵佛寺，設館賈輔、張柔二府期間。

【箋證】抱陽寺：在滿城之西常山頂。金元好問《續夷堅志·抱陽二龍》：『順天（今河北保定）西北四十里抱陽岩寶教院，大小二青龍在寺潭中。』又：『辛亥冬，予與毛正卿、德義昆仲、郝伯常、劉敬之諸人一遊。』

孱顏蒼玉抱幽村，突兀雙龍窟宅尊。回首萬山東盡處，冷煙平遠半乾坤。

郎山

【編年】作於郝經寓居保定，讀書鐵佛寺，設館賈輔、張柔二府期間。

【箋證】西郎：指郎山十二峰。參前詩《滿城道中二首》。

晚風吹散樹頭雲，斜日燒開水外村。十二西郎來馬上，翠鋒蒼戟倚天門。

九日郭外二首

【編年】作於郝經寓居保定，讀書鐵佛寺，設館賈輔、張柔二府期間。

溪上蒼煙一道開，誰家日夕採菱回。片帆不舉波間過，無限好山波底來。

萋萋宿草暗荒邱，落日徘徊上上頭。一曲悲歌天地窄，恠人獨鳥入長楸。

【編年】作於郝經寓居保定，讀書鐵佛寺，設館賈輔、張柔二府期間。

讀張良傳

顛嬴滅項復韓讎，便與赤松方外游。丞相蕭何功第一，白頭不免漢家囚。

讀則天紀

則天未了立韋后，武惠纔薨册太眞。誰使唐家多女禍，晉陽宫裹舊宫人。

【編年】作於郝經寓居保定，讀書鐵佛寺，設館賈輔、張柔二府期間。

讀唐文粹

琅琅玉振粲珠光，一代雄文照李唐。底事《平淮碑》一首，文公不載載文昌。

【編年】作於郝經寓居保定，讀書鐵佛寺，設館賈輔、張柔二府期間。

醉後二首

【編年】作於郝經寓居保定，讀書鐵佛寺，設館賈輔、張柔二府期間。

何須黑白太分明，不必區區話獨醒。四海蒼生皆醉飽，我將荷鍤學劉伶。
誰將元氣釀春風，解潑愁人磊魄胷。只是忘憂不忘國，徑當一飲竭千鍾。

張侯宅新竹四首

【編年】作於郝經寓居保定，讀書鐵佛寺，設館賈輔、張柔二府期間。

【箋證】張侯：　即張柔。

斫盡凡材直干生，脱繃直欲與雲平。珊珊戛戛風來去，常有湘江夜雨聲。
孤根北地久難生，全仗扶持長育成。敢借他年數梢力，掃除氛祲見澄清。
踈陰杳杳色霑衣，恰似瀘溪月下時。可恨一枝高更秀，背人偏被惡風吹。
四座清陰上綺羅，交青雜翠嫩煙和。閑花閑草遥相映，更覺森森逸氣多。

讀晉武紀

恰下曹丕受禪臺，賊臣女寵競姦回。夕陽亭上一杯酒，又喚五胡諸夏來。

【編年】作於郝經寓居保定，讀書鐵佛寺，設館賈輔、張柔二府期間。

即事

一簇花枝鬧酒巵，兩家佳婦與佳兒。半生失意元多感，更見男婚女嫁時。

【編年】作於郝經寓居保定，讀書鐵佛寺，設館賈輔、張柔二府期間。

獨酌

【編年】作於郝經寓居保定，讀書鐵佛寺，設館賈輔、張柔二府期間。

歌罷長歌酒自傾，休嗟屈子愛劉伶。如今識破人間事，獨醉從來勝獨醒。

蠶

【編年】作於郝經寓居保定，讀書鐵佛寺，設館賈輔、張柔二府期間。

作繭纔成便棄捐，可憐辛苦爲誰寒。不如蛛腹長絲滿，連結朱簷與畫欄。

【編年】作於郝經寓居保定，讀書鐵佛寺，設館賈輔、張柔二府期間。

西園姚黄

四圍國色鬬新妝，一本當中淡淡黄。三十六宮簾盡捲，沉香亭下看明皇。

題明皇私語圖

【編年】作於郝經寓居保定，讀書鐵佛寺，設館賈輔、張柔二府期間。

一旦妖姬屬亂兵，當時私語竟何成。秖應蜀道蒙塵日，悔不終宵問賈生。

題芙蓉盆

【編年】作於蒙古定宗三年（戊申年，宋理宗淳祐八年，一二四八）秋，郝經寓居保定，讀書鐵佛寺，設館賈輔、張柔二府期間。

【年譜】蒙古定宗三年，『爲楊春卿作《庸齋記》、《喬千戶行狀》、《題芙蓉盆》』。見詩序。

戊申秋，道士李師於中山治所後堂故基，得東坡先生《雪堂圖》，書青玉潤瑩，隸法鍔截，四面各五分，方停無紐。蓋先生帥定武時所遺也。九月五日觀於芙蓉盆雪浪碑下，因書一絶，以寓感云。

辭却金鑾到雪堂，中朝無復漢文章。不須更論青苗戶，丈八盆邊醉一場。

羽扇

【編年】作於蒙古憲宗五年（宋理宗寶祐三年，一二五五）冬，郝經應忽必烈之召，北行開平期間。

天山雪鶻落霜翎，更比冰紈分外輕。五丈原頭兵十萬，縱横奇計指麾成。

大風

【編年】作於蒙古憲宗五年冬，郝經應皇弟忽必烈之召，北行開平期間。

土囊都不辨雄雌，直把乾坤怒一吹。我欲乘時起鵬運，北溟飛去到天池。

三臺懷古二首

【編年】作於蒙古憲宗四年春，至次年秋，郝經遊歷河南期間。

【箋證】三臺：指三國時曹操所建銅雀臺、金虎臺、冰井臺，故址在今河北臨漳境内。參見卷一《銅雀臺賦》。

衰草遺臺尚幾層，荒涼無復豔歌聲。西陵儘有千年臭，費盡衡漳洗不清。

涕泣咿嚶後事多，高臺空著繐帷歌。一時姦僞雖難辨，爭奈天長地久何。

蘇門八詠

【編年】作於蒙古憲宗四年春至次年，郝經遊歷河南期間。

【箋證】蘇門：即蘇門山，位於河南輝縣西北，晉代孫登，唐代吴道子，宋代蘇軾、邵雍、周敦頤、程顥、程頤，金代元好問，元代許衡、姚樞等，都曾先後隱居於此。

百泉

碧玉山前玉鏡明，亂山倒影睡龍驚。蹴翻貝闕光零亂，萬斛明珠儘一傾。

湧金

雲容天影與山光，一片飛來浸夕陽。萬古婆娑金世界，海神擲向水中央。

梅溪

竹外青山竹裏泉，嫩寒風力妥輕煙。誰將景與詩人會，正是梅花欲雪天。

卓水

竹梢低處見共山，一水環流萬竹間。饑鳳不來空閬苑，晚風吹碎碧琅玕。

嘯臺

肉薄羣狐尾血腥，一天自作鳳凰鳴。閬風吹斷無消息，老樹遺臺萬古情。

仙人跡

八表遨遊入太清，世塵十萬盡縱横。翛然物外誰曾見，無跡無蹤是善行。

安樂窩

不見先生二百年，老雲石室鎖荒寒。當時一理元無間，何事都將四段看。

月臺

飛仙挾月下昆邱，擲向山頭更不收。却被巨靈偷桂魄，太行山色照神州。

陳橋門

【編年】作於蒙古憲宗四年春至次年，郝經遊歷河南期間。

【年譜】蒙古憲宗四年，『春，公客於杞（今屬河南開封）』。五年，『秋，東行，由趙魏以適魯』。卷二四《上趙經略書》：『經自前歲八月到杞。』一年後，『今又以事將北轅，去執事日益遠』。

【箋證】陳橋門：北宋東京北城門之一。宋孟元老《東京夢華錄·東都外城》：『北城一邊，其門有四：從東曰陳橋門，次曰封丘門，次曰新酸棗門，次曰衛州門。』陳橋門外黃河岸北有陳橋驛（今河南封丘東南），後周顯德七年（九六〇），宋太祖趙匡胤發動陳橋兵變，建立北宋。

龍德故宫懷古一十四首〔一〕

一片黄袍著帝躬，六軍謀逆爾何功。太平三百年基業，都在當時涕泣中。

【編年】作於蒙古憲宗四年至次年，郝經遊歷河南期間。

【箋證】龍德宫：宋徽宗趙佶爲端王時，在東京開封的端王府。趙佶封爲太子，擴建龍德宫而爲潛邸。靖康之變，金兵破開封，龍德宫被毁。

參見前詩《陳橋門》編年。

常怪韓王智數多，不從太祖據山河。黄流豈是天爲塹，青屋誰知是帝羅。

國是當時總是非，强將商鞅作臯夔。莫言天變渾無畏，不見雷轟黨籍碑。

蔡京姦計假荊公，紹述雖同事豈同。不向嶺南消禍本，更從海上立奇功。

禁絶蘇文碑盡磨，中原不使見東坡。牛童馬走能傳誦，若比燒時數更多。

覺察伊川不著書，更將僞學重相誣。至今江左傳伊洛，依舊堂堂一大儒〔二〕。

錮黨紛紛快老姦〔三〕，敗盟更欲復燕山。當時若使無夷禍〔四〕，不在權臣卽宦官。

人間未省有金國，地底唯知幸鐵樓。忽見城頭鶻鵠舞，賣花聲斷不勝愁。

萬歲山來窮九州，汴堤猶有萬人愁。中原自古多亡國，亡宋誰知是石頭。

复國誅讎事豈難，背城借一據河山。汴梁更不回頭望，直送枉黄到浙間〔五〕。

少康一旅便南奔，畀付英雄國可存。宗澤云亡李綱罷，衣冠不復到中原。

却許邦昌爲紀信，渾將秦檜作程嬰。甘心江左爲東晉，長使英雄氣不平。

金人不敢駐幽燕，劉豫猶令帝八年。若守汴梁和且戰，關河一半尚能全。

建炎新焰起江東，寃血青城尚幾重。閩越兩王還有後，天教太祖繼高宗。

帥府雄開不卽眞，宋州躍馬趣曹門。只將京國爲根本，百戰能令社稷存。

【校記】

〔一〕一十四首，底本、正德本作『一十三首』（實際録詩一十四首），據四庫本改。

〔二〕大，四庫本同，正德本作『太』。

〔三〕錮，四庫本同，正德本作『銅』。

〔四〕夷禍，正德本同，四庫本作『邊釁』。

〔五〕汪，正德本同，四庫本作『枉』。

宫人斜

【編年】作於蒙古憲宗四年至次年，郝經遊歷河南汴梁期間。

【箋證】宫人斜：宋宋敏求《春明退朝録》卷上：『唐内人墓謂之宫人斜，四仲遣使者祭之。』唐宋多《宫人斜》詩。宫人，妃嬪、宫女的通稱。詩末句『郕國夫人』，當指金哀宗姨郕國夫人（？—一二三三），宣宗王皇后姊，自由出入宫廷，號自在夫人。干預朝政，權勢通天，奔競者往往納賄取媚。《金史》卷一二五《崔立傳》：金哀宗天興二年（一二三三），崔立兵變，降服蒙古。二月『又括在城金銀，搜索薰灌，訊掠慘酷，百苦備至，郕國夫人及内侍高祐、京民李民望之屬，皆死杖下』。

椒壁摧頹隱野蒿，妖狐篤欻噪空壕。美人一夜爲黄土，郕國夫人甲第高。

宿邯鄲

【編年】作於蒙古憲宗四年至次年間，郝經南下遊歷河南，途經河北邯鄲之時。

青蔬白飯力加餐，且慰行人行路難。莫向夢中還説夢，世間何處不邯鄲。

射鴈

【編年】作於蒙古憲宗四年至次年，郝經南下遊歷河南途中。

驚鴻數點亂長空，金鏃高穿帶響雄。部曲盡看鞭指處，冷雲一字落秋風。

味眞菴

【編年】作於蒙古憲宗四年至次年，郝經南下遊歷河南，途經磁州滏陽之時。

【箋證】味眞菴：金代趙秉文别業，在趙秉文家乡磁州滏陽（今河北磁縣）城内遂初園中。趙秉文號閑閑老人，有佚詩《遂初園八詠·味眞菴》，其《遂初園記》：『軒之名曰「琴筑」，稍西臨眺西山，臺之名曰「悠然」。其東叢書數十卷，蓄琴一張，菴曰「味眞」，閑閑老人得而樂之。老人仰看山，俯聽泉，坐臥對松竹，此其所以樂也。』

世間有味非眞味，味到無時却是眞。一食萬錢難下箸，簞瓢陋巷是何人。

感興

【編年】作於蒙古憲宗四年至次年，郝經南下遊歷河南期間。

不得意事十八九，可與言人百二三。無慮無愁一樽酒，短屏高枕日東南。

帥正堂

【編年】作於蒙古憲宗三年秋，郝經遊學燕京之時。

【箋證】帥正堂：此指位於燕京的帥正堂。元熊夢祥《析津志·古跡》：燕京『儀禮堂，在太常禮儀院。平成堂，都水監首領官幕次亭。持盈堂，中尚監。帥正堂，都府』。

參見卷九《入燕行》。

秋渚芙蓉澹澹香，新亭爽氣釀新涼。晚風吹斷溪南雨，一片金煙掛夕陽。

曉渡沙河

【編年】作於蒙古憲宗四年至次年，南下遊歷河南，途經河北沙河之時。

【箋證】沙河：河北有沙河縣，境内有沙河，卽古湡水。唐李吉甫《元和郡縣志·河東道·邢州》：『沙河縣，以沙河在縣南五里，因以爲名。』

馬渡潺潺石子灘，山頭曉月爛銀盤。一天清興重回首，霜露滿鞍風水寒。

長蘆舟中遇風四首

【編年】作於郝經寓居保定，讀書鐵佛寺，設館賈輔、張柔二府期間，遊歷長蘆之時。

【箋證】長蘆：　北周置長蘆縣，地有長蘆水，因水旁蘆葦長茂而名，縣以水名。唐貞觀年長蘆縣隸於滄州，宋熙寧年省縣改爲長蘆鎮。長蘆産海鹽，分佈於今山海關至山東老黄河入海口處，廣袤千里。

海風栗栗刮鯨涎，吹裂西南一半天。暝色忽開隨酒散，浪花和月上船舷。
鏗鏗急雨射狂瀾，兩岸陰風蔓草寒。雲脚半天拖海氣，斷虹忽落著飛湍。
杯盤楚楚下中流，風順帆輕暮靄收。忽憶黄河轟斂日，翠綃凉月轉船頭。
斥鹵誰知草木蕃，桑連平野麥連村。漁人遥指碣石東邊是海門。

贈漁者二首

【編年】不詳待考。似作於郝經遊歷長蘆之時。參見前詩《長蘆舟中遇風四首》。

一尺新魴緑柳穿，漁人饋我不論錢。斫開細雪銀膏瑩，旋折黄蘆爇晚煙。
短短蘆芽小小蒲，臨流舉網得嘉魚。船頭撥刺猶然活，試問前村有酒無。

曹南道中憩關羽祠書事二首

【編年】作於蒙古憲宗九年夏六月，郝經從皇弟忽必烈征宋，宣撫江淮，兵趨荊鄂，經過曹州時。

【箋證】曹南：古曹國南部有山，名曹南山。《左傳·僖公十九年》：『宋人、曹人、邾人盟于曹南。』後借指曹州。又金元時期，曹州轄有曹南。元劉思溫《元重修應州廟學記》：『迄至我朝泰定改元，本州知州奉政大夫王居禮，字子敬，乃曹州曹南人也，故號曰曹南叟。』在今山東菏澤市曹縣。卷二十六《棣華堂記》：『己未夏，外伯父牛君視經於曹南。』與其二末句『六月長途』可證作於己未（一二五九）夏六月。

傳聞哨馬下江陵，青草湖南已受兵。關羽祠前重回首〔一〕，荊州底事到今爭。

白汗翻瓶馬不前，綠陰還得解鞍眠。塵容突兀祇何事，六月長途又一年。

【校記】

〔一〕羽，正德本同，四庫本作『帝』。

寓目

【編年】作於蒙古憲宗九年秋，郝經從皇弟忽必烈征宋，宣撫江淮，兵趨荊鄂期間。

錯莫坤靈慘不春，搶攘戈戟鬧風塵。可憐萬里中原土，一段荊榛愁殺人。

秋夕

【編年】作於蒙古憲宗九年秋，郝經從皇弟忽必烈征宋，宣撫江淮，兵趨荊鄂期間。

心事悠悠逐去鴻，夢魂渺渺入西風。無邊木葉無窮恨，一夜秋容滿鏡中。

宿黃陂縣南二首

【編年】作於蒙古憲宗九年秋，郝經從皇弟忽必烈征宋，宣撫江淮，兵趨荊鄂期間。

【箋證】黄陂縣：位於湖北東部偏北長江北岸。蒙古憲宗時南下攻宋，令皇弟忽必烈總理荊襄戰事，曾駐軍黄陂。

茅屋攲斜竹逕荒，稻畦殘水入方塘。營屯未定斜陽下，鴈點秋煙不著行。
稻穤今年分外成，家家準備樂昇平。誰知未獲還抛却，天著豐年待北兵。

賢王渡江

魚入王舟動日華，水天一片紫金霞。渡江千古誰能得，恰到中原第四家。

【編年】作於蒙古憲宗九年秋，郝經從皇弟忽必烈征宋，宣撫江淮，兵趨荊鄂期間。

【箋證】蒙古憲宗三路攻宋，皇弟忽必烈率東路軍攻荊鄂。憲宗九年九月，由陽邏堡渡過長江，兵圍鄂州。忽必烈一二五一年封爲王。此敬稱賢王。

渡江中流贈楊宣撫

【編年】作於蒙古憲宗九年，郝經從皇弟忽必烈征宋，宣撫江淮，兵趨荊鄂期間。

【箋證】楊宣撫：　楊惟中（一二〇五—一二五九）：　字彦誠，西寧路弘州（今河北陽原）人，因戰亂身孤，爲蒙古太宗收養，後任通事。二十歲出使西域招降三十餘國，又隨皇太子闊出伐宋，任軍前行中書省事。克湖北襄陽、德安等地，得名士數十人，收伊、洛諸書送燕都，一二三八年建太極書院，立周敦頤祠，延儒士趙復、王粹等講授，理學始在北方流傳。乃馬眞稱制時，拜中書令。忽必烈在汴梁設立河南道經略司，惟中任經略使。一二五三年，忽必烈受封於京兆，設京兆宣撫司，惟中任宣撫使。憲宗卽位，歷河南道宣慰經略使，陝西、四川宣撫使。從忽必烈征宋，任爲江淮京湖南北路宣撫使，並節制蒙、漢諸路軍隊。次年，北返途中，逝於蔡州（今河南汝南）軍營。後追謚忠肅。詳《元史》卷一四六本傳。卷三五《故中書令江淮京湖南北等路宣撫大使楊公神道碑銘》稱其『相三君，歷事四朝，出入柄用者三十年，天下畏其勇而懷其仁』。郝經任副使。

參見前詩《賢王渡江》。

策馬南來便渡江，臨流舉酒望賢王。舟中賴有婁師德，無浪無風到滸黄。

幽蘭軒

【編年】作於蒙古憲宗九年，郝經從皇弟忽必烈征宋，宣撫江淮，兵趨荊鄂，途經河南蔡州期間。

【箋證】幽蘭軒：　金代行宮，位於蔡州（今河南汝南）。金亡之時，哀宗自縊於幽蘭軒。

手殺官奴志自强，孤軍百折竟天亡。君臣義盡平日死，絶勝迎降軹道傍。

太白入斗

【編年】作於元世祖中統元年（宋理宗景定元年，一二六〇），郝經出使南宋途中。見詩句。

聞說長庚是使星，近來偏向斗牛明。天官太史無多語〔一〕，玉帛交馳不用兵。

【校記】

〔一〕官，底本、四庫本作『宮』，據正德本改。

宿舊縣　故盱眙也

【編年】作於元世祖中統元年秋，郝經出使南宋途中。

【箋證】舊縣：指舊縣鎮，在安徽盱眙西四十餘里淮水南岸。盱眙在北宋時曾昇爲招信軍，治於舊縣。元世祖中統元年，郝經出使南宋，途經盱眙舊縣。參見卷十三《九月晦盱眙南爲何待制壽》。

勝遊

無風無浪片帆輕，總道昇平在此行。却向淮南望淮北，斷鴻聲裏斷煙横。

【編年】作於元世祖中統二年，郝經出使南宋，被拘禁於眞州期間。見詩句。

邵伯藕

好處相逢是勝游，兩年霜後到江頭。盃盤狼籍西風老，橙橘香中過一秋。

【編年】作於元世祖中統二年以來，郝經出使南宋，被拘禁於眞州期間。

【箋證】邵伯：指江蘇揚州附近邵伯湖與高郵一帶。

蛟人折向水晶宫，却著金刀截玉筒。齒頰氷漿流不盡，灑然嚼碎雪玲瓏。

霜後芙蓉

憔悴江頭秋牡丹，南人棄擲北人看。明妃出塞胭脂冷，霜滿琵琶淚滿鞍。

【編年】作於元世祖中統二年以來，郝經出使南宋，被拘禁於眞州期間。

燭花

江城深夜作輕寒，金粟堆盤蠟炬殘。應是燈花憐久客，故隨人意報平安。

【編年】作於元世祖中統二年以來，郝經出使南宋，被拘禁於眞州期間。

聞歸鳥

【編年】作於元世祖中統二年以來，郝經出使南宋，被拘禁於眞州期間。

來時隨鴈向南來，鴈北回時人未回。至竟行藏豈由己，且添溫水浴踈梅。

正月三日見月

【編年】作於元世祖中統三年正月，郝經出使南宋，被拘禁於眞州期間。見詩句。

小雪初晴卵色天，虛庭搖曳動江煙。忽聞歸鴈驚回首，新月梅梢又一年。

送江梅還伴使

坐席凝塵晝掩門，客懷牢落阻江濵。春來不見花消息，却著殘梅送主人。

【編年】作於元世祖中統三年以來，郝經出使南宋，被拘禁於眞州期間。

凌晨

凌晨聽鵲暮聽鴉，夢裏關河枕上家。應是皇州春色滿，膽瓶昨夜也開花。

【編年】作於元世祖中統三年以來，郝經出使南宋，被拘禁於眞州期間。

感興

【編年】作於元世祖中統三年以來，郝經出使南宋，被拘禁於眞州期間。

鞍馬匆匆改館來，芙蓉開罷海棠開。梁間笑殺新來燕，去了重來尚未回。

佛頂橙

玉人解作軟金盃，刳盡金犀氣未回。滿酌瓊醅歌水調，碧雲高興一天來。

【編年】作於元世祖中統三年以來，郝經出使南宋，被拘禁於眞州期間。

儀眞館後園茂葵

開徹茂葵夏景深，半牆紅錦臥堂陰。雨荒苔老無人跡，傾盡區區向日心。

【編年】作於元世祖中統三年以來，郝經出使南宋，被拘禁於眞州期間。

揚子〔一〕

【編年】作於元世祖中統三年以來，郝經出使南宋，被拘禁於眞州期間。

揚子江邊不見江，江聲隨雨入寒牕。憑誰載酒尋蘇二，赤壁磯頭白鳥雙。

【校記】

〔一〕揚，四庫本同，正德本作『楊』。下同。

館中春晚二首

【編年】作於元世祖中統三年以來，郝經出使南宋，被拘禁於眞州期間。

春去春來總不知，楊花誰使入簾帷。偶然得句還驚悟，却是今宵夢裏詩。

花落深庭日正長，蜂何撩亂燕何忙。匡牀不下凝塵滿，消盡年光一炷香。

八月十六日曉起見月

【編年】作於元世祖中統三年以來，郝經出使南宋，被拘禁於眞州期間。

冷雲收盡月當西，過却秋宵已失期。何事天公太相妬，只教人看不圓時。

聞鴈

【編年】作於元世祖至元元年，郝經出使南宋，被拘禁於眞州期間。見詩句『五年束手坐空堂』。

觸處關心總可傷，五年束手坐空堂。江深月黑風雨急，一鴈飛鳴有底忙。

橄欖

【編年】作於元世祖至元元年以來，郝經出使南宋，被拘禁於眞州期間。

半青來子味難誇，宜著山僧點蠟茶。若是党家金帳底，只將金橘送流霞。

江靜

【編年】作於元世祖至元元年以來，郝經出使南宋，被拘禁於眞州期間。

江靜天寒不啟關，梅華開却月丹殘。擬將斗柄占星歲，牕隙簷頭細細看。

梅

【編年】作於元世祖至元元年以來，郝經出使南宋，被拘禁於眞州期間。

欲吐檀心却倒垂，梅花只看半開時。折來細嚼還重嗅，歌罷《離騷》更詠詩。

憶酒友

【編年】作於元世祖中統三年，郝經出使南宋，被拘禁於眞州期間。見詩句『三年獨酌楚江濵』。

三年獨酌楚江濵，醉裏乾坤夢裏身。周顗近來添一斗，坐中不見洛陽人。

喜雨

【編年】作於元世祖中統三年以來，郝經出使南宋，被拘禁於眞州期間。

過時無雨已爲災，七月纔聞起怒雷。但得山田稻畦滿，不須霶霈入城來。

不寐

【編年】作於元世祖中統三年以來，郝經出使南宋，被拘禁於眞州期間。

夢境都非得意時，覺來誰與論襟期。蠨蛸竟夜不成網，費盡千絲與萬絲。

十樣小菊

【編年】作於元世祖中統三年以來，郝經出使南宋，被拘禁於眞州期間。

孤根如線耐霜侵，浪蘂還開玉與金。爲問西風緣底事，一枝同氣不同心。

館人餽鴈

【編年】作於元世祖中統三年以來，郝經出使南宋，被拘禁於眞州期間。

持節江頭久食魚，館人供膓意踟躕。呼兒細看雲間足，恐有中原問訊書。

芙蓉小酌

【編年】作於元世祖中統三年以來，郝經出使南宋，被拘禁於眞州期間。

輕紗白紵不勝單，繚亂江雲作小寒。乘興更須傾一斗，芙蓉宜向雨中看。

窨池

【編年】作於元世祖至元元年（宋理宗景定五年，一二六四），郝經出使南宋，被拘禁於眞州期間。

【年譜】元世祖至元元年，『作《鏡藏亭記》、《退飛堂記》、《蘆臺記》、《窨池記》、《江石子記》、《春秋制作本原序》』等。

參見卷二七《鏡藏亭記》。

半池泥水不曾清，一撮魚針也自生。好雨竟無風日惡，門前空説大江横。

二月一日雨中看梅

【編年】作於元世祖至元元年以來，郝經出使南宋，被拘禁於眞州期間。

紫樹青條玉幾叢，半開半落不禁風。看梅何必前村雪，二月江南煙雨中。

示馬德璘

【編年】作於元世祖至元三年以來，郝經出使南宋，被拘禁於眞州期間。

【箋證】馬德璘：廣平（今河北永年）人，郝經使宋隨行人員，其他不詳。郝經於中統三年，被拘真州忠勇營。至元三年，賊入，郝經與隨從遷居新館。參卷六《和郭主簿二首》。本詩小注云『乙卯』即一二五五年。

見詩下注。

當年駐馬石牀邊，老父相逢已結緣。須向桑田最佳處，掛冠神武卜終焉。乙卯秋，食於廣平逆旅。一老父挾方書數策，與之語，達者也。及使宋，其子德璘從行，似不偶然。故爲示此。

示孔晉

【編年】作於元世祖至元三年（宋度宗咸淳二年，一二六五）以來，郝經出使南宋，被拘禁於眞州期間。

【箋證】孔晉：郝經使宋隨行人員，其他不詳。卷二十《敘書》：『中統元年使宋，宋人館留儀眞。三節人馬德璘、孔晉，初不知書，資穎異可教，積六七年，皆能通書傳，作字便有楷法。及被刼殺，至新館，惟二子事余甚謹。』

十五從戎已自奇，更當磊落振襟期。咸寧曾建中興業，本是汾陽帳下兒。

丁卯歲元日

【編年】作於元世祖至元四年（丁卯年）元日，郝經出使南宋，被拘禁於眞州期間。

【年譜】蒙古世祖至元四年，『元日有詩，《孟春新館望南極》詩、《春日夜飲見月詩》』等。

青春白髪坐相催，草草盃盤淺淺梅。爆竹煙寒簫鼓噎，隔牆飛過紙錢灰。

眞州沙瘴

【編年】作於元世祖至元四年以來，郝經出使南宋，被拘禁於眞州期間。

侵曉煙煤半抹墻，急燒煮酒嚼鹽薑。眞州城裏多沙瘴，人道淮東小法場。

立秋夜有感

【編年】作於元世祖至元四年（宋度宗咸淳三年，一二六七）立秋之日，郝經出使南宋，被拘禁於眞州期間。

月邊一夜火西流，雲白天青萬里秋。朔鴈今朝離瀚海，定從何日到江頭。

丁卯新館寒食無花四首

【編年】作於元世祖至元四年（丁卯年）寒食節，郝經出使南宋，被拘禁於眞州期間。

【年譜】蒙古世祖至元四年，有『《夏六月大雨震電》詩、《新館寒食無花》詩四首』等。見詩：『八年寒食總無家，三月清明不見花。』

折殘魏紫戴姚黄，香盡河陽與洛陽。剛向江頭覓春色，幾年孤館對空墻。

四圍擊柝鎖重扉，春去春來總不知。腸斷東城中酒後，春衫走馬拂花枝。

八年寒食總無家，三月清明不見花。屋角映陽看薺菜，墻陰撥土覓蒿芽。

陽和渾不到空齋，深院無人長緑苔。爲報監門暫開鎖，少分春色入門來。

館内幽懷

【編年】作於元世祖至元四年春，郝經出使南宋，被拘禁於眞州期間。

狂花野蔓滿踈籬〔一〕，恨殺絲瓜結子稀。獨立無言解蛛網，放他蝴蝶一雙飛。

【校記】

〔一〕蔓，底本、四庫本作『夢』，據正德本改。

伴使西計議送牛酪

【編年】作於元世祖至元四年，郝經出使南宋，被拘禁於眞州期間。

【箋證】西：滿人姓氏的省稱。計議：即計議使、計議官，宋金元均設置，出使以達成和盟。《元史》卷二百八《外夷傳·日本》：『（至元）十二年二月，遣禮部侍郎杜世忠、兵部侍郎何文著、計議官撒都魯丁往使，復致書，亦不報。』

深凝碧椀玉脂香，輕結酥皮蠟面黃。斫雪徑調傾一椀，大江忽在鐵林傍。

新館木犀

【編年】作於元世祖至元四年，郝經出使南宋，被拘禁於眞州期間。

欲將金粟插銀壺，沉麝看來氣韻麤。爲問西風能記否，好香曾到故鄉無。

觀哺乳燕

【編年】作於元世祖至元四年春，郝經出使南宋，被拘禁於眞州期間。

黄口嗷嗷競食時，一雙忙殺尚嫌遲。遥憐待哺諸兒女，更比烏衣分外饑。

觀牡丹菊有感

【編年】作於元世祖至元四年秋，郝經出使南宋，被拘禁於眞州期間。

黄花唤作牡丹菊，又唤芙蓉秋牡丹。幸自拒霜全晚節，强爲春色亦應難。

戊辰七夕

【編年】作於元世祖至元五年（戊辰年）七夕，郝經出使南宋，被拘禁於眞州期間。

【年譜】元世祖至元五年，『《一貫圖》成，有《圖說》、《寒食》詩、《七夕》詩、《新館守歲贈正甫書狀》』等。

只見星杓掛月鉤，銀河依舊隔牽牛。遙憐玉雪佳兒女，淚滿西風乞巧樓。

戊午歲作一貫圖戊辰冬十月晦始成

【編年】作於元世祖至元五年（戊辰年）十月，郝經出使南宋，被拘禁於眞州期間。

【年譜】蒙古憲宗八年（戊午年，一二五八），『作《一貫圖》』。元世祖至元五年，『正月，成《周易外傳》八十卷、《太極演》二十卷，皆爲序。十月晦，《一貫圖》成，有《圖說》』。見詩句。

十載方成《一貫圖》，怳然才見未生初。仲尼沒後遺言絕，且讀遺書莫著書。

讀堯典

【編年】作於元世祖至元五年，郝經出使南宋，被拘禁於眞州期間。

《關雎》風雅三千首，《堯典》文章第一篇。從此聖人都不說，且休便論伏羲前。

讀王旦傳

【編年】作於元世祖至元五年春，郝經出使南宋，被拘禁於眞州期間。

禍本誰知自二王，玉清未了又儲祥。一瓶珠賣萬人命，剃髮披緇未易償。

即事

【編年】作於元世祖至元五年春，郝經出使南宋，被拘禁於眞州期間。

網羅蚊蚋一蠨蛸，終日經營何太勞。縱好未能包六合，大鵬依舊九天高。

蒸開柳眼中宵熱，落盡桃花半曉霜。五月綿衣休便送，江頭天氣不尋常。

夢游木香洞府

【編年】作於元世祖至元五年春，郝經出使南宋，被拘禁於眞州期間。

月牕青錦麝塵寒，夢遶煙條露蘂看。但覺身輕似蝴蝶，種香風物異槐安。

暮春二首

【編年】作於元世祖至元六年春，郝經出使南宋，被拘禁於眞州期間。

揚子楊花雪打門〔一〕，運衙花樹綠藏人。花開花落年年事，看取人間不盡春。

重圍雨久塌蒼苔，火鋪喧呼著棘栽。唯有東風難禁約，隔墻吹過落花來。

【校記】

〔一〕揚，四庫本同，正德本作『楊』。

五言絕句

同闞彥舉南湖晚步四首

【編年】此詩爲郝經在燕京或保定時期作品。

【箋證】闞彦舉：陝人，流落京師，客死保塞，號極谷道人。闞，一作撖、㯼。元鍾嗣成《録鬼簿》：『前輩已死名公有樂府行於世者：闞彦舉學士。』元侯克中《悼闞彦舉》：『錦繡肝腸鐵石姿，九州行遍復何之。鼇吞鯨吸千杯酒，鳳起蛟騰七字詩。竹杖打門求友日，紙衣裹骨到家時。生前死後俱漂泊，想像臨風酹一巵。』元王惲《員先生傳》：『撖舉，字彦舉，亦陝人。面黯慘，目光迷離，殆鬼物憑者，少爲里嗇夫。初不解文字，一日忽能作詩，吐奇怪語，皆古人所未經道。』『中元冬，見予於燕市酒樓，浮大白數行，徑出步爐間。』『後客死保塞，殯西南門外路北若干步。』元鮮于樞《困學齋雜録》：『詩人索吉，字彦舉，陝人。性嗜酒，工於詩。客京師十餘年，竟流落而死。』元好問有《爲㯼子醵金二首》詩。孫楷第《元曲家考略》詳考其人。又卷二四有文《與撖彦舉論詩書》。南湖：凡在城南之湖者皆可稱，各地均有，此南湖當在燕京或保定一帶。一則此詩排在五絶之初，爲郝經早期作品，其時主要活動在北方燕京、保定等地；二則據侯克中、王惲、鮮于樞文，闞彦舉亦主要活動一直在北方，『客京師十餘年』，又客死保塞，與郝經早期活動之地重合。

月出東南隅，湖湧黄金波。清風颯然至，奈此良夜何。
太白吐金氣，水樓清霽寒。悠悠半滄海，月出浮雲端。
荷花臨水殿，綺月轉簾腰。晚吹動銀管，暮涼生翠綃。
清風凌八極，虎豹天門開。長虹忽中斷，海窟明月來。

送闞彦舉

【編年】作於參見前詩《同闞彦舉南湖晚步四首》。

長風吹短褐，浪起魚龍腥。萬里一樽酒，送客東湖亭。

促織

【編年】不詳待考。

亂聒霜前夜，忙催機上秋。無衣汝何益，重作旅人愁。

曉寒

列列颸分曙，霜雞噤不鳴。只疑滄海凍，還使日難生。

【編年】不詳待考。

即事

短衣歌永夜，長劍倚高秋。近愛東家子，無憂樂白頭。

【編年】不詳待考。

大城南

【編年】作於蒙古憲宗八年春，郝經遊學燕京期間。

【箋證】大城，指金朝中都燕京（今北京）。參見卷十《戊午清明日大城南讀金太祖睿德神功碑》。

柳拂春煙白，花融曉日紅。蕭蕭玉銜馬，沙上踏輕風。

補遺

儀真館後園芙蓉

【編年】作於元世祖中統二年（宋理宗景定二年，一二六一）春，郎郝經出使南宋，被拘禁真州第二年春天。

【箋證】錄自《永樂大典》殘卷五百四十《木芙蓉》引郝經《陵川集》。見詩：『芙蓉十數叢，下馬開已過。霜霽餘秋陽，殘花兩三個。倏忽今年春，兀若孤館坐。』『下馬開已過』，下馬時芙蓉已開過，應指郝經初至真州之時。郝經於元世祖中統元年出使南宋，九月至真州，被拘禁於忠勇軍營。『倏忽今年春』，指明年春天，郎中統二年春天。

詩人重江花，池圃不敢唾。芙蓉十數叢，下馬開已過。霜霽餘秋陽，殘花兩三個。倏忽今年春，兀若孤館坐。撥土澆新芽，鎮日看長大。綠玉生柯條，蔓草爲剗莝。秋風吹紅苞，半吐嬌欲破。初如搭紅粉，摺皺煙脂涴。日高顔漸酡，醉髻驚馬墮。輕風一披拂，零亂霞颭簸。脈脈吴宫深，盈盈楚腰餓。露重力不任，欲就錦茵卧。嬌多韻有餘，所恨唱不和。只應魘苦斷，爲汝歌楚些。

儀眞館中雜題九首（其六）

【編年】作於郝經出使南宋，被拘禁眞州期間。

【箋證】録自元代蔣易《皇元音雅》卷二郝經《儀眞館中雜題九首》，此詩爲其六。其他八首，均以别題分别見於《郝文忠公陵川文集》卷十五。依次爲：其一《秋夕》（八首題目皆出《郝文忠公陵川文集》），其二《感興》，其三《館中春晚》，其四《憶酒友》，其五《館人饟鴈》，其七《館内幽懷》，其八《戊辰七夕》，其九《暮春》。

九首雖皆作於眞州，但非作於一時。可參見《郝經集》卷十五中八首的具體編年。《皇元音雅》是元朝末年建陽（今屬福建）人蔣易選編的元人詩歌選集。《儀眞館中雜題九首》應該是蔣易自元刊延祐本《郝經集》中選出郝經儀眞時期九首詩作，彙編爲一組。

黑風吹雨過江來，日擁雲頭不放開。忽作奇峰如華岳，半天金碧晚崔嵬。

鴈帛書

【編年】作於元世祖中統十五年九月，郝經出使南宋，被拘禁於眞州期間。

【箋證】《鴈帛書》，又作《鴈足書》、《繫帛書》、《鴈足詩》、《帛書詩》等。郝經《陵川集》現存正德本、乾隆本、四庫本、道光本等皆不收，兹録於《元史・郝經傳》：『經還之歲，汴中民射鴈金明池，得繫帛書，詩云云。後題曰：「中統十五年九月一日放鴈，獲者勿殺。國信大使郝經書於眞州忠勇軍營新館。」其忠誠如此。』又見於近人陳衍《元詩紀事》卷四。

霜落風高恣所如，歸期回首是春初。上林天子援弓繳，窮海纍臣有帛書。

望黄鶴樓（殘句）

【編年】作於蒙古憲宗九年，郝經從皇弟忽必烈征宋，宣撫江淮，兵趨荊鄂期間。

【箋證】殘詞《望黄鶴樓》，郝經詞僅見此一例，而且僅見於元蘇天爵《元朝名臣事略》卷十五《國信使郝文忠公》小注：『《墓碑》。又臨川吳公文集云：「昔公使宋，留江淮間十有餘年，常遺書宋之君相，其言忠厚懇惻，内爲國計，外爲宋計，其心平恕廣遠，眞古之仁人君子哉。宋之柄臣阻遏掩蔽，不使上聞，以自速滅亡，悲夫！公前時從世祖渡江取鄂，作《望黄鶴樓》詞。他人處此，必謂乘方興之勢，殄垂盡之命，一舉而吞噬之也夫何難，而公之詞乃曰：『問南國之士，有何長策，更休把蒼生誤。』則其忠厚懇惻之言，平恕廣遠之心，與後來貽書之意同，眞古之仁人君子哉！」』

問南國之士，有何長策，更休把蒼生誤。

郝經集編年校箋卷十六

圖說〔一〕

太極圖說

【編年】應作於元世祖至元五年（宋度宗咸淳四年，一二六八）。時出使南宋，被拘禁於眞州。

【箋證】本卷郝經另有《先天圖說》、《一貫圖說》文。《一貫圖》作成於元世祖至元五年（宋度宗咸淳四年，一二六八），郝經時在眞州。《太極圖說》與《先天圖說》二文，皆解說北宋周敦頤《太極圖》與邵雍《先天圖》，而《一貫圖》爲郝經自繪，卷十五郝經有詩《戊午歲作〈一貫圖〉，戊辰冬十月晦始成》：『十載方成《一貫圖》，恍然才見未生初。仲尼沒後遺言絶，且讀遺書莫著書。』故而《年譜》對《一貫圖》有明確記載：郝經於蒙古憲宗八年始作《一貫圖》：『作《一貫圖》、《漢義士田疇碑》、《殷烈祖廟碑》、《順天孔子新廟碑》。』元世祖至元五年（戊辰年，宋度宗咸淳四年，一二六八）作成：『正月，成

《周易外傳》八十卷，《太極演》二十卷，皆爲序。十月晦，《一貫圖》成，有《圖説》。」《先天圖》與《一貫圖》、《太極圖》屬同類之作，應是同時期作品。

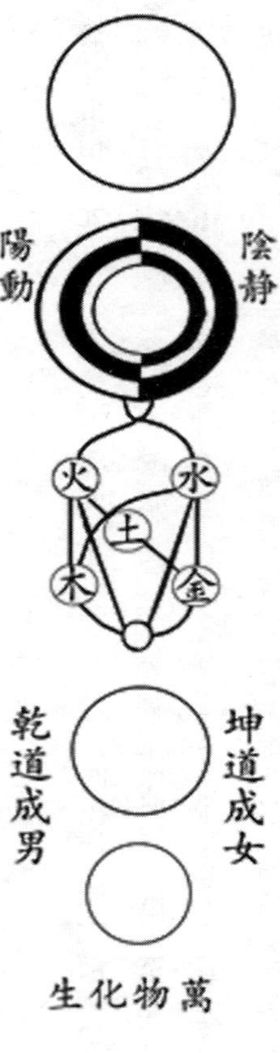

《易・大傳》曰：『《易》有太極，是生兩儀。兩儀生四象，四象生八卦。八卦定吉凶，吉凶生大業。』至宋，濂溪先生周茂叔推廣其義，作《太極圖》而爲之説。夫《大傳》之言，固自有次第，雖未爲圖，而圖已具乎其中矣。『《易》有太極』，卽此也：◯。『是生兩儀』，卽此也：◎（陰靜陽動）。『兩儀生四象』，卽此也：[圖]。『四象生八卦』，卽此也：◯（坤道成女，乾道成男）。『八卦定吉凶，吉凶生大業』，卽此也：◯（萬物化生）。

茂叔乃爲此圈圖，指明其次第。以『太極本無極』爲天地、人物、五行根柢，以動陽靜陰爲太極妙用，分陰分陽爲太極體段。陰陽既分則兩儀立，兩儀立則二氣、五行行乎其中，而八卦成列，太極之跡著矣。乾統三男，坤統三女，善惡分而吉凶定，太極之功用無窮，而人道立矣。是以死生化萬物，吉凶生萬事，而太極之大業成。故『《易》窮則變，變則通，通則久』，此爲圖之大旨也。

其《説》曰：『○，無極而太極。◎（陰靜陽動），太極動而生陽，動極而靜，靜而生陰；靜極復動，動極復靜；一動一靜，互爲其根。分陰分陽，兩儀立焉。陽變陰合，而生水、火、木、金、土，五氣順布，四時行焉。五行一陰陽也，陰陽一太極也，太極本無極也。（坤道成女，乾道成男）五行之生也，各一其性。無極之眞，二五之精，妙合而凝。乾道成男，坤道成女。○（萬物化生），二氣交感，化生萬物，萬物生生，而變化無窮焉。惟人也，得其秀而最靈，○形既生矣，神發知矣。◎（陰靜陽動），五性感動，而善惡分（坤道成女，乾道成男），萬事出矣。○（萬物化生）。聖人定之以中正仁義（聖人之道，中正仁義而已矣），而主靜（無欲故靜），立人極焉。故「聖人與天地合其德，日月合其明，四時合其序，鬼神合其吉凶」。君子修之吉，小人悖之凶。故曰：「立天之道，曰陰與陽；立地之道，曰柔與剛；立人之道，曰仁與義。」又曰：「原始反終，故知死生之説。」大哉《易》也，斯其至矣。』

『無極而太極』者，包本末，貫隱顯，一體用，極始終而爲言也。屈信消長之幾，氣形象數

之藴，命性心跡之原，天地人物之理，造化之樞紐，鬼神之情狀，道德之統體，無不在焉。其曰『無極而太極』，猶曰莫能極盡，而莫不極盡焉爾。

故極者，極盡無餘之稱也。其上則盤薄無顛而不可窮，其下則滙蓄無底而不可測，其外則周匝遍滿而不可出，其内則旋緊嚴密而不可入。渾淪圓轉而無上下内外，開廓布置而皆上下内外。含弘天地人物，包括鬼神造化，混然一大活物，旁行而不流，無所不往而未嘗去，居其所而變動無窮焉。聖人無以指名，故名之曰『太極』，《易》之全體大用皆在夫是矣。故孔子謂『《易》有太極』，邵康節謂『畫前有《易》』，則太極者，《易》之所故有也。

庖犧所以畫其故，文王所以演其故，周公所以效其故，孔子所以説其故，周茂叔所以圖其故也。不畫、不演、不效、不説、不圖，太極自若也，而無所損；畫之、演之、效之、説之、圖之，太極亦自若也，而無所益。聖人將明《易》道，必指其故以爲法，於是畫、演、效、説、圖之爾。學者將求其故，必自圖以求説，自説以求效，自效以求演，自演以求畫，稽諸天地，考諸萬物，本諸聖人，反諸吾身，混然一太極，皆吾所固有〔二〕，而後可以言《易》矣。

六經無『無極』二字，出於《老子》『知其雄』章。先儒謂周子得是圖於穆伯長，伯長之傳出於陳希夷。希夷初爲老氏之學，故以『無極』冠『太極』。雖然作圖之義，本於《易》不本於《老子》，言太極之本然，無聲無臭，而無所不具，無所不極。雖非六經所有，假以明道，故謂之『無極而太極』。非太極之外，復有無極也。

『太極動而生陽，動極則静，静而生陰，静極復動，動極復静，一動一静，互爲其根，分陰分陽，兩儀立焉』者，言太極之體，以一具兩而本静也。静極則動，動極則静，所以爲兩。静者動之根，而動者静之根，互爲其根，如環之無端，所以爲一。造化之幾生，而理具夫是矣。動而生陽，静而生陰，動静爲陰陽之幾，陰陽爲動静之氣，變化相乘，流行不已。各造其幾，於是分陰分陽，一定不易，兩儀之象成，而氣具夫是矣。

『陽變陰合，而生水、火、木、金、土，五氣順布，四時行焉』者，天數五，地數五，五位相得而各有合。陰陽動而倡，陰感應而合。陽一變而六陰合則生水，陰二合而七陽變則生火，陽三變而八陰合則生木，陰四合而九陽變則生金，陽五變而十陰合則生土。互變互合，迭陰迭陽，相生相克，而成五行。陰陽氣也，五行質也。質具乎地而氣行於天，故謂之行也。一氣變而爲五行之氣，布而爲四時之行，則人與萬物生，而數具夫是矣。理入於氣，氣形於象，象别爲數，而太極之統體具矣。自無極至此，由本及末，自隱至顯，一極之終也。

『五行一陰陽也，陰陽一太極也，太極本無極也』者，復自一極之終，而反之始也。非五行之外復有一陰陽，陰陽之外復有一太極，太極之外復有一無極。夫所以爲五行者，秖一陰陽也；所以爲陰陽者，秖一太極也。太極之所本，秖一無極也。自其分而言之，則有陰陽、五行之别；自其本而言之，則皆一太極也。

『五行之生也，各一其性』者，再推本立説也。夫動静相根而陰陽立，則命之賦予而不已者也。五行變化而陰陽分，則性之付畀而不易者也。分陰分陽，五氣順布，則水、火、木、金、土各一太極，而謂之性，性命之原著矣。性命之原著，則人與萬物自是而出矣。

『無極之眞，二五之精，妙合而凝』者，推本人物之始也。無極之眞，則道之本然也。二五之精，陰陽、五行之精氣也。妙合而凝，脗合凝聚精氣爲物也。於是天地絪緼，萬物化醇，復具一太極，而人物生矣。

『乾道成男，坤道成女』者，言人物之所以生也。二氣五行，凝聚爲物，得動陽剛之精者，爲乾道而成男；得静陰柔之精者，爲坤道而成女。乾統三男，坤統三女，分男分女，八卦成列〔三〕，人與萬物各一太極，而三才具美。

『二氣交感，化生萬物，萬物生生而變化無窮焉』者，男女構精，萬物化生，人自生人，物自生物，命流而性正，質變而氣化，生生而不窮。自無極、太極、陰陽、五行生出人物，而人物以陰陽、五行各自相生，又一極之終也。陰陽分而兩儀立，五氣布而四時行，眞精凝而男女成，乾坤位而八卦列，二氣交而萬物生，太極之道，於是備矣。

『惟人也得其秀而最靈，形既生矣，神發知矣，五性感動而善惡分，萬物出矣』者，此復自萬物推人道之極也。夫人於眞精凝聚之處，天命流行之際，義理付予之時，獨得其秀而爲最靈，得二氣五行之全，而備萬物之理，所以配乾道而爲男，合坤道而成女，而其心之神靈復自爲一太極。分陰而形生，分陽而神發，具水、火、木、金、土之氣，爲仁、義、禮、智、信之性，物欲感動，或得或失，或是或非，善惡分而萬事出，如萬物之生而爲事業，亦自爲一極之終也。

『聖人定之以中正仁義而主静，立人極焉』者，善惡既分，萬事既出，非修道立教則人極不立，故復以聖人立教爲説也。太極之在人，其本體則靜，其標準則中，其位置則正，其發生則仁，其行用則義。聖人定此五者，使人無欲而主静，存夫吉善，去夫凶惡，以全太極之本然，則人極立矣。『故聖人與天地合其德，日月合其明，四時合其序，鬼神合其吉凶』者，聖人，人極之極也，德合天地，明合日月，序合四時，行合鬼神，則與太極同體，而主乎太極矣〔四〕。

『君子修之吉，小人悖之凶』者，氣質之不同，學問之不至，故自聖人等而下之，又有君子有小人，而其德有吉有凶。五者有所不至，克己修身以至之，雖不能如聖人之自然而不假修爲，則可以爲吉人君子，以保人極。五者有所不至，惟欲是從，而不中不正，不仁不義，亂而不能静，則爲凶徒小人，而人極喪矣。

故曰：『立天之道，曰陰與陽；立地之道，曰柔與剛；立人之道，曰仁與義。』陰陽既分，兩儀既立，五氣既布，四時既行，八卦既列，男女既别，人極既立，善惡分而吉凶定。陰陽之氣行於天而爲天極，剛柔之質具於地而爲地極，仁義之性充于人而爲人極。分一極而立三極，則太極之功用顯，而三才道備，兼三才而兩之，六位時成，而太極之全體具。《易》行乎其中，而造化無窮，本末具舉，始終道著，死生之説可知矣。故又曰『原始反終，故知死生之説』。

自無極、太極發而爲動、爲陽、爲剛、爲仁，則原其始而生也；自無極、太極復而爲静、爲陰、爲柔、爲義，則反其終而死也。終根於始，始根於終，死根於生，生根於死，互爲其根。迎之而不見其首，隨之而不見其後，而天地人物，截然而不亂，判然而不雜，混然而不昧。開闔變動，生生而不窮； 主張維持，泯然而無間。

自天地觀之，則天地各一太極； 自五行觀之，則五行各一太極； 自八卦觀之，則八卦各一太極； 自人與萬物觀之，則人與萬物各一太極。合天地、五行、人物觀之，則共一太極。一生一死，一見一隱，而有不生不死、不見不隱者存，此所謂無極而太極也。《易》之爲道，至是極矣，故復贊之曰『大哉《易》也，斯其至矣』。

此《圖》既本於《易・大傳》，而其説皆掇拾《大傳》之要，區以爲言，以明《易》之大義。《大傳》謂『生生之謂《易》』，故每節皆以生言，『動而生陽』，『静而生陰』，『陽變陰合，而生水、火、木、金、土』，『二氣交感，化生萬物，萬物生生而變化無窮』，於其末始言生死以爲結。以一生字貫天地、萬物，則生者太極之本原也，非生則天地萬物皆莫得而見也。

故讀其説，但見生意一篇塞於天地，溢於肝臆。一太極混含流轉，無一息之或死，而發育萬物，造起天地，生生不窮，數圈幾字，範圍法象。自太極内推出動静，自動静内推出陰陽，自陰陽内推出五行，并陰陽五行推出人物，自萬物内復推出人，自人内推出聖人，其次又推出君子小人，末乃自始終上推出死生，合而爲之《易》，以盡《易》之道。

仲尼以來無此作也，可謂幾聖之學矣。初，宓犧氏畫八《易》卦而不及五行，箕子作《洪範》九疇而不及八卦。至仲尼贊《易·説卦》之本，謂天地定位，山澤通氣，雷風相薄，水火不相射，五行在其間，而其數不備。天數五，地數五，五位相得，而各有合，其數備而不舉爲行。蓋八卦成列，則五行不復見矣。故八卦可以備五行，五行不能兼八卦。八卦備三才之道，五行則備二氣而已。是以五行僅爲《洪範》之一法，而八卦則具《易》之全體，所以言卦而不言行也。

《洪範》本於人，故以皇極言；《易》本於道，故以太極言。故《易》能兼《洪範》，而《洪範》不能兼《易》。是以此圖上推無極，下窮變化，中備三才，陰陽、五行、八卦、人物，各分四段，太極著二氣之本，陰陽著二氣之儀，五行合二氣之變，乾坤、男女備八卦之索，八卦備二氣、五行、人物之道，精粗巨細，無不具瞻而合之爲一太極，非天下之至精，其孰能與於此。

嗚呼！按《河圖》以畫卦，先天之《易》漸著於人道，文王備於宓犧，周公備於文王，仲尼備於周公。由宋以來，邵康節圖《先天》以盡卦之理，周茂叔圖《太極》以盡《易》之道，張子厚爲《西銘》合先天、太極之旨，總爲人道，探於宓犧氏之先，繼於仲尼之後，再造一極而天人之事益備。始則天出《圖》以示人，末乃人爲《圖》以契天，而始終一圖。始則以先天爲後天，末乃以後天爲先天，而先後一天。於是太極之道貫萬古而無弊焉。伊洛諸儒，承受開闡，推尊擬議，以爲千載不傳之緒，不爲妄矣。

【校記】

〔一〕文題，四庫本同，正德本題作『圖記』。

〔二〕吾，四庫本同，正德本作『無』。

〔三〕卦，四庫本同，正德本作『掛』。下同。

〔四〕太，四庫本同，正德本作『人』。

先天圖説

【編年】不詳。應作於元世祖至元五年（宋度宗咸淳四年，一二六八）。時郝經出使南宋，仍被拘禁於眞州。

參見前文《太極圖説》與後文《一貫圖説》。

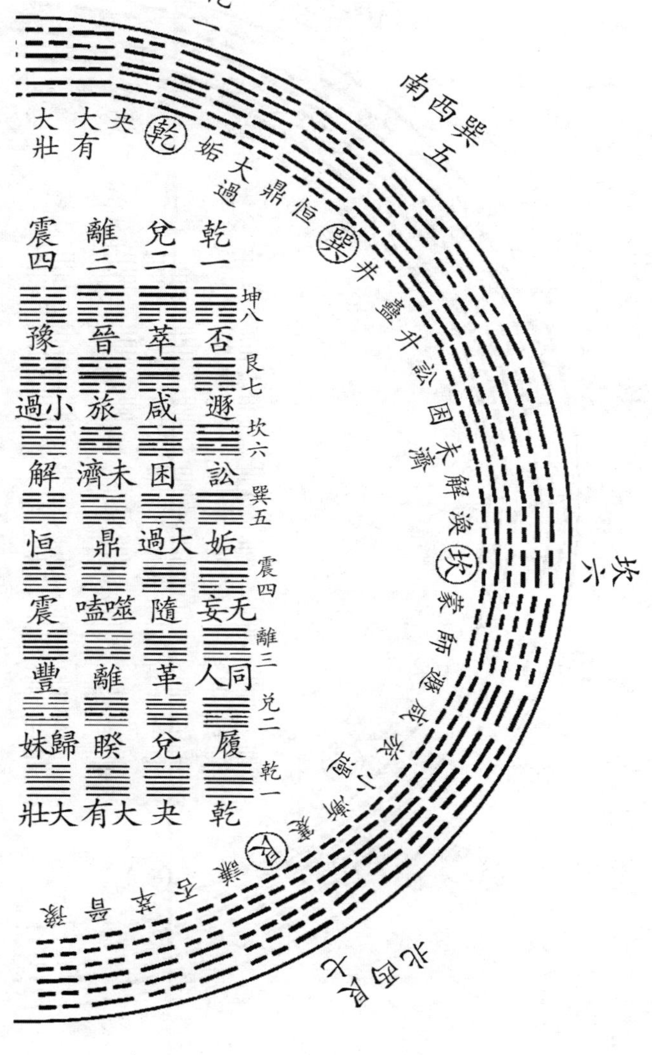
乾一
南西巽五
坎六
北西艮七
夬 大有 大壯
乾 姤 大過 鼎 恒 巽 井 蠱 升 訟 困 未濟 解 渙 坎 蒙 師 遯 咸 旅 小過 漸 蹇 艮 謙 否 萃 晉 豫
坤八 艮七 坎六 巽五 震四 離三 兌二 乾一
乾一 否 遯 訟 姤 无妄 同人 履 乾
兌二 萃 咸 困 大過 隨 革 兌 夬
離三 晉 旅 未濟 鼎 噬嗑 離 睽 大有
震四 豫 小過 解 恒 震 豐 歸妹 大壯

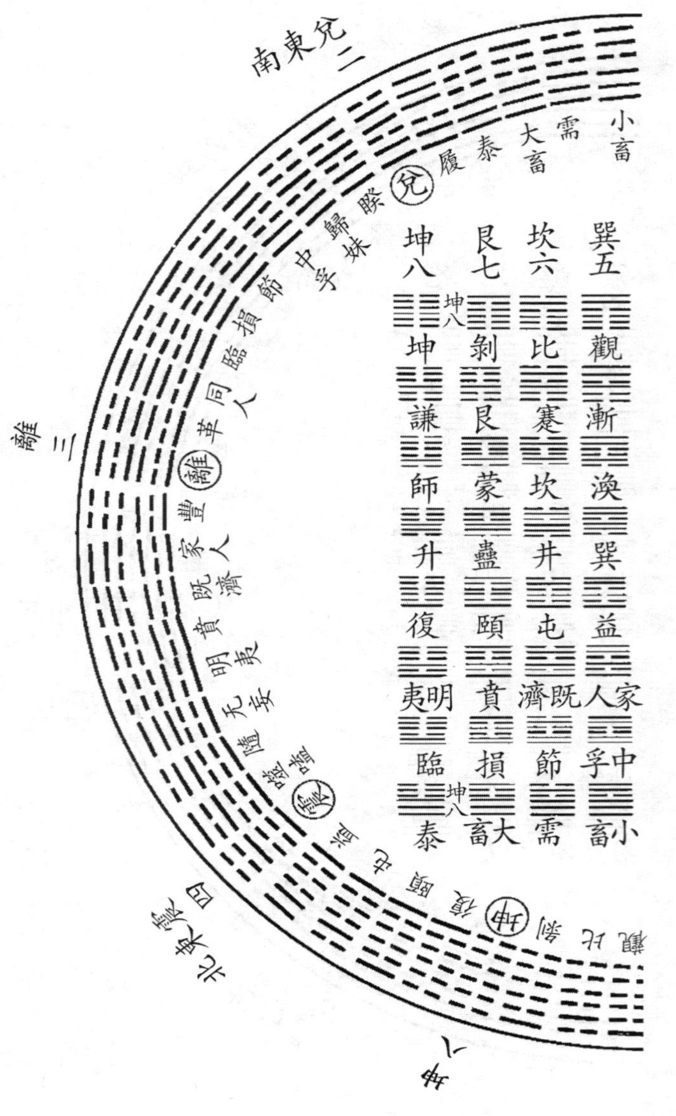
兌二 東南
離三
震四 東北
坤八
巽五 觀 漸 渙 巽 益 家人 中孚 小畜
坎六 比 蹇 坎 井 屯 既濟 節 需
艮七 剝 艮 蒙 蠱 頤 賁 損 大畜
坤八 坤 謙 師 升 復 明夷 臨 泰

先儒謂康節先生，得是圖於李之才，之才得之於穆脩，脩得之於希夷先生陳摶。蓋自宓犧氏畫卦，已具此圖，而未爲之圖，其意言象數，心傳口授，至希夷而傳諸其徒，至康節而遂爲之圖，示之人，而筆之書爾。其圖自圓而方，有畫無文。其制作本意，則具於《皇極經世書·觀物》諸篇。其言論風旨，則凡而不目，曰：『圖雖無文，吾終日言而未嘗離是。蓋天地萬物之理，盡在其中矣。』曰：『先天之學，心也；後天之學，迹也；出入有無生死之間，道也。』曰：『先天之學主乎誠，至誠可以通神，不誠不可以得道。』曰：『《先天圖》者，環中也。』有是數語而已。蓋引而不發，欲學者潛心究意，以求心法，知天地萬物不外此心，無畫之卦，無體之《易》，無方之神，盡在於是，則圖亦爲筌蹄矣。

經自束髮問學，卽以是圖心觀意會，迄今二十餘年。始則見黑白於紙上，後乃見動靜於心中。涵茹既久，推而放之，則見開闔於天地，參錯於萬物，變化於鬼神，重重相因，井井不紊，死生消息，莫非自然，反之於心，會爲一圖。乃申而爲之説，以明先生之意云。

按《乾》之《文言》曰：『大人者，與天地合其德，與日月合其明，與四時合其序，與鬼神合其吉凶。先天而天弗違，後天而奉天時。』先天之文昉乎此，仲尼以之贊大人也。先生之學，大人之學也。以爲能造天地者太極，能先天地者此心也。盡心窮理，與道不違，默執左契，無往不合，我亦一太極，亦能造一天地，於是謂『畫前有《易》』，而以先天名圖。

先天卽太極也，故濂溪先生則圖《太極》，先生則圖《先天》，其原則皆本於《河圖》。昔者宓犧氏當制作之時，將造書契以代結繩，開斯文之統，作《易》以明道，面目太極以爲萬世用，則必假物以示象，於是因《河圖》而畫卦。仲尼曰：『河不出圖，吾已矣夫。』言雖無圖，亦當制作也。故伊川見賣兔者，謂此兔亦可作八卦。宓犧見《河圖》而畫卦，孔子感麟而作《春秋》，取神物之至著者以發端爾。故有理而後有象，有象而後有數。象數既具，理在其中，而當其可，卽物而皆可畫也。前乎宓犧，豈無聖人，不當其可，雖有《河圖》而弗畫也。後乎宓犧，豈無聖人，不當其可，復有《河圖》亦弗畫也。當其可而圖出焉，則宓犧所不得辭，是以畫之以爲大經大法之始，雖曰後天，其實先天也。

然不知何以爲圖？何以爲畫？按《大傳》：『河出《圖》，洛出《書》，聖人則之。』而不言其何者爲《圖》，何者爲《書》，何以爲則？《書·顧命》謂『天球、《河圖》，在東序』，則《河圖》乃一物，歷代以爲寶，然亦不知其爲何物，與其圖之所以制作度數。孔子又嘗嘆『鳳鳥不至，河不出《圖》』，終不知其所以爲畫，所以爲卦。周官雖有太卜、筮人，並言《三易》，而亦不言《圖》、《書》之所以爲卦。由漢以來，孔安國、劉歆、關朗，謂《大傳》之『天一地二，天三地四，天五地六，天七地八，天九地十』，爲《河圖》，去十用九，而爲《洛書》〔二〕，遂以《河圖》爲八卦，《洛書》爲九疇。而《大傳》與《書》皆無明文，亦無點誌，孔子則並稱『《河圖》、《洛書》，聖人則之』，不別爲八卦、九疇。

然《河圖》之數凡五十五，《洛書》之數凡四十五，而《河圖》十位，《洛書》九位。不知其何以畫三、卦八，重而爲六，錯綜爲六十四。若以位言，則去九與十，而一、二、三、四、五、六、七、八，合夫乾、兑、離、震、巽、坎、艮、坤之序。然不知其所以爲卦，所以爲畫，雖爲推衍湊定，不免牽合，不能合夫畫三、卦八之所以然。若以生成之數而言，則一、六爲水，二、七爲火，三、八爲木，四、九爲金，五、十爲土，秖成五行，而無八卦，亦無三畫。若以五、十爲衍母，一、九爲衍數，則揲蓍求卦之法，非按《圖》畫卦之本。

《河圖》卦之本數，蓍策擬卦之數，故謂之衍，謂之象，謂之參天兩地而擬數〔二〕。衍則推之，象則放之，擬則比之也。蓍策出於卦、畫，非卦、畫出於蓍策也。夫神生數，數生象，象生畫，畫生卦，而後蓍贊神，神藴象，象成數，數成畫，畫成卦。十有八變而成卦，八卦而小成，六十四而大成。故卦、畫非點誌之牽合，《河圖》之象固有之，宓犧因而畫之也。按《大傳》曰：『《易》者，象也。象也者，像此者也。』圖則圖像云耳。《易》之爲畫，象《河圖》之像也。

夫道有一，卽有二，二者一之耦也。至於三、四、五、六、七、八、九、十，皆本然之一、二，至十而終之耳，至於百、千、萬、億皆是也。故有静卽有動，有陰卽有陽，有奇卽有耦，死爲生根，實爲虚形，地爲天體，月爲日魄，莫不兩兩對待，以成變化，而後生生不窮，所以爲《易》也。故《大傳》謂：『天一地二，天三地四，天五地六，天七地八，天九地十。』『天數五，地數五，五位相得而各有合。天數二十有五，地數三十，凡天地之數五十有五，此所以成變化而行鬼神也。』卽《河圖》本然，天地相錯，初無點誌，亦無文字，秖如是耳。

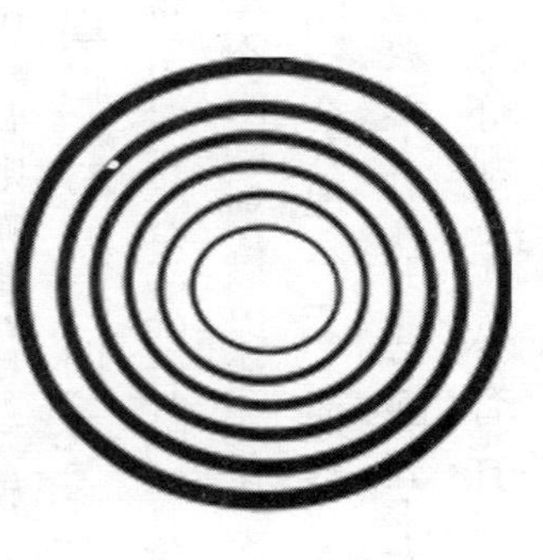

天地、象數、卦畫、蓍策皆具其中。太極爲道之物，主静而本陰，以静生動，以陰含陽，故此○卽太極，所謂天地之中也。從中因起，以一具兩，一奇爲陽◎，三耦爲陰○。陽旋轉而上而爲天，陰翕聚而下而爲地。相銜相次，兩兩相因，各環乎中。内則參天兩地而爲五，外則參地兩天而爲十。於是一、三、五之間而有二、四，以奇兼耦，天中有地，而陽根陰；六、八、十之間而有七、九，以耦兼奇，地中有天，而陰根陽。參天兩地則陰從陽，參地兩天則陽從陰。於是參五錯綜，互相依附，陽伏乎陰，陰伏乎陽，天依乎地，地依乎天，陰陽相爲倚伏，天地互相依附。陽變陰化，天推地盪，開闔聚散，擺拉旋轉，人與萬物莫不各具一天地，以本太極。三才兼兩，卦畫自成，不假作爲，而莫非自然。故一、三、五之三天而自爲乾，二、四、六之三地而自爲坤，一天依二地而自爲震，一地依二天而自爲巽，二天間一地而自爲離，二地間一天而自爲坎，二天依一地而自爲兑，二地依一天而自爲艮。

太極動而生陽，一變爲天，自子變而進，信而爲神，繼道成性，左旋行健。故一天爲震，二天爲離、兑，三天爲乾，至午則極奇而窮上；静而生陰，二化爲地，自午化而退，屈而爲鬼，歸根復命，右轉處順。故一地爲巽，二地爲坎、艮，三地爲坤，至子極耦而窮下。故一奇一耦，合而爲三，錯綜天地，爲《易》眞數。陽卦則天包乎地，陰卦則地包乎天，三奇三耦，自成本然。三畫奇耦相參，自成本然，六位重卦已在其間矣。又益之以兩，而天地各五者，所以極數之終，著重卦之六，爲蓍策之本也。太極不動而居中，則不用之一也。非不用之一，無以爲有用之兩，故五天、五地，各一太極而爲六。太極則成始之一，十則成終之一。

天地之數各五，而不用者各一。故一與十如初上，其四則中爻也。乾知太始，故有一而無十；坤作成物，故有十而無一。分而言之，内各具天地之三，因一以生三；外各因天地之三，加兩以成三，合而言之，天無十，因地以成十；地無一，因天以爲一。於是乎奇因十以成耦，耦因一以成奇。始則陽因陽、陰因陰，終則陽因陰、陰因陽，重重相因，從中因出，如水之漣漪，卵之渾淪，而無間斷。道之體用備，内外合脗而爲一，别而爲兩，畫三卦八，重而爲六，錯綜而爲六十四，《易》於是乎與天地準矣。故《大傳》復曰：『參伍以變，錯綜其數。』

通其變遂成天地之文，極其數遂定天下之象，極道之變所以爲《易》，固無點誌之牽合也。此則《河圖》之本然，卦畫之具體，具在而未畫未分也。故《大傳》復明畫三卦八之所以然，曰：『《易》有太極，是生兩儀。兩儀生四象，四象生八卦，八卦定吉凶，吉凶生大業。』夫太極，一也。非一莫能生兩，故太極以一具兩，爲《易》之樞機，天地萬物之根柢。旋轉而生，生而又生，所以爲《易》，而爲奇耦之原也。故一分而爲二，二分爲四，四分爲八，别圖定象，其序如此。

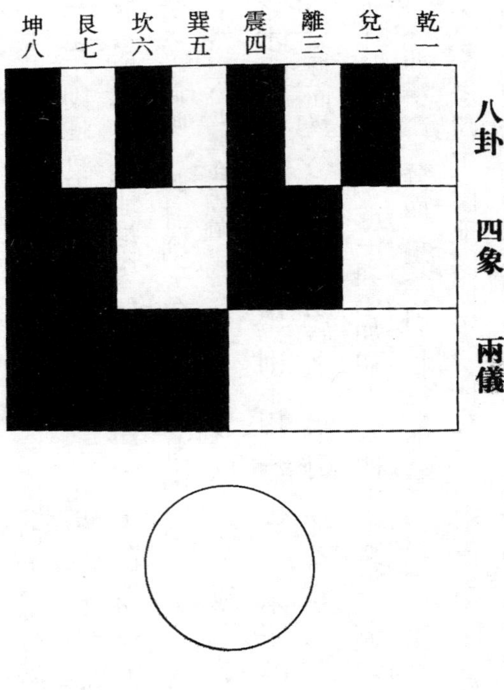

其下之如此○者，卽圖中之太極，以一具兩者也。所以動而生陽爲此也◎，靜而生陰爲此也○。◎此卽爲奇□，○此卽爲耦■。故太極生兩儀■□，乃圖之天一地二也。動靜相根，陰陽相乘，奇耦相因，生而又生。一陽一陰，生氣而本陽；一剛一柔，生質而本陰。故兩而又兩，兩儀生四象■□，乃圖之天三地四也。陰陽之氣，各有太少，於是爲太陽、太陰、少陽、少陰；剛柔之質，亦各有太少，於是爲少剛、少柔、太剛、太柔。故四而復四，四象生八卦▥，乃圖之天五地六也。秖加一倍，分而錯之耳，於是分圖立畫。

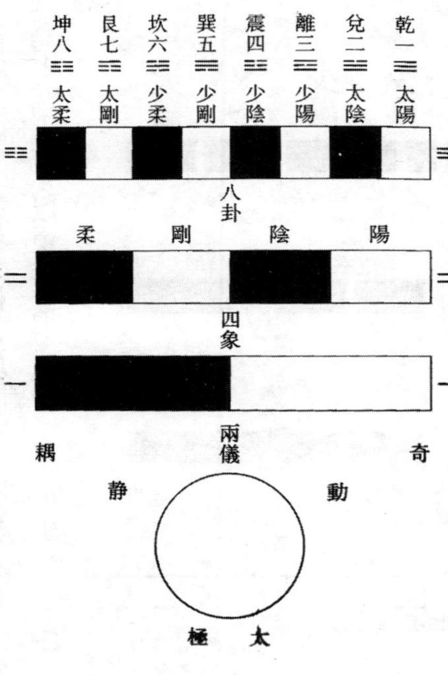

以天之一、三、五，地之二、四、六，相交相合爲兩儀。四象、八卦之以次縱加横分，分而爲三，定《易》之眞數，别爲上、中、下，以象天、地、人。於是道生一，一生二，二生三，各以兩抱一，成變化，行鬼神。

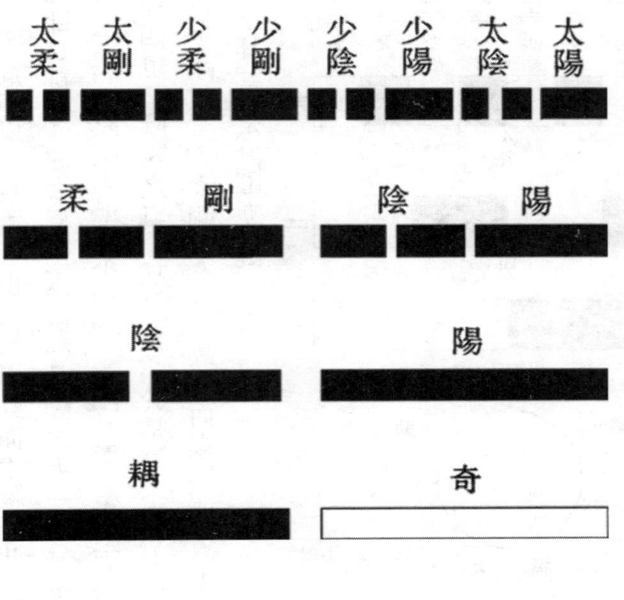

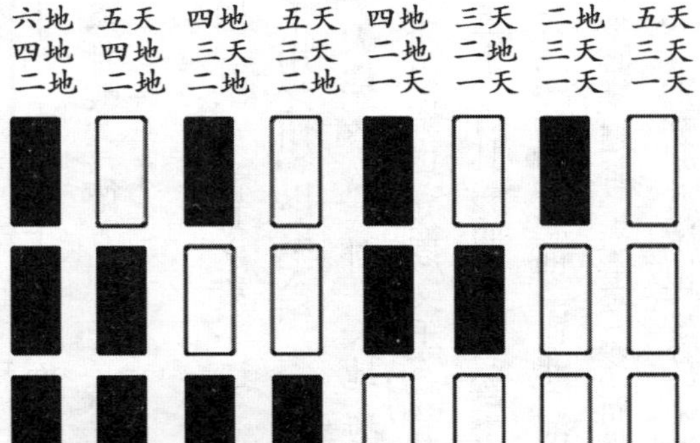

五天 三天 一天	二地 三天 一天	三天 二地 一天	四地 二地 一天	五天 三天 二地	四地 三天 二地	五天 四地 二地	六地 四地 二地
□□□	■□□	□■□	■■□	□□■	■□■	□■■	■■■
奇	奇	奇	奇	耦	耦	耦	耦
奇	奇	耦	耦	奇	奇	耦	耦
奇	耦	奇	耦	奇	耦	奇	耦
乾	兑	離	震	巽	坎	艮	坤
☰	☱	☲	☳	☴	☵	☶	☷

定吉凶，生大業，而發育萬物，開闔天地。□者如此，■爲畫而爲陽剛；■者如此，■■爲畫而爲陰柔。自二而四，自四而八，三變而成奇耦，三畫自具八卦，遂盡三天三地之變，乃分圖立卦。

三天純奇，曰乾□□□。二天依一地，復奇而耦，曰兑■□□。二天間一地，奇耦而奇，曰離□■□。一天依二地，奇而復耦，曰震■■□。一地依二天，耦而復奇，曰巽□□■。二地間一天，耦奇而耦，曰坎

☲。二地依一天，復耦而奇，曰艮☶。三地純耦，曰坤☷。遂畫爲☰☱☲☳☴☵☶☷之卦，卦於是乎小成。復於一卦之上，各加之八，八卦相錯，而爲六十四卦，於是乎大成。是以小成因大成，大成因小成，各具天地之中。

太極爲奇耦之中，三爲五中，五爲十中，具備天地之數，而成六爻，不假作爲，而莫非自然。於是畫三卦八，開闢一天地，推出無窮天地，藴藏無窮天地。小成之八，大成之六十四；小衍之十，大衍之五十；天數二十五，合而爲五十；地數三十，合而爲六十五。十爲蓍數，其德圓如天；六十爲卦數，其德方如地。六乾之六，爲三十六，爲乾之策；四坤之六，爲二十四，爲坤之策。

一、二、三、四、五，爲奇卦之策；六、七、八、九、十，爲揲扐之策。七七四十九，爲蓍之用以象天，其一爲不用之用，以象太極。八八六十四，爲卦之體以象地，其四爲不易之體，以象太極。始於奇耦一天地，終於蓍卦一天地，故卦畫、重卦、蓍策，無不備於《河圖》，著乎八卦之中矣。此宓犧氏之所以聖也，及周文王，一卦之上，遂各加八，而遂重之，因其本然，而無我其間。兩兩而重，分爲上下，著其義而爲之名，繫之辭以明其理，兩兩反對，以示其變。

以《連山》起艮，《歸藏》起坤，皆非《河圖》天地之固有，乃首乾、坤而命之爲《易》。《易》，變易也，所以變易宓犧之卦，盡道之變，而爲萬世之用也。故爲六十四卦，分爲二篇，上經起於乾坤，終於坎離；下經起於咸恒，終於未濟。雖皆本於八卦，由其變動綜錯，故其位置不同。

乾下乾上乾	坤上坤下坤	震下坎上屯	坎下艮上蒙	乾下坎上需	坎下乾上訟	坎下坤上師	坤下坎上比
乾下巽上小畜	兑下乾上履	乾下坤上泰	坤下乾上否	離下乾上同人	乾下離上大有	艮下坤上謙	坤下震上豫
震下兑上隨	巽下艮上蠱	兑下坤上臨	坤下巽上觀	震下離上噬嗑	離下艮上賁	坤下艮上剝	震下坤上復
震下乾上无妄	乾下艮上大畜	震下艮上頤	巽下兑上大過	坎下坎上坎	離下離上離	艮下兑上咸	巽下震上恒
艮下乾上遯	乾下震上大壯	坤下離上晉	離下坤上明夷	離下巽上家人	兑下離上睽	艮下坎上蹇	坎下震上解
兑下艮上損	震下巽上益	乾下兑上夬	巽下乾上姤	坤下兑上萃	巽下坤上升	坎下兑上困	巽下坎上井
離下兑上革	巽下離上鼎	震下震上震	艮下艮上艮	艮下巽上漸	兑下震上歸妹	离下震上豐	艮下離上旅
巽下巽上巽	兑下兑上兑	坎下巽上渙	兑下坎上節	兑下巽上中孚	艮下震上小過	離下坎上既濟	坎下離上未濟

仲尼贊《易》，乃於『天一地二』，『《易》有太極』，明宓犧畫卦之本，而皆倍起，一本於數。於『天地定位，山澤通氣，雷風相薄，水火不相射』，明宓犧八卦之位，則乾上、坤下，離東、坎西，兑東南、艮西北，震東北、巽西南。由乾而左，則乾一、兑二、離三、震四；由巽而右，則巽五、坎六、艮七、坤八。分而爲二，而皆反對。於《序卦》『有天地然後有萬物，有男女然後有夫

於『帝出乎震，齊乎巽，相見乎離，致役乎坤，說言乎兑，戰乎乾，勞乎坎，成言乎艮』，明文王八卦之位，則乾西北、坎正北，艮東北、震正東，巽東南，離正南，坤西南、兑正西。乾統三男，坤統三女。退位錯處，以用爲位，而不反對。

然而自宓犧畫卦，而畫前之《易》始著，自文王重卦，而畫後之《易》始備，於是宓犧之卦不復特見，而盡爲《周易》矣。蓋宓犧之卦，卽有文王之重；文王之重，舉是宓犧之卦。故仲尼謂：『宓犧之罔罟佃漁，則取諸《離》；神農之耒耨之利，則取諸《益》；黄帝、堯、舜之垂衣裳，則取諸《乾》、《坤》。』未嘗重卦，已有其象，故又謂：『八卦成列，象在其中，因而重之，爻在其中』。則《易》，宓犧之先天八卦，乃文王之先天重卦，乃周、孔之先天。故周公爲《爻辭》，孔子作《十翼》，以聖繼聖，不敢舍犧文而自爲，殆天下之理，不能外夫是矣。

其後揚雄爲《太玄》，關朗爲《洞極》，司馬光爲《潛虚》，皆以準《易》而不由犧文，卒皆重復造鑿。雖揚雄之《太玄》得數之理，而方州部家一定而不易，不能如八卦之可以錯綜爲卦，從横成象，而不離奇耦二畫之本然，是以不免於屋下架屋，牀上疊牀之譏矣。至康節先生出此圖，脗合犧文之卦，自其重而觀之，則皆文王之卦也；自其純而觀之，則皆宓犧之卦也；自一卦而爲八，則皆始畫之序也；合八卦而爲圖，則皆《河圖》之位也。故圓圖其始分《河圖》之數，未分畫重卦，則有此圖。

以著固有，故『《易》有太極』，卽所謂環中與心也，乃圖之中虛者，此也。

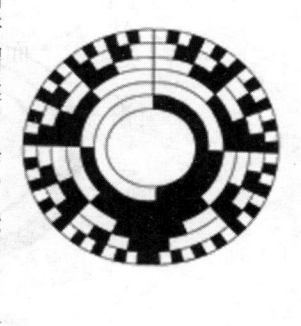

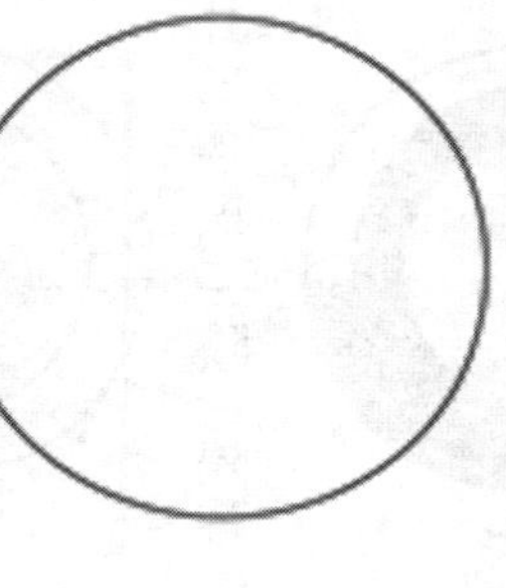

一分爲二，是生兩儀，卽卦之初畫，一陰一陽，此也。

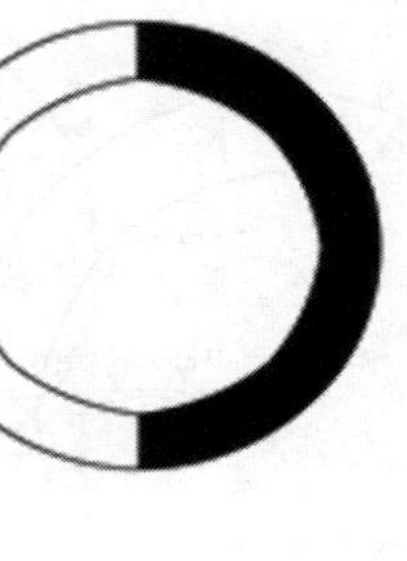

二分爲四，故『兩儀生四象』，卽卦之二畫，一陰一陽各兩之，此也。

四分爲八，故『四象生八卦』，卽卦之三畫，二陰二陽，又各兩之，此也。

八分爲十六，即重之四畫，四陰四陽，各兩之，此也。

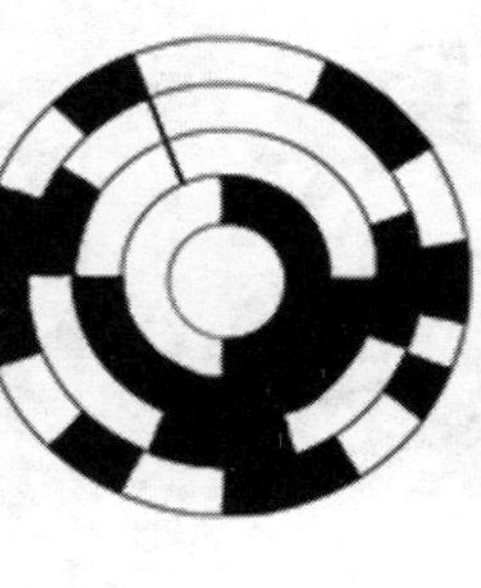

十六分爲三十二，即重之五畫，八陰八陽，各兩之，此也。

三十二分爲六十四，卽重之六畫，十六陽十六陰，各兩之，此也。

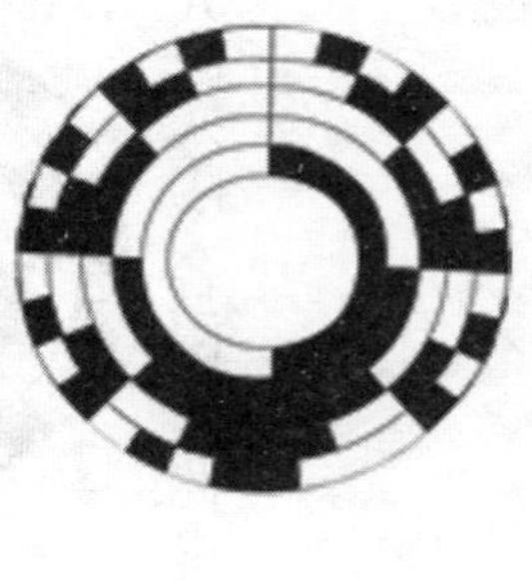

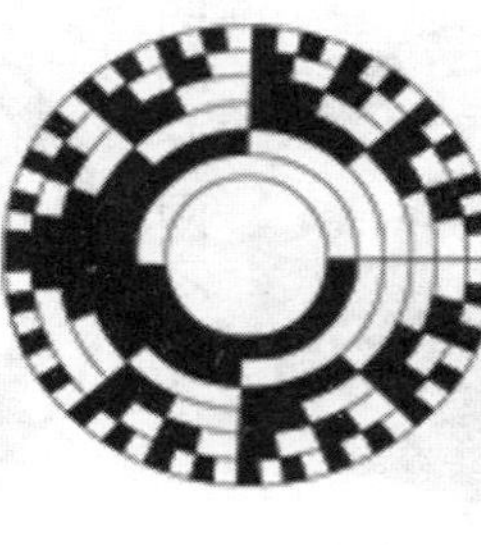

中分二體，各具四卦，横列六位，分爲内外。其内秪一陰一陽，其外亦皆一陰一陽。秪固有之天一地二，其序不紊，自左而右，自陽而陰，皆太極固有之兩，《河圖》本然之十，故成此圖。既分而爲重而爲卦，乃成此圖。

左三十二卦，自一陽爲復，至六陽爲乾，内皆陽畫，爲乾、兑、離、震四卦，自震向乾左旋，其卦外皆各具乾、兑、離、震、巽、坎、艮、坤，亦皆自震向乾左旋。右三十六卦，自一陰爲姤，至六

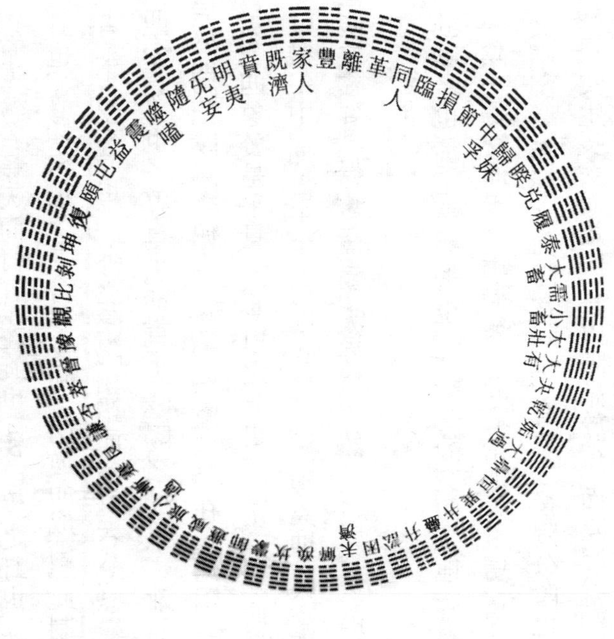

陰爲坤，内皆陰畫，爲巽、坎、艮、坤四卦，自姤背乾右轉，其卦亦皆各具乾、兑、離、震、巽、坎、艮、坤，亦皆自姤背乾右轉。

是圖本以《説卦》『天地定位』一節下『數往者順，知來者逆，是故《易》逆數也』爲法，故先生謂：『數往者順，知來者逆。若順天而行，是左旋也，皆已生之卦也，故數往也；逆天而行，是右行也，皆未生之卦也，故知來也。』夫《易》之數，由逆而成爾，此制圖之本意也。故其内之一陰一陽而統夫八者，不易之體也；外之陰陽相錯而各具夫八者，變易之用也。變雖八而不變其序者，雖《易》而不《易》也。乾直午，坤直子，陰陽之極也；離居東，坎居西，陰陽之中也；震、巽、兑、艮，居於四隅，陰陽之偏也。乾、兑、離、震，在天爲陽，在地爲剛；巽、坎、艮、坤，在天爲陰，在地爲柔，四象於是乎具，八卦以之分也。陰生於午而並乾，陽生於子而並坤，陰根陽，陽根陰也。乾盡午中，坤盡子中，窮則變也。剥、復夾坤，夬、姤夾乾，死生之交，變通之本，雖盡而不盡，陰陽之幾要，造化之原委，太極之本然。所以《易》與天地準，乾、坤毁則無以見《易》者也。

故先生謂：『天生於動者也，地生於静者也，一動一静交而天地之道盡矣。動之始則陽生焉，動之極則陰生焉，一陰一陽交而天之用盡矣。静之始則柔生焉，静之極則剛生焉，一剛一柔交而地之用盡矣。』又謂：『無極之前陰含陽也，有象之後陽分陰也，陰爲陽之母，陽爲陰之父，故母孕長男而爲復，父生長女而爲姤，是以陽始於復，而陰起於姤也。』自乾至復，陰在陽中，則陰逆行； 自坤至姤，陽在陰中，則陽逆行。自復至乾，則陽在陽中，皆順行； 自姤至坤，則陰在陰中，亦皆順行。於是天地相銜，陰陽相交，晝夜相雜，剛柔相生，其理自然，而其變無窮。其皆本於乾者，先生謂：『陽尊而神，尊故役物，神故藏用。』又謂：『陽者道之用，陰者道之體，陽幾於道，故以況道也。』是以圖自中起而止於中，始於乾而終於坤也。

乾、兑、離、震，居東南爲陽，而震、離爲春，當丑、寅、卯，兑、乾爲夏，當辰、巳、午。巽、坎、艮、坤，居西北爲陰，而巽、坎爲秋，當未、申、酉，艮、坤爲冬，當戌、亥、子。乾知太始[二]，坤作成物也。故先生謂：『乾坤定上下之位，坎離列左右之門，天地之所開闔，日月之所出入，是以春夏秋冬，晦朔弦望，晝夜長短，行度盈縮，莫不由乎此矣。』此圓圖之理也。圖之既爲圓而備之矣，又爲方以變之者，復推本三聖，脗合一《易》，以盡卦畫之變也。其在圖之中者，象宓犧變圖畫卦之始也[三]。

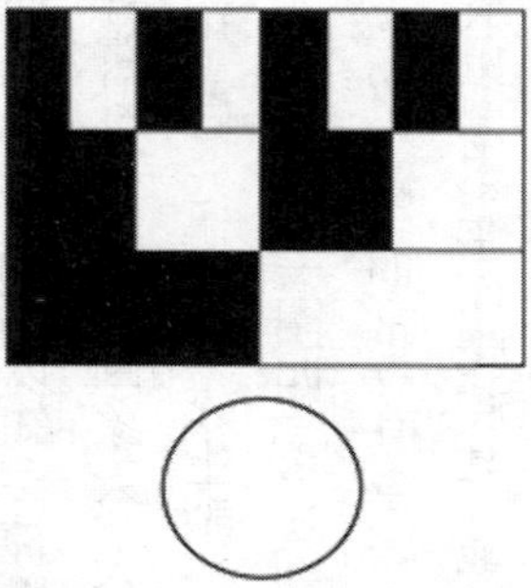

按《大傳》〔四〕：『蓍之德圓而神，卦之德方以知。神以知來，知以藏往。』圓方之文昉乎此，仲尼以之贊蓍卦也。圖所以盡蓍卦之理也，圓象天，天象道，信以知來，太始之體盡矣；方象地，地效法，屈以藏往，成物以用盡矣〔五〕。故先生謂：『圓者《河圖》之數，方者《洛書》之文。』『圓者徑一圍三，重之則六；方者徑一圍四，重之則八。』『裁方而爲圓，天所以運行；分大而爲小，地所以化生。』『天變方而爲圓，而常存其一；地分一而爲四，常執其方。』『圓者尅方以爲用，方者引圓以爲體。』『天以體爲基而隱其基，地以用爲本而赫其用。』故既爲之圓，而又爲之方也。圓方相乘，八卦相盪。天覆地，地載天。天地相合，天中有地，地中有天，地下有天，天上有地。天體動，一氣旁薄，運轉而不移，窮上而不窮；地體静，一脉錯綜，迴環而不易，極下而不極。可謂盡天地之情狀，而見天地之心矣。故希夷謂：『《龍圖》天散而示之，宓犧合而用之，仲尼默而形之。』言天以太極、兩儀、四象、八卦之象，列而示之人。宓犧則畫爲乾、兑、離、震、巽、坎、艮、坤，用而合諸天。仲尼則爲太極、兩儀、四象、八卦之言，以形其所以然也。故濂溪則推出太極，本然一物，而具兩體，動静相根。陰陽之精，互藏其宅者，合一坎離，并五行二氣，以示之象。先生則舉太極、八卦之全，具於未畫之前；推本宓犧之卦，倍而相因，具於已畫之後。錯綜文王之重爲六十四者，合而爲之圖。既爲之圓，又爲之方，以盡四聖人之意，一《易》之變也，故方圖。

乾一 坤八否 艮七遯 坎六訟 巽五姤 震四无妄 離三同人 兌二履 乾一乾

兌二 萃 兌二咸 困 大過 隨 革 兌二兌 夬

離三 晉 旅 離三未濟 鼎 離三噬嗑 離 睽 大有

震四 豫 小過 震四解 震四恒 震 豐 歸妹 大壯

巽五 觀 漸 渙 巽五巽 巽五益 家人 中孚 小畜

坎六 比 坎六蹇 坎 井 坎六屯 既濟 節 需

艮七 剝 艮七艮 蒙 蠱 頤 艮七賁 損 大畜

坤八 坤八坤 艮七謙 坎六師 巽五升 震四復 離三明夷 兌二臨 乾一泰

從横逆順，左右上下，其卦皆八。以圓圖之左旋者乾、兑、離、震，自下而上横疊之，皆四行，其下皆純卦，其初畫皆陽也，其上各具八卦，其序則亦乾、兑、離、震、巽、坎、艮、坤，順而不紊也。以圓圖之右轉者巽、坎、艮、坤，復自下而上横疊之，亦四行，置於震之上，其下亦皆四純卦，其初畫皆陰也，其上亦各具八卦，其序亦不紊其乾、兑、離、震、巽、坎、艮、坤。於是陽下而陰上，乾始於西北，坤盡於東南，否隔於西南，泰交於東北。地南天北，地下有天，陰南陽北，陰中有陽。由西北自下而上觀，由西南自上而横觀，由東南自上而下觀，由西南自否直泰而斜觀，由西北自乾直坤而斜觀，隨行而上觀，復隨行而横觀，皆不紊其乾、兑、離、震、巽、坎、艮、坤之序。破圜爲觚，反上倒下，而充周縝密，停當妥帖，一無矯揉造鑿之私，而莫非自然，此方圖之理也。

始則坤下而乾上，今乃乾下坤上，以體爲用，交爲一泰。始則渾渾沌沌，形圓而不可破；終則紛紛紜紜，鬪亂而不可亂。布散退藏，陰陽不測。順而數之，則知天地之已然；逆而致之，則知天地之將然。破壞無窮天地，推出無窮天地，再造一《易》，而不外乎羲、文、周、孔。圓圖既盡其妙，方圖復盡其變，一以見其體，一以見其用，一則爲奇，一則爲耦，一物而具二體，亦一太極也。前乎宓犧，有《易》而無畫；後乎宓犧，有畫而無文；至乎文王，有文而無説；至乎孔子，有文而有説，於是不可復加矣。由孔子而來，學者忘夫易與畫，而不勝其文與説，又入於術數，而壞於穿鑿。故先生脗合犧文〔六〕，置《易》畫前，裁爲圓方，藴《易》畫後，不爲辭説，一掃秦漢以來千五百年支文蔓語，於仲尼氏之後，復立一宓犧氏，以著本然之《易》。嗚呼！先生之學可謂幾於聖矣。

【校記】

〔一〕《河圖》、《洛書》：此兩處正德本分别插有《河圖》、《洛書》，道光本墨塗，四庫本無。

〔二〕參，四庫本同，正德本作『三』。

〔三〕太，底本、四庫本作『大』，據正德本改。

〔四〕始，底本、正德本作『此』，據四庫本改。

〔五〕自『按《大傳》』至『錯綜文王之重』一段六百餘字，四庫本同，正德本闕頁。

〔六〕以，底本、四庫本作『之』，據正德本改。

〔七〕腦，四庫本同，正德本作『腮』。

一貫圖説

【編年】作於元世祖至元五年（宋度宗咸淳四年，一二六八）。時郝經出使南宋，仍被拘禁於眞州。

【年譜】蒙古憲宗八年（宋理宗寶祐六年，一二五八），始作《一貫圖》。『作《一貫圖》、《漢義士田疇碑》、《殷烈祖廟碑》、《順天孔子新廟碑》。』元世祖至元五年，『正月，成《周易外傳》八十卷、《太極演》二十卷，皆爲序。十月晦，《一貫圖》成，有《圖説》。《寒食》詩、《七夕》詩、《新館守歲贈正甫書狀》』。

見文：『經潛心玩味，踰二十年。近以久在舍館，益得致志，故爲之説。』

道本於一，行於二，復於一。靜者，一之體也；動者，一之用也。動所以行夫靜，二所以終夫一也。一動一靜，道有太極，而理之體具矣。極信而長，神則生矣；極屈而消，鬼則生矣；二生三，數則生矣；奇耦具兩，象則生矣。神鬼數象，是生萬變，理之用具矣。一動生陽，一靜生陰，一陰一陽，太極有天，而氣之體具矣。陽精焞麗，日則生矣；陰魄分曜，月則生矣；陽暉昭布，星則生矣；陰體潛構，辰則生矣。日月星辰，是生萬象，氣之用具矣。靜陰生柔，動陽生剛，一剛一柔，太極有地，而形之體具矣。一剛化柔，水則生矣；一柔化剛，火則生矣；剛根於柔，木則生矣；柔藴於剛，金則生矣。水火木金，是生萬物，形之用具矣。動静有理，陰陽有氣，剛柔有形，五行八卦，合爲一《易》。

一貫圖

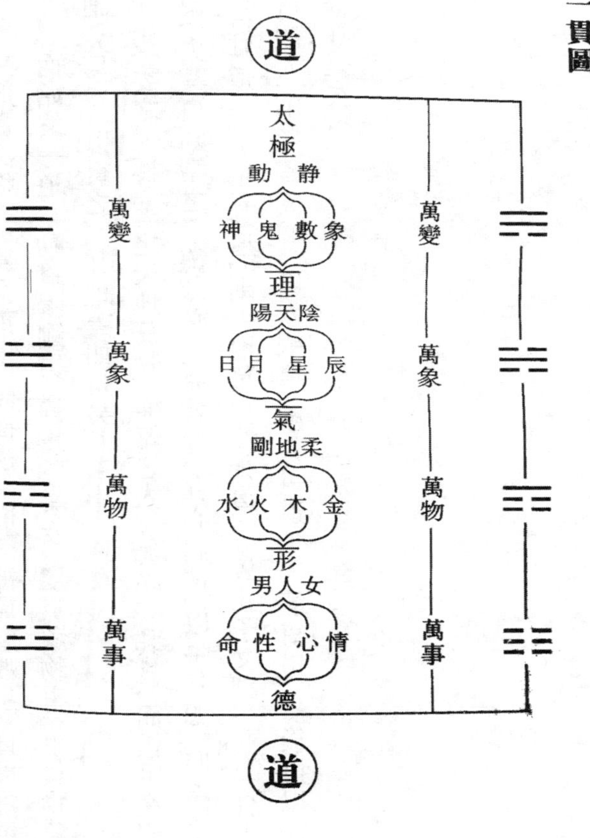

『乾道成男，坤道成女。』一男一女，太極有人，德之體具矣。靜陰不易，命則生矣；動陽變易，性則生矣；剛宰不易，心則生矣；柔見變易，情則生矣。命性心情，是生萬事，德之用具矣。道形而上，推而下之，貫極而爲一理，貫天而爲一氣，貫地而爲一形，貫人而爲一德，而道之大體具。人形而下，推而上之，貫己之一德，貫地之一形，貫天之一氣，貫極之一理，而道之大用具於是。道貫天、地、人，理貫氣形德，人貫地天道，德貫形氣理，而上下一道。一理貫萬變，一氣貫萬象，一形貫萬物，一德貫萬事，而從横一道。神貫鬼數象，日貫月星辰，水貫火木金，命貫性心情，而始終一道。動貫陽剛男，静貫陰柔女，變貫象物事，事貫物象變，而反復一道。故孔子謂『吾道一以貫之』，其理蓋如是矣。

然而道之功用，委之太極，著之天地萬物，而歸之人。人必一其德，而後可復歸於道，故人得其道則謂之德，失其道則謂之不德。必立命養性，存心制情，以一其德，而致諸道。人得其道，則天地萬物得其道；人失其道，則天地萬物悖其道；故孔子又謂：『一日克己復禮，天下歸仁焉。』以道觀人，則道貫人；以人觀道，則人貫道。人能貫道，然後可以踐形，下學上達，乘化入聖，盡在是矣。

郝經集編年校箋卷十七

論

論八首

【編年】不詳待考。應作於郝經寓居保定，讀書鐵佛寺，設館賈輔、張柔二府時期。

【箋證】《論八首》一組八篇，爲郝經論經之作。郝經在保定，初欲治決科文。後專治六經，潛心道學，並與趙復、王子平等友人頻繁論經論道，故視爲保定時期之作。

苟宗道《故翰林侍讀學士國信使郝公行狀》：『嘗自誦曰：「不學無用學，不讀非聖書，不務邊幅事，不作章句儒。達必先天下之憂，窮必全一己之娱。賢則顔、孟，聖則孔、周，詎如韋如脂爲碌碌之徒而已耶！」故慨然以興復斯文、道濟天下爲己任。讀書則專治六經，潛心伊洛之學，涉獵諸史子集，以窮理盡性、修己治人爲本，其餘皆厭視而不屑也。故世之爲決科干祿、纂組詞章之學者，始則群聚訕笑，終亦拱視而服之矣。』

道

道統夫形器，形器所以載夫道，卽是物而是道存，卽是事而是道在，近而易行，明而易見也。謂夫虚無惚恍，而不可紀極者，非道也。謂夫艱深幽阻，高遠而難行者，非道也。謂夫寂滅空闊，而恣爲誕妄者，非道也。道不離乎萬物，不外乎天地，而總萃於人焉。天地至大，萬物至衆，而人至靈，非是則道無以見也。故動静相根，道之幾也；陰陽相乘，道之氣也；剛柔相錯，道之形也；消長相尋，道之變也。其包綿長，貫上下，統中外，使天地萬物各受其成，守其則，而不可易者，則謂之太極。其迭生死，互往來，環始終，使天地萬物各全其理，新其氣，續其形，生生而不已者，則謂之造化。其湛静方一而不可易，變動周流而不可測者，則謂之鬼神。其全太極之體，乘造化之幾，盡鬼神之情，而與道爲一者，則謂之聖人。故天地者，道之區宇也；萬物者，道之郵傳也；聖人者，道之主宰也。

莫不出乎道，莫能離乎道，而人爲甚焉。故道之賦予則謂之命，其得之理則謂之性，其制宰之幾則謂之心，其發見酬酢則謂之情，其血氣之所嗜則謂之欲，其義理之所得則謂之德。全心之德則謂之仁，盡心之德則謂之忠，推心之德則謂之恕，實心之德則謂之誠。德之品節則謂之禮，德之中和則謂之樂。敬者，持夫此者也；　智者，知夫此者也；　勇者，行夫此者也。脩夫此者，賢也；　盡夫此者，聖也；　昧夫此者，愚也。推而行之，則天地萬物各得其所；　悖而忽之，則天地萬物各失其序；　致而極之，則天地萬物各臻其極。奈之何人之心甚易放，而其德甚易亡也？聖人有憂之，懼夫不克負荷，而道因之以壞也，於是觀其時而佐其極。

生人之初，欽欽顒顒，醇而又醇也。天地自若也，萬物亦自若也。各載夫道而莫有失也，聖人弗言焉。見解出矣，聰悟開矣。於是宓犧氏始泄道之幾而畫夫卦，猶未見夫辭也。情欲生矣，血氣勝矣，流於偏而入於左也。於是陶唐氏始曰『中』，有虞氏曰『道心』，曰『人心』。偏既勝矣，欲日張矣。桀侈紂肆，禍生人而毒天下也。於是湯曰『建中』，武曰『皇極』；　伊尹陳『一德』，周公制『禮樂』。其革道之蔽可謂至矣。厥後陵夷於幽厲，爭奪於五伯，德不足而力，禮不足而刑。先王之制於是大壞，人心放紛，而道日敗也。

於是仲尼氏出，作爲六經，建道之極，而俾與天地並。爲之男女夫婦，父子兄弟，君臣朋友，而人之大倫正；　爲之禮樂刑政，文物制度，而人之大法立；　爲之士農工賈，服食居室，而人之生理存。根刮推致，因仍損益，各底其極，道之用盡而其體具矣。既而顔子以之言『仁』，曾子以之言『恕』，子思以之言『中庸』，孟軻以之言『浩然之氣』，皆所以羽翼夫道也。

道所以生形器，人所以居形器，大聖大賢所以修形器也。道之所生，聖賢之所修，斯人居之而已矣。彼昏無知，棄而弗居，放心亡德，昏蕩戕圮。血氣肆而道心亡矣，嗜欲張而天理滅矣。靜動相違，則道之幾乖矣；陰陽舛悖，則道之氣紊矣；剛柔失中，則道之形繆矣。不能運會則太極差，不能始終則造化熄，則道之原幾乎塞矣。天原於道，道原於天，萬物原於天地，人原於天地萬物。人不蹈道，則天地萬物壞；天地萬物壞，則道壞矣。道具於形器，亦壞於形器。形器所以載道，亦所以壞道也。則天地萬物之中，安用夫人乎？曾鳥獸草木之不若也。鳥獸草木雖不能純具乎道，亦不能壞道，孰謂人而反壞道乎！於是高遠者，欲遺形器而離人類，遂入於虛無；誕妄者，欲滅形器而絶人類，遂入於空寂。遺者而卒莫能遺，滅者而卒莫能滅，所以爲異端，自以爲是而不知其非也。盍於吾形器之中，求吾之所不壞乎？吾之所固有者，道之所不壞者也。一形器壞，則有一形器，道固無恙也。存而居之，則道在於是。故道一壞而在聖人，再壞而在六經，道雖屢壞，而固在也。

天地萬物者，道之形器也；六經者，聖人之形器也。道爲天地萬物以載人，聖人著書以載道。故《易》，即道之理也；《書》道之辭也；《詩》，道之情也；《春秋》，道之政也；《禮》、《樂》，道之用也。至中而不過，至正而不偏，愚夫愚婦，可以與知，可以能行。非有太高遠以惑世者，惟夫未有見夫此也，故以爲高遠，以爲幽深，以爲艱阻也。莊周雄辨過於高，荀卿著書求夫異。後世百家衆流，力探遠蹈，欲出聖人之上，卒在聖人之下。曾不知至易者乾，至簡者坤，聖人所教，六經所載者，多人事而罕天道。謂盡人之道，則可以盡天地萬物之道；能盡天地萬物之道，則三才之藴一貫於我矣。

嗟夫！天地萬物，具在聖人之六經，日星而昭昭也，而由之者鮮。潰亂於嗜欲，撐裂於爭奪，誘瀆於富貴，浮靡於文章，沉溺於訓詁，破碎於决科，支離於穿鑿，蕩於高遠，惑於異端，窮於詐，昧於私，而塞於不行。悲夫！聖人之形器，將遂壞也歟？

命

命者道之令，居陰行陽，主性立心，而不易焉者也。故有本然一定之理，判然一定之分，截然一定之數，沛然一定之氣。所以賦予授受，窮天地，亘萬世，化化生生而不已也。故其體則一定，而賦予則不定；其體則一本，而賦予則萬本。由其體而及於用，自其殊而反於一，則惟齊非齊，參天兩地，奇耦錯綜，天地萬物皆受之而卒歸之，莫不聽焉，莫能易焉。出乎道，號召天地人物，而使用乎道，千變萬化不能離乎道，而皆維繫焉，是以謂之命也。

故其大本著於太極。自其爲動静，爲陰陽，爲剛柔，則太極之賦予而天地受之也；爲二氣，爲五行，爲寒暑晝夜，爲生長收藏，則天地之賦予，而萬物受之也。人受太極天地之全，爲心性，爲形體，爲男女夫婦，爲父子君臣，爲禮樂刑政，爲生殺與奪，而萬事萬物聽焉。故道造太極之命，太極造天地之命，天地造人物之命，人造萬事萬物之命，而且成太極天地之命者也。始則受命，次則聽命，次則造命，終則復命。夫道德仁義，孝悌忠信，則得之於天，是受命也；壽夭窮達，貴賤得喪，則定之於天，是聽命也；宰制施爲，成己成物，則出之於己，是造命也；全而受之無所棄，全而歸之無所違，盡其在我，與天爲一，是復命也。受者修之而弗敢壞，聽者順之而弗敢違，造者操之而弗敢失，復者終之而弗敢怠，則太極天地能造我，而我亦能造太極天地。與太極爲一，與天地爲三，夫是之謂聖人。

仲尼曰：『窮理盡性，以至於命。』又曰：『君子居易以俟命，小人行險以徼倖。』夫窮理盡性，學也；至於命，則知矣；居易以俟，則聽也；行險徼倖，則違矣。故又曰：『不知命，無以爲君子。』嗟夫！世之人不能爲學以知命，又不能脩身以俟命，動而棄擲，終以違悖，至於顛連跋疐，則曰是吾命也，可乎哉？凡棄父之命者，則曰不孝；反君之命者，則曰不忠；違師之命者，則曰不敬。矧於悖天之賦予，而恣爲戕伐，不返躬責己，而曰在天之人也，可以謂之不仁。故聖人安命，賢人俟命，而小人委命。安命者道化，俟命者德全，委命者自棄。

性

凡物之生，莫不有所本而爲之性。天地本太極，則太極爲之性；萬物本天地，則天地爲之性。人官天地，府萬物，得於賦予之初，見於事物之間，而復於眞是之歸，則其所性，根於太極，受於天地，備於萬物，而總萃於人。所以爲有生之本，衆理之原也。故無所不本之謂命，無所不有之謂性，無所不統之謂心，無所不著之謂情。則性也者，命之地，心之天，而道德之府也。啓道之善，體乾之元，發陽之端。與生俱生而能生生，不與生俱壞而能不壞。與天地周流，不入於僞妄，萬事萬變，莫能外焉。其體則静，其用則動，其位則中，其理則善，其氣則生，其德則仁。其藴也充實，其積也輝光。混然而無間，粹然而不雜。所以復太極之本，而得本然之全也。然而有理而後有氣，有氣而後有情。情復於氣，氣復於理，則能仍全。氣徇於情，理昧於氣，則用夫脩道之教，而資於學問之功也。

夫氣禀不能移，知覺不能奪，不待問學，安然而化，則聖之事也。奪而知所存，移而知所以復，盡夫問學，以充夫性，則賢者之事也。溺於氣禀之偏，誘於嗜欲之差，不爲問學，亡而不復，則小人之事也。雖然，天之賦予者一，受其成而不壞，聖自聖，賢自賢，小人而自小人，本然而固有者，無加損焉。所以與太極爲一，爲命之地、心之天也。大聖大賢，立極垂訓，必本於是。

仲尼曰：『一陰一陽之謂道，繼之者善，成之者性。』又曰：『成性存，存道義之門。』又曰：『利貞者性情』〔二〕，則推本然而言也。曰『性相近，習相遠』，『上智下愚不移』，則兼生質而言也。蓋有本然之性，則有生質之氣，性統氣，氣載性，相須而一也。故劉康公謂『人受天地之中』，以生而言其位。《樂記》謂『人生而静』，而言其體。子思子則謂『天命之謂性』，而言其所受。孟軻氏道『性善』，而言其理之本然。則無不盡也，無不備也。

其言之差，自告子始，告子曰『生之謂性』。生固可謂性矣，而所以生之理則不言也，是以差也。至荀卿，則斷然而謂之『惡』。惡豈性也哉？生質之情則有之，其本則非惡也。揚雄則爲淆亂之言，曰『善惡混』。性之理無不善，其惡則情之流也。源泉而滑之以泥，其清潔之本在焉，而遂謂之濁。日月而蔽之以雲，其昭徹之本在焉，而遂謂之昏。清濁不相入也，昏明不相易也，而可混乎哉？本然之善，蔽而爲惡，條而復之，則性自在焉。源泉清而日月明也，烏可謂之混也？

至韓愈氏，則以五性七情，并義理氣質合而爲言，則過夫荀、揚遠矣。第謂性與情之品三，則太拘而有未盡焉者。蓋自其同者而言，則萬殊一本；自其異者而言，則一本萬殊，非三品所能限也。至乎蘇軾，則曰：『言性之差，自孟子之定名爲善也。』曾不知孟子之言本諸孔子，孔子曰：『元者善之長』，『繼之者善』。則性善者，孔子言之也。向無定名，則人亦無定性哉，是亦一偏之言也。

蓋孔孟之言性也，本夫理；諸子之言性也，本夫氣，是以至於謬戾而不知其非也。夫通天下一理，會萬物一氣，無非本然之全也。堯、舜、幽、厲之性同，而其生質則異。稷、契、顔、曾則謂之人，商均、丹朱、楊食我、子越椒可不謂之人乎？堯、舜由之，而幽、厲不由，彼能安全，此則恣而不返也。語其本然，則人與草木鳥獸異；語其生質，則人與草木鳥獸同。雖曰人也，而不能存，則亦草木鳥獸也。雖曰草木鳥獸也，如虎狼之父子，蜂蟻之君臣，豺獺之報本，苟能存焉，則亦人也。故孟子曰：『人之異於禽獸也者幾希，庶民去之，君子存之。』

嗚呼！物欲肆而天理亡，能存之者鮮矣。自言性者不一，而善惡之説差，又非惟不能存，而爲惑世蠹道者竊之，誘人以善而導人以利，懼人以害而驅人以惡，以僞亂眞，譸張誕妄，入於人也深。仁義道德之説不行，使天下之人，皆忘其本然之性，而無復人道〔二〕，子焉而不父其父，臣焉而不君其君，遂底於亂而淪於血肉。悲夫！

【校記】

〔一〕貞，四庫本同，正德本作『眞』。

〔二〕性，底本、四庫本作『説』，據正德本改。而，底本、四庫本闕，據正德本補。

心

命之賦予則謂之性，性之發見則謂之情，性情之幾則謂之心。命者，性之本原；情者，性之功用；心者，性之樞紐。性與情爲體段，充周而無不具；命與心爲主宰，發微而無不在。帝出乎震而成乎艮，神則妙萬物而爲言；人禀於命而終於情，心則妙衆理而爲用。自動静而爲陰陽，自陰陽而爲天地，其所以然者，太極也。自命而爲性，自性而爲情，其所以然者，心也。

故太極者，天地之心；心者，人之太極也。其幾則神妙，其本則静虚，其才則施爲，其用則不測。而惟正是主〔一〕，惟變是適。動以道而裁以時，雖終日動，而未嘗動也；動以欲而滑以私，雖終日存，而莫能存也。專而制之，則入於錮滯；委而任之，則入於流放；巧而用之，則入於機械；悖而行之，則入於欺罔。思欲靜之，乃所以動之也；思欲安之，乃所以危之也；思欲養之，乃所以害之也。故以思爲用，復以思爲害；不思則妄，過思則妄；不應物則妄，逐物則妄。以意爲才，復以意爲害；踰越則妄，虧欠則妄；當舉而不舉則妄，不當發而發則妄〔二〕。以知爲導，亦以知爲害；蔽昧則妄，穿鑿則妄；當知而不知則妄，不當知而知則妄，妄則非心也。故命可事也，性可存也，情可制也，惟心也則難。幾微而易昧，知覺而易動；出入而易放，圓轉而易流。光明閃鑠，容理必入。不疾而速，不行而至。無所不體，而莫能執其體，是以難也。惟仁可以全其德，惟義可以盡其用，惟智可以充其才，惟勇可以弘其力，惟畏敬可以閑其邪，惟克治可以去其害。不然，則無不傷也，無不忘也。

夫性非氣質無以見，則氣質之害至於惡；心非思慮無以見，而思慮之差至於亡。所以有學問之道，而聖人相與爲傳而謹之也。堯傳之舜，曰『允執厥中』。中者何？心之全體也；允執，則不放矣。舜傳之禹，曰『道心』，曰『人心』。道心則其理，人心則其欲也。禹傳之湯，曰『無間』，此心則混然而一也。湯傳之文、武、周公，曰『建中』，以吾心之中建於吾民也。文、武、周公傳之孔子，曰『純』，純則一而不二，其心無物欲之雜也；曰『皇極』，自太極而爲君極，皆心之用也；曰『禮樂』，心之品節則謂之禮，心之中和則謂之樂也。孔子傳之曾、顏，曰

『仁』，言本心之全德也；曰『一貫』，一心而貫萬事也。曾子傳之子思，曰『忠恕』，忠所以盡夫心，恕所以行夫心也。子思傳之孟子，曰『中庸』，中者心之體，庸者心之用也。至孟子而著其所傳，曰『浩然氣』，言心之廣大無限量也；曰『不動心』，言動而得其理，則本然之靜也。

前聖後聖，一心相傳，若合符節，所以爲道德，爲六經，爲萬世立教，爲生民立極。至於今而人之類不至爲草木鳥獸，至於今而知有父子君臣、長幼上下、是非邪正；善可爲，惡不可爲；直可行，枉不可行；是爲霸，是爲王；是爲中國，是爲夷貊；是爲君子，是爲小人。昭昭然不可欺，則萬世一心也。

故不爲今之虛無而自棄，不爲今之誕幻而自誣，不爲今之差謬而殺天下。後世則吾之心明白正大，如白日之正中。猶夫昔日帝堯之所傳，則吾亦一太極，有亘萬世而不死者。苟溺於虛無，惑於誕幻，心術之差，流毒締禍，雖幸而生，吾見其爲行尸矣。

【校記】

〔一〕主，底本、四庫本作『生』，據正德本改。

〔二〕發，底本、四庫本作『廢』，據正德本改。

情

情也者，性之所發，本然之實理也。其所以至於流而不返者，非情之罪，欲勝之也。蓋有性則有氣，有情則有欲，氣勝性則惡，欲勝情則僞，上智下愚所以不移，賢不肖所以别也。故情之生也，發於本然之實，而去夫人爲之僞。惻隱羞惡，是非辭讓，其理則根於性；爲仁爲義，爲禮爲智，其端則著於心；喜怒哀樂好惡，其發見則具於情。可喜而喜，可怒而怒，可哀而哀，可樂而樂，至於好惡，皆當其可而發，則動而不括，無非其實，得時中之道。惻隱羞惡是非辭讓之端不妄，仁義禮智之德全，則能制夫欲而復於性，統夫氣而安於心。如喜而溢美，怒而遷怒。哀之也而至於傷，樂之也而至於淫。善者惡之，惡者好之；忿懥恐懼，憂患好樂，皆不得其正。忍而至於不仁，悖而至於不義，傲狠而至於無禮，昧沒而至於無智，則不能制夫欲。失則踰閑，放僻邪侈，一入於僞，亡本心之德，昧本然之實，則不能復夫性。爲下愚，爲凶人，與草木鳥獸並，而絶夫人道。所以必加脩治斷絶之功，而用夫省責推致之力也。脩治既切〔一〕，功用既至〔二〕，則欲節而後情定，情定而後心存，心存而後性復，性復則人之道盡。人而盡夫人之道，則可以謂之人矣。故曰：情也者，性之所發，其至於流而不返者，非情之罪，欲勝之也。

仲尼曰：『形而上謂之道，形而下謂之器。』又曰：『下學而上達。』夫性，形而上者也；

情，形而下者也。性爲命之地，情爲心之地。故學問之道，始於下而終於上，始於近而終於遠，始於無所知而終於無所不知。所以盡夫心，盡夫心所以盡夫性也。是以君子用力於日用之間，慥慥於躬行之地。『非禮勿視，非禮勿聽，非禮勿言，非禮勿動。』即『洒掃應對進退』，以盡夫性與天道，則一僞不容，而無非實理也〔三〕。後世虚空誕妄之學，行務乎上而不務乎下，務乎僞而不務乎實。談天説道，見性識心，斬然而絶念，塊然而無爲，而不及情。其所謂性與心者，則安在哉？可謂不情之學也。造化之情著於天地，天地之情著於萬物，人之情則參造化而通萬物。能盡人之情，則能盡物之情。能盡物之情，則可以見天地之情矣。是下學上達之道，自流徂源之事，名教有用之學也。

【校記】

〔一〕治，底本、四庫本作『致』，據正德本改。

〔二〕用，底本、四庫本作『力』，據正德本改。

〔三〕而，底本、四庫本闕，據正德本補。

氣

道統天地萬物之理，氣統天地萬物之形。道入於氣，則理入於形。氣也者，所以用道造形，成變化而行鬼神者也。故天地萬物，在於屈信消長之間，流峙融結之内。爲寒暑，爲晝夜，爲死生，爲覆載。翕闢爲壯穉，榮瘁爲晦明、剛柔。精聚而爲物，遊散而爲變。貫四時，閱千歲，振古而不弊焉者也。

人禀是氣以生，而理無不具。混涵於性，而斡旋於心〔一〕，發揮於情，而著見於事業。體於仁，用於義，撙節於禮，昭徹於智，充塞於誠。其力則爲勇，其才則爲斷。其油然莫之能雜則爲善，浩然莫之能禦則爲大。當於理則融然而喜，悖於義則勃然而怒，惻焉而内恕則爲哀〔二〕，懽然而暢豫則爲樂。委曲於幾微之間，而圓轉於變通之際。覆冒於公普之地，而挺特於正大之域。其爲體也，則動容周旋而無不至；其爲聲也，則合比律吕而無不和；其爲容也，則莊厲溫恭而無不正；其爲色也，則睟然見於面、盎於背。故能與天地同流，而貫萬物爲一。

是氣也，自聖人而至於下愚，其禀之也一也；自赤子而至於耄期，其用之也一也；自生而至於死，自死而至於生，其本之也一也。然其所以爲聖，所以爲賢，所以爲君子，爲小人者，存養之功至與不至也。安然而運化，不待存養而莫或傷之者，聖也。養而存之而莫使傷之，則賢也。暴而傷之，至於消沮悖逆，則下愚而小人也。存養之道，積於義理，止於分位。出處以時，動容以中。齊莊中正而有立，寬裕溫柔而有容，發彊剛毅而有執。振於餒散之中，收於流蕩之際。重驚省以作志氣，去虚驕以除客氣，斷嗜欲以安血氣，暢冲和以宣滯氣，致恬淡以充道氣。去絶人欲之私，一以天理之公，則雖小人而可以爲君子，雖下愚而可以爲聖。自局脊索盡之中，可以至於剛大矣。

嗚呼！天之賦予者甚大，而人往往自爲小之。氣所以載道，而人往往自爲壞之。天地兩間，無有限量，則孰不當高視闊步，而浩然莫之違也。或者乃至於無所容，俯仰慚怍，手足莫措，皇恐戰汗。雖或爲鴟張誕妄，猖狂恣肆，其中則枵然而莫之有。一旦臨小利害，則屈喪俱盡。皆人也，而獨若是，獨不知其所自耶？

【校記】

〔一〕斡，底本作『幹』，據正德本、四庫本改。

〔二〕恕，底本、四庫本作『悲』，據正德本改。

仁

理之統體則謂之道，道之功用則謂之德，德之充全則謂之仁。故仁也者，道德之要，所以盡性存心焉者也。其大原則出於天。天之體曰乾，而乾之德有四，曰元，曰亨，曰利，曰貞。元者，萬物之所資始，而各一其性；其中則亨、利、貞具焉，而各一其元。故爲善之長，生物之本。其於氣也則爲春，其於德也則爲仁。

人稟是德以生，其理則具於性，其用則藴於心，其端則爲惻隱，其情則爲愛利，其體則爲公普。其所宜曰義，其品節之分曰禮，其眞是之知曰智，其充實不妄曰信，無非本然之全也，在夫充之而已。運會變化，萬物紛錯，天地之間莫不得其所者，天之所充也； 動容周旋，中理合道〔一〕，天下之人莫不得其所者，人之所充也。天而充之，則人與萬物皆得其仁； 人而充之，則亦天之仁也。其或不能，而至於不充者，有害之者也。天之仁而莫大也，而或害之，則本然之差，不齊之氣也。日月之晦食，寒暑之舛謬，風霆雨雹之陵暴，草木鳥獸之夭折，則於天之仁有未既盡焉，然非天之罪也。天之仁而猶或未既盡，况於人乎！ 人之不仁也，嗜欲之私，生質之氣，其害之也有甚焉，其至於不充，咸其自取也。夫理者天之公也，欲者人之私也。一理之不當，一事之不仁也。夫婦之道不盡，則夫婦爲不仁； 父子之道不盡，則父子爲不仁； 君臣之道不盡，則君臣爲不仁。至於酬酢萬變，經理萬事，宰制萬物，私欲一萌，則於其理莫能盡。惛惑欺妄，放僻邪侈，忍鷙殘賊，作於其心則戕性害己〔二〕，見諸事業則病人害物，至於窮極則毒天下禍四海，滋蔓於後世，而傷天地之仁。

噫！ 天之有戾氣而害於仁也，小人之有欲而害仁也，若是之酷也，是之謂人勝於天。惟克己制欲，庶幾乎復而充之也。仲尼贊《易》曰：『立人之道，曰仁與義。』又曰：『顯諸仁，藏諸用。』則仁也者，配三極而爲用，如是之至也。於其授七十子之徒，則各因其材而篤之。與孝與忠，與智與勇，與仁之一事，而不與仁之全。於顔子則僅與其『三月不違』； 於堯、舜則曰『博施濟衆，其猶病諸』。何若是其重且難也？ 蓋人之於仁〔三〕，其受之也無不全，充其所受，則雖天地聖人，有時而不能，是以難也。其傳諸顔氏子也，曰『克己復禮爲仁』，則教之以學問之道；曰『一日克己復禮，天下歸仁』，則勉之以功用之歸，而猶未既盡與，不一而足。

嗚呼！以仲尼之爲教，顔子之爲學，而猶若是，又矧其下乎？如是則仁不可爲也。仁者，人所固有也。一念之合理，一念之仁也；一事之中節，一事之仁也；一物之得所，一物之仁也。若是其易也，豈不可爲哉？苟惟欲之從而不復於理，則雖賢也而爲之難；苟克其私而反之也，雖衆人也而爲之易。故極其所充，則天地聖人有不能盡；語其固有，則愚夫愚婦可以能行。則非難能也，不爲也。

嗟夫！去欲則如拔山，爲惡則如走壙，反躬則如倒海，克己則如登天。語之曰：『有仁焉。』則亦難焉耳矣！

【校記】

〔一〕理，底本、四庫本作『禮』，據正德本改。

〔二〕害，底本作『善』，四庫本作『毁』，據正德本改。

〔三〕於，底本、四庫本作『與』，據正德本改。

教

天地生物本之者，道也；載以氣而流以形，使之各正性命，而不失其本焉者，教也。故播之以四時，推之以六氣，交之以五行，照之以日月之明，鼓之以風霆之力，潤之以雨露之澤，肅之以雪霜之威，發揮其精神，變化其氣質，無非所以爲教，以成夫道也。人配天地以生，其所以爲道爲教者莫不備，而其所以行道立教者，則又有甚焉。故自太極而下，教在天地；宓犧而下，教在聖人；仲尼而下，教在六經。

教之始生也，則道之弊也，聖人因而修之。人之性始醨，而欲漸長也，於是有書契以代結繩。人之欲漸長，而漸踰分也，於是有法度以爲刑政。人之爭端日興，而漸以禍人也，於是有師旅以爲征伐。世變日下，人俗日偷，於是過爲之防，曲爲之制。因其情而導之使不塞，因其情而遏之使不流。於是因其本然之倫，而爲夫婦、父子、兄弟，使之親親而不離；因其本然之序，而爲君臣、師友、上下，使之尊尊而不犯；因其本然之禮，而爲冠婚、喪祭、朝聘、會盟〔一〕，使之節節而各盡其分；因其本然之義，而爲孝弟、忠信、睦婣、任恤，使之沛然而各蹈其道；因其本然之則，而爲廉恥、羞辱、好惡，使之厭然而各盡其情。而後不愆不忒，信如四時；升降舒數，和如六氣；涵浸浹洽，澤如雨露；靡然從化，速如風霆；截焉法令，凛如霜雪。五音純，八風調。兆民樂其生，萬物得其所。無疵厲夭殈，而共躋仁壽。教立道行，而天下平。天人相通，上下爲一。神人允協，幽顯罔間，而人道始盡矣。

故教始於宓犧，成於堯、舜，備於周公，定於仲尼。《易》曰：『黄帝、堯、舜垂衣裳而天下治，蓋取諸乾坤。』蓋宓犧而下，至於堯、舜，聖聖相承，興滯補弊，教立而後道備，道備而後無爲。天尊地卑而乾坤定，卑高以陳而貴賤位，黄帝、堯、舜則中天下而立，與乾坤並而爲三也。黄帝、堯、舜氏沒，繼以夏、商之衰，教幾大壞。而周公制禮作樂，備六代之典，使天下之人遵而行之以爲教〔二〕，教復立而周室大治。厥後周衰，皇一降而帝，帝一降而王，王一降而霸，所謂道與教者，莫不壞亂之極。

而仲尼氏出，則無黄帝、堯、舜、周公之位，無創法立制之權，不能修道立教，轍環天下而莫能用。於是制作六經，天人之理則寓諸《易》，天人之辭則寓諸《書》，天人之情則寓諸《詩》，天人之政則寓諸《春秋》，天人之則則寓諸《禮》，天人之和則寓諸《樂》。性與天道之要，立身行己之實，則寓諸七十子問難之間。三綱五常、大法大典而無不備，先聖人之道具在，沛然與天地同流，中天下而立，亦與乾坤並而爲三也。

邵子曰：『春夏秋冬者，昊天之四時也。《易》、《詩》、《書》、《春秋》者，聖人之四經也。』『昊天以時授人，聖人以經法天，天人之事備矣。』故曰：太極而下，教在天地；天地而下，教在聖人；仲尼而下，教在六經。則太極爲教之始，而仲尼爲教之終，終而復始，則仲尼亦一太極也。立經陳紀，建極垂世，亭毒甄育，範圍裁成，其爲教也無窮。天地在而六經在也，天地不壞而此教不壞也。

故自仲尼氏沒，雖分裂於戰國，火於秦，黄老於漢，佛於晉、宋、魏、隋之間，而雜於唐，宜乎大壞，一無所有，而天地自若，人之性不易也，本然而固有者皆不亡。而六經猶夫日月之昭昭也，百姓日用而先王之遺澤猶在也。彼所謂老與佛與凡異端者，亦皆假之而奸其間也。向無六經爲教，則人之類滅，而天地或幾乎熄。天地熄而人之類滅，則彼所謂老與佛與凡異端者，將安所厝哉？大哉乎！仲尼之道，六經之教，君君臣臣，父父子子，夫夫婦婦，兄兄弟弟，其與太極並始終乎！彼異端者，又焉足爲重輕也哉！

【校記】

〔一〕婚，四庫本同，正德本作『昏』。

〔二〕遵，底本、正德本作『徵』，據四庫本改。

郝經集編年校箋卷十八

論

五經論 並序

【編年】不詳待考。應作於郝經寓居保定，讀書鐵佛寺，設館賈輔、張柔二府時期。

【箋證】《五經論》爲郝經論經之作。郝經在保定，初欲治決科文。後專治六經，潛心道學，並與趙復、王子平等友人頻繁論經論道，故視爲保定時期之作。

又見苟宗道《故翰林侍讀學士國信使郝公行狀》。參卷十七《論》箋證。

邵子曰：『昊天之四時者〔一〕，春夏秋冬之謂也。聖人之四經者，《易》、《書》、《詩》、《春秋》之謂也。昊天以時授人，聖人以經法天。』是則四經也，謂之五何哉？其一則《禮》、《樂》也。夫論性者，言四端而不及信。序五行者，土配王於木、火、水、金。故《易》、《書》、《詩》、《春秋》之間，《禮》、《樂》爲之經緯，雖五而爲四也。惟齊非齊，奇耦錯綜，所以成變化而行鬼神，乃作《易》、《書》、《詩》、《春秋》、《禮》、《樂》論。

【校記】

〔一〕時，四庫本同，正德本作『府』。

易

盡天下之情者，《詩》也；盡天下之辭者，《書》也；盡天下之政者，《春秋》也；《易》也者，盡天下之心者也。昔者聖人之於《詩》、《書》也，删定之而已矣。於《春秋》也，筆焉削焉而已矣。其於《易》也，則上下數千載，歷四聖人焉〔一〕，或畫焉，或重焉，或辭焉，不敢率易而備，爲之沒齒刳心焉，始就於一端而已。何獨如是之艱且遠也？蓋顯天下之至神，必待天下之至聖。探天下之至幽，必待天下之至明。況於以天下之至神，於天下之至幽，而爲大經大法也哉。非至明者與至聖者迭興繼作，艱且遠而爲之，則不能也。

所謂至神至幽者何也？凡天下之物，非主不立，無精粗巨細大小，皆有主焉者。一戶之闔闢，主之者樞也；一裘之裼被，主之者衽也；一鐍之啟閉，主之者鑰也，是物也而猶有所主。夫仰而目之蒼蒼然，俯而足之廣且厚者。昭然而往來而爲晝夜者，粲然而麗天。晝隱而夜顯者，起於青蘋之末，怒於土囊之口。而撓天下者，藹然而遍空，殷然而驚世，油然而潤物。突然而高，沛然而就下者，薈蔚葱鬱而夭且茂，翼焉飛雲，蹄焉走陸者。而其中有黔首而横目，衣冠而飲食，有男女夫婦之别，父子兄弟之親，君臣上下之分，化化生生，無時而已焉者，是至大而至衆也。主之者果何物耶？唯其所爲者至顯，故其所主者至幽；其所造者至妙，故其所主者至神。索之而不可得也，聽之而不可聞也，視之而不可見也。浩浩乎其無津涯而無畔岸也〔二〕，漠乎其無紀極而無朕兆也。摶之而無迹，語之而無徵也。

於是衆人之中有聖人焉，曰吾民之性甚善，而其智甚靈也，是不可與草木並朽而無知焉。乃盡己之心，推而盡天下之心，假天地萬物，畫而爲卦，以垂道之統，明夫所以主之者，至矣盡矣，不可以復加矣。

衆人之中又有聖人焉，曰吾民之情甚易遷，而其智甚易變也，不可與草木並變而同盡。乃盡己之心，推而盡天下之心，引而信之，以盡天下之變，而重其卦，明夫雖變而主焉者在也，至矣盡矣，不可以復加矣。

衆人之中又有聖人焉，曰吾民之欲甚大，而其惡甚易長也，懼其淪於非類而不返也。乃盡己之心，推而盡天下之心，而作《爻》、《象》、《彖》、《繫》之辭，發理形象數之幾，命性心迹之本，以明夫吉凶消長之道，進退存亡之理，而垂教焉，使不失其所主，而至幽者顯，至神者著，焕乎日月之正中而弗昃也，於是而始成夫《易》。

故《易》也者，四聖人之所以盡天下之心而爲之者，非他經之所得比也。《詩》、《書》、《春秋》如夏冬各一其時，《易》則一元之氣，貫天地而通四時也。

大哉《易》乎，在天爲神，在人爲心，其在經也則爲《易》，合而言之一也。形而上謂之道，形而下謂之器，合而言之亦一也。嘗觀之於吾心，於寂靜感通而見無畫之《易》；觀之於《書》，於奇偶變動而見有畫之《易》；觀之於造化也，於至賾至微而見無體之《易》；觀之於天地萬物也，於至大至衆而見有體之《易》。吁！《易》果何物也？《大傳》曰：『《易》與天地準。』或曰：『《易》準天地而已乎？天地之外無復有物乎？』

曰：天地無外，其有外聖人存而弗論也。聖人垂世立教，以有徵者傳信也，豈爲是忽怳不可測者〔三〕，引而自高，以惑世也哉？老氏能言之矣而入於偏，釋氏能窮之矣而入於誕，二氏之所以得罪於吾聖人也。其曰『易與天地準』，至矣！

【校記】

〔一〕焉，四庫本同，正德本闕。

〔二〕浩浩乎，四庫本同，正德本作『浩乎』。

〔三〕測，四庫本同，正德本作『惻』。

孚於中，則不徵於言，徵於言者，皆未孚於中者也。故言之愈簡，則其孚愈篤；辭之愈繁，則其疑愈肆。然則無言可乎？不然也。言，心聲也。心有所用，則言以宣之，雖欲勿言，焉得而勿言。夫孚於中者，其言自可徵也，不孚於中而第徵於言，誣譎誕妄可勝也哉。

嘗觀夫《書》，自宓犧至於帝嚳，則泯而不錄，唐虞二代之聖也，五篇而已，而夏後氏之書四，商之書十有七，周之書三十有二。周踰於商，商踰於夏，夏踰於唐虞。豈唐虞不及夏，夏不及商周與？何唐虞之寡，而商周之多也？上世聖人之垂統也，宜其多而反寡；後世聖人之繼承也，宜其寡而反多，何也？昔周豐之言曰：『有虞氏未施敬於民而民敬，夏后氏未施信於民而民信，殷人作誓而民始畔，周人作會而民始疑。』謂去古遠而俗日益薄，狙詐日益盛，馴致而然也。蓋信則不言而喻，故其書寡；不信則言而不喻，故其書多。

自伏犧至於帝嚳，其俗樸以誠，其政簡以一，不徵於言而天下信，是以聖人存而弗論也。堯禪舜，舜禪禹，三聖授受，以天下與人而不疑，有人之天下而不與。然而授受之際，猶懼其不克負荷，而始有疑焉。故堯之語舜曰：『允執厥中』〔一〕，一言而已矣。及舜之命禹，又有疑焉，加之以『人心』、『道心』之分，喻之以『惟精惟一』之戒，三言而已矣。

厥後湯武以臣誅君，作爲誥誓，以信天下之信。伊尹以臣放君，作《太甲》三，以明己之不篡。周公攝政，召公不說，羣叔流言，於是啟《金縢》之書，作《洛》、《召》誥命，諄諄譊譊，以一己之誠破天下之惑。

是以彼如是之無，如是之寡，此則如是之重且多也。雖然，是皆孚於中而有徵之言，由疑而發之耳。自周室東傾，五伯更政。刑牲歃血而愈疑，登壇載書而愈叛，交質子而愈弗信。骨肉睽爲仇讎，肝膽闊爲楚越。朝執牛耳，暮尋干戈，不孚於中，不徵於辭，惟欲是變。聖人傷而憂之，乃斷自唐虞，訖於周，而定有徵之言以垂教，以明夫堯、舜三代之世。其中甚孚，其言甚信，足以傳大道，破大惑，已大亂，立大政，不曾是喋喋虛飾而已也。

嗚呼！日昃而羣陰作，聖人沒而異端起。曼衍之言，慘刻之論，從横不根，恐愒之談，蝟然而興，豈惟不孚於中而不足徵也哉？卒之以言亂天下，而莫知適從，激毒發戾，一僨而火於秦，悲夫！

【校記】

〔一〕執，四庫本同，正德本作『報』。

詩

天下之治亂，在於人情之通塞。甚矣，人之情惡塞而好通也。故天下之亂恒生於塞，而其治恒生於通。君人者，亦審夫通塞而已矣。激揚疏暢，導之而使就於通；剔抉滌蕩，達之而使去乎塞。蓋塞則上不信下，下不信上，上下交惡，蘊賊崇圮，反目以相睽，憤心以相戾，板板憒憒，以及於亂，在《易》則爲《否》。通則上孚於下，下孚於上，上下相孚，郁乎相扶，曄乎相輝〔一〕，濟濟洋洋，以臻于治，在《易》則爲《泰》。

夫人之情猶水也，湮其流窒其源，則必壅汩而内潰，穴地而突出，湍奔而肆行。不爲疏之，而又障之，則必沉沉淪淪，洶湧旁魄，觱沸而上行〔二〕，愈障之而愈深，愈防之而愈沛，久且遠溢而一決，則必襄山懷壑，放激沖觸，肆其所之，其害有不可勝言者。故善治水者，疏而通之而已矣，瀹而注之而已矣，適其性，因其勢，道之而已矣。

昔者聖人懼民情之塞而弗通也，於是乎觀乎《詩》。《詩》者述乎人之情者也，情由感而動，故喜怒哀樂隨所感而發。感之淺也，或默識之而已，或形乎言而已。感之深也，言之不足長言之，長言之不足詠歌之〔三〕，《詩》之所由興也。喜而爲之美，怒而爲之刺，其哀也爲之閔，其樂也爲之頌。美而不至於諛，刺而不至於詈，哀之也而不至於傷，樂之也而不至於淫。已不能盡而託之於人，人不能盡而託之於物，物不能盡而歸之於天。上焉公卿大夫，下焉薪翁笱婦，有所感而必有所作，君而知之，天下之情無不通矣。

故致治之君，觀乎人情也必於此乎取之。於是婦寺言之，史書之，瞽歌之〔四〕，於其巡狩而采之，朝貢而陳之，太師聲之，君人者儼然而坐聽之。聞其安樂之音，循己而省之，曰：『吾何德何修，而臻此歟？』乃兢業祗懼，德日益加修，行日益加檢，潔齊粢盛，作爲樂歌，薦之郊廟，曰：『兹先王之致也。』其聞怨以怒哀以思之音也，瞿然而起，愀然而變，循己而省之，曰：『予得罪於天下矣，予負責於後世矣，予其遘天之誅矣？前言往行，何者之愆？禮樂刑政，何者之紊？』惴惴乎蹈深淵也，愬愬乎履虎尾也，德日益修，行日益檢，以銷神人之怒，猶可及也。其不幸而萬民怨嗟，四海扼腕，而君人者無聞知，患生而弗之覺，禍至而弗之悟〔五〕，卒僨其社而沈其宗。此文武周召之所以治，宣王之所以中興，厲之奔，幽之死，平桓之所以失政也。

至矣哉！《詩》之於王政如是之切也，於人之情如是之通也，於治亂如是之較且明也。故有國君人者，不可以不讀《詩》。

【校記】

〔一〕曄，正德本同，四庫本作『煥』。

〔二〕沸，底本、四庫本作『發之』，據正德本改。

〔三〕詠，四庫本同，正德本作『永』。

〔四〕瞽，底本作『鼓』，據正德本、四庫本改。

〔五〕悟，四庫本同，正德本作『悮』。

春秋

六經一理爾，自師異傳，人異學，各窮其所信，而遂至於不一。《易》、《春秋》之學，相戾相遠相捍，蔽特其甚焉者。《易》載聖人之心，《春秋》載聖人之迹。心迹一也，何遠之有？彼學者見《易》之神妙不測，變通無盡，範圍天地，曲成萬物，而知鬼神之情狀；探賾索隱，而逆知來物；乃臨深以爲高，而遺其跡視；拘拘於世教法度之間者，以爲沉於流俗而不返也。而學《春秋》者，於一言一動，一事一物，必律之以禮，而繩之以法，惟恐其弛而不嚴，闊略而不切也，而狹其心，不知有變動不拘，周流六虛，上下無常，不可爲典要者。故各極其所執，相乖相格，無有爲貫而一之者。

蓋《易》窮理之書，而《春秋》盡性之書也。《易》由正以推變，《春秋》由變以返正者也。人之性甚大，而其理甚備，在於行而盡之而已。一行之不當，一性之不盡也。於是聖人因其性之分，與夫分之節而制夫禮。故人有是性，必以禮行之，而後能盡是性。雖然行不可必也，時得而行，行之於時，見於事業而已矣。時弗得也，行之於身，著書立言，垂訓於後而已矣。舜禹湯文，時得而行，盡性於事業者也。孔子弗得時行，盡性於書者也，而《春秋》者盡性之跡也。故卽性以觀性，莫若卽跡以觀性。卽性以觀性，無聲無臭，不可得而觀也；卽跡以觀性，有徵而可觀也。故觀性之書，皆莫若《春秋》。

孔子之著書也，於《易》則翼，於《書》則定，於《詩》則刪，而其於《春秋》也，則謂之作。何哉？權天下之輕重，定天下之邪正，起王室之衰，黜五伯之僭，削大夫之專，治亂臣賊子之罪。以魯國一儒，行天子之事，而斷自聖心，書國書爵，書人書氏，書名書字，筆則筆，削則削，游夏不能贊一辭，非若《易》、《詩》、《書》之因其舊，而加修之也。

至矣哉！大經大法，百王不易，萬世永行。舜禹湯文，盡其性而行之於一時；孔子之作《春秋》，盡其性而行之於無窮也。信乎其生民以來未之有，而賢於堯舜遠矣。故世之學者，觀於《春秋》而行之，足以盡性而學夫聖。蓋性盡而理窮，則《易》在其中；《易》在其中，則聖在其中矣。

嗚呼！三傳之禍興，而論說紛紛，豈惟不知與《易》一，而各標異議，莫知所從。彼以爲是，而此以爲非；彼以爲非，而此復以爲是；彼出乎彼，則曰余出乎此。至於師弟異而父子不同，己之僞是非侈，聖人之眞是非喪，則性烏可盡，跡於是乎泯泯也。下此而又有甚焉者，誕妄者入於讖緯，憑藉者入於叛逆，深刻者入於刑名。有王者起，則必削而去之，蹈聖人之跡，以求聖人之心，用《易》以窮理，用《春秋》以治天下〔一〕，則舜禹湯文之功業，可指顧而至。不然，則其亦已矣。

【校記】

〔一〕治，底本、四庫本作『致』，據正德本改。

禮樂

喜怒哀樂之未發，性也；其既發，情也。可喜而喜，可怒而怒，可哀而哀，可樂而樂，則情之所以率乎性也。喜怒哀樂，不當其可而發，則非性情之正，而人欲之私也。夫人之有性也，而必有情；有血氣也，而必有欲。情欲常相勝也，非情勝欲，則欲勝情。情勝欲則爲君子，欲勝情則爲小人；情勝欲則治，欲勝情則亂。故天下之治亂，在夫情欲之相勝也。

聖人者，懼天下之欲勝情也，於是因其本然之分，而爲之《禮》以節制之；因其本然之和，而爲之《樂》以宣暢之。爲之《禮》，雖有欲而不能踰；爲之《樂》，雖有樂而不能悖。天下有僭越之姦，狂狡之戾，則有《禮》以折之；有忿疾之亂，鬱塞之慝，則有《樂》以釋之。洋洋乎發育萬物，峻極於天。故《禮》、《樂》者，王政之大綱也，得則治，否則亂，聖人致治之功，必於此乎取之，而不敢易也。以性情治天下，以天治人，非有我之得私也，故禮樂之治，王者之極治也。

自宓犧而上，理具而無器；宓犧而下，器具而無文。至乎唐虞，文具矣而未備。至乎周公，理與器與文於是乎大備。故其中間有堯舜之治，有夏后氏之治，有殷湯之治，有周文武成康之治。夷厲而下，欲勝而情亡，《禮》、《樂》之理寖以昧，而其器寖以缺，致治之功寖以墮，而王政之大綱寖以不舉。繼以幽而周室大壞，平王而東，《禮》、《樂》遂爲虚文矣。陵夷至於孔子，雖欲與之，焉得而與之。乃曰：『夏禮吾能言之，杞不足徵也；殷禮吾能言之，宋不足徵也。』『我觀周道，幽厲傷之，舍魯何適矣。』於是因魯史，而修《春秋》以明《禮》；就大師而正《雅》、《頌》，以明《樂》。然而無其位，無其權，明王不興，卒不能復《禮》、《樂》之實，第存其名而已。子貢欲去告朔之餼羊，子曰：『爾愛其羊，我愛其禮。』夫告朔之禮不行，是實亡矣，羊存而何益？而孔子惜之者，謂名存而實亡，愈於名實之俱亡也。

嗟夫！《禮》、《樂》根於性情，而其弊至於虚名之不能存。天下之治，從何而興乎？自是而下，判爲十二，折爲七國，並爲孤秦，燔燒《詩》、《書》，削《禮》，瘖《樂》，置生民於鈇鉞之上，用鞅斯申韓之術，一以刑法繩下，而遂至於亡。嗚呼！《禮》、《樂》根於性情，文與器雖亡，而生民之性情未亡也。有明主舉而行之，《禮》、《樂》之治可復矣。

思治論

【編年】不詳待考。或作於蒙古憲宗六年（宋理宗寶祐四年，一二五六）郝經應皇弟忽必烈之召，初赴開平潛邸時；或作於元世祖中統元年（宋理宗景定元年，一二六〇）郝經再赴開平受命出使南宋時。

【年譜】蒙古憲宗六年，『春正月，公見皇太弟於沙陀。問以帝王當行之事，公援引唐虞三代治道以對，自朝至晡，喜溢不倦，連日引對論事，甚器重之。且命條奏所欲言者，公乃上《立國規模》二十餘條。復問當今急務，遂舉天下蠹民害政之尤者十一條上之，切中時弊，皆以爲善，雖未卽用，至中統後更張制度，用公之言蓋多』。又蒙古憲宗九年：『公聞憲宗在蜀，師久無功，遂進《東師議》，王稱善者久之，然與帝已定約，不獲中止，遂渡江圍鄂。宋人懼，請和，會憲宗凶訃至，王召諸將屬議，公復進《班師議》，王以爲然，遂班師。』

苟宗道《故翰林侍讀學士國信使郝公行狀》：元世祖卽位於開平，以郝經爲國信使，『齎國書入宋，告登寶位，布通好弭兵息民意』。『將出，帝賜蒲萄酒三爵，且命公曰：「朕初卽位，凡事草創。卿今遠行，所當言者可亟上之。」公乃具草，言帝臨御之初，當大有爲，以定萬世之業，皆佐王經世之略，凡十六條。其言備御西王、罷諸道世襲，尤爲切至，帝皆節次行之。』

見文：『國家奮起朔漠，奄有北土，一舉而收燕雲，再舉而滅夏，又再舉而得關中，又再舉而覆汴蔡。荊襄、蜀漢，繼踵而破；高麗、濊貊，日出之國，委命下吏；莎車、烏孫，崑崙、虞泉，日入之地，盡入鞭箠臣，漢唐之所未臣。蜚揚突蕩，席卷夷夏，蹂斥宇内，四十餘年矣，豈無意於取乎？而不知所以治之者，夫得寸而治之，國之寸也；得尺而治之，國之尺也；務取而不知治，猶獲石田也。

【箋證】文曰『荊襄、蜀漢，繼踵而破』，蒙古憲宗九年，蒙古三路攻宋。憲宗率西路軍攻蜀漢，皇弟忽必烈率東路軍攻荊襄。忽必烈攻至鄂州（今湖北武昌），得憲宗死於合州（今重慶）釣魚城戰事，罷戰北還，爭奪汗位。明年，忽必烈即位元世祖，建立元朝，改元中統。《思治論》主要論停止征戰，治理天下。故《思治論》應作於元世祖中統元年（宋理宗景定元年，一二六〇）受命出使南宋時，向元世祖連上事關建國治國之《立政議》、《便宜新政》、《備禦奏目》等奏章之際。

無意於取，而有意於治者，殷周也；有意於取，有意於治者，漢唐也；有意於取，有意於治，而不知所以取與治者，晉隋也。取之以道，治之以道，其統一以遠；取不以道，治之以道者次之；取與治皆不以道者，隨得而隨失也。

嗚呼！安得知治體者，與之共論治道乎！治少而亂多也尚矣，所以然者，知治體者鮮也。將百萬之衆，舉天下如鴻毛者，易得也。決策制勝，慮皆偪臆者，易得也。平賦役，調糧餉，聚如邱山〔二〕，運如風雨者，亦易得也。至於乘幾挈勢，以仁義道德厝天下於泰山之安者，則難矣。

故漢知所以取之者，董公、子房也〔二〕，知所以治之者，賈誼、董仲舒、汲黯也。漢不能盡其用，所以僅能爲漢，而不能三代也。漢季之失天下也，知所以取與所以治者，孔明也。天不盡其用，不能三代，而區區庸蜀也。晉既盜魏，又欲取吳，取所以取與所以治者，羊叔子也。僅能用其取，而不知所以治，是以隨得而隨失也。唐有天下，因隋之亂，名義近正，知所以取。貞觀之治〔三〕，魏徵房杜，知所以治。惜乎衆目雖舉，而大綱不立也，是以一治一亂，卒僨以亡，僅能爲唐，而不能三代也。

三代而下，千有餘歲，竟不能復其治。何治如是之少，而亂如是之多也？蓋雖有願治之君，而無知治體之臣，僅爲一時之治而已。雖亦或有知治體之臣，而復無願治之君，沒沒於世，卒不能用，一時之治亦難也。嗟夫！世變而既下矣，可乘之機〔四〕，可挈之勢，豈遂無有哉？前世則亦已矣。

國家奮起朔漠，奄有北土，一舉而收燕雲，再舉而滅夏，又再舉而得關中，又再舉而覆汴蔡。荊襄、蜀漢，繼踵而破；高麗、濊貊，日出之國，委命下吏；莎車、烏孫，崑崙、虞泉，日入之地，盡入鞭箠臣，漢唐之所未臣。蜚揚突蕩，席卷夷夏，蹂斥宇内，四十餘年矣，豈無意於取乎？而不知所以治之者，夫得寸而治之，國之寸也；得尺而治之，國之尺也；務取而不知治，猶獲石田也。

夫致治之道，自治爲上，治人次之。自治其本也，治人其末也，本固則末盛。《詩》曰：

『枝葉未有害，本實先撥。』言本既撥，則枝葉從而害矣。又曰：『綿綿葛藟，施於條枚，豈弟君子，求福不回。』言本根芘，則可以求福矣。葛藟猶能芘其本根，況於國乎？所謂本者，不勤遠畧，而反自近者始也。修仁義，正綱紀，立法度，辨人材。屯戍以息兵，務農以足食；時使以存力，輕賦以實民。設學校以厲風俗，敦節義以立廉恥，選守令以宣恩澤。完一代之規模，開萬世之基統。即此爲之，不求之於外，大總其綱，小持其要，上下井井，有條不紊，蘇潤瘡痍，補葺元氣。如此數年，治體既定，綱紀日張，戶口增益，民物繁夥，禮義隆懋，心格其非，風俗完厚，上下妥安，如餒而飫，如醉而醒，如瘠而肥。本根既固，德威惟畏，弱國入朝，彊國請服矣。

蓋不屈則無以信，不翕則無以闢，不靜則無以動，不存則無以施，理勢然也。苟信而不屈，動而不靜，施而不存，馮鋒恃銳，謂莫己若，鮮有不弊者。《傳》曰：『兵猶火也，弗戢，將自焚也。』言兵以禁暴誅亂，不可窮也。又曰：『天下雖强，好戰必弱。』言兵兇器，戰危事，不得已而用，不可久也。夫文止戈爲武。《詩》曰：『載戢干戈，載櫜弓矢。肆于時夏，允王保之。』此武王之所以爲武也。

國家擁百萬之衆，衡制夷夏，莫敢誰何。雖數年無君，無犬吠之警，豪傑弭耳瞬目，奔走奉戴，吏民竭膏血，倒倉庾，空杼軸，罄筐篚，以供賦役，可謂力勝矣。少霽威蓄鋭，固其本根，漢唐之舉也，焉有用兵四十年而不已者乎！遺民安得不膏鈇鉞，糞草莽乎！有千金之璧而不琢，執之以擊瓦礫，而不以爲寶，不玷而缺，亦云幸矣。曷若琢爲琮璜，藴之匱而藏之密，與天球、《河圖》爲奕代之寶乎？蓋不智不勇，然後可爲大智大勇；不恃其力，然後可以大用其力。役其智者，則必至於闇；肆其勇者，則必至於困；竭其力者，則必至於踣。以智力勝人者，人亦以智力勝之矣；以義勝人者，天下無敵也。

綱紀禮義者，天下之元氣也。或偏或全，必有在而不亡。天下雖亡，元氣未嘗亡也。故能舉綱紀禮義者，能一天下者也；不能舉綱紀禮義者，安於偏而苟且者也。天下嘗分裂矣，昔秦不能舉而漢舉之，漢所以一天下也；吳不能舉而晉舉之，晉所以一天下也；陳不能舉而隋舉之，隋所以一天下也；隋不能舉而唐舉之，唐所以一天下也；南唐、吳越不能舉，世宗、二趙能舉之〔五〕，宋所以一天下也。晉隋不足稱也，粗立綱紀，猶能一天下，矧於幅員萬里，巍巍堂堂，莫之與京，能舉綱紀禮義乎？其混一區宇，囊括海內，厝天下於泰山之安，而四維之也必矣！

蓋天下之勢，必一方之綱紀禮義立，天命之，人歸之，而後天下一。此善於彼，而後天下一。地醜德齊，莫能相尚。欲以力勝之，未之前聞也。縱能勝之，不能安之，無以挫英雄之氣，服天下之心，反使乘時徼幸斂羽毛而待風飈者，得以窺其隙而投其間，羊祜所謂『既平之後，方勞聖慮』者也〔六〕。

今梁秦之西東既被其澤，綱紀既立矣，河朔之民，獨非國家之赤子乎？《書》曰：『無黨無偏，王道平平。』使河朔之民亦如梁秦，復加之以意，而致之以理，不在於耀武萬里之外，而可以文致太平。豈惟生民之幸，天下可一，而社稷之福也。

嗚呼！二帝三王不得見之矣，舍漢唐何適也；漢唐又無及矣，舍今之世何適也。《詩》曰：『洌彼下泉，浸彼苞稂。愾我寤嘆，念彼周京。』經，布衣也，夫復何言？念之而已。居得致之位，操可致之勢者，幸留意焉！

【校記】

〔一〕邱，四庫本同，正德本作『兵』。

〔二〕董，正德本同，四庫本作『蕭』。

〔三〕貞，四庫本同，正德本作『眞』。

〔四〕機，四庫本同，正德本作『幾』。

〔五〕二趙，正德本同，四庫本作『藝祖』。

〔六〕祜，四庫本同，正德本作『祐』。

郝經集編年校箋卷十九

論

辨微論

【編年】不詳待考。應作於郝經寓居保定，讀書鐵佛寺，設館賈輔、張柔二府期間。

【箋證】《辨微論》包括《異端》、《禮樂》、《學》、《學》、《學》、《經史》、《厲志》、《時務》等八篇，是一組辨異端，興禮樂，論爲學，明經史，厲志向，識時務之論經之作，應爲郝經早期讀書勵志時的作品。

異端

儒之名立而異端作，儒之實亡而異端盛。實既亡矣，虛名之儒何益乎？是以不競於異端。是以天下之人，蚩蚩擾擾，復以儒爲異，而不知異端之爲異也。夫道行於一喪於二，天下治於一亂於二，矧異端之多乎哉！

昔三代無儒者，而天下皆儒也；後世有儒者，而天下無儒也。三代之盛，莫盛於周；周之盛，莫盛於禮樂。自黄帝至於文武，六代於是乎備。有異服異言之典，有反常惑衆之誅。居有服章，動有儀則，出有權衡，入有規矩。沉涵仁義，優遊禮讓，咀咏德澤。方此之時，人人皆儒，而天下無儒之名也。是以成康四十餘年，德著刑措，可謂盛矣！及周之衰，禮樂廢缺，王政下移，侯度不謹。孔子有天縱之聖，而不位君師，六代之典，於是大壞，吾民日趨於異。孔子没，諸弟子各以其説遊於諸侯，而儒之名始立。

孔子之時，已有過不及之差，愚魯喭辟之不一，既本揭原分，榦摧枝折〔一〕，異端於是乎作。是以子夏之後，流而爲莊周，李斯出於荀卿之門。而周亂其理，斯削其跡，隳先王之制，滅先王之道，萬億之不能一存。撤天下之藩籬，破天下之畦町，則孰不得鼓舞猖獗於其間哉！是以申韓以刑名，孫吳以兵，儀秦以辯，楊朱爲我，墨翟兼愛，雜然鋒出，燦然星布。

至於漢氏，賈誼以王佐才，當孝文致理之時，而猶惑於申韓；史遷學名兼綜，先黄老而後六經。何者？儒之實亡而異端盛，莫知所從也。遂致後世夷貊肆而老佛横，敗人之國，亡人之家，傾人之天下，塗吾民之耳目，亂吾民之心術，斵吾民之天性，而不可救藥也。悲夫！孟軻氏辨之於微，而時人弗知；仲舒欲罷黜百家，而孝武不用；韓愈氏力爲之爭，而竄逐南海。三人者，非不爲大儒也，而不能遂滅異端，措天下於三代之隆，躋吾民於康衢，遂吾民於仁壽者，衆皆異而已獨儒，而欲以一己之儒，一天下之異，是猶致寇於室，而坐甲於戶也，力而禦之，死而敵之，其爲勝也，不亦難乎！然則天下遂爲異也，亦有時而出也邪？道與時不可必，天欲生斯民也，育斯民也，必有大聖人者，舉三代之隆以勝之矣，不然，則其亦已矣。雖有孟軻、仲舒、韓愈者，亦無如之何矣。孟軻、仲舒、韓愈者，猶無如之何，觀今日之文章，斷今日之事業，吾爲無望爾也夫！

【校記】

〔一〕斡，底本、正德本作『榦』，據四庫本改。

禮樂

天下之事有幾有時，興喪成敗繫焉爾。事有不舉，而無幾與時則已矣。其不舉，天也，非人也。見其幾忽易而不乘，遇其時苟且而不進，而遂至於不舉者，人也，非天也。夫可乘之時，可爲之時〔一〕，千載一會，邈乎其難哉！故三代之後，禮樂不興，非不興也，失其幾而違其時也。失其幾而違其時，雖有知者，亦無如之何矣。文中子曰：『使諸葛而無死，禮樂其可興乎！』諸葛而無死，天假之年，誅魏復漢則有之矣，禮樂之興喪，何諸葛之足繫哉！天下襲訛踵陋，蹈枉興僞，五百有餘年矣。禮樂之興喪，留侯、叔孫通、孝文不任其責，尚何諸葛之足責哉！

昔周公攝政，遠焉而管蔡誚，邇焉而公奭疑，上焉而王不知。戎商始革，未洽周化，千載之下，聞者猶危公。公乃雍雍皡皡，曾不芥蔕，七年之間，收六代之典，制禮作樂，頒之於明堂。蓋幾竊嘗計之，管、蔡、公奭之禍大，而公不懼，禮樂之事，甚迂而緩也，公汲汲而爲之，何哉？蓋幾不可失，而時不可違也。苟計一己之私，廢萬世之典，公不知也；使天下淪於非類，公不仁也。故公之不計一己之危，而必爲萬世之典，此周公之所以聖也。

留侯佐高帝，誅暴秦，蹶彊楚，平定天下。灞上一言，直作伊周；借箸之籌，便同湯武。天下既平，納履而去，其邁倫之節亦高矣，保身之知亦明矣。而漢制皆因秦敝，不爲之革。蕭何之圖書，皆秦人奮私智，破古法，吞噬天下之汙跡也，而遂用之。使漢之禮樂不興，不能比隆斯三代，雜而不純者，留侯誤之也，豈留侯言之而高帝不聽邪？《詩》、《書》之綿邈，陸賈稱之，使爲之著書矣。仁義之迂闊，三老言之，即爲之縞素矣。遷都之重，婁敬陳之，即日而西駕矣。矧留侯腹心之臣，禮樂天下之大事，創業垂統，子孫之所儀刑也，帝有從諫如流之美，豈言之而不聽哉？禮樂之興，適其幾而會其時。留侯者，外無管蔡之誚，内無公奭之疑，上無成王之不知，而乃忽易而不爲，苟且而不進，何哉？此留侯之所以能爲漢世佐命之大賢，而不能如周公之聖也與？蓋留侯才知有餘，而學術未備，故不足獨任禮樂之責。

誤之者，又有叔孫通也。叔孫通上及遺周之緒，仕於秦，臣於漢，周之完典嘗見之矣，秦漢之事盡知之矣。當漢室創制，而不舉三代之懿，顧乃剽掠秦餘，俯仰隨世，使禮樂曀光沉耀，葬於九京，泯然無聞於後，帝乃謂『朕今日知爲皇帝之貴』，使帝而有知，通之罪其容誅乎？

雖然，通以腐儒之姿，乘時儌利，觀其徇二世者，可知矣。當紛紜征伐之衝〔二〕，士未息肩；强梗之將，搖盪疆埸。謀畫大臣，不爲之啟禮樂之事，通又何足獨任之。故留侯任其責於上，通任其責於下，孝文任其責於終而已矣。漢承秦敝，至於孝文，天下屬安治。賈誼言宜改正朔，興禮樂，而孝文乃謙讓未遑，遂因常蹈故亡秦之制，訖爲盛典，後王後帝，繼繼承承，恬然處之，而不以爲非也。或欲革之，而反以爲異也。是以後世知者而不能行，行者而無其時，禮樂終於無興矣。

嗚呼！漢初之幾一失，禮樂之治遂百千祀而不能復，彼二臣一君，不得不任其責。

【校記】

〔一〕時，底本、四庫本作『事』，據正德本改。

〔二〕紜，底本、四庫本作『紛』，據正德本改。

學

智一而不鑿者，故學純而不駁。一而不鑿，則得者精而成者大；純而不駁，則守者固而行者正。是以建大節，處大變，斷大惑，紛然而至而不紊，儵爾而起而不動。以一身而鎮天下，天下與之；以一言而率天下，天下從之。此大人君子之爲學，所以安天下也。小人之學異乎此，所以亂天下也。天下之安危，繫夫學而已矣。

大人君子之爲學也，用智之公也。公則一，故其學純，外物不能間入以相擾也，故能御物而不屈。夫學純故有器，有器故有節，有節故不爲私奪，所以天下恃之以安也。小人非不學也，用智之私也。私則有欲，有欲則屈於物，一心焉而萬物屈之〔一〕，是以中無主而外無正，天下因之以亂也。學而因以亂天下，曷若不學之愈乎！不學則朴魯重厚而無欲，猶足以鎮天下，而不至於亂天下也。夫人而有智，而資之以學，不至於大聖，而必至於大姦。故周公、王莽皆學也，而周公以之安周，王莽以之篡漢。周勃、霍光無學也，而勃能誅諸呂而立太宗，光能廢昌邑而立宣帝，臨大節而不奪。故學之以亂天下，不若不學之爲愈也。

嗚呼！後世之學又異於此矣。既不能至於大聖，又不能至於大姦，又惡其名而不能爲之不學。或徇時爲骫靡之文，或爲人爲纖巧之利，或射利而爲瑣末之業。既不能安天下，而亦能亂天下，孳孳矻矻，學之而無用，爲之而無益。智分而不一，業駁而不純，器促而淺無以容，節錯而卑無以立。使先聖人正大之道，墜而不舉，民俗日僞以偷，而曰吾學矣，果何學也？

噫！天下其無學者耶？則執筆綴辭者多矣，峩大冠，襜大裙，堯都而舜俞者多矣。其有學者耶？未聞有以正大之學安天下者也。故道之不行，天下之不治，非時君衆人之罪，余學者之罪也。

【校記】

〔一〕焉，底本、四庫本作『也』，據正德本改。

學

天下之無全才也，學使之然也。古之學者一而要，今之學者雜而僞。一而要也，故能爲己，而其才所以全也；雜而僞也，故不能爲己，而其才所以不全也。嗟夫，學而不能爲己，不能全其才，尚何學之貴也哉！

蓋人之爲學，所以致吾之知也。一則其智不分，而見者博也；要則用力不匱，而蓄者厚也；雜則其智分，而見者寡也；僞則用力勞，而蓄者鮮也。見者博而蓄者厚，此才之所以全也；見者寡而蓄者鮮，此才之所以不全也。今夫日一而已，故能光臨天下，照耀萬物，物不能歟。星非不衆也，的焉而自照之不暇，矧能及於他乎哉！何者？日一而星雜也。

雖然，後世之不能古也，抑亦有由焉。古之爲學也，道一而已矣；後之爲學也，異端之多也。故古之爲學也易，今之爲學也難。古之爲學也，幼而灑掃應對，長而性與天道，比年三十而必有立焉，如此而已。後世之爲學也，何多乎哉！有科舉之學，有文章之學，有典故之學，有經史之學，有星數卜筮之學，有地理之學。其至者有性理之學，有象數之學；其誕者則有老莊之學，浮屠之學，申韓孫吳之學。至於百家衆流，又有不可勝數者。其書萬億卷，有終身不能偏觀者。是以各以其所習者鳴，或以徼名，或以射利，或以欺世誤天下，或以干仕祿，或以全身自樂。是以智不能一而才不能全，擾擾紛紛，日趨於亂，而卒不能及古也。

悲夫！昔仲舒嘗言之武帝，欲罷黜百家，表章六經，使道術歸於一，而武帝不能用也。以漢之懿，仲舒之純賢，武帝之雄材大略，而猶不能一道術，使天下遂無全才。學者無所歸，不入於彼，而必入於此，後世其亦已矣！

學

學者，學夫舜而已矣，學焉而不至，達不失爲伊呂，窮不失爲顔孟，所謂刻鵠不成，猶類鶩也。下此而何學焉？噫！後世功利之説，行學顔孟者鮮矣，矧於舜乎！其以舜爲無功利歟？任禹而水土平，任稷而烝民粒，任契而五品遜，去四凶而天下安，則有大功大利及於萬世者矣。其以舜大而難學歟？舜，人也，我亦人也；舜，性也，我亦性也。舜，心也，我亦心也。苟篤力行而有所至，則亦不難矣。其以舜非豪傑歟？匹夫而爲天子，則亦豪傑矣。何遽而不爲哉？夫舜之爲舜而所以如是，非直有赫赫大過人而人不可跂及者，亦脩其本然之德，積而化之也，何難之有？顧第弗學耳。

彼世之人，見小利而忘大利，見小功而忘大功，邇者迂之而騖於遠[一]，細者忽之而謀於著，悖仁義中正，而直以取富貴。聞堯舜之事，莫不羣聚笑之，而以爲愚且誕，自謂翹楚豪邁過之也。及計之於終，其所成與其所至，乃不能晞伊呂顏孟之末光，矧於舜乎！故曰後世如有作者，虞舜不可及已。嗚呼！功利之誤世也深矣。自其說一行，而三代之學遂廢，聖人亦從而不作，以及於今泯泯也。

蓋天下之人，有血氣之性，故有利欲之心；有利欲之心，故有功名之志。有利欲之心，必爭奪以充其心；有功名之志，必爭奪以充其志。莫有自反而以本然之分制之者，此亂之所由生也。是以秦漢而下，詐醉戰酣，灑人之血以爲池，積人之骸以爲壘，磨牙而爭之，力相軋而計相勝，以千萬人之命，易尺寸之功；以千萬人之生，易毫末之利，籍籍紛紛，魚腐肉蕺，竭天下倒四海，不足以充利欲之心，塞功名之志也，又惡知天下之有舜哉！

【校記】

〔一〕迂，四庫本同，正德本作『迃』。鶩，正德本同，四庫本作『騖』。

經史

古無經史之分，孔子定六經，而經之名始立，未始有史之分也，六經自有史耳。故《易》，卽史之理也；《書》，史之辭也；《詩》，史之政也；《春秋》，史之斷也；《禮》、《樂》，經緯於其間矣，何有於異哉？至馬遷父子爲《史記》，而經史始分矣。其後遂有經學有史學，學者始二矣。

經者，萬世常行之典，非聖人莫能作。史卽記人君言動之一書耳，經惡可並？雖然，經史而既分矣，聖人不作，不可復合也。第以昔之經，而律今之史可也；以今之史，而正於經可也。若乃治經而不治史，則知理而不知跡；治史而不治經，則知跡而不知理。苟能一之，則無害於分也。故學經者不溺於訓詁，不流於穿鑿，不惑於議論，不泥於高遠〔二〕，而知聖人之常道，則善學者也。訓詁之學，始於漢而備於唐；議論之學，始於唐而備於宋。然亦不能無少過焉，而訓詁者或至於穿鑿，議論者或至於高遠，學者不可不辨也。學史者不昧於邪正，不謬於是非，不失於予奪，不眩於忠佞，而知所以廢興之由，不爲矯詐欺，不爲權利誘，不爲私嗜蔽，不以記問談說爲心，則善學者也。

古無史之完書，三變而訖於今。左氏始以傳《春秋》，錯諸國而合之；馬遷作《史記》，離歷代而分之；溫公作《通鑒》，復錯歷代而合之。三變而史之法盡矣。古不釋經，亦三變而訖於今〔二〕。訓詁於漢，疏釋於唐，議論於宋，三變而經之法盡矣。後世無以加也，但學之而不遺，辨之而不誤，要約而不繁，得其指歸而不異，而終之以力行而已矣。

嗚呼！後世學經者，復務於進取科名，徇時之所尚，破碎分裂，經之法復變矣。學史者務於博記注，滋談辯〔三〕，釣聲譽，以愛憎好尚爲意，混淆蕪僞，而史之法復變矣。其將變而無窮耶？其亦變而止於是耶？其由變而經史之道遂亡也邪？九師興而《易》道微，三傳作而《春秋》散。昔人之議猶若是，矧於今之變乎！變而不已，其亦必亡矣。

【校記】

〔一〕泥，底本、正德本作『尼』，據四庫本改。

〔二〕訖，四庫本同，正德本作『及』。

〔三〕滋，四庫本同，正德本作『鎡』。

厲志

與時而奮者，衆人也；無時而奮者，豪傑也。士結髮立志，挺身天地間，稟天地之正性，屬天地之正氣，備五行之秀，孕萬物之靈，豈偶然也哉？彼一草木、一花實、一鳥獸魚鼈，得五行二氣之一偏而已，猶且無無用者。或以藉，或以構，或以茹以餌，而皆有用，矧於人乎？故天下無無用之物，亦無無用之人。人之於世，治亦有用，亂亦有用。天生斯人，豈欲其治而安於亨利，亂而安於避禍？治亦無用，亂亦無用，徒樂其生全其身而已乎？必有用也已。必有用，故亦必有爲；必有爲，故天下無不可爲之世，亦無不可爲之時。雖然，嗜常而厭變，安逸而惡勞，徇苟且而偷生者，衆人之性也；與時而進退，逐世而俯仰者，衆人之情也。知己之有用，與己之有爲者，百千人一焉而已矣；知己之有用，與己之有爲，而必於用必於爲者，又萬億人一焉而已矣。至治之不興，天下之恒於亂也，此故之以夫。

故士之聰明睿知而達乎此者，必以天自處，以生民爲己任，而不偷也。是以禹稷當平世，三過其門而不入。伊尹五就湯，五就桀。一夫不獲，若撻於市。文王不遑康寧，自朝至於日中昃，不遑暇食。周公仰而思之，夜以繼日，幸而得之，坐以待旦。孔子去魯奔衛，不用於齊，譖於楚，畏於匡，逼於宋，餓於陳蔡之郊，而窮於天下。孟子不果於梁，不遇於魯，臣於齊，諄諄於滕薛。是數聖賢者，豈不知安逸之爲樂哉？知己之有用，與己之有爲，俛焉日以孳孳，而不敢自棄而私焉耳。或遇或不遇，或窒或亨，有所成無所成，繫之天而已矣。顔子所以安於陋巷而不動者，有仲尼任天下之責，而無與於己也。

嗚呼！季世孰知有此哉？公道不立，而人人自私也。山林之士，往而不返，槁其形灰其心，以絶茲人，自同於麇鹿，安視天民之斃而莫之恤也。市朝之士，溺而不回，狃於利，徇於欲，既得而患失，自同於狐鬼〔一〕，安視天民之斃而莫之顧也。文章之士，華而不實，工麗縟，衒辭令，以沽名而賈利，自同於絺繡，安視天民之斃而莫之濟也。

由是而言，道不喪，天下不亂，可得乎？孟子曰：『待文王而後興者，凡民也。若夫豪傑之士，雖無文王猶興。』今而天下既若此矣，文王其有乎爾？亦無有乎爾？誦書學道之士，將安坐而待之乎？將亦有爲乎？必有其時而後有爲乎？

【校記】

〔一〕狐，底本、四庫本作『孤』，據正德本改。

時務

堯舜邈矣，而不可繼也；三代曠矣，而不可及也；二漢寂矣，而不可見也。堂堂中夏，幅員萬里，吾民將安所之乎？堯、舜、三代、二漢之世亦吾民也，今而天下亦吾民也。吾民不變，則道亦不變。道既不變，則天下亦不變。何遽而不可繼不可及而不可見也哉？抑亦無由焉爾乎？亦有由焉爾乎？

生民之制，至於堯舜，古有不平有不備，及此而平矣備矣；有不至而有不盡，及此而至矣盡矣。此二聖者，生民之極也。故孔子曰：『堯舜垂衣裳而天下治，蓋取諸乾坤。』謂生民以來，至於堯舜，始並乾坤而爲三也。三代之君，卽堯舜之成功而行之以義，不激擾，不矯造，生民樂生，千有餘歲，以及於秦。秦不蹈道，隳功而悖義，堯、舜、三代之制始大壞。使秦多歷年所，肆其凶毒，吾民不殲於斧鉞，則愚瞽無知，昧其天性，無異於草木鳥獸，而人之類滅矣。天矜吾民，二世而斃，有漢氏興，追蹤前世，結絕理斷，補漏塞罅，雖王道未純，而有三代之遺風。

文中子曰：『二帝三王不得而見，舍兩漢將安之乎？』四百年天下無二志，終之以禮樂，三王之舉也。故堯舜而下，三代而已矣。三代而下，二漢而已矣，後世不可及也。二漢之亡，天地無正氣，天下無全才，及於晉氏，狙詐取而無君臣，讒間行而無父子，賊妒騁而夫婦廢，骨肉逆而兄弟絕，致夷狄兵爭，而漢之遺澤盡矣，中國遂亡也。故禮樂滅於秦，而中國亡於晉。已矣乎！吾民遂不霑三代二漢之澤矣乎！

雖然，天無必與，惟善是與；民無必從，惟德之從。中國而既亡矣，豈必中國之人而後善治哉？聖人有云：『夷而進於中國，則中國之。』苟有善者，與之可也，從之可也，何有於中國於夷？故苻秦三十年而天下稱治，元魏數世而四海幾平。晉能取吳而不能遂守，隋能混一而不能再世。以是知天之所與，不在於地而在於人，不在於人而在於道，不在於道而在於必行力爲之而已矣。

嗚呼！後世有三代二漢之地，有三代二漢之民，而不能爲元魏、苻秦之治者，悲夫！

傳國璽論

【編年】不詳待考。

【箋證】傳國璽：　秦王政十九年（前二二八年），秦破趙，得和氏璧。後嬴政稱始皇帝，命李斯用小篆雕刻傳國玉璽，正面刻『受命於天，既壽永昌』，環刻雙龍戲珠圖案，最下有三道尖波浪線，寓意是日照大海現雙龍。後成爲歷代正統皇帝的信物。宋亡爲金所得，金亡爲元所得。官同知通政院事的拾得（太師國王木華黎之孫、國王速渾察之子）曾擁有它，其妻賣之，始引得朝廷議論，時在至元三十一年（一二九四）。見陶宗儀《南村輟耕録》卷二十六《傳國璽》。

見文：『近世金亡而獲秦璽，以爲亡國不祥之物，委而置之，不以爲寶。』

上世帝王所以立政傳信，考文議禮，則有瑞玉服章〔一〕，符節左契，各爲一代之法制〔二〕，別等衰，辨上下，列貴賤，定尊卑，以爲名器，而不以爲傳。故唐虞夏殷周之制，代各不同，其受命也，莫不革故而易新。其先代之寳，世所共珍而不忍毁之者，如大玉、夷玉、天球、《河圖》，璋判白、弓繡質、龜青純等，或以爲藏，或以爲分，以爲寳器，而亦不以爲傳。故或在王朝，或在侯國，宗沈社債，則轉而之他爾。而其所以爲傳受而守之〔三〕，而莫或敢以置者，在夫道而已矣。

初自道傳而極，極傳而天，天傳而地，地傳而人與萬物。聖主受命，爲天地人物立主，乃復以道爲統，而以爲傳。故堯傳之舜，舜傳之禹，禹傳之湯，湯傳之文武。本於天命，根於皇極，原於心性仁義，謹於存養畏敬，明於夫婦父子、君臣上下，察於綱紀禮樂、文物政事，是以爲二帝三王，而道高萬世，生民之治，古今莫及，未聞有後世帝王所謂傳國璽者也。

及秦始皇并天下，奮私智，盡滅上世帝王之制，自謂德高三皇，功過五帝，乃兼皇帝之號，而爲皇帝璽綬。以滅趙所得楚和氏璧，制詔丞相斯篆其文，刻爲傳國璽〔四〕，其文謂『受天之命，既壽永昌』。於是除謚法，謂己爲『始皇帝』，其餘以世爲號，傳之萬世。乃二世而亡，子嬰降而漢得之。

漢之佐命，如有意於三代，陋秦而從周，以爲是物既亡楚，又亡趙，復亡秦，乃滅國所得，與斬白虵劒並藏之武庫，傳示無窮。如夏后氏之璜，封父之繁弱，并爲一代寶器。取藍田渾璞，刻爲大漢受命之璽，以示維新可也〔五〕。乃自比秦之子孫，遂以爲傳國璽，於是重爲神器〔六〕。

偷國之盜，莫不睥睨揶揄，欲以爲己有。縮於周勃，問於霍光，而奪於王莽，挈於王憲，專於更始，上於盆子，復歸於光武。致使肘後之石，誤張豐於死。東漢之亡，刼於董卓，獲於孫堅，拘於袁術，卒入曹丕之手。魏傳之晉，愍懷之難〔七〕，入於劉石，復歸於金陵。天下之人，遂以爲帝王之統，不在於道而在於璽。以璽之得失，爲天命之絶續，或以之紀年，或假之建號，區區數寸之玉，而爲萬世亂階矣。厥後晉傳之宋，宋傳之齊梁陳，陳傳之隋，隋傳之唐，而五季更相爭奪，以得者爲正統，遂入於宋。靖康之亂，爲金所有。

由漢以來，始有傳國璽，十餘代千有餘年，竟不能復二帝三王之治，所謂天命心性，仁義禮樂，與夫綱紀法度治世之具〔八〕，而皆不傳。始則雜乎王霸，終則盡爲苟且。其篡弑奪攘，蹂躪血肉，污穢皇極者，不可勝言。嗚呼！傳者而弗傳也，弗傳者而傳，其治亂相反也，宜哉！

彼嘗有是而亡其國矣，吾今得之，其誠爲吉祥也哉？昔湯伐桀於三朡〔九〕，俘厥寶玉，誼伯、仲伯以爲非，而作《典寶》，言帝王自有常寶，不可以亡國之物爲寶也。當新莽奪璽之日，元后罵曰：『若自以爲金匱符命爲新皇帝，當自更作璽，何用此亡國不祥璽爲？』雖一時忿激之言，最爲得理者也。孰謂後世帝王，無是二臣一婦人之言哉！不明堯舜禹湯文武之道，竟寶呂政亡國之器，襲訛踵陋，莫以爲非，可爲嘆惋也。

且其制名以爲傳國，謂以國傳之人與子孫也。如堯傳之舜，舜傳之禹，可以謂之傳矣。武王傳之成王，成王傳之康王，可以謂之傳矣。凡不以禮授受者，皆不可謂之傳。征伐而得，則謂之取；篡弑而得，則謂之奪；攘竊而得，則謂之盜。仍謂其璽爲傳國，何哉？

或曰：『然則無璽可乎？』曰：『信以傳信。』既以爲典矣，可遂廢而不用乎？一代受命，自可爲一代之璽，更其文爲一代之文，國亡則藏之。秦不傳漢，漢不傳魏，可也。光武傳之明帝，明帝傳之章帝。至於建安禪代之際，更爲魏璽可也。獨以秦璽爲歷代傳國之璽，不可也。近世金亡而獲秦璽，以爲亡國不祥之物，委而置之，不以爲寶。一帝一王，各爲之寶，不以爲傳。雖曰變古，乃所以復古也，故著論以推本云。

【校記】

〔一〕瑞，正德本同，四庫本作『端』。

〔二〕之，四庫本同，正德本闕。

〔三〕受，底本、四庫本闕，據正德本補。

〔四〕璽，底本、四庫本闕，據正德本補。

〔五〕維，四庫本同，正德本作『惟』。

〔六〕於，底本、四庫本作『如』，據正德本改。

〔七〕愍懷，底本、四庫本作『懷愍』，據正德本改。

〔八〕與夫，底本、四庫本闕，據正德本補。

〔九〕腰，底本、正德本作『騣』，據四庫本改。

郝經集編年校箋卷二十

雜著

內遊

【編年】不詳待考。爲郝經論經之作，郝經在保定，初欲治決科文。後專治六經，潛心道學，並與趙復、王子平等人頻繁論經論道，故視爲保定時期之作。

昔人謂漢太史遷之文，所以奇，所以深，所以雄雅健絕、超麗疏越者，非區區於文字之間而已也。遷生龍門，耕牧河山之陽，南浮江淮，上會稽，探禹穴，窺九嶷，浮於沅湘，北涉汶泗，講業齊魯之都，過梁楚，西使巴蜀，略邛、笮、昆明，還於河洛。能盡天下之大觀，以助其氣，然後吐而爲辭，筆而爲書。故爾欲學遷之文，先學其遊可也。

余謂不然，果如是，則遷之爲遷亦下矣。勤於足跡之餘，會於觀覽之末，激其志而益其氣，僅發於文辭，而不能成事業，則其遊也外，而所得者小也。其遊也外，故其得也小；其得也小，故其失也大。是以《史記》一書，甚多疏略，或有牴牾〔一〕，論大道則先黄老而後六經，序《游俠》則退處士而進姦雄，述《貨殖》則崇勢利而羞賤貧〔二〕。其於書法也，則《記》繁而《志》寡。項籍一夫也，而述《本紀》與堯舜並；陳涉役徒也，作《世家》與孔子同，其失豈淺淺哉！

故欲學遷之遊，而求助於外者，曷亦内遊乎？身不離於衽席之上，而游於六合之外；生乎千古之下，而游於千古之上，豈區區於足跡之餘、觀覽之末者所能也。持心御氣，明正精一，游於内而不滯於内，應於外而不逐於外。常止而行，常動而靜，常誠而不妄，常和而不悖。如止水，衆止不能易；如明鏡，衆形不能逃；如平衡之權，輕重在我。無偏無倚，無汙無滯，無撓無蕩，每寓於物而遊焉。於經也，則《河圖》、《洛書》〔三〕，剸劃太古，掣天地之幾，發天地之藴，盡天地之變，見鬼神之跡。太極出形，面目於世，萬化萬象，張皇其中，而彌茫洞豁，嶠嶇充溢。因吾之心，見天地鬼神之心；因吾之遊，見天地鬼神之遊。

周《誥》、商《盤》、禹《謨》、舜《典》，諄訏忠致，貫日月，開金石，都俞吁咈，咢咢灝灝，唐、虞、三代之治，僾然而見。風雅變正，諷贊刺美，洋洋乎中聲，鼓動至化。元經筆削，蹂邪直正。齊桓、晉文霸心方侈，而束之以道，縛之以義。亂臣賊子，禁其欲而不敢肆。藩垣屏翰，既周流而歷覽之，乃升正大之堂，入高明之域。堯舜禹湯文武周孔，拱宓犧而坐；皋夔伊吕，亞風牧而侍；孟軻氏辨乎其間，而顔曾導焉，荀揚奉焉。熙熙乎育物之仁，翕翕乎制物之義。位尊卑，辨上下，治神人之禮，和而不流之樂；別嫌疑，明是非，照耀昭晰之智〔四〕。閑而存之之敬，實而守之之信，化而極之之聖。死生之說，神應之妙，大發其闥；而詭言詖行，放闢斥除。聖路廓清，而天宇泰定。

至矣哉！君君臣臣，父父子子，夫夫婦婦，兄兄弟弟，何盛爾也！而後易志，賾精而遊乎史〔五〕，廢興之跡，邪正之由，大君大臣之所以盛，小惠小道之所以蔽；禮樂之所以興，政刑之所以紊；國勢之所以張，國本之所以强；姦佞孽孽之所以逞，禍亂崩析之所以致；紀綱之所以明，風俗之所以壞，教化之所以行。見其記注繁而正義鮮也，思得仲尼者而筆削之；見其典故廢而法制剝也，思得周公者而振起之。既遊矣，既得矣，而後洗心齊戒，退藏於密，視當其可者，時時而出之。可以動則動，可以止則止，可以久則久，可以速則速。藴而爲德行，行而爲事業，固不以文辭而已也。如是，則吾之卓爾之道，浩然之氣，嶷乎與天地一，固不待於山川之助也。彼隋山喬嶽，高則高矣，於吾道何有？長江、大河，盛則盛矣，於吾氣何有？故曰：『欲遊乎外者，必遊乎内。』

噫！以史遷之才，果未遊於内邪？蓋亦稱之者過矣。

【校記】

〔一〕牴牾，四庫本同，正德本作『抵捂』。

〔二〕述，四庫本同，正德本作『迷』。執，底本、四庫本作『軌』，據正德本改。

〔三〕洛，四庫本同，正德本作『洛洛』。

〔四〕昭，四庫本同，正德本作『照』。

〔五〕賾，四庫本同，正德本作『頤』。

敘書

【編年】作於元世祖中統元年（宋理宗景定元年，一二六〇），郝經出使南宋，被拘禁於眞州期間。見文：『中統元年使宋，宋人館留儀眞。三節人馬德璘、孔晋，初不知書，資穎異可教，積六七年，皆能通書傳，作字便有楷法。及被刼殺，至新館，惟二子事余甚謹，乃論定學書筆法次第，使知正筆之所自，古之大匠遺跡在而不亡者。』

中統元年使宋，宋人館留儀眞。三節人馬德璘、孔晋，初不知書，資穎異可教，積六七年，皆能通書傳，作字便有楷法。及被刼殺，至新館，惟二子事余甚謹，乃論定學書筆法次第，使知正筆之所自，古之大匠遺跡在而不亡者。

古文：　黄帝命蒼頡制字，模寫萬象，又號『科斗書』。三代、秦、漢以來，鍾鼎款識皆是也。欲知其所以然，則有許慎《說文》耳。

篆：周宣王時，史籀變古文科斗爲『大篆』，今存者秖有《石鼓文》數十字。至秦李斯，刪大篆爲『小篆』，今之『篆書』是也。李斯則有泰山及嶧山碑，漢碑中或有之，皆可學也。唐以來李陽氷尤精絕，今存者《庶子泉銘》及《新驛記》耳〔一〕。金党懷英，陽氷之後號稱獨步。世多有之，法度尤備，所當學也。

隸：秦程邈變古文、大小篆，漸生楷法，以其佐隸，謂之隸書。猶有古篆法八分，故又謂之『八分書』，凡諸漢碑皆是也。如蔡邕《石經》，梁鵠、鍾繇《孔子廟》、《受禪碑》諸石刻，唐以來蔡有鄰，金党懷英皆當學也。凡學書須學篆隸，識其筆意，然後爲楷，則字畫自高古不凡矣。

楷：東漢王次仲復變隸八分爲楷書，言皆書之楷則也。以其法度謹嚴精盡，故又謂之『眞書』。其小者謂之『小楷』。魏晉以來，凡爲書皆先小楷，故爲書法之本。能小楷，則能眞行草，擘窠大字、扁牓，皆自是擴而充之耳。魏鍾繇《賀平關羽表》等〔二〕，晉王羲之《黄庭經》、《樂毅論》、《東方朔畫贊》，王獻之《洛神賦》，智永禪師《千文》，歐陽詢、溫彦博、姚思廉《墓誌》、《九成宫銘》、《化度寺碑》，虞世南《孔子廟碑》，張旭《郎官石記》，顔眞卿《杜濟墓誌》，皆規矩大匠，技極而意無窮者。褚遂良、薛稷、徐浩、柳公權、李邕皆唐代名家，凡墨蹟硬黄臨二王書及諸石刻〔三〕，皆當以爲程式。其次楊凝式《千文》，蘇軾烏絲闌《孝經》，黄庭堅《南康郡太君行狀》〔四〕，米芾《金剛經》，雖少變楷，亦各出奇也。其擘窠大字，王羲之《瘞鶴銘》，顔眞卿《中興頌》、《離堆記》、《東方朔畫贊》、《紀宗碑》、《宋文貞公碑》、《塔銘》、《井椿碑》，蔡襄

《晝錦堂記》，蘇軾《潛珍閣銘》，黄庭堅《楊震傳》，趙秉文《御史箴》，皆備極法度，窮盡筆力。扁牓大字至丈餘者，金王無競燕都諸宫殿寺廟，及汴都諸宫殿門牓，古今第一，所當學也。

行：魏晉以來，又變楷法，自圓熟而趨簡易。楷如立，行如行，故謂之『行』，得眞謂之『眞行』，帶草謂之『行草』。晉以來諸公書帖，王羲之《蘭亭敘》，智永禪師《千文》，顔眞卿《座位帖》、《送劉太沖敘》，楊凝式《千文》，蘇黄諸書帖，皆是也。

草：漢魏以來，盡變眞行，張芝、二王，造微入妙，號稱『草書』。晉宋六朝諸書帖，唐以來張旭、僧懷素、楊凝式，宋以來蔡襄、蘇軾、黄庭堅、米芾，金源氏趙渢、趙秉文，皆稱草聖。今見諸石刻者，《潭帖》、《絳帖》、《閣帖》、《汝帖》、《百一帖》，皆當學也。以草爲楷，則又謂之『章草』，或謂漢章帝制〔五〕，因以爲名，或謂漢之章奏用此。魏晉以來，諸書多有之，獨索靖《月儀帖》爲妙絶，今有唐貞觀間硬黄臨本，可學也。

故古文則簡婉，存其太樸，如面目太極，初解繩約之結者。篆隸則遏截勁利，停穩妥帖中有飛動勢，而意態不窮，要之高古遒深而已。小楷則精緻蕭散，秀逸而存風骨〔六〕，傾欹而見正大，出奇示變於規矩準繩之中，太嚴則傷意，太放則傷法。工而不巧，拙而不惡，重而不滯，輕而不浮。筆死則癡，筆緩則弱，筆疾則淺，筆側則偏。心正則氣定，氣定則腕活，腕活則筆端，筆端則墨注，墨注則神凝，神凝則象滋。無意而皆意，不法而皆法。

凡行草之理，皆在其中，而其鋒不可犯，又在夫熟之而已。功夫到則自造微入妙，窮神知化矣。擘窠大字，莊重雄崛，峻拔秀麗，沉著痛快〔七〕。極盡小楷之法，而崇深停穩耳。行則行雲流水，而遂變楷之草。草則縱意所如，變態百出，紆餘鉤鎖，騰擲翻翥，而萬象生焉。心手相忘，從容中道，長江之波也，太虛之雲也，輪扁之手也，運斤之風也，九方皐之馬也。點綴批抹，莫非自然，而不知所以然，然後超凡入聖。要之，自楷與行，又加熟焉，則自至是矣，非模寫鬪飣之所能也。

蓋楷則《孟子》七篇，草則《莊周》十萬言耳。楷則子美之詩，草則太白之詩也。然既知法，又貴知變也。非變法而自爲法，則不能名家，在人足迹之下矣。鍾王變篆隸者也，顏變鍾王用篆也，蘇變顏柳用隸也。故古今書學，不能踰是四家。鍾王則筆意俱盡，顏則意盡筆不盡，蘇則筆盡意不盡。大抵皆藏鋒隱骨，含蓄態度，謂之屋漏雨錐畫沙，皆此意也。故古文則學先秦，篆則學李斯，隸則學鍾繇，楷則鍾王顏蘇，行與草則張芝、索靖、二王、張旭耳。

是皆先君子指授，生平臨寫，以爲師則者。汝輩以吾言求之，循序而進，不躐等妄爲，庶幾終能有成。熟而自得，雖亦名家可也。然讀書多，造道深，老練世故，遺落塵累，降去凡俗〔八〕，翛然物外〔九〕，下筆自高人一等矣。此又以道進技，書法之原也，其惟勉旃。

【校記】

〔一〕子，正德本同，四庫本作『乎』。

〔二〕關羽，正德本同，四庫本作『襄樊』。

〔三〕蹟，四庫本同，正德本作『磧』。

〔四〕行，底本、四庫本闕，據正德本補。

〔五〕帝，四庫本同，正德本闕。

〔六〕秀，四庫本同，正德本作『透』。

〔七〕沉，四庫本同，正德本作『泛』。

〔八〕降，四庫本同，正德本作『绛』。

〔九〕倚，四庫本同，正德本作『修』。

學難

【編年】不詳待考。爲郝經論經之作，郝經在保定，初欲治決科文。後專治六經，潛心道學，並與趙復、王子平等人頻繁論經論道，故視爲保定時期之作。

學之無難也，尚矣。人而有智，而俾之學，國家之所以作成之者厚，師友之所以訓誨之者篤，第成之有小大，覺之有先後耳，夫何難哉！　故辟廱於京師，庠序於國，校於鄉，而塾於家。立公議於士夫，振綱紀於君相，廩祿給而廉恥厲，束縛而涵育之，鼓舞而琱激之，作其氣而振其弊，綱羅剔抉，匡直輔翼，使卑高巨細，各遂其所成，各盡其所用，則何學而不遂，何材而不全哉。是以朝稱多士，而野無遺賢矣。政治隆平而風俗純粹，學之無難也審矣，而謂之難，何哉？

學之無難也，前代之無難也。學之難也，今日之難也。非唯其難也，而又無學也，曷難乎？辟廱亡而鄉校毁矣，公議廢而綱紀墜矣，廩禄絶而廉恥缺矣。所餘者，天理人心之固有也，而又誕幻以拂其性，偏駁以惑其心，勢利以脅其志，嗜欲以汩其情。學王道而覇術入矣，守正理而異端奪矣，務實德而偽妄騁矣。一身之微，或誘於其前，或驅於其後，不入於彼，而必陷於此。雖有特立獨行不倚之士，不待文王而興。捐饑餒，戰寒暑。不由師傅，不顧流俗，不徇虛文。卓乎其不撓，確乎其不拔。輕勢利，斷嗜欲。斥誕幻而横鶩，棄偏駁而高蹈。欲存其所餘，而保其固有者，猶戛戛乎其難也。而又指訐以爲異，謗讟以爲非，排之固而擠之力，巧爲之機而毒爲之中，莫有一煦溼濡沫，爲接綆引手者，下石而溺灰者皆是也。又孰爲之作成，孰爲之訓誨哉！必使其顛踣潰亂，箝其口而不言，桎其足而不動。如是而後已，則所存者幾何？其亦必亡矣，故爲之難也。一有學者，而琢喪之如是，故謂之無學也。

嗚呼！牛山之木嘗美矣，而令濯濯也，是豈山之性哉？《詩》曰：『瞻彼阪田，有菀其特。天之扤我，如不我克。』學者之謂矣，作《學難》。

瑞麥頌

【編年】作於蒙古憲宗四年(甲寅年，宋理宗寶祐二年，一二五四)夏，郝經寓居保定，讀書鐵佛寺，設館賈輔、張柔二府期間。

【年譜】蒙古憲宗四年，『五月，作《瑞麥頌》，作《萬竹堂記》』。見文：『甲寅夏五月，甸人進麥，八穗一莖，馳馹上聞……拜首稱慶歌頌，布衣職也，乃作《瑞麥頌》，以爲四野謳歌之倡。』

歲壬辰〔一〕，王師濟河，河南亡。孼孽餘猘，狡狡蝟興，兵鋒遺黎，虔劉殆盡，而又壤地聯宋，師出其間，突蹂汴洛，披轢亳宋，至於徐揚，馳亘上下，千有餘里，姦宄抵隙，嘯跨兩境，依險首鼠，血人於牙，二十餘年矣。

今上卽位，宵旰求瘼〔二〕，詔太弟都督諸軍，謂將有事於宋，必先事於河南。河南既治，本根既固，藩牆不穴，資糧鎧馬扉屨足，而漢淮可圖也。於是詔分陝東河南諸道有金故地，置經畧司於汴，命萬戸史公、行臺趙公，及中貴蒞焉。

公等既至，乃議事典，約法制，鉏桀驁，去蟊賊，撫單弱，出滯淹，布屯戍，均賦輸，抉索利本，掐揠弊萌，進用老誠，設施比次，井井以進。朞年報政，帑有餘資，庾有餘粟，四鄙不警，民狎於野，風雨時順，歲乃大穰。

甲寅夏五月，甸人進麥，八穗一莖，馳驛、上聞〔三〕，洞洞屬屬，歡聲四布。夫黄龍白麟，赤芝朱草，鳥獸草木之異，無益於時者，猶以爲休徵，豈若食民之天，有如是之盛乎！桑無附枝，麥有兩岐，猶煃美於漢，炳耀千古，矧如是之多乎哉。

經越在草莽，不能瞻望清光，拜首稱慶歌頌〔四〕，布衣職也，乃作《瑞麥頌》，以爲四野謳歌之倡。其辭曰：

河流湯湯〔五〕，金源故虚。朔龍乾飛，千麾萬旟。蹈厲靡前，飲河長驅。河流不洋，曾不馬濡。汴覆蔡傾，遂伐荊吳。千里搶攘，鞠爲蓁蕪。白骨撐拄，枯血模糊。宛宛赤子，鋒鏑之餘。裹創柳元〔六〕，巢狸窟狐。殆二十年，僨而不蘇。皇帝踐阼，丙丙當宁。同仁一視，廓清天步。乃眷曰咨，咨汝南方。神州王畿，可爲寇埸。乃命太弟，俾長戎行。曰史曰趙，建爾旂常。爾爲朕行，藥彼夷傷。分陝建臺，固吾圉疆。汝脩汝戈，汝峙汝粻。乃拜稽首，天子之休。不克負任，天子之羞。帝曰汝嘉，汝違朕憂。玉節煌煌，奉命南下。有澤其車，有濯其馬。鉏夷棘荊，枝柱壞厦〔七〕。顛强躓嚚，崩鬵解瓦。山通藪開，漸出單寡。髫童耇叟，傴僂罷亞。失喜驚呀，悲集淚寫。載申王度，載宣王化。民具萃止，麕麕茂舍。乃斧其桑，乃樹其檟。乃聚乃育，乃室乃嫁。務嗇勸分，墾荒闢野。惟是帖妥，莫敢侈哆。惟是信義，莫敢狙詐。清以益燕，簡以益暇。緩帶輕裘，投壺歌雅。元氣油油，眷我中夏。我庾既億，我倉既盈。雲霓濡來，呻吟不聲。山河改色，乾坤夷清。德威惟畏，德明惟明。皇澤灝灝，汪洋蒙溟。惠風不鳴，震雷不驚。雨暘燠寒，弗淩弗乘。人和天和，年穀屢登。靈浸邃達，瑞麥乃生。岐岐嶷嶷，八穗一莖。甸人進只，幕府嘉只。何以致兹，臣當歸美。乃藉乃襲，獻諸天子。以益鴻休，以曄信史。經也作頌，以告休功。匪惟頌功，惟以勸終。

【校記】

〔一〕壬，四庫本同，正德本作『任』。

〔二〕宵旰，四庫本同，正德本作『霄肝』。

〔三〕驛，四庫本同，正德本作『馹』。

〔四〕首，四庫本同，正德本作『手』。

〔五〕河，四庫本同，正德本作『何』。

〔六〕柳元，正德本同，四庫本作『匿影』。

〔七〕柱，四庫本同，正德本作『桂』。

文弊解

【編年】不詳待考。爲郝經論經之作，郝經在保定，初欲治決科文。後專治六經，潛心道學，並與趙復、王子平等人頻繁論經論道，故視爲保定時期之作。

荀宗道《故翰林侍讀學士國信使郝公行狀》：『公聚童子而教之，公遂刻苦力學，肆意窮討，衣不解帶，忘寢與食，坐徹明者五年。每遇疑難，沉思良久，反覆諷誦，期於必得必悟而後已。嘗自誦曰：「不學無用學，不讀非聖書，不務邊幅事，不作章句儒。達必先天下之憂，窮必全一己之娛。賢則顏孟，聖則孔周，詎如韋如脂爲碌碌之徒而已耶！」故慨然以興復斯文、道濟天下爲己任。讀書則專治六經，潛心伊洛之學，涉獵諸史子集，以窮理盡性、修己治人爲本，其餘皆厭視而不屑也。』

見文：『方今道喪時弊，正氣湮塞，生民墜溺，志士振起之秋也，可拘於虛文，溺於淺淺哉？宜嘬六經之實，盡躬行之道，精百代之典，革虛文之弊，斷作爲之工，存心養性，磨厲以須天下之清。』

事虛文而棄實用，弊亦久矣。自爲己之學不明，天下之人狃於習而啗於利，是以背而馳之力，衒而爲之譟。援筆爲辭，綴辭爲書，藉藉紛紛，不過夫記誦辭章之末，卒無用於世，而謂之文人，果何文耶？

俾佛老二氏蠹於其間，文武之道墜於地，而天下淪於非類也，宜矣。其不幸而不觀於大庭氏之先，而不見夫文之質也；不幸而不遊於孔氏之門，而不見夫文之用也；不幸而不窮夫六經之理，而不見夫文之實也。仰而觀，俯而察，天地之間，衆形之刻鏤，衆色之光絢，衆聲之咿喔，衆變之錯蹂，爛乎其文而若此也，不知孰爲之，而孰綴之。乃規規以爲工[一]，切切以爲巧〔二〕，斐斐以爲麗〔三〕，角勝而相尚，爲文而無用，何哉？

三代之先，聖君賢臣，唯實是務，至於誥誓敕戒之辭，賡和之歌，皆核於實而曄於華，和順積中，而英華發外。故史臣贊曰：『聰明文思』，孔子稱之曰：『煥乎其有文章』，自其發見者而言，不以文爲本也。天人之道，以實爲用，有實則有文，未有文而無其實者也。《易》之文實理也，《書》之文實辭也，《詩》之文實情也，《春秋》之文實政也，《禮》文實法而《樂》文實音也，故六經無虚文，三代無文人。夫惟無文人，故所以爲三代，無虚文，所以爲六經，後世莫能及也。

余嘗熟讀《語》、《孟》二書，意味無窮，感化不已。師弟對問之間，而文若是，豈有意於文而後言邪？聖賢之膏腴，道德之精華，發而自然耳，故所以爲孔子，所以爲孟軻，後世亦莫能及也。孔氏之門，游夏以文學稱，未聞其執筆命題而作文也。則所謂文學者，亦異矣。

後世文士，工於文而拙於實，衒於辭章而忘於道義，故班馬不免於刑，范曄、陸機、謝靈運不免於誅，陳叔寶、楊廣不免於覆宗社，而柳柳州不免於小人，文何益耶？

苟有其實矣，何患無文，三代則亦已矣。至於後世，漢高帝奮起亡秦，王有天下，功並湯武，未嘗爲文也，如《大風之歌》，聲震海嶽，而光犯日月。諸葛孔明仗義興漢，委身事蜀，道合伊吕，而他文未見也，如《出師之表》，與商周命訓相上下，則有實者有文也必矣〔四〕。

方今道喪時弊，正氣湮塞，生民墜溺，志士振起之秋也，可拘於虚文，溺於淺淺哉？宜嘬六經之實，盡躬行之道，精百代之典，革虚文之弊，斷作爲之工，存心養性，磨厲以須天下之清。其行也，其達也，必不與草木並朽而無聞矣。

【校記】

〔一〕工，四庫本同，正德本作『功』。

〔二〕切切，四庫本同，正德本作『切』。

〔三〕斐斐，四庫本同，正德本作『斐斐斐』。

〔四〕矣，四庫本同，正德本作『以』。

龍首辨

【編年】不詳待考。應作於郝經寓居保定，讀書鐵佛寺，設館賈輔、張柔二府期間。見文：『保之野有耕夫，抱數節之骨，以爲龍首者。駭於郊鄙，郵傳於道路，譟於里巷，聲於州庭。』

保之野有耕夫，抱數節之骨，以爲龍首者。駭於郊鄙，郵傳於道路，譟於里巷，聲於州庭。千里之民，釋耒耜，休蠶織，輟業吐哺，翹翹焉而觀者四合也。耕夫遂益以爲異，神而珍之，復爲之襲而固爲之秘，雖家人莫得而見。或者以百金易之，拒而不酬也。

一日，有司懼其惑衆，召致而廷辨之，乃鬻食之獐餘，跨之隆者以爲角，髖之凹者以爲目，脅下之缺夾脅而脩曲者以爲頸，穴而涸圜而寬者以爲頂。審爲僞，乃命揭之通逵〔一〕，以定民志。而耕夫猶慟哭於下，頟地呼曰：『世無識龍者。』噫！其眞無識龍者邪？其眞非龍也邪？聖人不作，豢龍氏歿，龍之不常於世久矣，何據而知之？不介鬣，不爪不角，數節之骨，而以爲龍，而執之以惑世，至于慟哭而不悟，何哉？

蓋世之人，非聰明睿智卓爾不回之器〔二〕，苟徇於僞而膠於私，則眞知正識，蕩然一廢也。故燕噲欲以遜子之，漢哀欲以與董賢；德宗以盧杞爲忠，明皇以祿山爲孝，衆皆惡之而獨好之，衆皆以爲非而獨以是爲〔三〕。人之於人猶若是，矧於希世不常之龍乎？龍之不常，斷首而見，亦不足以爲異，矧僞妄之枯骨乎？嗟夫！趙高指鹿爲馬以亂秦，耕夫以獐爲龍，欲何所爲乎？

【校記】

〔一〕逵，四庫本同，正德本作『達』。

〔二〕智，四庫本同，正德本作『知』。爾，底本、四庫本作『而』，據正德本改。

〔三〕是爲，底本、四庫本作『爲是』，據正德本改。

二履辨

【編年】作於蒙古憲宗六年（丙辰年，宋理宗寶祐四年，一二五六）八月，郝經寓居保定，讀書鐵佛寺，設館賈輔、張柔二府期間。

【年譜】蒙古憲宗六年，『八月，作《積慶堂記》、《程先生墓銘》、《毛君墓誌銘》、《二履辨》』。見文：『歲丙辰，王府以城開平之故，遍告山川，至於濟瀆。瀆出二履以答之，陵川郝經爲之辨。』

歲丙辰，王府以城開平之故，遍告山川，至於濟瀆。瀆出二履以答之，陵川郝經爲之辨曰：

濟瀆之淵應尚矣，其秘物幽，其納物悉，其出物異，瑰詭昭著，在人耳目者甚衆。雖巨細不倫，而皆與誠合，或獎大，或戒諭，莫不有義焉。蓋其神靈橐籥乎其間，正眞而一，幹天地之藏〔一〕，爲神藪理窟，爲化樞，爲變通之源，無有遠近幽深，遂知來物。今二履之見，豈無義乎？

夫履，所以行也。二帝三王之道，在夫行而已矣。天下之大，萬民之衆，行王道，立王政，始而終之而後可。始於爲而後可以無爲。故去四凶，平水土，而後垂衣裳；伐暴亂，救焚溺，而後包干戈。豈有不行不爲而天下自治者乎？

夫行莫如禮，禮所以履也。故仲尼於天澤之象而深明之，上天下澤，上下定位，所以爲禮。天行健，而履之以柔行，而惠澤建於下，下悦而應乎乾[二]，乃爲履。故剛中正者，禮之理也；辨上下者，禮之分也；和而至者[三]，禮之用也。履虎尾而不咥人者，有禮則危可以安也。故别嫌疑，辨猶豫，明是非，正剛紀，立法制，厚人倫，美教化，定民志，屹爾而立而不易，道爾而行而必至，炳炳爲一王法，厝天下於泰山之安而維之者[四]，舍是將安之乎？故禮者國之幹也。

有國君人者，必行行力爲而已矣。是以高皇帝食未下咽，而命叔孫制禮儀，張蒼定章程[五]，陸賈著《新書》，韓信申《軍法》，史臣以爲規模宏遠。光武投戈講藝，息馬論道，而紹開中興。太宗親平禍亂，用魏徵、房、杜，化民以禮，而文致太平。是皆知所先務，雖立國未久，而必於行，以創業垂統，而使子孫儀刑。故漢祚四百，而唐亦幾三百年，基圖鞏固，有以結民之心，其祖宗所貽之者厚也。

國家光有天下，以土則廣，以兵則强，以民則衆，以力則大，以開國則久，以世傳則遠，服聲教之所不被，臣漢唐之所未臣。惜乎綱紀未盡立，法制未盡定，而教化未盡行也[六]。今是履之出，其亦勉其行歟？夫行者，天德也。王者體天治人，則自强不息；不息則久，久則悠遠；悠遠則博厚，博厚則高明；博厚配地，高明配天，悠久無疆，夫是之謂皇極。

嗚呼！國家强阜，天子神聖，諸王賢明，天與之，人與之，天下莫不與也，則皇極之道將建於世[七]。不然，何告之明，而示之揭也。《詩》曰：『如匪行邁謀，是用不得于道。』又曰：

『高山仰止，景行行止。』行之而不至焉者有矣，未見不行而至者也。行歟？ 否歟？ 坐視天民而莫之恤歟？

【校記】

〔一〕斡，底本、四庫本作『幹』，據正德本改。

〔二〕悅，四庫本同，正德本作『悅悅』。

〔三〕至，底本、四庫本作『正』，據正德本改。

〔四〕維，底本、四庫本作『四維』，據正德本改。

〔五〕張，各本皆作『章』，據《史記》、《漢書》改。

〔六〕而，底本、四庫本闕，據正德本補。

〔七〕于，四庫本同，正德本作『子』。

瘞鶴銘辨

【編年】作於元世祖中統元年（宋理宗景定元年，一二六〇），郝經出使南宋，被拘禁於眞州期間。見文：『中統元年，持節使宋，館留儀眞。伴使潘居之，以焦山磨崖《瘞鶴銘》見貽，而昏剝湮漬，漫不可別。既而提舉路鈐、王順，送焦山寺僧所寄一本，及《辨證》一卷，卽此本也。』

右焦山《瘞鶴銘》磨崖，元本如此大小，凡五段，共一百十三字，自左方書起，而斜正不相屬云。《瘞鶴銘》正書中大字，古今推爲第一。

蓋自正書中出奇，古意中有韻勝，脱去規格，超出畦町，而沉著峻麗，雄拔莊重，有陵厲八極之氣〔一〕。雖殘闕斷蝕〔二〕，而筆意具在，如乾坤破碎，元氣自存，雲霧斑駁〔三〕，日月無與爭光者，所謂『一洗萬古凡馬空』，超凡入聖筆也。其準繩意匠，後世唯顔魯公書《中興頌》、《宋文貞公碑》爲近之。張嘉貞《北嶽碑》雖極形似，特掇拾土苴耳。嘗觀東坡書《惠州潛珍閣銘》得其氣，山谷大字《楊震傳》得其骨，楊凝式、米元章，推其變而得其奇者也。則是書也，書家之命脉，筆勢之宗趣也〔四〕。

山谷謂《瘞鶴銘》乃大字之祖，爲不誣矣。論者往往必其名氏，苟其書工，雖無名氏庸何傷？如其不工，雖有名氏，江中斷石耳。山谷先生識慮詣極，與爲右軍書，謂其勝處不可名貌〔五〕，反覆題評〔六〕，稱道不已。而《滄浪翁詩》直以對《黄庭經》，蓋必有所據依。且《潤州圖經》以爲義之書。廬山陳氏本又有『逸少書』字，則眞是之歸爲逸少書無疑〔七〕。

近因裝背〔八〕，拈綴帖嵌，顧盼回復，意見筆外，每相領會，甚多《蘭亭》筆法，以書法論人，則其人可知矣。而《東觀餘論》、《西清詩話》，斷以爲陶弘景書，雖曲爲左契，而書家未嘗題品。夫書出一手，如印印泥，雖妍醜不同，各如其面。而一受成形，必不可掩，相去萬里，相後百年，落紙入手，知爲某人。况羲之、弘景皆一代偉人，其書跡存者，固不待辨驪黄分牝牡，自可得天機於滅没之間〔九〕。羲之書甚多，皆可考據，而弘景書殆未見也。若以此銘爲弘景書，必得弘景他書，會其筆意，必如此銘，然後可信已。

《東觀餘論》又謂：逸少以晉惠帝大安二年癸亥歲生，年五十九；穆帝升平五年辛酉歲卒。成帝咸和九年甲午歲，方年三十二。永和七年丁亥歲，年三十八，始去會稽閑居〔一〇〕。不應年三十二已自稱『眞逸』〔一一〕，以爲必非右軍書。是大不然，其銘之年月，作文之年月也，非書之年月也。《鶴瘞》文成之歲，則甲午歲也。書之之歲，焉知非永和之末、升平之初乎？不徵于書法，而徵於歲年，殆刻舟求劍之説也。矧于銘中書『華陽眞逸撰』，不書其並書也。其次卽書『上皇山樵』，則書之人也。故陳氏本於『上皇山樵』下，又有『人逸少書』四字。雖弘景嘗號華陽隱居，豈可妄爲附會？縱使隱居之號與銘中同，則撰文之人也，非書之之人也。銘中又有『仙家』、『仙侶』等語，則《瘞鶴》作文者必道家者流，而書之者右軍也。

不知勒石之歲復在何年？則《瘞鶴》作文書字，必不能皆出一人之手，共爲一時之事，又豈可以晉永和而爲梁天監，必皆出弘景之手乎？不徵於銘而徵於號，殆亦參母投杼之惑也。夫善書者而後能知書，作文者而後能論文。彼論者敢爲斷然不移，豈皆知隱居、右軍者邪？必有子房而後知漢高帝，必有徐庶而後知諸葛孔明，必有劉弘而後知陶士行。山谷先生道高一世，名冠當時，而書法之善自成一家，亦隱居、逸少流也。其於此銘與爲右軍書，而不及隱居，則不易之論也。聽盤爲日，姑宜置之。

中統元年，持節使宋，館留儀真。伴使潘居之，以焦山磨崖《瘞鶴銘》見貽，而昏剝湮漬，漫不可别。既而提舉路鈐、王順，送焦山寺僧所寄一本，及《辨證》一卷，即此本也。方之他本，最爲完具。嚮在河朔時，所見數本，皆摹搨失真。近歲鄧州石刻傳布雖多，而枯硬剸截，絶無韻勝。及見此本，氣韻具足，矯矯飛動，乃知書家亦自有真耳。故既論其書法，又辨其名氏，又賦詩以答諸伴使云。

【校記】

〔一〕陵，四庫本同，正德本作「凌」。

〔二〕蝕，四庫本同，正德本作「食」。

〔三〕斑，四庫本同，正德本作「班」。

〔四〕趣，底本、四庫本作「題」，據正德本改。

〔五〕勝，底本、四庫本作「盛」，據正德本改。

〔六〕覆，四庫本同，正德本作「復」。

〔七〕真，四庫本同，正德本作「貞」。

〔八〕裝，四庫本同，正德本作「莊」。

〔九〕機，四庫本同，正德本作「幾」。

〔一〇〕始，四庫本同，正德本作「殆」。

〔一一〕真，各本皆作「貞」，此據宋代黄伯思《東觀餘論・跋瘞鶴銘後》等改。下同。

文

手植檜復萌文

【編年】作於蒙古定宗二年（丁未年，宋理宗淳祐七年，一二四七），郝經寓居保定，讀書鐵佛寺，設館賈輔、張柔二府期間。

【年譜】蒙古定宗二年，『《含元殿瓦硯記》、《手植檜復萌文》、《送太原史子桓序》。』見文：『丁未春，魯客過余，言闕里祖庭手植檜復萌，爲之言曰。』

丁未春，魯客過余，言闕里祖庭手植檜復萌，爲之言曰：

木之植也，樹藝者之事也，聖人曷爲爲之？植生民，植道德，植教化，聖人之事也，木也曷爲爲之？昔生民嘗厄，道德嘗廢，而教化不施矣。窮奇饕餮肆乎上，夔龍熊虎鬱乎下。原圮而堙，隰窒而墊，獸横而奔，天也。

有聖人曰舜禹者，起而植之，疏鬱爲通，散氛爲清，剔險爲易，汔魚爲氓，棟處而穀食，教行而化靡，未聞其植木也。厥後道漓德凉，驁暴蠭作，曰桀曰紂，網藪爲惡〔一〕，炙民爲爐，沉民爲淵，飈煽而石擠焉。有聖人曰湯武者，起而植之，蘇其昏蹙，藥其創夷，邱崇其德，川湧其澤，未聞其植木也。

昔人謂孔子之聖遠於堯舜，今而周道絕，生民厄，而弗之植。檜，散木也，而手植之庭。何若是恢恢者置而屑屑爲也？豈不知閱禮之樹見拔於宋，而手植之檜能存於魯耶？蓋聖人之意有所在也。明王不興已不用，而道不行也，不得如舜禹湯武之親植之也，天縱之聖，亦不可泯泯而自棄也。故雖不能植之於時，庶植之於後；不能植之一世，庶植之萬世。

是以制大訓，奠辭命，示諄諄，敷悃赤，則植之《書》矣；明風俗，正雅樂，述王政，表廢興，則植之《詩》矣；發天機，結聖統，闡幽賾，究通變，則植之《易》矣；明王道，立王政，治亂臣，討賊子，則植之《春秋》矣；位尊卑，辨上下，節天地，治神人，則植之《禮》矣；宣湮鬱，諧政治，贊陰陽，協教化，則植之《樂》矣。

植之之道已具，而植之之意未見也。乃檜於名而植於實，以道德爲元氣，以仁義爲株跋，以堯舜禹湯爲楨幹〔二〕，以文武周召爲枝葉，以行業崇蘊之，以恩澤濡溉之。其樹本也，堅確乎其不可拔；其稟質也，固鬱乎其不可摭；其樛布也，芘蔭天下；其材構也，棟宇六合。薈蔚葱鬱，而森參膏曄。則其植也卓矣，有大於舜禹湯武之親植之者也〔三〕。

雖然，聖不代興，道亦屢喪。孔子沒，正道微，異端作，有墨晏莊楊蠹食者矣，有申韓蘇張剽議者矣，孟軻氏辨而植之，灌以仁義，扶以神聖，煦枯爲榮，蹂邪爲正。又有鞅斯屠剝者矣，有呂政焚灼者矣。高皇帝滅而植之，潤以文景〔四〕，晞以武宣，牙揭蘖振，甫訖其全。自是而下，或仆或植，根披兩漢，枝別三國，莽卓操懿，互爲蟊賊；振落六朝，勍霜赤立，剜刻夷貊，封殘老釋。梯生於唐，韓愈氏立，投荒萬里，檜也再植。

嗚呼！韓愈氏已矣，後人孰能植之哉？朽於塵而燼於兵矣，梁木其壞，余無所望也〔五〕，豈意其復萌哉？不溉不封，茁而自植，沐雨蘇風，穎出而激，屹乎其庭，魯邦周室。蓋本之大植之固，道德充而聖功溢也。雖廢於人，而必植於天矣。

噫！雷霆鬱而必震〔六〕，卉木寒而必春，日月食而必明，聖道塞而必行。今檜也自萌，既爲之兆矣，必有其人植之也。聖人之道必行矣。經也小子，敢不矻矻而進於學歟？

【校記】

〔一〕綱，四庫本同，正德本作『綱』。
〔二〕楨，底本、四庫本作『植』，據正德本改。
〔三〕親，四庫本同，正德本闕。
〔四〕潤，四庫本同，正德本作『閏』。
〔五〕望，四庫本同，正德本作『放』。
〔六〕霆，四庫本同，正德本作『庭』。

邀窮文

【編年】作於元世祖中統四年（宋理宗景定四年，一二六〇）元旦，郝經出使南宋，被拘禁於眞州期間。

【年譜】元世祖中統四年，『元旦，作《邀窮文》』。見文：『館於儀眞，既歷三年。淵獻孟陬，又逢歲元。』

館於儀眞，既歷三年。淵獻孟陬，又逢歲元。時始五鼓，賓主禮畢〔一〕。坐而假寢，窗戶嘖嘖。忽焉有物，若嘯若泣。風動幕開，闖然而入。樴手呀肩，歔欷爲言：『自子之生，與子後先。子坐我立，子行我前。子初爲學，日鑿混沌。我窒其竅，使汝好問。子初飭身，百務紛紜。我乃拂亂，使汝多聞。汝初著述，造物充斥。懼或有傷，則閣子筆。子初論說，天地決裂。懼或泄漏，則捫汝舌。人方事近，我推汝遠。適越面燕，迂塗宛轉。人方事巧，我推汝拙。抱甕澆畦，匍匐出穴。人方事易，我推汝難。回天止日，測海移山。人或相窘〔二〕，懼汝不忍。我則抑遏，使汝憤蘊。人或汝傲，懼汝與校。我益以德，使汝不報。譊譊惡言，磔蝟蠆蜂。使汝多敵，繕治於中。咄咄怪事，撲頭衝面。使汝駭懼，視所未見。險阻備嘗，猶以爲未。鉏汝客氣，斷汝驕志。勞汝筋骨，亂汝心思。搜抉無有〔三〕，極道之至。利汝紛華，固汝本根，絶汝聲色，富汝詩文。增邑不能，廓道之門。七年徹明，不解衣帶。我膏汝燭，夜半常在。一歲十徙，不蔽風雨。我張汝室，莫或敢侮。惟子是時，與我相隨。起居飲食，跬步不離。今子一旦，賁於邱園。安車束帛，平地青雲。一爲執政，再授宣撫。便欲相踈，意樂齟苦。虎符龍節，附翼攀鱗。建旆南來，棄予於貧。糟糠之妻，猶不下堂；貧賤之交，猶不可忘。矧予與子，肝膽肺腸。遠涉江淮，故來訪汝。爆竹書桃，儘自呵禦。煙昏霧慘，依約門墻。棘柵重圍，鐵鎖銅簧。左闕神荼〔四〕，右望鬱壘。擊柝聲中，森羅可畏。始吾謂子，得志堂堂。今乃楚囚，索莫荒凉。始吾恨子，今爲子悲。風馬雲旗，薄言旋歸。』

余乃惻然，如夢如覺。致辭相邀，與敘契闊：

『余非棄子，子自棄余。世不余知，惟子知余。生亦由子，死亦由子。余止爾尼，余行爾使。豈惟余哉，天地亦然。惟子五人，翻黄倒玄。太極鴻荒，爾其爲主。六合八極，爾其居處。二氣三才，爾其鼓舞。徵爲五色，發爲五聲。萃爲五味，列爲五行。惟子五人，始得而名。惟爾某甲，勾芒畢達。爲棟爲梁，盡其戕伐。惟爾某丙，赫赫炳炳。化生爲熟，鑠鈍爲穎。惟爾某戊，坤厚載道。發生甄陶，有物是造。惟爾某庚，物以西成。爐錘白煉，利用惟貞。惟爾某壬，潤物爲霖。積爲淵泉，益久益深。四時代謝，萬物化育。

『非子五人，則誰自出。物窮則變，既變則通。非子五人，孰能不窮。天有五賊，見之蕃昌。人有五性，脩之賢良。隨爾不得，豈敢遯藏。仲尼嘗窮，不窮其聖。顏淵嘗窮，不窮其行。原思嘗窮，不窮其性。范冉嘗窮〔五〕，不窮其政。一時之窮，千載之幸。是數聖賢，可爲龜鏡。求爾不得，敢不承命。昔者子雲，作賦逐汝，竟自投閣，漫爲章句。後來文公，作文送汝，延之上坐，送而不去。

『余學非揚，余德非韓。固窮守道，素行憂患。安子不得，其敢棄捐。余非阮籍，又非子路。不爲慟哭，不爲慍怒。太山四維，安於所遇。家徒四壁，常爲晏然。家無儋石，其心愈堅。雖屯之邅，與蹇之連。不疐不跋，與物變遷。子嘗許我，可以爲賢。頃者赴召，爲時而起。失之不懼，得之不喜。三十年來，赤子創痏。鋒鏑之餘，化爲倀鬼。戈甲相尋，莫知其已。兩國顛連，實如倒懸。解而休之，兩君一天。誰知姦宄，又欲下石。從渠捃致，我心不忒。不作盧昶，食豆辱國。不作荀純，輸情爲賊。終合千古，照耀簡策。盡其在我，窮非所恤，子其以爲失以爲得邪？』

於是五人閧然而應曰：『若然者，吾其與子終其身而周旋者也。當箝口縮舌，復不敢爲譏評之言。』

倏焉驚悟，爇香酌酒。欲相勞苦，顧盼莫有〔六〕。有聲無跡，觸坐動牖。起而觀天，赤氣滿斗。

【校記】

〔一〕畢，四庫本同，正德本作『卑』。

〔二〕或，四庫本同，正德本作『回』。

〔三〕抶，四庫本同，正德本作『快』。

〔四〕荼，四庫本同，正德本作『茶』。

〔五〕范冉，諸本及史書作『范丹』，皆『冄』（即冉字）形訛。

〔六〕昐，正德本同，四庫本作『盼』。

哀辭

胡先生哀辭

【編年】作於蒙古太宗皇后乃馬眞氏二年八月，郝經寓居保定，讀書鐵佛寺，設館賈輔、張柔二府期間。

【箋證】胡先生：金末河北安肅（河北徐水）人。生平不詳。

【年譜】乃馬眞氏二年（癸卯），『公讀書於鐵佛寺。冬，順天左副元帥賈輔辟公教授諸子，始去寺堂，館於萬卷樓之中和堂，如是者七年』。

見文：『歲癸卯秋八月二十七日，安肅胡先生卒，陵川郝經緝辭以寓哀。』

歲癸卯秋八月二十七日，安肅胡先生卒，陵川郝經緝辭以寓哀，曰：

噫！天柱折一石，何能補天缺。國步蹶一士，何能支杌隉。況俗弊風頹，山移海竭。鳳麟梟獍之不分，瑾瑜珷玞之不別。俾尼父涕洏，楚和泣血。離婁視之而矇，公輸造之而拙。正道之已絕，孰可結邪〔一〕？而先生獨立斯世，特秉眞節。不以含垢者爲國君，納汙者爲川澤。抵詖蹴跌，信屈扭折。挽斡天之斗而揚清流〔二〕，呼立石之風而卷妖孽。熾爾而不滅，卓爾而不屑。沮之而不縮，震之而不慴。善必旌而惡必罰〔三〕，柔則吐而剛則齧〔四〕。世人奔濤而蕩波，先生遡泗而鼓枻。世人藉麴以餔糟〔五〕，先生冽冰而凜雪。若治底雍熙〔六〕，堯基舜攝，有饕餮死，有窮奇裂。則先生之道，亦可白也赤，何方人衆勝天？屈子逐而賈生責，文舉赤而比干厄，是先生欲效尤也。然於此世保此業，亦可謂堅而不磨，白而不涅者也。僕嘗謂國猶有楨〔七〕，而民猶有哲。自先生不祿，亂益張，邪益揭，則『瞻烏爰止，於誰之屋』邪〔八〕？

嗚呼！人雖云亡，道或不滅。有子而賢，穀或未闋。白楊摩天，挺長風而掃秋月。聽呷呷之聲，猶有烈烈之色。彼姦譎者誦吾辭，寧不扼吭而斷舌？

【校記】

〔一〕孰，四庫本同，正德本作『熟』。

〔二〕斡，底本作『幹』，據正德本、四庫本改。

〔三〕而，四庫本同，正德本闕。

〔四〕醔，四庫本同，正德本作『噹』。

〔五〕糟，底本作『糠』，據正德本、四庫本改。

〔六〕熙，四庫本同，正德本作『夷』。

〔七〕楨，四庫本同，正德本『楨』。

〔八〕屋，底本、正德本作『屈』，據四庫本改。

渾源劉先生哀辭 並引

【編年】作於蒙古定宗后海迷失氏二年（庚戌年，宋理宗淳祐十年，一二五〇）春，郝經寓居保定，讀書鐵佛寺，設館賈輔、張柔二府期間。

【箋證】劉先生：劉祁（一二〇三—一二五〇），渾源（今山西大同市渾源縣）人。字號見詩序。科舉失意，閉戶讀書，致力於文章，頗爲顯達諸公所知，文名滿天下。金哀宗開興元年（蒙古太宗四年，一二三二），蒙古圍汴京，哀宗出奔，汴京南面元帥崔立獻城降蒙古，史稱『壬辰之亂』。崔立威逼元好問等爲其立碑，劉祁被迫參與其中。事後劉祁撰《錄崔立碑事》，詳述其事，引爲自責。因攜家北歸渾源故里，躬耕自給，自號神川遁士，築室題曰『歸潛』，因用爲書名，著《歸潛志》十四卷。蒙古太宗十年（一二三八），詔試儒者，劉祁就試西京奪魁，選充山西東路考試官。征南行臺粘合珪聞其名，邀至相台（今河南安陽）府下，辟置幕府，凡七年，遂逝。見元王惲《渾源劉氏世德碑》。劉祁父劉從益（一一七九—一二二二），字雲卿，大安元年（一二〇九）舉進士第，累官監察御史，後任葉縣令，後受召爲應奉翰林文字，旋亡故。

【年譜】海迷失氏二年，『春，作《渾源劉先生哀辭》。八月，作《皇極道院記》』。

見文：『庚戌春，方負笈南邁，以遂摳衣之問，而凶訃掩至。繼而其弟文季來，以先生易簀時，所付一書四十篇曰《處言》見示。經再拜雪泣讀之……於是感愚志之不卒，傷先生之不天，閔吾道之不競，恨憤惋激，吐辭以哀之。嗚唈扼吭，不復條貫。』

先生諱祁，字京叔，號神川遯士，南山公曾孫，蓬門御史之子也。其弟郁，字文季。歲庚子，經甫踰童，獲拜先生於館舍，而遽南軔。闊越八九載，己酉春，先生往來燕趙間，始得奉杖屨。格言義訓，雖屢得聞，而頑鈍椎魯之資，桿棘而不入，是以塵心槁思，渴而未沃也。

庚戌春，方負笈南邁，以遂摳衣之問，而凶訃掩至。繼而其弟文季來，以先生易簀時，所付一書四十篇曰《處言》見示。經再拜雪泣讀之，其辭汪洋焕爛，高壯廣厚，約而不缺，肆而不繁。其理則詣乎極而窮乎性命，於死生禍福之際，尤爲明析，非世之所謂文章，古所謂立言者也。於是感愚志之不卒，傷先生之不夭，閔吾道之不競，恨憤惋激，吐辭以哀之。嗚咽扼吭，不復條貫。其辭曰：

濁河絕流大梁亡，日入地底陰燐光。百年秀孕隮大荒，文源湮汨甚濫觴。三五在北輝其芒，姑爲維持爲主張。砭硫沉痼開膏肓〔一〕，護籍僨踣扶顛殭。碧雲雙鳳方翺翔，忽弱一箇危乎姜。當年振羽來朝陽，竹花蹴落桐花香。岐山山頭喚文王，一鳴燕雀驚且狂。總角獨步高昂昂，旁魄瓌奇古錦囊。飈然聲價騰且驤，飛蒙茸兮走陸梁。挺特溫潤直以方，有虞圭璋夏琮璜。波瀾老成肆汪洋，洞庭萬頃澄秋霜。上稽韓柳下蘇黃，探道索古追羲皇。一編《處言》含天章，立意造語攀荀揚。嗚呼天道其何量，既與之德不與昌，既與之年不與長。渾源之山空蒼蒼，相臺臺下天荒涼。元氣索莫眞宰藏，南山家世兩渺茫。有弟有弟涕隕裳〔二〕，有識有淚如清漳。奠桂酒兮陳椒漿，魂兮來歸摧肝腸。魂兮不來空所望，嗚呼天道其何量。

【校記】

〔一〕肓，四庫本同，正德本作『育』。

〔二〕裳，四庫本同，正德本作『常』。